GAOXIAO FUDAOYUAN

GONGZUO LILUN YU SHIWU

高校辅导员
工作理论与实务

（第2版）

耿乃国　主编

北京师范大学出版集团
BEIJING NORMAL UNIVERSITY PUBLISHING GROUP
北京师范大学出版社

图书在版编目(CIP)数据

　　高校辅导员工作理论与实务/耿乃国主编 . —2 版 . —北京:北京师范大学出版社,2021.3(2023.2重印)
　　ISBN 978-7-303-26782-8

　　Ⅰ.①高… Ⅱ.①耿… Ⅲ.①高等学校－辅导员－工作－研究 Ⅳ.①G645.1

　　中国版本图书馆 CIP 数据核字(2021)第 015763 号

教 材 意 见 反 馈　**gaozhifk@bnupg.com**　**010-58805079**
营 销 中 心 电 话　010-58802755　010-58800035
北师大出版社教师教育分社微信公众号　京师教师教育

GAOXIAO FUDAOYUAN GONGZUO LILUN YU SHIWU

出版发行:北京师范大学出版社　www.bnupg.com
　　　　　北京市西城区新街口外大街 12-3 号
　　　　　邮政编码:100088
印　　刷:保定市中画美凯印刷有限公司
经　　销:全国新华书店
开　　本:710 mm×1000 mm　1/16
印　　张:22.75
字　　数:400 千字
版　　次:2021 年 3 月第 1 版
印　　次:2023 年 2 月第 2 次印刷
定　　价:90.00 元

策划编辑:鲍红玉　祁传华　　　　　　责任编辑:鲍红玉
美术编辑:李向昕　　　　　　　　　　装帧设计:李向昕
责任校对:段立超　王志远　　　　　　责任印制:马　洁

丛·书·编·委·会

主　编

耿乃国

副主编

张大海

编　委

（以姓氏笔画为序）

王大治　　　石金明　　　毕　娟

张　鹏　　　姚枫秋　　　赫　婷

再版序言

　　在习近平新时代中国特色社会主义思想引领下，高等学校全面贯彻落实党的教育方针，紧紧围绕"立德树人"这一根本任务，不断推动思想政治工作创新发展。高校思想政治工作关系到高校培养什么样的人、如何培养人以及为谁培养人的根本问题，要把思想政治工作贯穿教育教学全过程，实现全程育人、全方位育人，努力开创我国高等教育事业发展新局面。党和国家对高校思想政治工作的高度重视为高校辅导员队伍专业化、职业化建设奠定了坚实的政策基础。在党和国家高度重视高校思想政治工作的大背景下，辽宁省安排部署了当前和今后一个时期高校思想政治工作，强调要牢牢掌握党对高校工作的领导权，使高校始终成为坚持党的领导的坚强阵地。高校要旗帜鲜明讲政治，扑下身子抓落实，扎实做好思想政治工作；高校要始终坚持社会主义办学方向，打造培养社会主义事业建设者和接班人的坚强阵地；高校要坚持"四个统一"，打造素质过硬的教师队伍；高校要坚持改革创新，着力提升思想政治工作实效性。

　　高校辅导员作为高校思想政治工作的一线骨干力量，肩负着培养新时代大学生成长成才的重要使命。近年来，中共辽宁省委教育工委、辽宁省教育厅高度重视高校辅导员队伍建设，加大力度开展高校辅导员评聘职称，鼓励高校辅导员在职攻读思想政治教育博士学位，以提升其理论素养；不断深化高校辅导员岗前培训、专项培训，大力开展高校辅导员素质能力大赛，以提升其实践能力；广泛开展高校辅导员年度人物评选等评优选先活动，以发挥其典型示范作用；充分利用辽宁易班(辽宁大学生在线联盟)等网络新媒体平台加强高校辅导员学习交流，以提升其创新能力。辽宁省高校辅导员队伍整体素质、能力不断提升。高校辅导员工作在取得较好成绩的同时，也面临着严峻的挑战，这需要我们不断创新工作理念、方式及方法，以应对高校思想政治工作的"新常态"。

新时代的高校辅导员工作应有新的作为。《高校辅导员工作理论与实务》第2版应运而生。该书最初版本于2011年8月出版，几年来获得了良好的社会反响，已成为掌握高校辅导员工作的一部重要参考读本。《高校辅导员工作理论与实务》第2版在初版的基础上，结合当前高校思想政治工作宏观背景与高校辅导员工作创新成果修订而成，进一步增强了该书的实效性、针对性、可读性。我们相信，《高校辅导员工作理论与实务》第2版将成为广大高校辅导员实际工作中具有重要参考价值的学习资料，将对促进高校辅导员工作实效性，增强高校辅导员相互学习交流起到积极作用。同时，本书也可以供本科生、研究生以及相关教师学习和研究使用。

借此机会，我们希望广大高校辅导员能够深入学习贯彻习近平总书记有关高校思想政治工作的系列重要讲话精神，不断增强自信意识、担当意识和创新意识，不断加强对高校思想政治工作科学性、实践性、规律性的把握，在今后的工作中努力践行教育使命，把"立德树人"作为辅导员工作的中心环节，为国家培养出更多优秀人才，实现自我人生价值。

编　者

2020年5月

目　录

第七章　大学生党团组织建设 /118

第十章　大学生职业生涯规划与就业创业指导 /219

第十三章　大学生非智力因素培养 /292

第十四章　新媒体时代高校辅导员工作的机遇与挑战 /316

第一章　高校学生工作理论概述

内容提要：近年来，随着我国现代化建设与市场经济体制的逐渐完善，素质教育正全面推进。同时，高等教育改革不断深化，社会对大学生教育需求层次不断提高，人才观、学生观、教育观、质量观等教育观念发生了巨大的变化，特别是高等教育出现了国际化、大众化、市场化、多样化等特点，传统的学生管理理念、管理模式、管理方法已经不适应新形势的发展，学生工作面临着新挑战和新机遇。这就要求我们尽快适应新形势，加强高等学校学生工作理论研究，在实践中不断提高学生工作的质量和水平，进而提高大学生的思想政治素质，努力把大学生培养成中国特色社会主义事业的建设者和接班人。这对深入实施科教兴国和人才强国战略，确保加快推进社会主义现代化的宏伟目标，确保中国特色社会主义事业兴旺发达、后继有人，具有重大而深远的战略意义。

第一节　高校学生工作理念

高校学生工作，主要是指我国高校学生事务或对这些事务进行管理的相关工作。《国家中长期教育改革和发展规划纲要（2010—2020 年）》指出，高校学生工作主要培养的是信念执着、品德优良、知识丰富、本领过硬的高素质的专门人才和拔尖的创新人才。

随着高等教育信息化、国际化、大众化的发展，人们对大学生的素质要求也发生了巨大的变化。另外，随着社会经济的进一步发展，现代人才的标准已经逐渐体现为对学生的素质的综合性、全面性的推崇，并延伸为注重学生的创新精神、实践能力与协作能力，注重学生的心理素质和竞争品质。因此，要把大学生培养成符合上述要求的全面发展的人才，我们必须以习近平新时代中国特色社会主义思想为指导，深入透视高等学校学生工作，树立与时俱进的学生工作理念，形成科学的学生工作发展观，承担起培养中国特色社会主义事业的建设者和接班人的重任。

一、"以人为本"理念

"以人为本"理念就是以学生为中心开展学生工作，体现的是人本理念。其

1

本质是指高校的学生管理工作要以学生的生存、安全、自尊、发展等需要为出发点。"以人为本"的学生工作，要求高校辅导员把学生管理工作作为一种服务于学生的手段，强调通过调动学生的主动性、积极性、创造性来开展管理工作，这是管理本质的体现与客观的需要。

"以人为本"的核心思想是体现学生的主体地位，把学生当作管理的核心对象，在学生管理工作中体现出对学生的尊重、理解和信任。"以人为本"的学生管理工作不同于传统的管理思想和管理观念。传统的管理理念忽视了学生的主体地位存在，忽视了学生自主管理与自我实现的需要，不利于调动学生的积极性与创造性。"以人为本"的学生管理工作视学生为最宝贵的资源，并切实尊重、理解、关心、爱护全体学生。

随着人类的不断进步与文明的不断融合，"以人为本"的科学理念已经渗透到高校及社会的每一个角落。要使大学真正成为洗涤人们灵魂的象牙塔，成为大学生求学发展的梦想殿堂，学生工作就必须建立在尊重学生的基础上。同时，法律规定了学生享有的众多权利，这也充分体现了社会与国家对学生认识的不断深化，体现了人类的文明程度的不断进步。因此，我们需要以一种开放的思想来接纳"以人为本"的理念，接纳先进的、科学的学生管理工作的理念与方法，并且以全新的思维去构建科学的学生工作制度。总之，"以人为本"的学生工作理念是高校健康发展的必然选择。

二、"与时俱进"理念

"与时俱进"理念是指在尊重学生成长的特点和规律，研究高等教育环境的发展变化，激发学生内在动力的基础上，有目标、有计划、有组织地促进学生德、智、体、美、劳的全面发展，以求实现从封闭式向开放式教育的转变，从传统防范型管理观向发展型管理观的转变，为广大学生发挥潜能创造条件与提供舞台，积极调动学生自我教育、自我服务、自我管理的主动性。"与时俱进"的学生工作理念，从本质上讲就是要促进学生自由、全面发展，实现马克思所说的"自由个性"。

现在，各高校均有许多关于学生管理工作的规范性文件，这些文件对保护学生合法权益、促进学生发展、构建和谐校园文化起着十分重要的作用。但是，这些文件中总是有很多条条框框约束着学生，有的不适合学生身心发展的规律，有的管理条例不是为了学生的方便，而是为了学生工作者的方便，只注重制度的约束，在"管"字上做文章，运用统一的内容和统一的方式与标准来管理学生，用相同的模式去塑造学生，而不注意通过思想政治工作去疏导、解决学生思想更深层次的问题，其结果是只管住了表面，而学生的素质并未提高，甚至有些学生对已有制度的运行产生了抵触情绪。

"与时俱进"理念的本质是突破因循守旧、一成不变的学生管理工作模式，做到不断创新、因材施教。大学生一般都是 18 岁以上的青年学子，身心发展已经基本成熟，抽象思维能力达到了新的水平，思维具有组织性、深刻性、批判性，具有独立自主的要求和能力。因此，高校学生工作人员应该设法为学生成长和发展创造更有利的条件，使他们的个性和才能得到完善与发挥，充分尊重学生的选择与自我发展。在课程学习、社会实践、活动开展等方面，给学生更多的选择权，给学生提供更多的途径与机会，从而坚定学生的信心。高校学生工作必须根据时间的不断推移，根据实情实景尊重学生的不同个性，重视从学生个体的价值出发，唤起学生的主体意识，发挥学生作为主体的潜能，促进学生素质的全面发展。

三、"客体参与"理念

"客体参与"理念是指国家和高等学校的决策者应将高校大学生视为高等教育改革的主要的和负责的参与者。其中包括学生参与有关高等教育问题的讨论与评估，参与课程和教学方法的改革，同时，在现行体制范围内，参与制定政策和院校的管理工作。

"客体参与"的学生管理工作的基本特征主要包括五个方面，即依附性、主动性、有限性、短期性和业余性。第一，依附性。高校学生管理工作以学校管理为主要载体，如没有学校管理，大学生就无法参与。高校学生管理工作的性质、范围、方式都需要根据学校管理类型来确定。第二，主动性。高校学生参与管理工作需要积极地出谋划策，反映高校学生的自身需求，并使学生管理工作具有针对性、可行性。高校学生应该以学校主人的身份对待和参与学生管理工作。第三，有限性。高校学生参与管理工作应在有限的范围内进行，学生所能参与和需要参与的是其中的一部分。学生的专业经历与能力还不丰富，他们的参与程度应该与他们的实际情况相适应。第四，短期性。高校学生在学校学习的时间是很短暂的，对学生管理工作的历史与长期规划会缺乏兴趣，也缺乏长期规划必备的基础能力与水平。所以，高校学生更适合参与短期性学生管理工作。第五，业余性。高校学生参与学生管理工作的业余性表现为三点：一是大学生不是专职管理人员，而是利用业余时间来参与管理活动；二是大学生不具备专业管理知识；三是大学生是兼职参与管理，没有报酬。高等学校只有把握住这些特征，才能完善高校学生工作。

3

从高等教育的发展趋势看，高等教育越来越民主化、生活化，并逐渐体现出高校学生在高等教育中的主体地位。而且，现代教育与管理理论的发展呼唤高校学生作为客体参与管理工作，高校学生参与管理是近年来各高校教育管理工作的主要发展趋势。以往高校的学生工作，在关于学生参与管理的问题上，大多数依然按计划经济时代教育模式的办学方式进行管理，很少征求和参考高校学生的意见。而新时期高校学生工作理念要求工作者放下"架子"，不应该以"管理者"示于高校学生，而应以"服务者"示于高校学生，让高校学生参与管理，真正成为高校学生自己的"管理者"，这样才会提高高校学生的主体意识，发挥高校学生作为主体的潜能。

四、"刚柔相济"理念

刚性管理的本质是"以工作为中心"，强调方法上的强制性；而柔性管理的本质是"以人为中心"，强调方法上的非强制性。[①]

在高校学生管理工作的过程中，刚性管理的有效运用具有现实意义。刚性管理是保证工作开展的制度保障，刚性管理要求"制度至上"，但是这些制度并不是随意制定的，而是依据相关的法律法规制定的，同时也是高校学生健康成长的保障。实践证明，结合要求做好校规校纪规章制度学习，在开学初期把规章制度强调一下，抓好新生入学教育，学好各项规章制度，对日后的班级管理会起到事半功倍的效果。刚性管理要求高校学生工作要具有严格性，即在执行校规校纪时，要做到"言必信、行必果"，坚持原则，不避矛盾和不徇私情。比如，高校学生管理工作中通常会遇到偷盗、打架斗殴等现象，这些行为产生的原因之一就是学生遵守校规校纪意识的淡薄。因此，作为高校辅导员，应在管理工作中要求学生树立校规校纪的意识。刚性管理的模式，有明确的规章制度、组织机构和处理方法，使高校学生管理工作体现出方便和快捷的优势，在高等教育发展历史上发挥了积极作用。

柔性管理主要指在高校学生教育和管理工作中以学生为中心，在把握学生心理规律和内在需求及行为规律的基础上，培养积极向上的风气，创造良好的环境，营造一种尊重学生、理解学生、培养学生和教育学生的氛围，从而提高学生的向心力、凝聚力与归属感，并采用教育、鼓励或激励的工作方式，充分调动学生自我管理、自我约束的积极性，使学生自觉地接受外部规范化的管

---

① 司江伟：《20世纪刚性管理与柔性管理发展的对策对比》，载《科学管理研究》，2003，21(1)。

理。柔性管理强调在研究学生心理和行为规律的基础上，采用非强制的方式，在学生心目中产生一种潜在的说服力。其最终目的是强化和重视学生自我意识的发展，激发学生的潜能，进而有利于"自我"的实现。

高等学校是培养人才的社会组织，其工作与管理的主要目标也是通过培养人才来实现的。为使高校学生工作取得成效，就需要树立"刚柔相济"的理念，并围绕这一理念使高校学生成为对社会有用的人才。

五、"规范法治"理念

法治作为一种文明的治理方式，可以化解矛盾、确立秩序、立国兴邦。[1]

《中共中央关于全面推进依法治国若干重大问题的决定》指出："必须坚持一手抓法治、一手抓德治，大力弘扬社会主义核心价值观，弘扬中华传统美德，培育社会公德、职业道德、家庭美德、个人品德，既重视发挥法律的规范作用，又重视发挥道德的教化作用，以法治体现道德理念、强化法律对道德建设的促进作用，以道德滋养法治精神、强化道德对法治文化的支撑作用，实现法律和道德相辅相成、法治和德治相得益彰。"高等学校学生工作法治化必须坚持依法治校与以德治校的统一，这是新形势下的依法治国对高等教育提出的新要求，赋予的新内涵。

依法治校是依法治国理论在学校建设、事务管理和事业发展中的具体应用与实践，是贯彻执行党和政府依法治国方针，发展我国社会主义教育事业和管理学校各项事务的重要举措。随着我国教育事业的飞速发展和社会主义法制的不断完善，学校发展规划的制定，各项事务的管理，都必须依法行事、按章管理。高校学生工作的法治管理有两层含义：一是通过对大学生进行法律意识和法治观念的教育，教会学生树立法律意识，学会利用法律手段维护自身权益；二是学生工作者应在观念和行动上统一，要有法治观念和原则，依法管理和依法教育，用法律手段规范学生的学习生活，提高学生的综合素质，使之形成遵纪守法的好习惯。

以德治校与依法治校相辅相成，是以德治国思想在高等学校的具体体现和有效延伸，它要求高等学校学生工作要始终将德治思想和德育工作放在突出的、统领全局的地位，始终坚持德法兼治，以德为先。高校学生工作的以德治校同样具有两层含义：一是通过德育，教育和引导学生树立社会主义核心价值

---

① 陈金钊：《对法治作为社会主义核心价值观的诠释》，载《法律科学（西北政法大学学报）》，2015，33(2)。

观，自觉弘扬中华传统美德，培育社会公德、职业道德、家庭美德、个人品德；二是学生工作者在注重对学生德育教育的同时，还要不断提高本人的道德修养，以德育人，行为世范，成为学生心目中尊敬和模仿的品德之师。

第二节 高校学生评价

高等教育的宗旨是以学生为本，促进学生健康成长，使学生成为有理想、有文化、有道德、有纪律的合格公民。同时，高校大学生处于学做人、学做事、学知识、长智慧的成长时期，在社会化进程中有很多困惑和疑难，需要社会特别是高等学校的评价和指导。

一、评价工作

高校学生评价是高等教育评价领域中最基本的领域。由于学生是学校的主体对象，学校的工作主要是围绕学生这一中心来展开的，各项工作成绩最终是通过学生的质量集中反映出来的。高校学生评价的主要目的是促进学生的全面发展和自我完善，具有重要的教育作用。[1]

高校学生评价是对学生个体学习进展和变化的评价。它包括学生成绩评定、思想品德与个性评价等多方面，它对学生德、智、体、美、劳等方面的发展变化情况进行分析和判断，并对其改善与发展给予指导。

因此，高校学生评价是教育、引导学生成长的重要手段。[2] 科学、全面、有效地开展学生评价，不仅能够引导学生全面提高综合素质，同时也更有利于学生工作者有针对性地开展工作。

二、评价功能

就功能而言，学生评价具有诊断、检查、导向、激励、反馈、交流、改进、管理、发展等多种功能，其中，最重要、最基本的功能是促进学生发展，让学生获得充分、自由、全面的发展。[3]

国内大多数学者主要关注学生评价的三种功能：教学管理者利用评价结果进行决策和改进教学；教师利用评价结果改进教学；学生利用评价结果了解自

---

① 祁园园：《多元智能评价观对学生评价的启示》，载《继续教育研究》，2008(8)。

② 潘玉驹、陈文远：《高校学生评价制度存在的问题与对策》，载《教育发展研究》，2010(17)。

③ 王祖霖：《大数据时代学生评价变革研究》，硕士学位论文，湖南大学，2016。

己取得的成就和认识自己存在的不足。

三、评价程序

高校学生评价程序是指把学生评价活动的各个内容，按其先后顺序有机地组织在一起，并且使之成为一个具有特殊功能的整体。高校学生评价程序主要包括确定学生评价的内容和方法、收集评价信息、评价信息评定和反馈报告及评价信息利用四个步骤。

第一步，确定学生评价的内容和方法。根据教学目标，确定在哪些方面对学生评价，确定评价活动开展的时间与空间，并在某个学生评价内容方面确定采用的评价方法。

第二步，收集评价信息。不同的评价主体能够采用不同的评价方法进行信息采集。教师采集信息的办法通常是利用课堂观察和提问测验，及时了解学生的学习效果。

第三步，评价信息评定和反馈报告。评价者对评价的结果进行定量或定性分析后，判断评价对象达到目标的程度。评价信息应及时反馈给学生，这种反馈可以是口头的，也可以是书面的。反馈的方式可以是在作业本上对课堂上的表现进行点评，也可以是课后电子邮件的反馈，或是个别的交流。对任何报告的系统而言，传递有关学生进步与学生的强项、弱项的信息是其重要的目的。反馈能使学生充分了解自己，从而能使他们做出改进并且做出决策。在某种情况下，评价信息要报告给校内有关评价机构和协会。另外，评价结果最后需以公众都能理解的术语来说明。

第四步，评价信息利用。评价信息可被用来改进教学和建立相关档案，做出一些教育决策。例如，高等学校可根据评价结果信息决定如何分配奖学金，教师可根据评价结果信息了解在某一门课程中哪些学生学得好，哪些学生学得不好。同时，学生通过评价的过程与结果，可以肯定自己，也可以找出自己存在的某些问题。

四、评价内容

不同维度下的高校学生评价类型与方法是不同的。本书主要介绍在目的维度、时间维度和主体维度下的评价内容与方法。

1. 目的维度

根据评价的不同目的，高校学生评价可分为形成性评价和总结性评价。形成性评价又称为"及时评价"或"过程评价"，是在某项教育计划方案或活动实施过程中进行的评价，它的优点在于学生能及时得到反馈信息，发现问题、调整活动、改进学习方式。形成性评价的方法具有诊断性、灵活性、持续性、开放性以及质性评价的特点。总结性评价又称为"事后评价",是在某项教育计划方案或活动结束后对其最终结果进行的评价,目的是鉴定学生学习结果达到预定的目标的程度。这种评价的主要优点在于简便易行,而且较为客观和易于服人,因此受到普遍重视。但它具有事后检验的性质,对评价对象本身的改进完善效果不明显。总结性评价的特点是评价的方法单一,评价的内容片面,只对各门学科的成绩进行最后总评,它注重"量化"、偏重分数。

2. 时间维度

根据时间先后顺序,高校学生评价可分为入学时评价、大学学习期间评价和大学毕业时评价三种类型。

入学时评价是指在特定教学活动之前,判定学生的前期准备。它主要解决的问题是学生是否已经掌握了参加预定教学活动所需的知识技能;在多大的程度上学生已达到了预期的教学目标;学生兴趣习惯以及其他个性特征显示哪些教学模式最合适。入学时评价的常用方法是测验。

大学学习期间评价主要指不断反馈学生学习成功或者失败的信息。它注重强化学生的学习成功之处,同时显示学生在学习过程中需改进的具体学习错误。大学学习期间评价的方法有多种,常见的方法是课程作业评价与课堂评估、测验和考试。

大学毕业时评价主要是通过评价毕业论文的质量和是否达到学位授予的最低要求来对学生进行的总体评价。大学毕业时进行的评价常常是一个综合性评价,一般应以大学学习期间进行的评价为基础。在某些情况下,院系或者学校某行政机构会对毕业几年的学生进行调查,即大学毕业后进行的评价。通过了解学生毕业后的发展情况,可以评估大学的教育成效。调查形式可以是发放问卷、访谈用人单位或毕业生座谈会等。

3. 主体维度

根据评价的主体不同,高校学生评价可分为社会评价、院系评价、教师评价、同伴评价、学生自我评价。

社会评价是指学校以外的社会公众对学生进行的评价。这种评价常由媒体、专业机构或者用人单位组织实施。传统上的学生评价是高校的事情。在当代社会,随着高等教育在社会中地位的提高及公众对高等教育质量的关注,来自社会的评价对于理解和提高高等教育的质量有着重要的作用。

院系评价的责任机构是教务处。教务处根据培养目标,组织院系对学生学业成绩与综合素质进行评价。

教师是教学活动的直接实施者，是学生评价重要的主体。从工作职责上来讲，教师有权利与义务按照学校的教育政策与专业培养目标，对学生的学习进行评价，判断学生的学习情况。从高等教育活动看，承担特定课程教学任务的教师有充分的理由与条件来评价学生的学习。

同伴评价更多地体现在民意测评的课堂评价中。大学里民主氛围比较浓厚，院系在评选"优秀学生"或其他诸如"优秀"头衔活动时，都会让学生参与民主选举，选举的过程就是一种同伴评价的过程。而课堂的评价中，经常可以看到一个学生评价另外一个学生，这种同伴评价也会促进学生的学习。

学生自我评价包括正式的自我评价和非正式的自我评价。正式的自我评价一般是院系或教师安排规定的，学生在一定时间范围内对自我进行评价。而非正式的自我评价，常是教师口头让学生进行反思总结，并不以书面的方式进行。此评价过程完全由学生自己来掌控。[①]

第三节　高校学生工作面临的形势

随着经济全球化趋势的不断加快，我国的经济体制也发生了巨大的变化，这同时也给我国的高等教育发展带来了机遇和挑战，传统的高校学生工作模式也受到了冲击。而且，思想文化的多元化传播使得高校学生工作的难度进一步增大。如何尽快适应新时期的需要，培养具有国际视野和创新能力的高素质人才，已经成为高校学生工作面临的重要问题。

一、经济全球化进程加快

当前，经济全球化进程不断加快，各国之间的经济与文化交流日益频繁，不同思想和文化在交流中的融合与碰撞，使得我国高等教育也面临发展的空前机遇与挑战。随着国内高校与发达国家高校的交流与竞争与日俱增，高校学生工作逐渐与世界先进高校学生工作接轨，带来教育体制、教育思想、教育方式、教育产业、学生管理内容和方式等方面的变革。

同时，全球经济一体化使文化交流渠道变得十分广泛，西方敌对势力对我国的"西化""分化"与"弱化"等手段、途径更加多样化，开放条件下的交流使得

---

① 钟雪梅：《形成性评价在高中英语教学中的应用研究》，硕士学位论文，华东师范大学，2005。

外来文化、外来习俗与观念的影响也日渐增加，这给高校学生工作带来了新的困难和问题。

因此，经济全球化进程的加快，客观上要求高校学生工作必须紧跟世界经济和教育发展形势，不断更新学生工作理念；同时，还要在各种纷繁复杂的经济与文化进程中，坚持社会主义道路和正确的思想政治观念，抵御西方敌对势力对我国的"分化"和"演变"。

二、经济体制改革不断深化

市场经济体制的发展与高校的扩招，使高校学生管理工作的内容与日俱增。同时，高校学生工作面临一系列的转变。例如，高校学生工作的部分管理职能在向弹性学制转变；经济困难学生的资助从原来发放助学金、困难补助向助学贷款与勤工助学转变等。这一系列转变都需要有新的、系统的高校学生工作理念和方式来保证实施。而目前与之相适应的机制和办法尚未完全形成。

另外，随着市场经济的发展，大学生的思想观念、价值取向发生了巨大的变化。改革开放以来，我国社会的经济成分、组织形式、就业方式、利益关系与分配方式日益呈现出多样化。大学生思想活动的独立性、选择性、差异性也日益增强，原有的高校学生管理工作的单一模式已经无法达到预期效果。所以，要增强高校学生工作的针对性与实效性，就需要改革原有的管理模式，建立起适合市场经济发展需求和以人为本的高校学生管理工作的新体制。

三、素质教育全面升级

党和国家始终把提高全民族的素质作为关系社会主义现代化建设全局的一项根本任务。党的十五大报告首次提出"国民素质"，十六大报告中明确提出"全面推进素质教育"，十七大报告进一步强调"实施素质教育，提高教育现代化水平"，十八大报告则更加明确地强调指出："全面实施素质教育，深化教育领域综合改革，着力提高教育质量，培养学生创新精神。"由此可见，素质教育从提出到不断被强化，正在走向全面升级阶段。

素质教育的提出与实施给予高校教学的内容与方法更新的要求，也使得高校学生管理工作原有的一些出发点、制度条例等面临新的挑战。例如，传统高校学生工作重点强调日常管理，日常管理中以奖学金评定、评优评先进为核心，只要学生考试分数高，不犯大错误，就能拿到奖学金，评先进也能优先，这些与素质教育强调的创新精神与实践能力不相融合。因此，如何转变观念，树立素质教育思想，加快学生工作制度改革的步伐，是我们在新时期迎接素质教育带来的挑战时需要研究与解决的重要课题。①

四、高校改革创新不断加剧

改革是新时期教育事业发展的强大动力，我国教育快速发展，已从人口大国转变为人力资源大国，正在向人力资源强国进军，这完全得益于持续深化的教育改革所注入的活力和动力。高等教育的改革从未停歇。比如，高校"学分制"改革，在学分制下，高校学生管理工作打破了学年制的教学管理模式，学生专业班级观念淡化，形成了以课程为纽带、多变的听课群，使不同专业甚至不同学校的学生一起学习。因此，这就要求高校学生工作不仅局限于本专业学生，还要管理选修课程形成的其他专业或其他学校的学生。而且，高校学生工作除了对学生进行教学与思想生活的管理外，还需要指导学生选课，帮助学生构建合理的学科知识结构，并要求学生在教师的指导下，由定向学习转变为自主选择性学习，高校学生管理工作由学年制下的指令性管理转变为指导性管理。在这种现实情况下，高校学生管理工作必须寻找与构建新平台。

党的十八大报告提出了"深化教育领域综合改革"的总体要求，明确了教育改革的攻坚方向和重点举措。我国的人才培养体制、考试招生制度、现代学校制度、办学体制、管理体制等多方面改革都在朝着纵深推进。在此形势下，高等学校的学生工作必须在更新教育观念、创新管理模式、加强能力建设上下功夫，全面形成与社会主义市场经济相适应的充满活力、富有效率、更加开放、有利于科学发展的学生管理体制，推动我国高等教育事业发展。

五、网络时代全面来临

互联网给高校学生的学习生活乃至思想观念带来了深刻的影响。网络正改变着大学生的生活方式和学习方式，甚至是语言习惯。因此，对高校学生工作而言，网络是一把双刃剑，网络能够为高校学生管理工作提供新的阵地与领域，为加强、改进高校学生思想政治工作带来新的机遇。但是，网络也给传统学生工作带来了巨大冲击。第一，网络信息的快捷性、丰富性和开放性的特点，使从高校获取知识的权威性受到怀疑。在网络普及的社会条件下，高校学生可以借助网络比曾经任何时候都更快捷地获取信息，思想政治工作部门与有关干部教师在获取信息的渠道、时间和数量上已不占明显优势。第二，网络的虚拟性和隐蔽性使得网络成为有害信息的滋生地与传播地。一部分人利用信息

---

① 陈敬桔：《浅析新时期高校学生工作面临的挑战》，载《黑龙江教育学院学报》，2001(1)。

技术参与社会政治，一些虚假、不健康甚至反动的信息污染了思想教育环境，使大学生难以判别与抵御，有一些高校学生甚至上当受骗，还有的沉溺于网络的虚拟世界不能自拔，带来负面的影响。

➤本章小结

随着现代化建设与市场经济体制的不断完善，各高校不断扩招，社会对个人素质需求日益提高，高校学生工作的开展显得十分重要。首先，在新教育形势下，学生工作必须树立全新的工作理念，建立适应新形势需要的工作体制，建设健康向上的校园文化环境，从而全面推进学生工作理念的发展。其次，高校学生评价是学校工作评价的基础，是教育评价的主要内容。而且，高校学生评价的目的是促进高校学生学习和发展，在高校学生工作的具体实践中发挥着重要的作用。最后，世界经济的不断发展、我国经济体制改革的不断深化、社会企业要求的不断升级、高校改革创新的加剧和网络时代的冲击，给我国高校学生工作带来了各种机遇和巨大的挑战。因此，高校学生工作应实现工作理念的不断超越与工作内容的不断创新。

➤案例：高校学生工作中"刚柔相济"理念的运用

2007年2月的一天下午，某高校图书馆内，某学生在开架阅览借书处挑选了一册图书，在未办理任何借阅手续的情况下，企图将此书夹带出图书馆。图书防盗器报警，该生被工作人员发现并当场抓获，且很快被认定为偷书行为，该生所在系领导闻讯后大吃一惊，感到不可思议。该学生为2003级毕业班学生，还有一个学期将毕业，平时在班上一贯表现较好，爱看书、学习刻苦、成绩优异。这样的学生怎么可能偷书呢？然而，经过多方调查，核实的事实是，该学生当时将书夹在厚厚的衣服里层。

在图书馆出口处防盗器报警时，工作人员询问其身上是否夹带有未办理手续的图书，他谎称没有并指责防盗器出了故障。当工作人员要求他再次通过防盗检查时，由于慌乱，书从他身上掉出来，当时现场有多名目击者，偷书事实证据确凿。事后该生自己也承认，那是一本市场上买不到、自己十分喜爱的专业书，因心情迫切，一时糊涂做了错事。事情发生后，该生情绪低落，悔恨万分。他在检查中承认："自己偷书是犯了一个不可饶恕的错误，辜负了学校、父母对自己的教育培养。对不起学校领导与老师、对不起父母、对不起班集体与同学。"他也希望学校念其初犯，酌情处理。

根据该校《学生违纪处分条例》，学生有偷窃行为一经发现，视情节给予记过乃至开除处分。显而易见，该学生最轻处理也得记过，在讨论处分决定时有以下两种意见。

一种意见认为，过去发生的类似问题处理偏轻导致学生偷书情况时有发生。一部分学生甚至受错误观念支配，认为"窃书不为贼"，从而胆大妄为地偷窃书刊。若不严肃处理，刹不住这样的歪风，起不到警示作用。建议记过以上处分，公开曝光。

另一种意见认为只进行批评教育。在班组内做检查，不要做违纪处分。其理由是该学生入校三年半确实表现良好，曾获奖学金，在学校开展的文体、学习等竞赛中也多次拿奖，为班集体争得了荣誉。此次犯错误，有一定的偶然性。其行为虽然被认定为"偷窃"，但与一般的偷窃行为还是有区别的。从动机上看主要是为了更好地"学习"，而不是以占有财物为目的，且事后认识错误态度好、检查深刻。此外，该生临近毕业若给予处分，让其背上包袱，确实将给他今后的人生造成影响。

上选两种意见各有各的道理。无论采用哪种意见都可以说得过去，但也都有欠缺的地方。为此，图书馆、学工处和该学生的辅导员三方经过认真、反复研究，最后达成一致意见：按图书馆的管理规定，给予所偷图书价格的10倍经济罚款，给予行政记过，暂不执行，并要求其每周花两个小时到图书馆参加义务劳动（修补、粘贴图书、图书上下架），三个月后，观后效再定是否执行。这个意见既达到严格执行校纪校规、教育本人的目的，又实事求是、客观公正，充分给予了改正机会。着眼于发展变化，此举体现了学校培养人的总体目标，校领导接纳了第三种意见。

在随后的日子里，他在认真完成学业的同时，积极参加图书馆的管理，完成图书馆安排的任务，并在劳动过程中与图书馆工作人员建立了感情，体会到了图书对大家的重要性。三个月后，该生以自己的行动赢得了大家的认可，学校为其撤销了处分。此后，该生仍利用业余时间主动参与图书管理工作直到毕业离校。

➤思考题

1. 除了本书提及的学生工作理念外，你还能总结出哪些学生工作理念？

请说明并给予论述。

2. 对高校而言，学生评价有哪些功能？

3. 请谈谈在网络时代辅导员如何切实做好学生工作？

第二章　高校辅导员制度概述

内容提要：高校辅导员是高校学生工作的主要力量，是大学生健康成长的指导者、引路人和知心朋友，现已成为高等学校教师队伍的重要组成部分。因此，高校辅导员为培养社会主义合格的建设者与可靠的接班人，为维护高校与社会的稳定做出了重要的贡献，已经成为保证我国高等教育事业持续健康、快速发展不可或缺的一支重要力量。

第一节　高校辅导员制度的由来

高校辅导员的角色应该定位为大学生思想的引导者、生活的指导者和心理健康的辅导者。因此，高校辅导员要以理想信念教育为核心，以爱国主义教育为重点，以思想道德建设为基础，以大学生全面发展为目标，把思想政治教育融于高校学生管理工作之中，努力提高学生工作中的思想政治教育工作的针对性、实效性，有效地引导学生的思想和行为，引导学生运用发展着的马克思主义去正确认识社会的发展规律，认识国家的前途和命运，认识自己的社会责任。[①]

一、辅导员概念的界定

辅导员是高等学校教师队伍和管理队伍的重要组成部分，同时具有教师和干部的双重身份。辅导员是开展大学生思想政治教育的骨干力量，是高校学生日常思想政治教育和管理工作的组织者、实施者和指导者。[②]

我们党的教育方针是培养德、智、体、美、劳等方面全面发展的社会主义建设者和接班人，高校辅导员的工作就是依据这一要旨提出的，只有认真地履行自己的职责，全面地、完整地理解和实践自己的工作任务和内容，才能促使学生全面成长和健康发展。

辅导员工作的本质是服务，为学生服务、为学校的办学目标服务。辅导员

---

① 王冬梅：《高校辅导员队伍建设研究》，硕士学位论文，河北师范大学，2007。

② 中华人民共和国教育部：《普通高等学校辅导员队伍建设规定》，2018-01-20。

是最贴近学生的群体之一，承担着当代大学生的思想政治教育工作。从当前高校扩招后学生工作出现的多样性和复杂性来看，高校辅导员工作只能加强、不能削弱。

二、辅导员的工作职责

2014年5月4日，习近平总书记在北京大学考察时指出，青年的价值取向决定了未来整个社会的价值取向，而青年又处在价值观形成和确立的时期，抓好这一时期的价值观养成十分重要。这就像穿衣服扣扣子一样，如果第一粒扣子扣错了，剩余的扣子都会扣错。人生的扣子从一开始就要扣好。这一论述高度概括了培育青年价值观是高校辅导员工作的重要职责。

高校辅导员的工作职责主要包括六个方面。第一，帮助大学生树立正确的世界观、价值观和人生观，确立走中国特色社会主义道路、实现中华民族伟大复兴的共同理想与坚定信念，引导大学生追求更高目标，使先进分子树立共产主义的理想。第二，帮助大学生形成良好的道德品质。辅导员要经常与大学生开展谈心活动，引导大学生形成良好的心理品质和自尊、自爱、自律、自强的优良的品格，增强大学生克服困难、承受挫折的能力。第三，帮助大学生处理学习、成才、择业、交友等健康生活方面的问题，提高思想认识与精神境界，了解并掌握大学生的思想政治状况，针对大学生关心的热点、焦点问题，进行教育引导，化解矛盾和冲突，处理有关突发事件，维护校园安全和稳定。第四，落实对经济困难的大学生资助的相关工作，组织好大学生的勤工助学，帮助经济困难的大学生完成学业。第五，开展就业指导与服务工作，为大学生提供优质的就业指导与信息服务，帮助大学生树立正确的就业观念。第六，以班级为基础和以大学生为主体，发挥班集体在大学生思想政治教育中的组织力量；组织协调班主任和思想政治教师等工作骨干做好经常性的思想政治工作；在大学生中开展多样的教育活动，指导学生党支部与班委会的建设，做好大学生骨干培养的工作，激发学生积极性与主动性。

三、辅导员制度的产生与发展

辅导员的角色诞生于特定历史时期，辅导员一词经过了"政治指导员""政治辅导员"与"辅导员"的历程。我国高校辅导员制度要追溯到中华人民共和国成立以前我党在军政干部院校实行的"政治指导员"制度。

1936年6月，陕北创办了"中国工农红军学校"，后改称"中国人民抗日红军大学"，简称"红大"。1937年1月，"红大"随着中共中央机关迁至延安，改称"中国人民抗日军事政治大学"，简称"抗大"。该大学按照部队的编制形式将学员分编成若干的大队，大队下依次设立支队，支队又下设中队，并在中队中配备政治指导员。这种政治指导员就是我国高校辅导员的前身。

中华人民共和国成立以后，我国的高等教育事业发生了巨大的转变。一方面废除了国民党统治时高校实行的训导制度，另一方面提出了设立政治辅导员的制度，政治辅导员负责学生与教师思想政治教育工作。同时，教育部于1952年下发了《关于在高等学校有重点的试行政治工作制度的指示》，文件提出了在高等学校设立政治工作机构，即政治辅导处，主要负责辅导学生的政治理论学习与社会活动，组织推动教职工政治思想学习等。政治辅导处的设立，促进了高校思想政治工作的专门机构与制度的初步形成，对进一步加强学生思想政治教育的管理、保证学习任务完成起到了重要的作用。1953年，经中央同意，清华大学建立了政治辅导员制度。该制度的建立，标志着我国高校辅导员制度的正式产生。1961年，中共中央批准试行《教育部直属高等学校暂行工作条例（草案）》，这一条例明确规定："政治辅导员要从专职的党政干部、政治理论课教师和其他青年教师中挑选，选拔出有一定政治工作经验的优秀人员担任一、二年级的政治辅导员或者班主任。同时，要逐步培养和配备一批专职的政治辅导员。"此条例的实施标志着中共中央在文件中第一次正式提出了在高等学校设置专职的政治辅导员。随着《辅导员工作条例》的颁布，辅导员队伍的规模开始不断扩大，全国各类高校也建立了政治辅导员制度，高校辅导员制度的建设得到了巩固和发展。但是，到了1966年，由于"文化大革命"的全面发动，全国各高校思想政治工作受到了严重冲击，辅导员队伍建设也基本处于停滞的状态。

改革开放以来，为尽快恢复高校辅导员的思想政治教育工作，提高学生的思想政治觉悟，教育部于1980年颁布了《关于加强高等学校学生思想政治工作的意见》，明确指出："高等学校的学生政工干部，他们既是党的政治工作队伍的一部分，又是师资队伍的一部分，担负着全面培养学生的重要任务。"在教育部的指导下，我国高等学校全面恢复了思想政治工作机构，相继成立了主管学生思想政治工作和学生事务管理工作的学生工作部或青年工作部，并建立了由学校党委统一领导、由党委副书记分管、在校院（系）两级设置相应的学生工作机构的一种高校思想政治工作领导体制。直至现在，这种领导体制仍被大多数高校所采用。

20世纪80年代以后，随着思想政治教育学科的迅速发展，我国高校辅导员队伍在质量与水平上也得到了提高。辅导员的队伍建设由精干的专职人员与较多的兼职人员组成。这个时期的辅导员主要从事政治教育和道德教育，人员结构上以"少量专职，较多兼职"为主要模式，这种模式在我国的高校辅导员岗位中运转了近20年。

20世纪90年代以后，高校辅导员队伍建设的发展主要体现在高校思想政治工作管理体制的改革与完善上。从1993年到1998年，我国高校进行了大规模的人事制度的改革。同时，在这一时期，我国一些高校学生工作机构的设置也有一些较大的变动，例如，把武装部合并到学生工作部，把就业工作设立成独立机构等。并且，随着我国高校招生就业制度改革，许多高校招生与就业工作量及招生就业工作的复杂程度增加，在这种新形势下，出现了大量学生事务工作需要高校辅导员参与完成。但是，原有的制度是针对辅导员思想政治教育做的规定，对思想政治教育以外的工作职责没有明确的界定，这就使我国的高校辅导员工作出现了新的问题。

进入21世纪，随着国家战略的调整，高等教育逐步改革，大学生招生比例开始扩大，我国的高校辅导员队伍进入一个全面发展的新时期。2005年1月，教育部颁布《关于加强高等学校辅导员、班主任队伍建设的意见》，2006年9月1日，教育部实施《普通高等学校辅导员队伍建设规定》。这一系列文件的颁布明确了辅导员的工作职责、素质要求与管理措施等，对高校辅导员队伍建设具有十分重要的指导作用。2010年，根据党的十七大关于"优先发展教育，建设人力资源强国"的战略部署，为促进高等教育事业的科学与全面的发展，《国家中长期教育改革和发展规划纲要（2010—2020年）》颁布实施，这是21世纪我国第一个中长期教育规划纲要，具有涉及面广、时间跨度大、任务重、要求高的特点。党的十八大报告提出了"把立德树人作为教育的根本任务""培养学生社会责任感、创新精神、实践能力""全面提升党的建设科学化水平"等一系列战略部署，为全面贯彻党的教育方针赋予了新的时代内涵，为加强大学生思想政治教育指明了方向，为新形势下做好学生工作提出了新的要求。

第二节 高校辅导员工作的内涵

辅导员是高校学生思想政治工作一线的组织者和教育者。在培养合格及优秀人才方面担负着重要的使命。要做好、做实辅导员工作，需要从各个侧面深入地了解辅导员工作的本质和内容。并且，辅导员要加深在国家使命和社会责任方面的认识，并从思想深处将辅导员工作作为一项崇高的事业去追求。①

一、辅导员工作的特点

从宏观上看，高校教育属于上层建筑，是为经济基础服务的；辅导员隶属于高校，理所当然是服务的角色。从微观来看，学生工作是高校工作的基础，实际上是为办学和教学服务的，而办学和教学的根本在于学生。因此，辅导员的工作一定要以为学生服务作为出发点。

因此，辅导员工作显现出主、客观两方面的特点。

主观方面，主要分为主动性、预见性和针对性。主动性是要求主动了解学生的各项现实情况，分析、概括与把握学生的欲求、希望及困惑；预见性是要求预见和把握学生的思想变动特点、方向及其发展趋势等；针对性是要求注重依据社会经济条件的变化特征，有针对性地开展思想政治教育工作。

客观方面，主要指直接性、复杂性、系统性和全面性的特点。直接性是指每天直接面对学生，处理学生的各项事务；复杂性是指涉及学生学习、生活、情感、心理等各个方面的复杂琐碎问题，从而需要综合分析与判断学生的各项需求；系统性是指学生之间、师生之间、学生与家庭和社会成员之间相互关联与影响，呈现出的系统与综合特征，从而需要系统分析与掌握影响学生思想变动的各项因素；全面性是指学生群体需求与有差异个体的需求，呈现出全面性特征，从而需要关注解决每个学生个体特殊的需求。

二、辅导员的地位与作用

从全面意义上来讲，辅导员工作基本涵盖了高校学生工作的方方面面。所以，关于高校辅导员也就有了自己一系列的比喻，辅导员成了"保姆""侦察员""管理员""服务员""大班主任"等。根据高校辅导员工作的内容与角色属性，可以将辅导员的功能从思想、学习、生活、未来职业等方面来划分。

1. 思想导师

辅导员工作是高校学生的教育管理工作，这就要求辅导员本身必须深入学习、领悟党和国家的方针政策，并将其作为自己日常工作的指导原则。同时，辅导员需及时地根据学生工作的不同要求制订合理、有效及针对性强的各项工作计划，并将有关国家方针政策及时宣传给广大学生，在具体组织实施过程中不断地发现问题、分析问题和处理问题。而且，辅导员应将各种学生信息及时

---

① 裴成功、袁智强：《浅谈对高校辅导员工作的思考》，载《科教文汇（中旬刊）》，2007(11)。

反馈给高校各学生管理相关职能部门，为学校进一步的深化改革、搞好学生工作提供可靠依据。在教育过程中，辅导员应引导学生正确地认识、评价问题，树立正确的思想观念和价值标准，并灵活应用多样的形式，特别是理论学习和社会实践相结合的形式，使学生能够掌握坚实的理论基础。只有让学生掌握科学的理论，才能帮助其在思想上、信念上坚定远大的共产主义理想，树立正确的世界观和人生观。

2. 学习导师

学习是学生的天职。由于专职任课教师重点在于具体课程的指导，因此，辅导员有责任从宏观的角度、从学生长期发展的角度、从学习方法与知识结构等角度进行指导。辅导员应该让学生认识到学历教育时间的有限性和社会变化的迅速性。知识的更新日益显著，只有养成终身教育、终身学习的良好习惯，才能适应社会的发展。大学学习以自学为主，掌握良好的学习方法与树立正确的学习目标十分关键。因此，辅导员应该引导学生进行三个过渡：一是大学一年级时，指导学生从中学升至大学的过渡；二是指导学生从理论性很强的基础课程学习阶段，向应用性、实践性强的专业课程的学习阶段的过渡；三是从高校学习到终身学习的过渡，培养学生学真知、学做人，指导学生掌握科学的学习方法，为他们日后走向社会和胜任工作打好坚实的基础。

3. 生活导师

辅导员工作的首要任务是让学生学会与人相处，学会做人做事与自我发展。步入知识经济时代，每一个爱生敬业的辅导员必须要面对与思索的问题是如何用真诚指导和教育学生，以高尚的情操影响学生，真正成为大学生健康成长道路上的引路人。因此，辅导员应该将工作的重点放在指导学生生活上。首先，应指导学生树立集体主义观念，在群体中学会和谐生活，能够灵活地处理人际关系，具备很强的心理承受能力与应对能力。其次，应指导学生树立公民意识，并加强对学生的文明生活方式教育，培养学生自立自强和健康清洁而且有规律的生活习惯。最后，高校辅导员工作的主要职责还包括大学生个体规范化管理，它不仅涉及大学生日常作息的制度管理、教室和寝室的卫生、上课的考勤等，还涵盖学生档案材料管理，评优评先和奖、贷、勤、补、免等管理，以及大学生的文明行为的要求与安全保卫等。尽管这些工作相对烦琐与零散，但是正所谓"细微之处见实效"，高校的辅导员应依照国家与学校的有关规定，严肃、认真、耐心、细致地做好学生工作，努力做到学生管理的制度化与规范化，并长期坚持下去。

4. 职业导师

当前的就业形势不乐观,辅导员应该引导学生树立正确的就业观念。在面对学生时,高校辅导员是职业导师的角色,应为学生分析今后的就业方向,并帮助学生解决在职业生涯规划中遇到的各种问题。大学生要成为具有思想政治理性的人,应该为踏入社会和适应社会做好充足的思想准备。大学生的素质不仅仅体现在学习上,更应该落实到积极地参与社会实践中。辅导员的职责就是指导大学生的社会实践活动,通过社会实践培养大学生的实际动手与工作能力,引导学生勇于将所学的知识放在检验实践和寻找差距上,帮助学生走出学校和投身社会,逐渐实现和就业的无缝接轨,培养学生的社会责任感与历史使命感。其中,社会实践活动主要包括社团活动、第二课堂、社会调查与实习等。高校辅导员需要引导大学生开展社会的实践活动,服务于高校的人才培养目标,更要体现时代性、群众性和广泛性,另外,兼顾多样性、趣味性和生动性。

高校辅导员要对大学生开展就业指导并帮助学生树立正确的择业观,这也是新形势下对辅导员提出的最新要求。由于我国的大学生就业体制的转变,大学生的就业压力也日益增大,对大学生的职业进行正确的引导,应该提到辅导员的工作日程。高校辅导员应该不断提高自身修养与学识,为大学生提供职业常识、就业准备、自我认知、择业决策、面试技巧与事业发展等方面的知识,启发大学生的自主择业与理性择业。

5. 心灵导师

随着市场经济的发展和社会竞争压力的增大,大学生在学习、生活、就业等方面遇到的挫折和困难越来越多,面临的心理压力也越来越大,从而产生了各种心理问题。在这种情况下,如何尽快提高大学生的心理素质,增强大学生的心理承受能力和处理心理危机的能力,成为高校辅导员迫切需要解决的问题。在高等学校,约有30%的学生存在不同程度的任性、偏激、冷漠、孤独、自私、嫉妒、自卑等心理问题,辅导员正是应该在这个时候,对特殊学生进行关怀和指导,解决他们的心理问题,进行心理危机的干预,做学生心灵的导师。

目前,高校辅导员的整体素质与高校心理健康教育的任务有一定的差距。辅导员更多地把主要工作精力投入对学生的日常事务性管理之中,对学生的心理问题的关注相对较少。同时,因为缺乏系统的心理学知识和正确矫正心理问题的技能,一些辅导员面对存在心理问题的学生往往感到无所适从。因此,要想成为大学生的心灵导师，辅导员就必须不断掌握心理健康教育的知识和技能。

总体来说，辅导员的各个职责应该是全面和完整的，各项职责之间应该是相互衔接、相互影响、相互补充与共同作用的。辅导员应该认真地履行职责，发挥其服务与保障作用。通过以上对辅导员各职责的分析，还可以看出辅导员不是可有可无的，辅导员工作是高校学生工作的重要组成部分，对促进大学生全面成才与健康发展，对保障学校与高等教育事业的健康、有序发展，对办人民群众满意的大学，对实现党的教育方针起着十分重要的作用。

第三节　高校辅导员的素质要求

大学生的素质教育是当今社会一个持续的热点话题，然而人们往往习惯于将目光更多地聚集到大学生自身素质的培养和提高上，却忽视了同大学生素质教育关联最为密切的人——辅导员。辅导员是高等学校教师队伍的重要组成部分，是高等学校从事德育工作、开展大学生思想政治教育的骨干力量，是大学生健康成长的指导者和引路人。[①]

新时期的大学生思想政治状况应该是积极、健康、向上的。但是新旧、中外、先进与落后的思想文化观念，在当今社会生活中交织和碰撞，这就对大学生在思想观念上、行为模式上产生极大的影响，也直接导致了辅导员工作面临着许多新情况和新问题，同时，也带来了许多新思路和新机遇。因此，提高辅导员素质是适应新时期高校辅导员工作的迫切需要，提高辅导员的素质已刻不容缓。

一、思想道德素质

思想道德素质是指辅导员在一定的社会环境与教育环境的影响下，通过自身的认识与实践，在政治倾向、思想观念、理想信念、道德情操等方面养成的十分稳定的品质。在高校辅导员的多元素质中，思想道德素质是最根本、最重要的素质，居于各素质之首。辅导员的思想道德素质对造就21世纪高素质人才起着导向、动力和保障的作用。思想道德素质主要是通过后天培养和知识的"内化"养成的，主要包括政治素质、思想素质和道德素质。它们三者之间的关

---

① 中华人民共和国教育部：《教育部关于加强高等学校辅导员、班主任队伍建设的意见》，中华人民共和国教育部公报，2005(3)。

系是：政治素质是首要的素质，它对思想素质与道德素质起着导向的作用；思想素质和道德素质体现政治素质的高低，是政治素质的基础和保证。

1. 政治素质

大学生的思想政治教育工作是事关国家发展大计与民族的前途命运的工作，培养大学生拥有过硬的思想政治素质，是高校辅导员责无旁贷的责任。江泽民同志在第三次全国教育工作会议上指出："要说素质，思想政治素质是最重要的素质。"①这充分说明了思想政治素质在各素质中的重要性，阐明了高校教育工作的主要方向。实践表明，如果一个人的政治立场和政治方向错误，他的文化素质越高，则对社会造成的危害将会越大。当今社会的发展呈现出错综复杂的形势，当代的大学生需要认清自己的方向和站稳立场，同时，具有坚定的社会主义政治信念。所以，思想政治教育工作应是辅导员工作的首要任务，这也必然要求辅导员有过硬的思想政治素质。

高校辅导员必须全面地理解与掌握马克思列宁主义、毛泽东思想、邓小平理论、"三个代表"重要思想、科学发展观和习近平新时代中国特色社会主义思想，同时，要成为学习宣传和运用马克思列宁主义、毛泽东思想、邓小平理论、"三个代表"重要思想、科学发展观和习近平新时代中国特色社会主义思想的模范，要努力钻研马克思主义与哲学社会科学的理论，不断地学习马克思主义中国化的最新成果，并且认真学习和领会中国革命道路与中国建设实践，充分了解中国改革开放的历史经验与时代特点，用科学的理论武装大脑和开阔眼界，运用正确的眼光与方法来分析对待中国和西方国家之间的差距与当代中国热点问题，为高校学生答疑解惑。

辅导员也需要具有坚定、正确的政治方向和政治立场。西方的敌对势力对我国政治文化的"西化"和"分化"的行动一直没有停止过。其中，青年学生就是他们争夺的主要对象，高校教育应该永远把坚定正确的政治方向放在第一位。因此，辅导员必先受教育，高校辅导员要坚持新时代中国特色社会主义的方向，始终站在党和人民的立场，认真贯彻执行党的路线、方针和政策，在思想上、政治上、行为上和党中央要保持高度一致；要坚决维护党的利益和维护人民的利益，运用马克思主义立场的观点与方法，分析周围环境与人的思想，做到方向正确和立场坚定；要在大是大非面前站稳立场，同时自觉抵制各种思潮的错误干扰。辅导员只有坚持正确的政治方向，才会清醒和正确地把握党的路

---

① 江泽民：《在第三次全国教育工作会议上的讲话》，2018-01-20。

线、方针和政策的本质，才会教育出拥有坚定和正确的政治方向的高素质人才。

2. 思想素质

思想素质是指辅导员的思想觉悟，即辅导员是否具有马克思主义的世界观、人生观、价值观，是否具有共产主义思想，是否具有为高等教育事业献身的精神等。思想政治教育是要靠辅导员言传身教的，他们的一言一行和一举一动流露出来的思想境界与精神风貌，对受教育者起着最直接或潜移默化的作用。思想素质和政治素质一样，是构成高校辅导员思想道德素质的主要部分，它决定着辅导员思想政治素质的形成与完善，是辅导员的管理活动的内在原动力。

高尚的理想信念是高校辅导员思想素质的核心。理想信念是人类所特有的精神现象，也是判断人生是高尚、充实，还是空虚的重要衡量指标。理想和信念是思想素质教育的核心问题，也是世界观、人生观和价值观在奋斗目标上的表现。高校要培养大学生具有崇高的理想与信念，首先就要求高校的辅导员必须坚定对马克思主义的信仰和对社会主义的信念，拥有对我国改革开放与社会主义现代化建设足够的信心，以及对党和政府足够的信任。崇高的理想也表现在能够自觉加强马克思主义理论修养，兢兢业业地做好教育工作，把实现理想的热情充分投入培养人才的工作中去。

优秀的思想觉悟是高校辅导员素质的支柱。大学时期是大学生人生观、价值观和世界观形成的重要时期，也是他们较多的接触社会和个人前途等诸多问题的敏感时期。当代的大学生既有敢于开拓进取、追求人生价值等积极向上的一面，也有价值取向多元化、缺乏责任感与使命感等消极的一面。在大学学习阶段，大学生的行为与形态有着十分明显的独立性与自主性，已经不可能完完全全地服从辅导员的安排，而且，在面对一些矛盾冲突和困难问题时，他们的思想和情绪又容易发生变化。在这时候，辅导员就应自觉地履行引路人的职责，积极当好大学生政治上的向导，同时帮助他们及时地从思想上与行为上的误区里走出来，逐步树立正确理想与社会主义信念，更重要的是确立正确的人生观、价值观和世界观。

3. 道德素质

作为高校辅导员，在具体工作中应该处处体现高尚的道德素质。道德是调整人们相互关系的行为准则和规范，也就是为人处世的标准。辅导员道德素质主要是指辅导员在从事教育活动过程中形成的比较稳定的道德观念和行为规范，是调节教师与学生、教师与教师、教师与家长、教师与社会相互关系的行为准则，体现了一定社会和阶级对辅导员职业行为的基本要求。因此，辅导员只有具有高尚的道德品质，才可以使自己的行为符合社会的要求，为社会所接纳，才能建立与他人、与社会的和谐关系，才能在社会关系中胜任自己的道德角色。

爱岗敬业是辅导员对待工作的基本素质要求。而且，由于辅导员工作具有特殊性，这就要求辅导员对工作要充满信心，以培养优秀、高素质的人才为己任，要有乐于奉献的精神，应该全身心地投入工作之中，当好院系及各级领导的有力助手，扎实地做好大学生的教育和管理工作。

真诚慈爱是辅导员对待大学生的基本素质要求。高校辅导员必须以爱自己的学生为使命，把大学生的冷暖时刻记在心里，并为大学生排忧解难，成为真正爱学生的优秀教师。首先，要切实关心大学生的生活，并且在实际工作中，要关心大学生的切身利益，赢得大学生的信任与爱戴。其次，细心对于辅导员来讲很重要，在实际工作中做个细心的人，要时刻关注大学生的各个方面，时刻留心大学生的各种困难，随时注意大学生的思想动态变化，并及时地了解大学生所想、所急和所盼，并针对性地做好思想政治工作。最后，耐心能使学生与辅导员交心。高校学生会有很多的问题，需要辅导员来解答，如学习方面、工作方面、生活方面及感情方面等。因此，这就需要高校辅导员非常有耐心，仔细聆听大学生的心声，并且耐心地为他们开导。

二、文化知识素质

文化是人类在社会发展中所创造出来的物质财富与精神财富的总和。文化的基本功能就是教育人、引导人、培养人、塑造人，使人们形成理想信念、道德风尚、民族精神与行为规范。文化素质是由知识、能力、情感、态度、价值观等多种因素整合而成的内在品质的体现。随着知识经济时代的到来和科学技术的迅猛发展，知识文化总量飞速增长并相互渗透，大学生的特点是渴求知识且思想活跃。作为辅导员，应该掌握较高的文化与广博的知识，并不断地丰富、提高它，这是开展高校学生工作所必须具备的基本素质之一。因此，根据辅导员的工作环境与工作特点，要求辅导员需要具备较高的文化素质和知识素质。

1. 文化素质

文化除了一般意义上认为的包括哲学、语言、修辞、历史、数学等内容外，还应该强调包括由知识、信仰、思想、道德、品格、性格、心理、艺术、风俗及生活情趣、行为习惯等内容组成的观念和形态。文化素质指将人类优秀的文化成果，通过知识传递和环境熏陶，内化为人的气质和人格修养，成为人类的稳定的内在品格。

在知识经济的时代，信息高速发展，知识更新加快，学科间渗透加快，新的学科层出不穷，这就要求辅导员不仅要学习掌握思想教育专业的知识与技能，而且还要努力拓宽知识面，认真学习教育学、心理学、历史学、美学、公共关系学、伦理学、社会学、政治学等学科的相关知识，优化知识结构，提高科学文化素质，这样才能对大学生产生有针对性与适应性的思想政治教育的效应，避免空洞的说教，增强说服力。因此，辅导员只有具备丰富的文化素质与知识素质，才能够提高大学生的文化素养，培养大学生的人文精神，同时开阔大学生的眼界、提高大学生的思想境界，使他们树立正确的人生观和价值观，懂得历史国情，激发学生的爱国主义情怀与集体主义精神。

2. 知识素质

知识素质是指高校辅导员整体的文化素质。高校辅导员面对的主要工作对象是知识面宽和涉猎范围广及求知欲强的大学生，所以只有在工作中做到"求之有给和问之有答"，才能够切实提高学生工作的成效。

辅导员的知识素质主要由系统的马克思列宁主义理论、毛泽东思想、邓小平理论、"三个代表"重要思想、科学发展观和习近平新时代中国特色社会主义思想构成。马克思列宁主义、毛泽东思想、邓小平理论、"三个代表"重要思想、科学发展观和习近平新时代中国特色社会主义思想是指导我们在学习、生活与工作中不断战胜困难并且取得胜利的思想武器，是思想政治工作的科学的理论基础，还是高校辅导员知识素养的基本内容。辅导员应该认真学习并深入领会，系统地掌握科学理论，并用理论指导工作实践，认真把握高校学生工作的规律，客观分析、判断和解决工作中的问题。

另外，辅导员作为思想政治教育主体，如果没有扎实的专业知识与能力，是做不好辅导员工作的。因此，辅导员要掌握思想政治教育理论与工作业务方面的知识，其中包括党的思想政治教育的传统经验和思想政治教育学的基本原理、方法论、发展历史，还包括与思想政治工作关系密切的马克思主义理论等相关知识。学习与掌握这些专业知识，有利于把握和认识感情、意志、个性等心理特征，了解学生的经济条件、文化教养、家庭状况、社会关系与社会环境，掌握学生思想与行为活动的规律。只有这样，辅导员才能够有针对性地和自觉地做好思想政治工作。在新形势下，辅导员只有不断地丰富专业知识，才能够提高业务能力与专业水平，从而实现高校学生工作的创新。

同时，辅导员还需要掌握学生兴趣爱好的相关知识和学生关注的热点知识，如文学、电影、舞蹈、美术、体育等方面的知识，以及网络、市场经济、人才学和成功学等方面的知识。宽广的知识面与合理的知识结构可以使辅导员更容易接近学生，缩小与学生之间的距离，能够找到更多工作的契合点，为大学生的健康成长和全面发展提供帮助。

三、个人能力素质

素质亦称"能力"和"才干"，它是由能够促使员工产生良好工作业绩的个性特征组成的，主要包括技能、知识、个性和内驱力，也是用来判断一个人能够适应工作的依据和前提。① 要想成为一名合格的高校辅导员，就需要拥有较高的个人能力素质。

1. 组织管理能力

高校辅导员首先要具备组织能力，要把大多数学生团结及组织起来，同时，分阶段、分步骤地策划及安排，完成学生工作的总体战略目标。同时，辅导员也要具备管理能力，即要善于调动不同性格、不同特长、不同爱好的学生的积极主动性与创造性，形成高校学生工作的强大合作力量，保证高校育人工作的顺利开展和实施。

2. 沟通协调能力

沟通能力是高校辅导员必须具备的基本素质，在与大学生沟通中，辅导员应善于分析及抓住学生的思想动态及心理特征，并以平等的心态对待学生，努力为学生排忧解难，帮助他们争取更多有利的空间，与他们成为无话不谈的好朋友。辅导员只有得到大学生的信任与尊重，才能够在他们身心健康成长的过程中起到巨大作用。协调能力是指辅导员要有能力做好各方面及各部门之间的协调工作，处理好辅导员与院系及各部门领导、辅导员与科任教师、辅导员之间、辅导员与学生之间的关系。

3. 语言表达能力

语言是辅导员表达思想、传授知识、启迪学生智慧的基本工具，是辅导员塑造学生心灵的主要桥梁。语言表达是要把自己的思想、感情、知识意愿通过语言表达出来。如果辅导员没有深厚的语言功底，就很难达到教育学生的目

---

① 郑嫚:《高校学生能力素质模型构建及其应用研究》，博士学位论文，武汉大学，2013。

的。因此，辅导员的语言能力显得十分重要。思想政治工作并不意味着长篇说教，而是严密的逻辑、入微的分析、确凿的论据，以及丝丝入扣的推理和推心置腹的交谈，只有这样才能让学生信服。辅导员在面对大学生的长处和进步时，应及时察觉，并用恰当的语言表达高兴与赞赏，在面对大学生的缺点及失误时，必须根据不同学生的性格特征和个性心理，把个人意见恰如其分地、以让学生最能接受的方式表达出来。辅导员还需要在表明立场态度时，恰当运用语言技巧，顾及大学生的自尊，培养及保护学生乐观的上进心。

4. 开拓创新能力

辅导员的开拓及创新能力是高校学生工作得以改进及发展的动力所在。辅导员工作处在一个具有挑战性的时代。生产条件和社会环境在变，文化氛围和竞争方式在变，学生的思维及理念也在变。一个合格的辅导员必须能在把握基本原则的前提下，运用不同的方法开动脑筋和解放思想，探索并开拓新的工作思路及创造新的工作方法，更好地为社会主义人才培养目标服务。

5. 科研开发能力

辅导员的主要工作对象是学生，学生掌握着先进的文化知识，而且具有较强的观察与分析问题的能力，他们是社会群体中特殊的群体之一。青年学生对新生事物具有强烈的求知欲与接受能力，但是他们的思想有一些不成熟，这就要求辅导员保持激情去研究与总结学生对出现的新情况和新问题的思考，并且形成相关的科研成果，这也便于同行的学习与交流。另外，辅导员还应该用科学的理论去指导学生的工作实践，强化自身的"知识型"与"学者型"的定位。在培养自己具有较高的思想政治专业素养的同时，还要将理论与实践相结合，以实践作为检验真理的唯一标准，用对实践的研究与总结来补充、完善科学的理论。

6. 信息处理能力

随着计算机网络技术的快速发展，社会上已经形成了以信息技术为物质基础与技术基础的网络社会。人们交流与传递信息的方式发生了巨大的转变。因此，面对如此纷繁复杂与不断更新的信息知识的情况，辅导员必须不断提高自己的信息处理技能，以及对信息的筛选、鉴别和使用能力，提高工作质量和效率。

四、个人身心素质

联合国世界卫生组织对健康下的定义：健康不仅是没有疾病，而且包括躯体健康、心理健康、社会适应良好和道德健康。一个健康的人既要拥有健康的身体，还要拥有健康的心理，更要拥有良好的社会适应能力。身心健康是一切知识技能和品质的载体，它是人生第一财富。所以，如果没有身心健康与和谐的发展作为基础，所有知识技能的增长都不可能引起个体素质的进步。

辅导员工作的特点决定了辅导员工作时间是无规律的，工作的任务重、难度大、要求高，这就需要辅导员要保持健康的心态和良好的个性，更重要的是要拥有优秀的意志品质等心理素质，始终保持昂扬斗志，乐观向上，对生活充满信心，以平静的心态对待所有的事情，以豁达的心胸包容学生的错误，这样才可以去疏通思想、化解矛盾，才能够真正帮助大学生解决学习与生活上的实际困难与存在的困惑。

1. 身体素质

身体素质是人体在运动、劳动与生活中所表现出来的力量、灵敏速度、耐力及柔韧等机能与能力，是人们的诸多素质中最基本的素质，也是人生中最基本的物质基础。如果没有健康的身体素质做保证，任何良好的思想品质与业务素质都将是。所谓"身体是革命的本钱"就是此意思。辅导员工作繁杂且艰苦，这就更要求辅导员必须拥有健康的身体才可以胜任。

2. 心理素质

心理素质是指在环境与教育的影响下，形成和发展起来的心理品质。良好的心理素质则是辅导员做好学生工作的十分重要的条件。辅导员承担着学生生活导师的工作职责，所以，心理素质的优劣则直接影响大学生心理健康的成长。

首先，辅导员需要健康积极的心态。在工作中，积极向上的情绪能给学生以鼓舞与信心，而消极的情绪就会给学生带来非常负面的影响。高校辅导员首先要用理智来驾驭情绪，对待问题要乐观向上，对待生活要充满信心，这是做高校学生工作的首要前提条件。

其次，辅导员需要良好的性格。良好的性格是一个人在生活过程中形成的对待现实的态度。其中，拥有广泛的兴趣爱好是辅导员和学生最为接近的方式之一，辅导员同学生一起活动、一起娱乐，并且能够在娱乐活动之中减少与学生之间的距离感，更多地了解学生，寓教于乐。当然，不能要求所有的辅导员都是多才多艺的人，但是兴趣爱好广泛和有一技之长，是开展高校学生工作的重要的资本。

最后，辅导员需要具备一颗平常心。辅导员工作为辅导员提供了很多锻炼自我、完善自我、提高自我的难得机会。辅导员应该以积极的热情投入高校学生工作之中，以平和的心态对待社会的不认可或者歧视，以优秀的工作成果取得学生的认可，以平凡的工作岗位为我国的高校教育事业做出贡献。①

➤本章小结

新时期，高校人才的培养已经进入了增强素质教育的更高阶段，培养具有高素质与创新能力的人才，是当今高等教育的重要内容。辅导员作为高校学生工作队伍中的重要组成部分，必须担当起塑造学生健全的人格、帮助学生养成优良的道德品质、树立崇高的价值观和远大理想及爱国主义情操的重任。

社会经济文化发展的时代特征，要求新时期的高校学生应具有时代性。辅导员作为担负着为社会主义建设事业培养和输送人才的职责的高教工作者，必须紧紧抓住时代跳动的脉搏，敏锐地捕捉到时代的发展变化对高校学生工作提出的新要求，不断地发现自身的差距，勇敢地迎接挑战，并努力地提高和完善自己的素质。

➤案例：辅导员——大学生的生活导师

某校某院某一级学生刚刚进入大学，辅导员就给所有同学充分展示自己才能的机会，根据班级人数把同学们分成若干组，大家轮流管理班级，待第二学期开学再根据学习成绩和上学期工作表现等综合考量，选出一届大家满意的班委会和团支部成员。大家对这个做法很赞同，也都积极地去表现。

而今天要介绍的这个同学却恰恰相反，不愿参与到班级的管理中来，班级只要有一项提议，她总是能找出理由反对，甚至中伤一些学生干部，生活态度散漫，学习没有主动性，甚至根本不学习，勾结着和她类似的同学一起做着破坏班级团结的事。班级干部对她束手无策，班级工作一度陷入困境当中。

在思想上，辅导员和该同学进行了多次谈心，也多次对她进行了批评教育，但她总是好了伤疤忘了疼，收效甚微，后来辅导员做出了一个大胆的决定，在班级同学几乎完全不同意的前提下任命她为班级的代理班长，其实辅导员的本意是让她知难而退，打击一下她的嚣张气焰并给她深刻的教训，让她亲

---

① 王润华：《新时期提高高校辅导员素质探析》，硕士学位论文，西南财经大学，2005。

身体验这个职务的不容易。起初她对辅导员所做的决定很愕然，但也硬着头皮接了下来。此后辅导员总会给她施加压力，增加包袱，挑毛病，找漏洞，班级日常学习管理考评始终排在全院最后。

也许是坎坷后的醒悟或是艰难跋涉后的顿觉，渐渐地，辅导员看到了一个不一样的代理班长，默默一个人摆放桌椅、打扫教室，默默一个人蜷缩在班级一角复习专业知识，为了一点小事也耐心倾听大家的意见，在自习时间几乎将嘴咬住也绝不发一声。在接下来的谈话中，她每次都低头不语，虽然没有意识到自己行为的正确性与否，也不知道这似乎异常的表现合不合理，但她答应以后好好表现。她告诉辅导员，以前因为自己的基础太差跟不上，更不想学习，对大学生活和学习没有一点兴趣，自己也很矛盾，所以有时这也是发泄的一种表现。了解到这些，辅导员告诉她在学习中偶尔的失意是很正常的，现在进入大学，大家都处在同一起跑线上，看谁下的功夫大，谁用的劲多，学习不是为了会几道题得了多少分，而应该把学习看成一种能力，在现在用人单位"凡进必考"的体制下，不学习就等于失败，就意味着淘汰，明知自己以后要被淘汰而不去挽回是何等的可悲，成功的关键是不能轻言放弃，尤其是不能自己放弃自己，辅导员鼓励她要在大学学会两件事——为人、处世，要排列三个关系——知识、能力、素质的协调发展，大学处于学校到社会的过渡阶段，作为当代大学生，应该学会坦然接受生活和学习中偶尔的失意，而不是放弃。经过谈话，辅导员从她坚定的眼神中感受到了一种坚毅或是奋发图强前的征兆。为了彻底地改变她，辅导员经常把她叫到办公室帮忙完成一些打字、装订材料之类的工作，辅导员发现她是个非常细心、有耐心的孩子，根本不像同学们描述得那样——不谙世事，刁钻蛮横。平时没事的时候和她聊聊家庭、理想等，经过一段时间的真诚、耐心地沟通交流，辅导员发现她改变了，变得关心集体、变得懂得不轻言放弃、变得知道学习为了什么。慢慢地，同学们经常会发现，全院晚自习从教室里走得最晚的是她，经常为了班级同学的操行分数和辅导员喋喋不休的人是她，帮助老师在行政楼和系办之间来回传阅材料的是她，同学生病最着急的也是她……

凭借不懈努力，她的学习成绩在全年级飞跃到中上等，并竞选了年级学生会副主席、班级班长，于今年获得学校"优秀学生干部"称号，并被列为入党重点培养对象。她的成功无疑带动了一大批同学重新燃起奋斗的火苗，点燃追求理想的火把，共同进步，也在一定程度上加强了学院的学风建设，营造了良好的学习和生活氛围，使大家在这样一个充满坚毅力量的集体中阔步前进。

➢思考题

1. 请结合当前我国高等教育面临的新形势和高校党的思想政治工作实际，谈谈辅导员制度有哪些新内涵？

2. 请谈谈当前高校辅导员素质与能力建设中存在的主要问题，并对如何进一步提高辅导员素质与能力提出具体对策。

3. 请简要谈谈辅导员的思想道德素质、文化知识素质、个人能力素质三者之间的关系。

第三章　大学生思想政治教育工作

内容提要：大学生的思想政治教育工作得到了社会和高校的普遍重视，本章主要对大学生的思想政治教育的一些相关问题进行深入的探讨。第一节对思想政治教育做了一个总体的概述，对思想政治教育的概念进行了理论界定，同时阐述了加强大学生思想政治教育的重要性和紧迫性。第二节详细介绍了高校思想政治教育的主要内容，把整个思想政治教育的内容分成了五个方面，即政治教育、思想教育、道德教育、法纪教育和心理健康教育，并分别说明了各个方面在整个的思想政治教育内容体系中的作用。第三节主要针对目前的形势和背景，提出了在大学生思想政治教育工作中应该抓住的几个关键环节，主要包括创新思想政治教育理论课、适应社会主义市场经济的需要、做好独生子女群体思想政治教育工作、培育大学生的主体意识。

改革开放以来，我国建立了社会主义市场经济体制，经济飞速发展。随着改革开放的进一步深入，我国同国外的联系也越来越紧密，国外先进的科技文化知识对我国的社会发展起了巨大的推动作用。但与此同时，随着我国与国外之间的往来越来越频繁，我国也受到了西方一些颓废的思想文化的冲击。

我国的高等教育已经进入了大众化教育的阶段，大学生的数量正在逐年地增加，他们是十分宝贵的人才资源，他们的思想道德、科技文化素质直接关系到我国社会主义现代化建设的顺利开展。近年来，随着网络的普及，大学生认识世界的窗口变得越来越宽阔，但网络上的一些违背传统道德观念、落后颓废的思想也在不知不觉中影响着大学生的价值观念。这些都要求我们充分认识到加强高校思想政治教育的重要性和紧迫性，能否开展好大学生思想政治教育工作关系到我国社会主义现代化建设的进程能否高质量而顺利地发展。

第一节　思想政治教育概述

思想政治教育是我国精神文明建设的首要内容，也是解决社会矛盾和问题的主要途径之一，党和政府对大学生思想政治教育工作十分关心和重视，中共中央、国务院《关于进一步加强和改进大学生思想政治教育的意见》中对大学生的思想政治教育十分关注。在深入研究大学生思想政治教育工作之前，有必要对思想政治教育这一概念做一个简单的概述，同时我们也要充分认识到加强大学生思想政治教育的重要性和紧迫性。

一、思想政治教育概念界定

1847年，马克思和恩格斯创立共产主义同盟，在同盟的章程中就提出了每一个党员都要"具有革命毅力并努力进行宣传工作"，这里的"宣传工作"就是思想政治教育的最早提法。

列宁和斯大林都先后在公开讲话中使用"思想工作"和"思想政治工作"的说法。中国共产党的领导人毛泽东、刘少奇等也都在会议和讲话中有过"政治思想工作"和"思想政治工作"等提法。十一届三中全会以后，"思想政治教育"成为比较统一的说法。

由此可以看出，无产阶级政党自始至终都非常重视思想政治教育，概念的演变也体现出了思想政治教育与时俱进的马克思主义的高贵品质。

思想政治教育这一概念在理论界有着不同的说法和界定，这里我们将它看作思想教育与政治教育的一个结合体，即思想政治教育是指特定的社会群体用一定的思想观念、政治观点和道德规范，对其成员施加有目的、有计划、有组织的影响，使他们形成符合一定社会、一定阶级所需要的思想品德的社会实践活动。[①]

党的思想政治教育的根本任务是：用马克思列宁主义、毛泽东思想、邓小平理论、"三个代表"重要思想、科学发展观和习近平新时代中国特色社会主义思想教育广大人民群众，培育和造就有理想、有道德、有文化、有纪律的社会主义新人。思想政治教育是对当今大学生进行历史唯物主义和辩证唯物主义教育的重要途径，是帮助大学生坚定政治信念和立场，树立正确的世界观、人生观和价值观的重要手段。习近平总书记在党的十九大报告中指出："青年兴则国家兴，青年强则国家强。中华民族伟大复兴的中国梦终将在一代代青年的接力奋斗中变为现实。"立德树人作为教育的根本任务，这一重要的理论创新不但确立了我国教育事业的根本任务，也确立了当代大学生思想政治教育的根本任务，为新形势下加强和改进大学生思想政治教育工作指明了努力方向，提出了

---

① 李秀芳、顾建国、冯振宇：《论新时期高校学生思想政治工作》，载《南通工学院学报（社会科学版）》，2003（2）。

新的要求。

在信息高速传递、经济全球化进程日益推进、社会形态和思想文化日趋复杂的社会大环境下，大学生有着自己的处世认识和处世方法，他们对于复杂多变的社会现象和社会事件都有自己独到的观察角度和对事实的认知，并以此逐渐形成独立的思想和观点。正是如此，面对复杂的社会形态和外来思想文化的冲击，他们可能会树立错误的人生观和价值观。因此，一种适当有效的思想政治教育形式、内容和方法，对大学生如何走好今后的人生旅程，如何做一个社会需要和有利于社会的人，如何看待今天诸物的价值取向就显得尤为重要了。

二、高等学校思想政治教育

当前，高等学校思想政治教育面临的形势十分严峻。20世纪90年代以来，世界经济全球化的进程大大加快。经济全球化有利于资源和生产要素的合理配置，有利于资本、产品和科技等的全球性流动，是人类进步的表现，许多国家的经济得到了飞速的发展。就我国而言，随着改革开放的深入、经济建设的推进，大量的政治、文化观念越来越普遍地影响着人们的思想道德生活，造成了人们道德上的斗争与融合。[①] 另外，资本主义和社会主义两种社会制度和思想文化的相互激荡和影响进一步加剧，我国和世界的交往也越来越密切。大学生作为一个思想最敏感、最活跃的群体，其思维方式、道德观念、价值取向会不可避免地受到冲击。尤其是西方文化产品的大量涌入，这些文化很多时候所体现的重视商业价值、追求感官刺激、个人主义等价值观很容易腐蚀大学生的理想观念，弱化他们的国家意识和爱国情感。现实中的一些不良现象也带来了较坏的影响，面对网络如此发达的今天，大学生接触网络相当频繁，网络上的一些暴力、拜金、享乐等颓废思想充斥其间，这些内容也在不知不觉中严重影响着大学生的价值观念。

在这样的大背景下，高校思想政治教育遇到许多新的、难以解决的问题。这些问题仅靠传统的思维方法、传统的运作模式、传统的应对举措是难以奏效的，这就必然要求高校在理论和实践上做出与时俱进、开拓创新的理性思考，科学应对与正确决策。比如，随着当今社会网络的飞速发展，除了传统的校园BBS、QQ、MSN、手机短信等，微博、微信等新生即时通信工具也陆续推出，对大学生的思维方式和价值观念产生了很大的影响，高校也根据思想政治教育

---

① 于淼、郑化平：《加强当代大学生思想政治素质教育探讨》，载《中国医药导报》，2008(24)。

的环境、任务、内容、原则、渠道和对象的变化，提出新的理念、思路、对策、措施，将网络作为开展思想政治教育工作的现代化手段。但是，高校对网络思想政治教育的规律性认识还不成熟，一些思想政治教育虽然形式翻新，但内容仍枯燥单一，理论化程度过深，缺乏学生的自我认知和理论创新。

2004年10月，中共中央、国务院印发了《关于进一步加强和改进大学生思想政治教育的意见》；2005年1月，全国加强和改进大学生思想政治教育工作会议在北京召开，胡锦涛同志在会议上发表重要讲话，他把"培养什么人""如何培养人"这一重大课题摆在广大思想政治教育工作者的面前。这对于新时期、新形势下加强大学生思想政治素质教育具有重大而深远的战略意义。以习近平同志为核心的新一届中央领导集体提出的实现中华民族伟大复兴的中国梦，为全国人民达成共识、凝聚力量、共同推进中国特色社会主义事业指明了方向，成为当前大学生思想政治教育的重要主题。我国古代有"与善人居，如入芝兰之室，久而不闻其香；与恶人居，如入鲍鱼之肆，久而不闻其臭""近朱者赤，近墨者黑"等形象而深刻的描述。加强当代大学生思想政治素质教育，优化和开发思想政治教育环境，营造有利于大学生健康成长的环境，引导其树立正确的世界观、人生观、价值观，是一项重大而紧迫的挑战和战略任务，是高校教育工作者不可推卸的责任。

由此，无论是在当今经济全球化、社会形态和思想文化复杂多变的大背景下，还是在党和政府出台的政策下，加强大学生思想政治教育已经刻不容缓。目前，我国在校大学生的思想道德素质、科学文化素质和健康素质如何，直接关系到党和国家的前途命运，关系到中国特色社会主义事业的兴衰成败，关系到全面建成小康社会和中华民族伟大复兴的中国梦目标的实现。因此，切实加强当代大学生思想政治素质教育，对于全面实施科教兴国和人才强国战略，确保我国在激烈的国际竞争中始终立于不败之地，确保实现全面建成小康社会的宏伟目标、加快推进社会主义现代化，确保中国特色社会主义事业兴旺发达、后继有人，具有重大而深远的战略意义。

第二节　高校思想政治教育的主要内容

思想政治教育的内容与思想政治教育的目的和任务有着密切的联系，思想政治教育的目的和任务结构层次丰富，受教育者思想道德状况也呈现多样性。因此，思想政治教育的内容也是一个多样化的系统。结合当前培养"有理想、有道德、有文化、有纪律"的社会主义合格公民的要求，以及受教育者的思想的实际情况，我们把思想政治教育的内容分为五个大的方面，即政治教育、思想教育、道德教育、法纪教育和心理健康教育。

一、政治教育

政治教育是指依据一定的政治思想和规范对受教育者施加影响，使受教育者形成一定政治观念、信念和政治信仰的教育。

因为政治教育内容的核心是国家观，所以教育的内容是围绕国家观的政治知识、政治观点和政治价值观念的教育，主要有党的基本理论、路线和基本纲领教育，理想信念教育，形势与政策教育，以及爱国主义教育等。

在思想政治教育的内容体系中，政治教育始终处于核心地位。其一，思想政治教育的根本属性是政治性，政治教育传播一定的政治思想和政治观念，这是同党的意志紧密联系在一起的，从根本上体现了思想政治教育的本质，是思想政治教育的灵魂。其二，政治教育决定着整个思想政治教育的方向和性质，指引思想政治教育沿着正确的方向前行。

二、思想教育

思想教育是运用一定的哲学思想和方法对受教育者施加影响，使人们形成一定的世界观、人生观、价值观的教育。

思想教育也包含着丰富的内容，主要包括辩证唯物主义的世界观、人生观、价值观、历史观及其方法论。

思想教育是根本性内容。思想教育为人们认识世界和改造世界提供了强大的思想武器，为政治教育、道德教育、法纪教育和心理教育提供价值理念支撑和世界观、方法论基础。因此，以科学的世界观、人生观、价值观教育为主要内容的思想教育，是整个思想政治教育体系中的根本性教育。

三、道德教育

道德教育是指一定社会或集团为使人们自觉遵循其道德行为准则，履行对社会和他人的相应义务，而有组织、有计划地施加系统的道德影响。比较完整的道德教育过程，一般包括提高认识、陶冶情感、锻炼意志、确立信念和培养行为习惯等主要环节。与通常的知识教育相比，道德教育具有广融性、重复性、强烈实践性和渐进性等主要特点。社会主义社会的道德教育，主要是培养人民的共产主义道德品质，提高人民的历史主动性，推动社会秩序和社会风气的不断改善。它既从现实经济政治关系的实际需要和可能出发，又着眼于人民道德境界的不断升华。它不仅注重清除一切旧道德的消极残余和影响，积极配合和保证政治、法律、知识、审美等方面的教育，而且更注重培养人民的社会责任感和道德选择能力。

道德教育包括的内容有集体主义道德原则教育、社会公德教育、职业道德教育、恋爱观教育、家庭美德教育、生态道德和网络道德教育等内容。社会主义道德是在无产阶级自发形成的朴素的道德基础上，以马克思主义的世界观为指导，由无产阶级自觉培养起来的道德；是以为人民服务为核心，以集体主义为原则，以诚实守信为重点，以社会主义公民基本道德规范和社会主义荣辱观为主要内容，代表无产阶级和广大劳动人民的根本利益和长远利益的先进道德体系。

道德教育是基础。第一，道德是调节社会关系的最基本的规范体系，任何社会关系都会受到道德的调节和制约。政治、法律、规则等的创立和实施的前提必须体现社会主义道德的精神，通过道德教育，道德的调节作用就可以在最基础的层面得到广泛的发挥。第二，全面提高道德主体的素质依靠的是道德教育。随着时代的发展，道德教育的视野也得以拓展，除了传统的"三德"教育之外，调节人与自然以及人与人之间的关系的环境道德教育、网络道德教育、科技道德教育等也被纳入道德认识和实践的范围，从而使人最终成为"自由的人"，道德主体的这种特征决定了道德教育的基础作用，通过道德教育形成良好的道德品质应当成为现代思想政治教育的出发点。

四、法纪教育

社会主义中国的法纪教育是指党按照人民的意志，通过国家政权建立的以维护最广大人民群众利益的法律和制度。我国是法治国家，依法治国是我国的基本方略，健全法纪教育是发展社会主义市场经济的客观需要，也是社会文明进步的重要标志。

社会主义的法纪教育的主要内容包括对人们进行社会主义民主、法制和纪律的教育。它不仅包括一些理论性的法律法规教育，而且还在不知不觉中教育人们从他律向自律的转化。

法纪教育是保障性内容。法律能够调整和制约人们的行为规范和准则，但它更重要的作用是为政治规范和道德规范提供一股保障性的力量。社会主义法律法规中包含着丰富的思想政治教育内容，因此，进行法纪教育可以为这些内容提供制度化保障。

五、心理健康教育

心理健康教育是指根据人们的心理发展特点，运用有关心理教育方法和手段，培养良好的心理素质，促进人们身心全面和谐发展和素质全面提高的教育活动。

心理健康教育的主要内容有心理现象知识教育、心理健康与调适的基本知识教育、心理疾病的预防与咨询教育等。心理健康教育的总目标是提高人们的心理素质，培养乐观向上的心理品质，促进人格的全面发展。

心理健康教育是前提性内容。现代的思想政治教育涉及认知、情感、意志、信念等许多方面，必须以心理健康教育作为起点和前提。人的思想、政治、道德观念的形成都是从一定的心理活动开始的，都要经过心理过程的发展。心理健康教育就是通过对人们心理素质的培养，使人们形成健康的心理品质，为思想政治教育等其他内容的实施提供赖以依靠的基础和平台。

在对思想政治教育内容进行总体归类和层次划分的基础上，研究各基本构成要素在思想政治教育中的地位及相互关系，从而使思想政治教育内容形成一个清晰、稳定、合理的结构。丰富的内容只有处于这样一个结构之中，才能静有其位、动有其规、有机结合、功能互补，才能在思想政治教育实践中最大限度地发挥整体功效。

第三节　高校思想政治教育的关键环节

当今大学生，他们出生在中国改革开放的新时期，赶上了国家经济高速发展、社会改革不断深化的时代。他们享受到了国家经济飞速发展带来的成果，可以说是在比较优越的物质条件下成长起来的。但是，这是一个矛盾与机遇并存的时代，在改革创新的步伐不断推进的同时，也伴随着西方自由思潮大量涌入，再加上一些社会现象和颓废思想的影响，"80后""90后""独生子女"这些耀眼的词汇经常出现在我们的面前，理想信念缺失、思想道德低下、爱国意识淡薄、盲目崇洋媚外等一些消极颓废的思想也开始蔓延。面对改革开放、经济全球化的社会大背景，以及这样的一些特殊的群体，传统的宣传教育的思想政治教育方式，缺乏生动、人性化的内涵，效果不尽如人意。因此，思想政治教育急需创新，特别要在增强时代感，加强针对性、实效性、主动性上下功夫，并不断地探索新途径、创造新经验，赋予大学生思想政治教育鲜活的生命力和创造力。

一、创新思想政治教育理论课

高校思想政治教育理论课是对大学生进行思想政治教育的主渠道，对大学生世界观、人生观、价值观的形成有着不可替代的作用，是培养中国特色社会主义事业合格建设者和可靠接班人的重要途径，也是社会主义大学的本质体现。

1. 发掘思想政治教育资源

思想政治教育理论课是高校对大学生进行思想政治教育的主要渠道，是提高大学生思想政治素质、促进大学生健康成长和全面发展的基本途径和根本保证。这是每个高校在进行思想政治教育的过程中应该得以重视的，要培养学生树立马克思主义的信仰，在教学中充分体现马克思主义的理论体系，尤其重视马克思主义中国化最新成果的体现，用科学的理论武装大学生，用优秀的文化培育大学生。但是，我们可以看到，思想政治教育是一个非常丰富和宽泛的教育体系，它可以存在于我们生活中的方方面面，高等学校的各门课程都具有育人功能，广大教师和教育工作者要把思想政治教育融入大学生专业学习的各个环节，在教学、科研、日常活动中刻意进行一定的思想政治教育。[①] 不仅如此，高等学校还应该深入发掘各类课程的思想政治教育资源，在进行各科专业知识学习的过程中加强思想政治教育，使学生在学习专业知识的过程中不知不觉地提高自己的思想道德修养，提高自己的政治觉悟。

2. 深化社会主义核心价值

社会主义的核心价值体系是社会主义意识形态的本质体现，是由社会主义主导价值思想、共同价值理想、核心价值精神和基本价值观念等一系列内容构成的完整体系，是全党全国各族人民团结奋斗的共同思想基础。坚持社会主义核心价值体系要求我们必须巩固马克思主义指导地位，坚持不懈地用马克思主义中国化的最新理论成果武装全党、教育人民，用中国特色社会主义共同理想凝聚力量，用以爱国主义为核心的民族精神和以改革创新为核心的时代精神鼓舞斗志，用社会主义荣辱观引领风尚，巩固全党全国各族人民团结奋斗的共同思想基础。[②]

---

① 王万江：《关于高校学生思想政治教育课的几点思考》，载《科技创新导报》，2008 (19)。

② 吴克勤：《高校应自觉将社会主义核心价值体系贯穿于学生思想政治教育工作的全过程》，载《高校教育研究》，2008(3)。

改革开放以来，中国的对外开放程度得到了大幅提高，国民经济得到了飞速的发展，对外开放程度的扩大也带来了西方资本主义的自由思潮和文化理念，再加上互联网科技的飞速发展，大学生的人生信仰、思想观念极易受到冲击。社会主义核心价值体系为我们提供了一套高尚的思想作风，因此，要时刻将社会主义核心价值体系融入高校思想政治教育的过程中，通过有效的思想政治教育，把社会主义核心价值体系转化为大学生思想道德素质的灵魂，转化为大学生的自觉追求，提高大学生的素质和能力。

二、适应社会主义市场经济的需要

党的十四大提出建立社会主义市场经济体制，这是一场影响深远的变革，涉及了政治、经济、文化等各个方面，旧有的社会秩序逐渐被打破，新秩序、新观念在不断建立，新旧秩序的转换需要经历一个相当长的时期，随着社会主义市场经济的不断发展，人们的思想和整个社会生活都发生了复杂而深刻的变化，许多新问题、新挑战不断出现。在这样的一个社会转型的时期，思想政治教育工作也要做出积极的回应，寻找新的对策，以适应社会主义市场经济的需要。

1. 弘扬社会主义市场经济的价值观

根据当前市场经济条件下，大学生思想观念、价值取向所展现出来的多样化，应该大力弘扬共产主义思想，建立符合社会主义市场经济的价值观。随着社会主义市场经济的发展，我国的经济制度呈现出多种所有制经济共同发展的特征，并且由于多种分配方式的存在，造成了利益群体和社会阶层的多样性，从而造成了多样性的社会心理。在这一特殊时期，我们既要承认社会价值取向的多样性，又要坚定不移地坚持马克思主义的指导地位。高校的思想政治教育工作必须要提倡社会主义和共产主义道德，大力弘扬爱国主义、集体主义、为人民服务和勇于奉献的精神，唱响时代的主旋律，树立学生共同的理想意识，使他们能够积极地投身到改革开放和社会主义现代化建设事业当中去。

2. 解决学生在市场经济中面临的问题

市场经济的价值观是以利益为核心的，虽然广大人民群众的根本利益是一致的，但是在一定的社会历史阶段，不同阶层的人的具体利益也是不一样的。因此，在进行思想政治教育的过程中，要立足于解决与大学生利益息息相关的实际问题，避免传统的说教，只讲一些空洞的大道理，不着眼于解决学生的实际问题。思想政治教育的目的就是在培养人、教育人、鞭策人的同时，还应该尊重人、关心人、帮助人，只有这样才能真正地提高思想政治教育的实效性。

因而，学生思想问题的解决，不能仅仅依靠教育和理论灌输，还应解决学生的实际问题，诸如学习、生活、就业、人际交往等，切实把我们的思想政治教育渗透到为学生做实事、做好事的过程中，把解决实际问题贯穿于思想政治教育的始终，最终通过解决学生的实际问题，引导学生不断地提高精神境界和思想觉悟，从而将他们培养成为合格的社会主义建设者和接班人。

三、做好独生子女群体思想政治教育工作

从20世纪80年代初到现在，计划生育一直作为我国的一项基本国策，20多年来已形成了一个庞大的独生子女群体。作为世界上独生子女数量最多的国家之一，大学生中独生子女的比例也在逐年地增长。虽然，我国对"计划生育"政策曾多次进行局部调整，缓解了因独生子女群体而产生的一些社会问题，但独生子女的思想政治教育问题目前仍是高校思想政治教育工作的主要问题，应当作为高校思想政治教育必须深入研究的课题。

1. 独生子女群体思想道德现状

整体而言，独生子女大学生拥有自己特定的优势，他们思维活跃、视野宽广、重视能力提高、自我意识增强、进取意识增强。但是由于受到良好的宏观经济形势与社会负面因素，以及社会思潮与家庭结构简化的双重影响，他们中的大多数人又表现出了一些非常突出的个性缺陷。首先，大多数的独生子女大学生信念比较淡薄。作为社会主义的建设者和接班人，尤其是独生子女大学生在政治思想、政治信念上存在比较模糊的认识。其次，独生子女大学生家庭依赖感过强。调查发现，大多数的独生子女大学生都是第一次自己在另一个地方生活，他们缺乏生活经验，自理能力比较差，依赖性很强。[①] 作为一个即将踏入社会独当一面的人，过度的依赖性势必会给他们带来重重的阻碍，造成不必要的麻烦和损失。因此，独生子女的过度依赖性，应当引起高校思想政治教育工作的重视。最后，大多数独生子女大学生性格比较叛逆。这很大程度上是与独生子女特殊的家庭生活环境和父母从小的教育方式联系在一起的。

2. 独生子女群体教育工作对策

针对独生子女大学生在思想道德方面的现状，我们应当积极做好独生子女大学生思想政治教育工作。

第一，引导独生子女大学生树立正确的人生观。独生子女大学生智力水平

---

① 吴丰、任新红：《独生子女大学生心理行为特征及思想政治教育工作方法思考》，载《文教资料》，2008(12)。

一般较高，但在品德发展方面却存在一定的局限性，高校应系统地传授马克思主义基础知识，培养学生马克思主义的立场、观点和方法，使其形成科学的世界观和人生观，了解个人与社会、权利与义务、幸福与牺牲、失败与成功、理想与现实等一系列社会关系，从而正确认识自己的社会地位，了解社会规范，并将其转化成为内心信念。

第二，抓好心理教育，化解学生矛盾。开展心理健康教育与咨询，一方面可以帮助独生子女大学生克服各种心理障碍，纠正自暴自弃的行为；另一方面能够帮助独生子女大学生了解自身的生长潜能，能够尽快适应大学生活，适应社会发展需要，增强对困难和挫折的应变能力，帮助他们尽快地从青少年心理向成人心理过渡。

第三，加强社会实践活动，培养学生的社会责任感。鉴于目前许多独生子女大学生缺少劳动锻炼的机会，缺乏培养艰苦奋斗精神的条件，高校应该多组织学生参加社会实践锻炼。在社会实践中，学生与社会乃至世界接触的范围扩大，交流的渠道增多，可以从中获得更多的新知识和新本领，提高思想觉悟，增加社会责任感和历史使命感，提高在社会实践中认识自我、改造自我、完善自我的能力，从而做到时时处处遵纪守法，在社会化过程中找准自己的位置，建立正确的人生价值体系。

四、培育大学生的主体意识

传统的思想政治教育，只是把学生看作一个完全的受教育者，向他们灌输一些思想政治教育的知识，以达到思想政治教育的目的，而不注重使学生真正地相信、接受和遵守社会的思想政治、道德要求，并且自愿将这些要求作为自己的价值准则与行为依据。

第一，从思想政治教育的过程来看，它是对受教育者施加思想政治教育以使受教育者接受教育影响的一个整体过程。但是人的思想品德的形成归根结底还是取决于受教育者的主观能动性，因此，思想政治教育必须激发这种主体性，使他们以主体的姿态自觉地接受教育和进行自我教育。[①] 第二，思想政治教育的最终目的是通过各种形式的教育，提高人们的思想道德素质，增强人们认识和改造世界的能力。这实际上就是使人们认识到自己在社会主义事业中的主体地位，意识到需要增强自己的认识能力、实践能力和创造能力。

---

① 陈蕊：《高校思想政治教育的关键环节——内化》，载《内蒙古电大学刊》，2006 (2)。

主体意识是受教育者自我教育的重要组成部分，标志着思想政治教育内容从外在的灌输转化为内在的认同。在思想政治教育中培养学生的主体意识，应该做到以下几点。

1. 唤起大学生的主体意识

主体意识是指作为认识和实践的主体对于本身的主体地位、主体能力和主体价值的一种自觉意识，是主体的能动性和创造性的观念表现。主体意识的强弱从某种程度上决定着主体对自身发展的自知、自控、自主的程度的高低。唤起大学生在思想政治教育过程中的主体意识，目的是关注自我教育的作用，培养受教育者自我更新、价值创造的发展能力。

2. 尊重大学生的主体地位

思想政治教育的根本是人自身。这就意味着在整个思想政治教育过程中必须尊重大学生的主体地位。只有这样，才能使大学生获得自尊、自信的情感体验，也才能学会对自我负责、对他人负责、对社会负责，使思想政治教育真正达到育人的目的。

3. 发展大学生的主体能力

思想政治教育的本质是以育人为本，重视人的自我发展和自我完善的需要，把人的发展本身作为目的与核心。对于大学生而言，作为教育活动和自身发展的真正主体，仅仅具有主体意识和主体地位是不够的，还要具有与之相适应的主体能力，从而使自身主体性得以不断发展。

事实说明，个体的主体能力的发展水平越高，就越能充分地利用外部条件来发展自身，从而提高自身的主体性；反之，个体的主体能力发展的水平越低，他自身的主体性就越不能得到很好的发挥，没有主体能力的发展，也就无法真正成为自身发展的主体。

➤ 本章小结

本章首先对思想政治教育做了简单的概述，即思想政治教育是指特定的社会群体用一定的思想观念、政治观点、道德规范对其成员施加有目的、有计划、有组织的影响，使他们形成符合一定社会、一定阶级所需要的思想品德的社会实践活动，并阐述了加强大学生思想政治教育的重要性和紧迫性。其次，对思想政治教育的内容进行了详细的介绍，把思想政治教育的内容分为五个大的方面，即政治教育、思想教育、道德教育、法纪教育和心理健康教育。然后分别对这五个方面的教育进行了阐述，并对每个方面在整个思想政治教育体系中的作用做了分析，最终确定了政治教育是核心，思想教育是根本，道德教育是基础，法纪教育是保障，心理教育是前提，为高校的思想政治教育工作的开展提供了依据。最后，介绍了高校思想政治教育应抓住的几个关键环节。我国改革开放以来，物质财富得到了极大满足，随着改革开放的扩大、市场经济的发展，无论是受西方的影响，还是社会价值观念的变化，一系列颓废思想开始蔓延，针对这样一个背景环境，高校的思想政治教育工作也应该做到与时俱进，高校的思想政治教育工作应该抓住以下几个关键环节：创新高等学校思想政治教育理论课，思想政治教育必须着眼于适应社会主义市场经济的需要，同时做好独生子女群体的思想政治教育工作，最后是要培育和增强大学生的主体意识。大学生的思想政治教育一直受到社会的关注，切实加强当代大学生的思想政治教育，对于全面实施科教兴国和人才强国战略，确保我国在激烈的国际竞争中始终立于不败之地，确保实现全面建成小康社会的宏伟目标，加快推进社会主义现代化建设，都具有重要作用。

➤案例：某学校开展大学生思想政治课题立项活动

2010年9月，某大学党委号召全校各单位结合本单位实际情况深入开展创先争优活动，经济管理学院学生工作办公室积极响应学校的号召，特此开展了创先争优活动暨经济管理学院第一期大学生思想政治课题立项工程。

活动要求经济管理学院大二、大三学生以班级为单位，每班开展一项关于大学生思想政治教育、大学生心理问题、大学校园文化建设、学风班风建设、大学生寝室文化建设、大学生就业创业问题、大学生网络文明建设，以及当代大学生关注的热点社会问题等方面的课题研究。该项活动受到了学院领导和教师的高度重视，同时也得到了广大同学的积极响应，学院共计46个班级参与了此项活动，参与活动的班级可以通过双向选择的方式，选取一位任课教师作为课题导师。同学们在导师的指导下开展课题研究，既提升了课题研究的质量和深度，又实现了教师与学生的良性互动。2010年10月11日至13日，学院组织指导教师对各班课题进行了立项答辩，为学生提供了下一步进行课题研究的方法与思路。2010年10月15日，学院领导以及部分指导教师组织优秀的课题组同学进行了公开立项答辩，其中包括课题研究思路现场陈述、PPT展示以及现场回答问题三大环节，学院各年级学生代表观摩了此次公开答辩，公开答辩极大地扩大了活动的影响力和关注度。

经过长达半年的课题研究工作，此次大学生思想政治课题立项工程于 2011 年 6 月进行终审答辩及表彰。首先，由学院组织指导教师对各班课题进行终审答辩，并评选出特等奖、一等奖、二等奖、三等奖各若干名。然后，学院举办第一期大学生思想课题立项工程表彰大会，表彰大会由两部分组成，第一部分由指导教师从所有的课题中选取优秀的课题参加终审公开答辩，通过公开答辩展示再次向广大同学展示此项活动，扩大其影响力；第二部分是进行表彰，由与会领导现场对获奖班级颁发获奖证书和奖品，在颁奖过程中穿插适当的文艺表演，增强了活动的观赏性。

大学生思想政治课题立项工程是实现大学生自我教育、充分发挥大学生主体能动性的有益探索和尝试，在日常实际工作中，高校辅导员应注重学生的自我教育，使学生能够自觉地完善自我、塑造自我、提升自我。

➤思考题

1. 你认为当前高校思想政治教育主要存在哪些问题，请列举一二并提出解决对策。

2. 面对高校思想政治教育的新形势，你能想出哪些措施切实提高思想政治教育的针对性和实效性？

3. 独生子女群体的存在带来了哪些社会问题？如何在思想政治教育中唤起独生子女群体的主体意识？

第四章　大学生日常事务管理

内容提要：大学生日常事务管理是学校管理的重要组成部分，而学生管理的方法直接影响学校所培养的学生的质量。探讨学生日常事务管理的目的、意义和内容，是高校辅导员促进学生教育和管理工作科学化、系统化、规范化和现代化无法回避的基本问题。由于各国的国情不同，各国高校学生事务管理的方法也不尽相同，部分国家在学生管理体制上极具特色。通过总结和比较，我们可以从中了解更多的先进思想，汲取更多的有益经验。总之，学生事务管理涉及学生日常生活的各个方面，内容复杂、涉及面广，对学校、学生个人及社会发展都具有重要意义。因此，这要求高校辅导员要全面了解学生，树立正确的学生观，从而形成正确的育人观念和管理理念。

在人类社会形成之后，一种重要的事业应运而生，它就是教育。教育作为一种文化现象，是构成文化系统的重要组成部分。随着人类社会的发展，教育越来越受到人们的关注。因为教育不仅代表着一个国家先进文明的程度，还决定着一个国家的发展。

我们都知道中国作为世界上历史最悠久的国家之一，曾经一度作为教育水平最发达的国家立于世界之巅。然而中国近代的高等教育却只有一个多世纪的历史，远远落后于世界先进水平。早在先秦时期我国就已经形成了高等教育机构。经过几千年的演变，到鸦片战争前，中国传统的高等教育已经完全发育成熟。但受当时的社会背景影响，中国近代高等教育的发展基本上与传统的高等教育没有直接的联系。无论是洋务学堂，还是大学堂，都未与原有的太学、国子监、书院等高等教育机构发生实质性的关系。由此可见，中国高等教育是整个中国社会走向近代化的产物。它萌生于中国社会结构发生剧烈变革的清朝末年，而在民国以后迅速发展。可以说，中国高等教育源于西方近代的"大学制度"，而不是中国传统意义上的书院和科举。但其理念却不是西方的大学自治和学术自由，这样一来，中国大学的进一步发展就受到了极大的限制。因此，在古代，对学生日常事务的管理依然是以服务于皇权至上的中央集权为最终目的，这是与西方高等教育的"以人为本"相背离的。

借用文化上的"体"与"用"两个范畴,可以说,中国近代高等教育发展呈现出的特点是"体用不合"。可怎样实现中国当代高等教育"体用不二"呢?经过一代又一代的教育家、学者和政治家的不懈探索,我们得出这样一条结论:中国的当代高等教育要想达到世界一流水平,必须走有中国特色的教育之路。

第一节　大学生日常事务管理概述

学生是教育的主体。在 21 世纪的今天,我们要坚持以马克思列宁主义、毛泽东思想、邓小平理论、"三个代表"重要思想、科学发展观以及习近平新时代中国特色社会主义思想为总的指导思想,大力贯彻教育部"十三五"规划,要以创新、协调、绿色、开放、共享的发展理念统领教育改革发展,坚持党的领导,坚持社会主义办学方向,以全面提高教育质量为主题,以教育的结构性改革为主线,全面深化教育改革,加快推进教育现代化,为全面建成小康社会和实现中华民族伟大复兴的中国梦做出更大贡献。深入贯彻落实习近平新时代中国特色社会主义思想,适应国内外形势新变化,顺应各族人民过上更好生活的新期待,以科学发展为主题,坚持把科技进步和科技创新作为培养学生的理念,深入实施科教兴国战略和人才强国战略,充分发挥科技第一生产力和人才第一资源的作用,提高教育现代化水平,增强自主创新能力,壮大创新人才队伍,推动发展向主要依靠科技进步、劳动者素质提高、管理创新转变,加快建设创新型国家。因此,高校辅导员应秉承"以人为本"的教育理念,对高校学生的日常事务进行系统的管理。

一、大学生日常事务管理的含义

大学生日常事务管理是学校管理系统的重要组成部分,其管理水平将会直接影响学校培养的学生的质量。探讨大学生日常事务管理的目的、内容和意义,旨在推动学生教育和管理的科学化、系统化、规范化和现代化。那么,大学生日常事务管理究竟是什么?有学者指出,大学生日常事务管理是学校对大学生在校期间的学习和活动进行规划、组织、协调、控制的总和,是高校辅导员按照教育方针所规定的教育标准,有组织、有计划、有目的地对大学生进行各种教育,使大学生在德、智、体、美、劳等方面都得到发展,成长为社会主义事业的接班人的过程。[①]

---

① 罗双凤、叶安珊:《教育管理学学习指导》,75~76 页,北京,中国人民大学出版社,2011。

从这一定义，我们不难看出，大学生日常事务管理具有以下两方面性质。

第一，大学生日常事务管理内容复杂、涉及面广。大学生日常事务管理作为学校管理系统中的一部分，分布在大学生学校生活的各个领域，包括新生入学教育、纪律管理、班级管理、公寓管理、奖罚管理、国家助学贷款管理、特殊群体管理、公民道德教育、理想信念教育、民族精神教育、毕业前教育、安全教育、毕业生就业工作、家访、实践教育和科技创新等诸多方面。虽然管理内容复杂多样，但它们都具有整体性、目的性等共同特征。

第二，学校和学生作为大学生日常事务管理的主客体，在不同情况下，可以相互转换。一般说来，学校是管理的主体，学生是被管理的对象，也就是客体。但是，学生又不仅仅作为客体存在于大学生日常事务管理当中，有时他们也是学校管理的参与者，在参与管理的过程中，大学生的主体性不断增强。从这一层面上看，学生应在大学生日常事务管理中充分发挥自我管理的主体作用，做到真正意义上的自我管理。

二、大学生日常事务管理的目的和意义

虽然在不同时期大学生日常事务管理的目的、内容和意义均有不同程度的变化，但总体上说，其根本目的和意义还是有所继承和发展的。

1. 大学生日常事务管理的目的

大学生日常事务管理的宗旨是为学生服务，目标是引导大学生形成一个良好的学习习惯、工作态度和生活作风，培养大学生自立自强、艰苦朴素的精神品质，为大学生营造一种和谐文明的校园环境，帮助其健康快乐地成长。

在过去，学校大多是强制管制学生的日常事务，而在新时代的今天，一味地管制学生则不利于学生主体的积极构建。高校辅导员应加强大学生自我管理的意识，培养大学生的创新精神。

2. 大学生日常事务管理的意义

大学生日常事务管理的意义是多重的，从不同的角度来说，其意义也有不同的体现。

对学生来说，大学生日常事务管理有助于其个体的健康成长，促进其全面发展。有效的大学生日常事务管理可以为大学生的健康成长提供适宜的外部环境，尤其是对青少年来说，他们的自我控制能力较差，放任不管显然不利于他们成长。这时，有效的大学生日常事务管理便起到了一个良好的导向作用，创设了一个良好的学习生活环境。明确的规章制度规范了大学生该做什么、不该做什么，大学生从中可以学会做人的道理，养成良好的行为习惯，形成良好的

品格。同时，大学生日常事务管理有助于发展大学生的自我管理能力，科学的大学生日常事务管理可以积极地引导大学生自己教育自己、自己管理自己，实现大学生的自律、自治、自立、自强。①

对教学来说，大学生日常事务管理中所涉及的各项活动都是为教育教学服务的。科学有效的管理模式有利于维护正常的学校教育教学秩序和学生生活秩序，保证教育教学有序地开展。同时，大学生日常事务管理能够引导学生形成良好的学习、生活和行为等习惯，从而提高教育教学的效率。从某种意义上说，科学有效的大学生日常事务管理是教育教学活动正常开展的保障，是实现教育目标的基石。②

对于社会来说，学校作为社会组织体系中的一分子，与社会紧密地联系在一起。因此，大学生日常事务管理同样对社会具有影响作用，它是学生个体社会化的重要途径之一。大学生日常事务管理的各种制度、规范都是符合社会要求的，高校辅导员通过一系列活动向大学生传达被社会所允许和接收的知识、价值取向和行为规范，消除大学生存在的错误观念和不良行为，以保证大学生的健康成长，对社会的安定和积极向上地发展也具有重要意义。③

三、大学生日常事务管理的基本原则

大学生日常事务管理是一项复杂的系统工程，因此，高校辅导员必须遵循一定的原则去管理大学生的日常事务，才能达到事半功倍的效果。管理好大学生的日常事务，首先要了解和尊重大学生，树立科学的学生观，其次还要建立健全大学生日常管理机构与制度，保证大学生日常事务管理的顺利进行。

1. 了解和尊重学生是日常事务管理的前提

大学生是学校的主要管理对象，因此，高校辅导员首先要尽可能地全面了解大学生。高校辅导员可以从大学生的身心发展特点、生活经验和需要等方面入手，并尊重学生，这是开展大学生日常事务管理的基本前提。

2. 科学的学生观是日常事务管理的核心

所谓学生观，就是高校辅导员对大学生的基本看法，它决定着高校辅导员进行大学生管理教育的行为，决定着高校辅导员与大学生交往过程中的工作态

---

① 吴志宏、冯大鸣、魏志春：《新编教育管理学》第2版，176～177页，上海，华东师范大学出版社，2008。

② 罗双凤、叶安珊、杨学富、简世宏：《教育管理学》，177页，北京，中国人民大学出版社，2010。

③ 同上书，177～178页。

度和工作方式。不同的学生观产生不同的管理方式,进而形成不同的教育成果。

从历史考察和现实对比来看,高校辅导员的学生观大致可分为三种类型。

第一种学生观认为学生是被动的客体。这种观念将学生作为管辖的对象,往往无视学生的兴趣和感情,管理者大多通过各种严格的规章制度和规范约束学生,要求学生必须遵守,是一种单向的服从命令式的管理。这种学生观下的学生管理有利于形成良好的学生纪律,培养学生的集体主义精神,同时也压抑了学生的个体意识、自主意识和平等意识,不利于学生的个性培养。持这种学生观的国家以中国、日本、韩国等封建专制社会发展历史较长的国家和地区为代表。

第二种学生观强调学生是独立的个体和平等的公民,是学生管理的主体。这种观念注重学生的兴趣和感情,主张学校的管理工作以适应学生、发展学生个性为中心,提倡学生自我管理。这种学生观充分发挥了学生的主体作用,但在学生行为的规范性和纪律性方面较为薄弱,管理过程中,可能出现管理者的地位和作用被过度淡化的现象。以美国为代表的西方国家大多持这种学生观。

第三种学生观集中了前两种观念的长处,是一种科学的学生观。它认为学生既是主体又是客体。管理者既要通过制度、规定来规范学生的活动范围,以帮助学生形成良好的学习、生活和行为习惯,也应通过设计和提供各种适宜的教育环境,激发学生主动参与到教育管理当中,形成学生自我教育和自我管理的有效机制,从而促进管理者和学生在管理活动中的良性互动。

总之,科学的学生观是学生日常事务管理的核心,学生观是否科学直接影响学生教育与管理的成败。因此,高校辅导员必须树立正确的、科学的学生观,并在此基础上构建科学的大学生日常事务管理体系,指导大学生管理的实际活动。

3. 机构与制度建设是日常事务管理顺利进行的保证

构建学生的管理组织机构可以从纵向和横向两方面来考虑。在纵向设置上,应设立从中央到地方直至学校的学生管理的垂直体系。在横向设置上,需要建立教育系统与家庭及社会各界的横向联系机构,以强化教育行政部门、学校、家庭和社会之间的联系,吸纳社会各界共同参与到大学生事务管理的过程当中。同时,大学生事务管理的相关制度也要不断革新与完善。制度要明确各管理机构的职责、权限以及工作形式等,还要规定大学生学习、工作和生活等方面的制度，使大学生的行为标准真正做到有据可依。①

第二节　大学生日常事务管理的主要内容

高校辅导员为学校坚持社会主义办学方向、全面贯彻党的教育方针、培养德、智、体、美、劳等方面全面发展的社会主义建设者和接班人提供了有力的保障，是一支不可或缺的重要力量，是开展大学生思想政治教育的主要动力，是高校学生思想政治教育和日常管理工作的组织者、实施者和指导者。因此，全面了解大学生日常事务管理的主要内容对高校辅导员来说，具有指向性作用。

按大学生日常事务管理的不同形式，大学生日常事务管理的内容可划分为大学生常规管理和大学生组织管理两大方面。前者包括学习常规管理、生活常规管理和心理健康管理等；后者以组织的形式分别进行管理，包括班级管理、学生组织管理和学生社团管理等，较为全面地涵盖了大学生管理的具体内容。

按大学生日常事务管理的不同方面，大学生日常事务管理可分为学生学业管理、学生生活管理、学生行为管理和学生组织管理。

按大学生日常事务管理的不同目的，大学生日常事务管理包括学生的常规管理和常能训练两方面。常规管理又叫静态管理，包括课堂常规、宿舍常规、图书阅览常规、实验操作常规、师生礼仪等，目的在于培养大学生良好的行为规范；常能训练是指大学生最基本的生活能力、活动能力，常能训练的目的是培养大学生独立生活的能力和自理自治的能力。

按大学生日常事务管理的不同阶段，大学生日常事务管理可分为新生入学教育管理、大学生日常生活管理、大学生思想道德教育、大学生稳定性工作、毕业生教育、实践教育与科技创新、家访等，具体内容如下。

一、新生入学教育管理

很多辅导员和教师很容易忽视对学生的新生入学教育管理，殊不知对新生入学教育的管理，能够为以后四年的日常事务管理起到很好的开头作用，甚至起到事半功倍的作用。新生入学教育管理主要包括学生入学教育、自我管理能力培养、国家助学贷款管理、特殊群体的管理等几个方面。

---

① 吴志宏、冯大鸣、魏志春：《新编教育管理学》第2版，134～135页，上海，华东师范大学出版社，2008。

1. 新生入学教育

大学生活的开始，正是新生独立生活的开始。为使新生能够尽快适应新的生活，高校辅导员有必要进行新生入学教育。

第一，高校辅导员应在学生入学初统一召开新生教育会议。首先，辅导员要向新生介绍本地气候环境和学校及其周围的人文地理环境，以便加强安全管理，提高新生的安全性系数。其次，要向新生介绍学校的规章制度、管理规定的内容以及精神实质，以便今后的高校教育能够顺利进行，避免学生在不知情的情况下违反了校规校纪而被学校处罚。辅导员应强调制度的重要性，要求学生严格要求自己，只有遵照学校的规定，才能顺利毕业，从而发展成全才。最后，辅导员应对学习问题进行重点强调。大学不比高中，大学几乎是自主学习，如果学生不重视学习成绩，势必会导致自身的堕落、成绩的下降，荒废学业的同时虚度了大好青春。因此，辅导员要帮助学生树立正确的学习目标，详细地规划大学生活。学生应以就业为导向，完善自己的知识结构，扎实地学习专业技能，拓展知识面，做好知识储备，为将来的成功就业打下坚实的基础。

第二，军训。军训为新生搭建了展示与训练自己的舞台，使新生以乐观的心态对待生活。军训可以帮助新生学习基本的独立生活能力，养成良好的生活习惯和严谨的生活作风，培养坚毅的品质和团结协作的精神，增强忧患意识与民族使命感，为今后的大学生活打下坚实基础。

第三，开展"专业知识讲座""学习经验交流会"等活动。通过这种方式，新生可以尽快了解所学专业的特点，激发对本专业的学习兴趣，从而更快地适应新的师生关系、新的学习方法、新的同学关系，从而提高学习效率。建立大学生自我管理体制，提高自律意识和自我约束能力，确定班级主要干部，加强对大学生的日常管理。

第四，组织一些竞赛、评比活动。竞赛、评比活动可以让新生充分认识遵纪守法、明礼诚信的重要性和必要性，建立基本的纪律观、集体观、荣辱观。

第五，开展丰富多彩的党团活动。党团活动可以为新生搭建施展才能的舞台，提高大学生的自我效能感，增强自信心，从而建立起优良的思想道德观念、坚毅的意志品质、健康阳光的心态，拥有强健的体魄，完善综合素质。

新生初入高校，面对一个完全崭新的环境，更容易接受学校的教育，有利于辅导员开展各类教育工作。辅导员应趁热打铁，做好新生入学教育，培养大学生的自主能力，保证今后的教育工作能顺利开展和进行。

2. 自我管理能力培养

现阶段学校的中心工作是全面实施素质教育。在素质教育中，德育工作尤为重要。而现在学生的思想教育工作比较难做，大部分学生的基础知识不扎实，部分学生自我约束能力较弱，且思想易受社会不良风气影响。纪律较差的学生，甚至不怕教师的批评或学校的处分。针对这种情况，辅导员可主要采取如下措施来做好工作。

第一，要练好自身的"内功"。要做好班级各项工作必须先加强自身建设，辅导员自身建设的关键是提高辅导员的业务能力，树立辅导员的权威。首先，辅导员应加强道德修养，努力通过自己的言行举止、为人处世给学生以示范，做学生的榜样。其次，辅导员要不断用新知识充实自己，经常到书店购买有关教育方面的书刊，以取长补短。最后，辅导员还需注意观察学生的思想、情感、需求变化，捕捉学生的思想信息。为了达到"知人、知面、知心"的教育目的和提高教育管理能力，辅导员要不断训练自己的演讲和对话能力，每年可以订阅《演讲与口才》《班主任之友》等书刊，尽量练好自己的"内功"。

第二，耐心教育、鼓励引导，提高学生自我教育能力。当学生违纪时，单凭条例去处罚他们，那是根本无济于事的。当然，纪律、制度、条例是必要的措施，但更重要的是施教者的教育、鼓励、引导，使他们提高认识，自觉接受教育，从而达到自我教育、自我约束的目的。教育者的成功，就在于使受教育者具备自我教育的能力。著名的教育家苏霍姆林斯基认为，"真正的教育是促进自我教育的教育"。"堵"绝不是好办法，只有"导"才是正确的出路。大禹治水，就在于疏导。因此，只有对学生进行引导、启发，做好思想开导工作，结合学生的年龄、心理特征、个性特征和性别差异，巧妙施行，才能收到好的教育效果。

第三，善于表扬，勤于鼓励，增强学生的自信心。心理学研究表明，信心是人成功的基础，而表扬是人获得信心的最有效途径。教育学生应尽量少批评，多表扬、多鼓励、多启发、多引导，做到既要关心、爱护学生，又要严格要求学生，同时，在错误面前也绝不迁就学生。

第四，引导学生"自管""自律"。为了引导学生培养自我教育能力，应放手让学生自己教育自己，自己管理自己，引导他们自觉组织召开各种专题讨论班会。为了激发学生自我教育的动机，班级中的大小事情基本由班干部去管理，可以通过班干部组织召开班会等形式，由学生自己去处理问题。

3. 国家助学贷款管理

国家助学贷款是党中央、国务院在社会主义市场经济条件下，利用有效金融手段完善我国普通高校资助政策体系，为加大对普通高校贫困家庭学生资助力度而采取的一项重大措施。

一个良好的经济环境是学生在高校接受教育的基础，因此，辅导员在开展工作时，要充分为特困生考虑。辅导员应详实地了解特困生的家庭经济情况，确认其是否有能力支付学费、住宿费，其生活费是否能正常地维持日常生活等。针对家庭困难的学生，我们可以为他们提供国家助学贷款的申请，向国家借贷学费，从而保证大学期间学习的顺利进行，也给家里减轻一定的经济负担。

在办理国家助学贷款的时候，常常会出现个别学生（尤其是外地学生）的手续不足而无法办理的情况。针对这一问题，我们可以根据实际情况适当放宽标准。如此一来，就能最低限度的保证每位特困生都可以进行贷款的办理。

在办理国家助学贷款的时候，难免会有家庭并不困难的同学掺杂其中。这些同学的滥竽充数会严重占用国家助学贷款有效名额的资源，导致真正需要办理的特困生无法办理。为避免这一问题的发生，唯一办法就是高校辅导员要亲自考察，对每一位办理国家助学贷款的同学的情况进行核实，看其家庭困难程度是否真的符合申请国家助学贷款的标准。同时，辅导员还可以在每一个班级成立"助学贷款考察小组"，经小组同学集体讨论研究，初步确立贷款名额。然后辅导员在拟定名单里再进一步进行考察，可以采取直接家访或者电话沟通等方式。这样不但可以杜绝滥竽充数的情况发生，同时也会解决另外一个问题，即由于办理国家助学贷款不需要家长亲自进行办理，所以可能存在一小部分同学在已获取了生活费、学费的情况下，私自办理贷款，造成经济的浪费。这样在家长不知情的情况下办理了贷款，不仅仅会给国家造成负担，也会给家庭带来巨大的经济压力，同时还会大大降低辅导员的信誉度。所以，为了避免上述一系列问题的发生，辅导员一定要做到亲自审核办理贷款的名单，力争做到让国家助学贷款能够真正帮助有需要的学生。同时，辅导员可以为有意愿的特困生申请勤工助学。

4. 特殊群体的管理

高等学校对在学习、生活、交往、心理、就业等方面存在困难的特殊学生群体应该倾注更多关爱，着力加强对他们的服务、教育、管理工作，注重人文关怀与心理疏导相结合，使他们与其他同学共同进步、共同成长。

学校应根据学生特点，对家庭经济困难学生、有重大身体疾病学生、心理抑郁和异常学生、网络成瘾学生、学习困难学生、因违纪受过处分学生、就业困难学生群体，进行有针对性的服务、教育、管理。

辅导员在工作中应努力做到"三个一",即为每一位学生建立一份档案,确定一名学习伙伴,制订一份成长计划,进行逐个指导与教育,并对这些信息严格保密。学校研发了覆盖各类学生的信息化管理系统,通过学生录入信息、学生卡登记、特殊学生情况登记表三个途径,加上辅导员审核,在学期初实行全面普查,并及时更新,全面掌握特殊学生群体的基本情况,实施动态跟踪。学校还运用大学生思想状况分析会这个工作平台,组织有关方面专家、领导、教师和辅导员,定期分析特殊学生群体的思想状况,提高工作的针对性和有效性。

学校积极营造良好氛围,让关心和帮助特殊学生群体的暖流在校园里传递。学校针对就业困难学生开设了就业心理学、求职技巧等课程,对就业困难学生采取"一对一"跟踪服务,积极疏导和化解他们的就业压力,引导他们树立正确的就业观、职业观,鼓励和引导学生去就业和担任志愿者。

二、大学生日常生活管理

大学生日常生活管理基本涉及大学生活的方方面面,同时也始终贯穿于学生管理的方方面面,对学生的学习生活有着很大的影响。大学生日常生活管理主要包括纪律管理、班级管理、公寓管理、奖罚管理四个方面。

1. 纪律管理

纪律是维持一个组织团结的根本,是自我约束的一个标准。纪律管理是大学生日常事务管理的核心内容。

在高校学生纪律管理中,首先,我们对于学生的管理不应该仅是强制性的约束。高校学生几乎已经具有独立思考的能力,我们应该抓住其性格特点进行督促,而不是进行强制性的管理。我们应该培养学生利用纪律来自我约束的意识,而不是一味强迫和绝对服从。其次,我们应该对每一位同学进行深一步的了解,例如,同学的家庭背景、父母情况、健康状况等,然后再在此基础上开展工作。最后,我们应该放下"教师"的身份,尤其对于那些长期缺少父母关心的学生,努力与他们沟通,积极和他们接触,结交成好朋友,及时了解发生在他们周围的事情、遇到的困难等,这样不仅仅在学习上,而且在生活上也能给予他们很多帮助。如此一来,我们的纪律不仅对学生起到了约束的作用,还能加强集体的凝聚力,培养学生独立自主的性格。同时,学生在以后的人生路上,在遇到困难或诱惑时,都能以正确的态度积极面对。

在教学方面,我们尊崇"因材施教";在管理方面,我们也应根据不同学生的个性采取不同的管理方式,从而达到事半功倍的效果。但是我们工作的时候要注意，一定要先细心了解、认真分析不同学生的性格特点，再选用相应的教育方法进行管理，切不能张冠李戴，那样会导致一些副作用的产生。

在进行纪律管理之前，要有一套严格的管理计划并制定一份较为严密的规章制度，然后再按照计划逐步进行。对于严重违反学校规章制度的学生，学校应给予劝退处理、学生申诉处理。

纪律是一个组织的根本，所以纪律管理不容有失。只有拥有一个良好的纪律管理体系，才能建立一个优秀的集体；只有建立一个优秀的集体，才能涌现出一批优秀的人才。

2. 班级管理

班级管理是一个动态的过程，它是教师根据一定的目的要求，采用一定的手段措施，带领全班学生，对班级中的各种资源进行计划、组织、协调、控制，以实现教育目标的组织活动过程。

班级管理的方法有以下四种。

第一，常规管理，是指通过制定和执行规章制度去管理班级的活动。规章制度是学生在学习、工作和生活中必须遵守的行为准则，它具有管理、控制和教育的作用。

第二，平行管理，是指班主任既通过对集体的管理去间接影响个人，又通过对个人的直接管理去影响集体，从而把对集体和个人的管理结合起来的管理方式。

第三，民主管理，是指班级成员在服从班集体的正确决定和承担责任的前提下，参与班级管理的一种管理方式。实质上就是发挥每一个学生的主人翁意识，让每个学生都成为班级的主人。

第四，目标管理，是指班主任与学生共同确定班级总体目标，然后转化为小组目标和个人目标，使其与班级总体目标融为一体，形成目标体系，以此推进班级管理活动，实现班级目标的管理方法。

当然，在班级管理中会遇到一些其本身存在的问题。

第一，辅导员对班级管理方式偏重于专断。分数和排名是对学校和教师工作业绩的衡量指标，这导致了辅导员高度重视课堂教育和考试成绩，忽略了学生的内在需求。

第二，班级管理制度缺乏活力，民主管理的程度低。在班级中设置班干部，旨在培养学生的民主意识和民主作风，学会自治自理。然而很多学校的班干部相对固定，使一些学生形成了"干部作风"，不能平等地对待同学，而大多数学生却缺少机会。学生在社会环境及部分家长的影响下,往往把干部看作荣誉的象征,多数学生在班级管理中缺乏自主性。

如果能改进方法,克服这些管理方法的缺陷,那么班级管理做好后能达到的效果有以下三点。

第一,有助于实现教学目标,提高学习效率。

第二,有助于维持班级秩序,形成良好的班风。

第三,有助于锻炼学生能力,学会自治自理。

3. 公寓管理

高等学校学生公寓管理系统是一个落实国家有关规章制度、加强学生住宿管理、规范高校公寓日常工作、提高公寓管理效能的有效工具。系统以公寓房间、入住学生为基础信息源,可以对房间床位分配、住宿收费、物业收费、房间设施、日常检查、公寓工作人员等进行规范管理,可以使教务处、学生处、保卫处、财务处、公寓管理中心等学校职能部门及学校领导随时获得全方位的公寓管理信息,实时掌握学生入住与缴费统计,动态监控公寓管理情况,实现信息共享,提高工作效率。

第一,切实加强公寓管理工作的考核力度。建立健全员工月度考核制度,要量化考核结果,对工作责任心不强、服务态度不好、综合表现较差的员工,在批评教育之后又无改正者,应及时予以清退。对工作表现突出的员工,应及时进行表扬,当学期结束时,要积极评选优秀员工。

加强公寓卫生、夜不归宿、违章用电等各项常规性检查。对查出的问题不姑息、不迁就、不包庇,及时进行通报。

严格规范公寓进出人员管理制度。站长、管理员、值班员要熟悉本公寓的每一位学生,要能够认识人、识别人,且坚决杜绝闲杂人员进入公寓。外来办事人员进入公寓,必须要适时登记。总的要求是:看好自己的门,管好自己的人。

坚持把好贵重物品出入关。督促学生保管好贵重物品。平时及周末,学生携带贵重物品出公寓,必须登记,管理人员要开出门证。

强化公寓夜间值班制度。公寓办公室成员、各公寓站长夜间轮流值班,在检查学生入住情况的同时,着重查看员工值班情况,对上班打瞌睡、脱岗、离岗等违纪的员工,进行严厉批评教育,情节严重者,应及时予以清退。

实行工作首问制。当班员工要对所接受、所承担的各项任务做到谁接谁负责,不许相互推卸,要认真履行自己应尽的责任。各站站长是本公寓的第一责任人，所有员工必须听从站长的指挥安排，各站在公寓办公室的统一管理下开展日常工作，并及时向学工办负责人汇报工作进展情况。

强化损坏公物的赔偿制度。学生人为损坏公寓设施及宿舍物品，在批评教育的同时，一律按原价赔偿。以思想教育和经济处罚相结合的方法，切实增强学生爱护公共物品的意识。

第二，认真搞好星级宿舍和文明宿舍的评比活动。在巩固文明宿舍评比活动的同时，以星级宿舍的评选为手段，增强学生自我教育、自我管理、自我服务的能力，提高学生宿舍的管理水平。

第三，深入、扎实抓好公寓党建工作。党建工作进公寓是党建工作的一个重要亮点，对于充分发挥公寓党建工作站的战斗堡垒作用和发挥党员的先进模范作用，具有重要而深远的意义。我们可在院党委、行政部门的领导下，进一步做好公寓党建工作。

第四，认真做好思想工作，不断提高员工的综合素质。针对员工文化程度参差不齐、思想素质表现各异的情况，加强公寓思想政治工作，逐步提高全体师生的思想政治素质。

4. 奖罚管理

奖罚管理作为一种管理方法，占有很高的地位。只有做到赏罚分明，才能让大家心悦诚服，学生才能主动接受我们的管理体制。

第一，奖励。奖励的途径有很多，例如学校奖学金、评优等。

学校奖学金。学校奖学金每年都会评定，我们可以将学校奖学金分为两种，一种是优秀奖学金，专门奖励学年成绩比较优异的学生，以勉励学生再创佳绩；另一种是进步奖学金，专门奖励那些学习成绩进步较大的学生，以鼓励他们再接再厉。这样一来，学生的自尊心得以增强，自信心得以增大，自然会比以前更加努力，表现也会比以前更加出色。

我们要特别注意的是奖学金的评定标准。我们要制定一个最为公平的评定准则，并公示于所有同学。秉承公平、公正、公开的原则，进行奖学金的评定。

评优。优秀学生、优秀学生干部、三好标兵、省优秀毕业生等荣誉不只是一个荣誉，更是一种能力上的认可。评定时，我们依然要遵循公平、公正、公开的原则，以班级为单位，由学生推选产生，由辅导员汇总审核，并将最后结果公示。这样，既不遗漏人才，同时也避免了徇私的谣言。

第二，惩罚。对于惩罚管理，我们要明确的是，惩罚不是目的，改正错误才是实质。我们最终目的是希望通过这种方式来警示平时自觉性较低的学生，以督促其改正不良行为。例如，我们可以对学年平均学分低于某一分数线的学生，给予警告处理，累计警告3次即劝退处理。这样一来，学生自然会提高自律性，不会出现沉迷游戏、学习成绩严重下降的情况。再如，我们可以规定有缺课3次以上者取消考试资格或者降低平时成绩。但我们要注意，现在已经有很多大学施行逃课惩罚，只是老师们不够负责，很多老师授课一学期也不点一次名，这样一来学生自然不会有约束感，上课与不上课结果都是一样的，高校学生并不代表能够完全独立自主学习，依然还存在很多自身问题，如惰性、厌学等。所以，还是需要我们适时地进行管理、督促，而辅导员不可能跟着每一个班级上课，更不可能每节课都跟着听课、点名，所以课堂上需要任课教师配合进行督促。如果我们能做到好的监督，从而施行奖罚分明制度，高校学生的自律性一定会有所提高。

三、大学生思想道德教育

大学生思想道德教育对于学生身心的健康成长起着非常重要的作用，对于加强大学生思想政治教育具有重要意义。大学中对学生的思想道德教育主要包括理想信念教育、公民道德教育、民族精神教育和综合素质教育。

1. 理想信念教育

理想信念教育是指通过教育和实践，不断坚定社会主义、共产主义理想信念，从而帮助青少年解决做什么人、走什么路的问题。因此，理想信念对一个人的一生起着导向作用，为大学生指引奋斗目标，为生活提供前进动力，不断激励人们向自己的目标前进。理想信念统一了精神生活的各个方面，同时引导着人们不断追求更高的人生目标。因此，高校辅导员有责任加强对学生的理想信念教育。

现在，大学生正处于理想信念成型期，思想活跃，自尊意识突出，成才欲望强烈。随着经济全球化进程的日益加快，各种文化思潮和价值观念不断冲击着大学生的思想，那些腐朽落后的生活方式难免会侵蚀大学生的心灵。加之现在，我国大学生多数为独生子女，优越感过强，缺乏人际交往和艰苦磨炼，在一定程度上存在以自我成才为中心的现象，从而形成了自我期望值高与现实实现率低，对环境高要求与自身低奉献这两大矛盾，因此无形中给大学生带来了较大的学习压力、生活压力和就业压力。压力下的大学生多半会迷茫，不知道自己的未来要走一条怎样的路，未来的自己会成为一个怎样的人。加强理想信念教育可以有效地帮助大学生解除困惑，告诉他们为什么而学。但我们要明确这一点，不论今后从事什么职业，都要把个人的奋斗志向同国家和民族的命运紧紧地联系在一起，把个人的进步同祖国明天的繁荣昌盛紧紧联系在一起。

为了提高思想政治工作的实效性，创新、充实理想信念教育，必须坚持内容的有效性原则。理想信念教育是做人的思想工作，同时也是陶冶情感的工作。因此，在创新、充实理想信念教育时，首先，必须增强大学生理想信念教育的感染力，结合大学生的实际生活，解决他们最关心的问题；其次，辅导员应了解并尽可能满足大学生在成长过程中的理想信念需求，结合其他教育将大道理讲透，小道理讲深，让大学生切实体会到理想信念教育受益终身，从而使大学生主动地、自觉地接受理想信念教育；最后，辅导员可以结合当下流行元素，贴近大学生学习生活，把握大学生思想动脉，以便教育能顺利开展。

2. 公民道德教育

公民道德问题一直以来是政治和教育中的核心问题。一个健全稳定的民主社会除了要依赖基本社会结构的公正性以外，公众的素质和态度以及行为能力也同样发挥着重要作用。因此，培养公民道德感和认同感的公民教育，对社会的凝聚力和国家的稳定具有重要意义。

当前我国高校学生在思想道德建设以及学校教育环节中存在一些不尽如人意的地方，其问题主要表现在以下几个方面。

第一，大学生轻集体、重利益的倾向较以前更为明显。

第二，大学生在自我提高过程中的功利化倾向明显。

第三，大学生明显缺乏对他人和集体的责任感，存在以自我为中心的倾向。

第四，辅导员对大学生的行为准则、道德教育以及人格培养等方面缺少系统性教育。

第五，高校教育系统中的一些环节存在服务意识和平等观念缺失的问题，这会给大学生道德素养的形成带来一定的负面影响。

教育是传承文明、延续文化的基本载体，也是了解多元文化的主要途径。大学在学生公民道德教育的过程中具有重要的作用，它不仅要传递社会共同的文化和价值取向，而且也应该能够呈现多元文化。呈现各种文化的差异，目的在于培养大学生成为能够尊重差异、善于处理矛盾、构建和谐人际关系的公民。

在公民教育观方面，我国公民道德建设的指导思想是：以马克思列宁主义、毛泽东思想、邓小平理论、"三个代表"重要思想、科学发展观以及习近平新时代中国特色社会主义思想为指导，坚持党的基本路线、基本纲领，重在建设，以人为本，在全民族牢固树立建设有中国特色社会主义的共同理想和正确的世界观、人生观、价值观。

加强高校大学生公民道德教育的举措有以下几方面。

第一，强化对大学生的公民道德观教育。从多元文化、科学、民主、平等以及确立正确的科学观和社会责任意识等方面进行学生价值观的培养，把学生塑造为一个诚信、自省、自律的公民。

第二，着力建设文明、健康的公民道德环境。环境在"育人"过程中有着重要的作用，一个文明、健康的公民道德环境对于大学生形成良好的道德素质是不可缺少的。

第三，深入开展学生公民道德实践活动，建立一批优秀的实践基地。通过实践来培养和提高大学生的素质，致力于建设一批集思想教育、专业实习、道德实践等功能于一身的实践基地，架通学校与社会联系的桥梁。

第四，建立健全大学生的公民道德监督机制，同时也要加强大学生自我教育、自我管理、自我约束、自我服务的能力。

3. 民族精神教育

民族精神是一个民族生存和发展的精神支撑，是民族文化的核心和灵魂，是民族在历史活动中表现出的富有生命力的优秀思想、高尚品格和坚定志向，具有对内动员民族力量、对外展示民族形象的重要功能。一个民族没有令人振奋的精神和高尚的品格，是不可能屹立于世界民族之林的。在 5 000 多年的发展过程中，中华民族形成了以爱国主义为核心的团结统一、爱好和平、勤劳勇敢、自强不息的伟大民族精神。

弘扬和培育民族精神是爱国教育的新形式，是推动高校文化建设和大学生素质教育的需求。在大学生中弘扬和培育民族精神，对于中华民族的伟大复兴具有重要意义。因此，辅导员要发挥课堂主渠道的作用，营造校园文化，使大学生做到坚持理想信念与爱国主义的统一，增强爱国的深厚情感，确立报国的崇高志向，培养建设祖国的聪明才智，坚持报效祖国的积极行动。民族精神教育要坚持以人为本，使大学生成为弘扬和培育民族精神的模范。

4. 综合素质教育

所谓综合素质教育，是指从培养有理想、有道德、有文化、有纪律的社会主义接班人出发，以全面培养受教育者高尚的道德情操、丰富的科学文化知识、良好的身体和心理素质、较强的实践和动手能力，以及健康的个性为宗旨，让学生学会做人、学会劳动、学会健体、学会审美，使学生在德、智、体等方面得到全面协调发展的教育方针和教育活动。

大学生综合素质存在以下主要问题。

第一，部分大学生对国家现行政策的认识不够深刻。毕业生在择业过程中，没有做好就业的心理准备，不能很好地认清当前的形势，对自我的定位及自我能力的评价不够确切，心理素质和专业能力还需进一步加强。

第二，部分大学生存在心理健康问题。

第三，部分大学生的价值观、人生观存在偏离。

第四，部分大学生文化素质缺乏。高等教育要培养有理想、有道德、有文化、有纪律的四有新人，这就要求教育工作者在面对新形势和社会新需求下改变传统教育模式，从思想品德、专业文化知识、世界观及人生观等多个方面着手，努力提高大学生的综合素质。提高大学生的综合素质是大学教育培养目标的重要内容，也是面向未来教育、教学改革的重要目标。

第五，通过课堂教育、校园文化等提高道德文化素质。我国《高等教育法》明确规定："高等教育必须贯彻国家的教育方针，为社会主义现代化建设服务、为人民服务，与生产劳动和社会实践相结合，使受教育者成为德、智、体、美等方面全面发展的社会主义建设者和接班人。"要全面贯彻落实教育方针，担负起为社会主义现代化建设培养高级专门人才的重大任务，使大学生成长为社会主义事业的建设者和接班人。高等学校不仅要有完备的科学技术、文化知识教育体系，而且还要重视和加强德育教育，具有完备的思想政治教育体系。

第六，通过教学改革与实践提高专业素质。改革教学内容和教学方法，加强实训，以提高学生的专业实践能力。实施素质教育，必须进一步加大教育教学改革力度，建立科学的课程体系，改革教学内容和教学方法。调整课程体系，改革课程结构，抓好文化素质教育的必修课和选修课的开设，使学生从文化知识、文化修养层面得到提高，并加强科学和人文精神教育。实施专业教育与社会实践相结合，培养专业化和实用型人才。

四、大学生稳定性工作

大学生的稳定性工作包括：安全的稳定性、情绪的稳定性、生活的稳定性三大方面。

1. 安全的稳定性

辅导员应该加强学生的安全教育，只有学生的安全得到保障，才能进一步开展其他方面的教育。我们应该着眼于学生的日常事务，定期开展安全稳定教育会议，例会上为学生讲析一些安全问题的事例，使学生更深刻地认识到安全问题的重要性，增强学生的安全意识，学会保护他人与自我保护，还可以征订一些安全教育类的书籍，供学生阅读。

俗话说得好，"身体是革命的本钱"，如果安全教育搞不好，那么其他教育都是空谈。各大高校的学生，来自全国各地不同的省份、不同的城市。假期返乡时，安全问题绝对不容忽视。因此，我们要开展文明离校教育，以提高假期离校期间学生的安全系数。

离校之前，辅导员对各班下发"假期离校统计表"，要求学生认真详细填写，务必保证假期通信畅通，以保证学生回家的安全。除此之外，辅导员还应该要求各班级主要干部保持通信畅通，防范假期出现特殊状况。在统计假期离校情况时要注意学生填写的信息是否正确，以免有的同学因错误信息造成失联状况。辅导员安排各班班长、团支书做好监督工作，避免错误信息的产生。

安全工作是教育工作中的一个重要工程，同时也是一项长久性的工作。它为正常有序的教育工作提供有力保证。所以，我们务必要做好文明离校教育，因为做好了文明离校教育工作就等于给安全教育工作加了一把锁，为学校消除了学生的安全隐患，一定程度上提高了教学质量。

2. 情绪的稳定性

很多学生情绪波动太大，心理承受能力较低，受不了挫折、打击，甚至部分学生情绪过度低落，导致自残、自杀。这类情况在每所高校都会有案例，所以辅导员应该经常了解、观察学生的情绪，遇到情绪比较低落的学生，了解其原因并耐心地进行教育、劝说，避免不幸的事情发生。另外，辅导员需要在每个班级内设心理委员，需将所带班级的"心理委员""心理护航员"的名单、个人信息(学号、姓名、性别、班级、寝室、联系电话等)及人员变动上报到学生处心理健康教育中心存档。各班心理委员负责每月填写一份"心理监察表"，填写信息要真实详细，以便辅导员能更准确地了解、把握每位学生的心理情况，从而保证高校教育的顺利进行。

3. 生活的稳定性

很多学生认为大学校园生活枯燥乏味，加上大学的开放式管理，造成一些在校生的流失，有的学生不能够坚持到底，半路弃学。为了保证每位同学都能够坚持接受高校教育，辅导员要及时洞悉在校生的流失情况，定期召开会议，保证每位同学安心在校学习生活。很多高校学生瞒着家长半路弃学，外出打工、旅游等，这严重地影响了学生自身的身心健康，同时也给学校增添了安全隐患。所以，辅导员要经常与班级主要干部沟通，统计学生的在籍情况，了解是否有弃学情况发生。一经发现弃学情况，辅导员应立即与家长沟通，做到家庭与学校双方紧密地配合，帮助学生完成所有的高校教育。个别学生由于自身原因申请退学的，辅导员必须认真对待，及时与家长沟通，了解具体情况。只有做好学生稳定工作，才能稳定学校的正常秩序，从而促进高校教育的顺利进行。

五、毕业生教育

同样，大学的毕业生教育也是很多辅导员容易忽视的，但这也是大学生离校前的一项重要教育，对学生的离校、毕业、就业等起到关键作用。毕业生教育主要包括毕业前教育、文明离校教育、毕业生就业工作三个方面。

1. 毕业前教育

作为高校辅导员，对在读大学生进行管理时绝对不能忽视即将毕业的学生。辅导员应该对即将毕业学生进行充分的就业教育，宣传国家的就业政策，鼓励学生树立正确的择业观，加强诚信教育，指导学生制作简历、掌握求职面试技巧，同时，有针对性地考取必要的职业资格证书等。同时，辅导员还可以通过以下方法，对即将毕业的学生进行毕业前教育。

第一，举办模拟招聘会。辅导员可以邀请一些有帮助的企业来做一个模拟招聘会。目的是通过模拟招聘会，使学生进一步了解招聘流程，为以后的应聘打下良好的基础，争取在招聘会上有一个不俗的表现。

第二，进行应聘展示会。辅导员可以选定一个时间，选择一个大型教室，添加展览板，展览板写出一些社会问题、职场问题等，设立专业解说员进行现场解说。展示会上，学生可以自由地选择观看展览板，有疑问的可以直接询问解说员。通过这种方式，学生能够更加透彻地了解很多社会问题、职场问题等。

第三，举办大型双选会。"双选会"顾名思义，即企业与高校学生零距离接触，互相选择。辅导员可以对一些大型企业发出邀请，选择大型教室，给各大企业设应聘台，然后学生可以进场选择中意的企业，同时企业也可以对学生进行选拔，筛选出自己企业所需要的人才。如果学生和企业达成一致，可以现场签订合同。这样的双选会省时、省力，避免了毕业生到处寻找工作的麻烦，同时也为企业集中选拔人才提供了方便，可谓是双方互相受益。

2. 文明离校教育

文明离校教育是基于安全教育之上的一种教育方式。它是维护高校安全稳定、保证正常教学生活秩序、创建文明校园的一项重要工作。

在毕业离校时容易发生毕业生向宿舍外随意扔废弃物、在楼内乱写乱画，甚至出现闹事、损坏公物等违纪行为。这一系列行为，不仅为学校带来负面影响，也为学生本人带来不必要的麻烦。为避免这样的事情发生，辅导员必须加强对毕业生进行文明离校的教育。

第一，毕业生文明离校工作涉及方方面面，学校各部门应通力合作，切实做到"四个到位"，即责任到位、措施到位、服务到位、落实到位，为文明离校教育工作提供有力保证。

第二，在毕业生离校前，各部门要从方便毕业生的角度出发，主动、热情、周到地为毕业生服务。经常与毕业生沟通，听取毕业生对大学生活的评价，以及对学生日常工作安排的意见、建议和要求。在此基础上，制订新的工作计划，完善工作方法，努力将学生培养成为德、智、体、美、劳全面发展的高素质、高技能人才，了解他们的困难，努力为他们解决问题。

第三，以学院为单位，向全体毕业生发出文明倡议，充分发挥学生骨干力量在文明离校中的作用，教育他们既要当好表率，又要努力做好其他学生的思想工作；引导广大毕业生举办一些有意义的活动，给自己留下美好的记忆，给同学留下集体的温暖，给学校留下美好的印象，给低年级学生树立良好的榜样。

第四，召开班会或毕业生大会，对毕业生在校期间的综合表现进行总结归档，指导学生完成毕业设计和论文，办理毕业离校的相关手续，帮助学生顺利毕业，使他们顺利走上工作岗位；对毕业生在离校期间的行为规范提出明确要求，坚决反对和杜绝在毕业生离校过程当中制造并散播谣言、发泄私愤、损坏公物、酗酒赌博等违纪肇事现象和扰乱学校秩序行为的发生。一经发现，将视情节给予严肃处理，绝不姑息迁就，并将处理结果通报用人单位。实际上，文明离校教育不是只针对毕业生开展的，它面向的是所有学生。

3. 毕业生就业工作

随着我国的经济发展水平步入新的历史时期，高等学校的毕业生工作新策略初步形成，其基本机制是：竞争上岗，择优录用。实施形式是：国家宏观调控、学校和各级政府推荐、学生和用人单位双向选择。高校就业工作模式的构建要适应这些变化和要求，集"教育、管理、指导、服务"于一体，全时间、全方位、高质量、方便快捷地服务毕业生就业。高校新型大学生就业工作模式的构建应充分考虑以下几个方面。

第一，深入学习贯彻习近平新时代中国特色社会主义思想，以就业工作为"向导"带动教育教学改革，要坚持以习近平新时代中国特色社会主义思想为指导，对毕业生就业工作给予高度重视和大力支持，党政协作共抓就业。

第二，加强制度建设。首先是制定、实施学校就业工作相关规章制度，使毕业生就业工作制度化、规范化。其次是建立学校就业工作委员会、毕业生就业指导中心和各系部就业工作领导小组。通过制度建设和机构设置调动各方面积极性，形成"全员参与毕业生就业、全过程指导毕业生就业、全方位帮助毕业生就业"的工作氛围。

第三，加强就业工作的信息化、网络化建设，及时为毕业生提供就业信息，做到就业信息通畅，从而提高就业工作的效率和水平。对求职失败的学生要及时展开挫折教育，尽量消除学生因找工作压力过大而带来的心理问题。

毕业生就业工作具体措施如下。

第一，设计开发就业管理软件，形成功能强、信息全、便于操作的就业管理系统，真正地实现就业管理手段的现代化。

第二，加强毕业生就业信息的动态管理，不断增强就业信息网站的服务功能，为毕业生进入无形市场提供帮助。

第三，实施学院就业工作情况报送制度和就业信息定期报送制度。

第四，实行年度学校就业工作报告制度。

六、实践教育与科技创新

要加强大学生在校的实践教育，不能只注重书本文化知识，要理论联系实际，注重实践。同时，创新是一个民族的灵魂，是一个国家兴旺发达的不竭动力，要注重提高大学生的创新能力，把大学生的科技创新提升到学生日常事务管理上来。

1. 实践教育

早在 1958 年，我国就提出了"教育与生产劳动相结合"的教育方针，它适应了我国当时建设初期工业化刚刚起步的历史条件，但是在落实过程中人们的理解庸俗化，仅仅强调知识分子参加体力劳动，而忽视了理论学习的重要性。如今，实践教育从培养完整的社会人出发，内涵更加丰富，形式更加多样，已形成了专门的学问——实践教育学。

实践教育学是在深厚的理论基础上，结合对中国教师发展和基础教育实践中若干主要问题的思考而建构起来的理论体系，其中有六大特色：情感先行、攻心为术、追求效率、追因溯源、操作指南、经验培育。

实践教育学的性质和特征共有以下七条。

第一，实践教育学除了给教育行为提供规范取向外，还应为存在的教育情境提供有用的实证知识。它应尽可能地考虑科学的成果，并以实践取向的形式将其表达给教育者，所表达的内容不能违背科学有效的陈述。

第二，实践教育学的陈述类型要清楚，不能混淆实证陈述、分析陈述、价值判断和规范陈述。这是检验陈述是否真实和有效的先决条件。

第三，实践教育学应该坚持逻辑规则。特别重要的规则是：规范(应然陈述)不应该源于描述性陈述，而只能被认为从规范的前提中推导出来。

第四，价值判断所依赖的基本价值观应予以明确阐明，或至少能从它们出现的特殊情境中识别出来。

第五，规范的内容应尽可能清楚地表述。

第六，实践教育学的语言应当是通俗易懂的。理论家应使复杂的关系、深奥的思想变得清晰、简洁、明了；应使其著作对读者既具有吸引力，又便于理解。

第七，实践教育学不仅可以用描述性的语言，而且还可以运用情感性的语言。情感语言的运用不应该代替描述性语言的运用，而应该在情感上支持理性上有根据的价值判断和道德规范。

实践教育学最核心和最本质的东西就是让学生参与整个过程，这就对教师提出了较高的要求，他们要有"学生是主体，教师是主导"的意识。只有处理好主体与主导的关系，让学生主动参与课堂活动和学术实践，才能发挥学生的积极性和主动性，培养他们独立工作的能力。通过实践教育，既能培养学生分析解决问题的能力、动手协作的能力，又能使学生完善人格并适应社会——既让学生从做事中形成批判性思维，又让他们从中明白如何成为良好的社会公民。

2. 科技创新

习近平总书记在党的十九大报告中指出，创新是引领发展的第一动力，是建设现代化经济体系的战略支撑。2019年3月5日，在第十三届全国人民代表大会第二次会议上，国务院总理李克强在政府工作报告中指出：大力优化创新生态，调动各类创新主体积极性；深化科技管理体制改革，推进关键核心技术攻关，加强重大科技基础设施、科技创新中心等建设；改革完善人才培养、使用、评价机制，优化归国留学人员和外籍人才服务；把面向市场需求和弘扬人文精神结合起来，善聚善用各类人才，中国创新一定能更好发展，为人类文明进步作出应有贡献。人才培养是高等学校的根本任务，大力开展大学生科技创新活动是深化高等教育教学改革、培养创新型人才的重要举措，对于提高自主创新能力、建设创新型国家具有重要的历史和现实意义。

大学生科技创新，旨在通过所学的理论知识来解决实际中的问题。其中问题有大有小，大到我们的专业知识，小到生活中的点滴。因此，高校辅导员在培养大学生科技创新方面，先要提高科普性导向，即竞赛要面向广大学生，降低门槛，使更多学生参与进来；然后要提高科研性导向，即各院系举办专业性强、水平高的学科竞赛。另外，还要发挥学校各级团组织的组织优势，加大宣传力度，积极开展科技竞赛；加强科技类社团的建设；开展大学生科研立项，多方努力，加大资金投入；开展科学、科技类论坛与讲座，努力营造浓厚的大学生科技创新氛围；在广大学生当中加强引导，集中评选、表彰大学生科技标兵，同时加大宣传力度。

因此，我们应进一步保障师资、场地等物质条件，为大学生科技创新工作室开展各项工作创造有利土壤，力求将大学生科技创新工作室建设成为学校凝聚人才、交流创新和展示才智的平台基地，为学校拔尖创新人才培养做出积极贡献。

七、家访

教育不仅仅是学校的义务，父母是孩子的第一任老师，学校的教育只是起到督促性的作用，并不能够完全决定一个学生的发展方向。要想培养出新时代的优秀青年，就必须做到家庭与学校同步教育，双方密切配合。学校要与家庭经常沟通，高校辅导员要经常进行家访，访问学生的家庭，对其家庭情况进行详细的了解，从而获取学生更全面的信息，有针对性地教育，真正意义上做到"因材施教"。我们要定期进行家访，制订一个详细的家访计划，并按照计划，不偏不漏地进行家访。

在家访的时候，辅导员要注意学生的情绪。家庭访问并不代表向父母打小报告，很多学生十分不愿意辅导员进行家访，因为他们认为这样会暴露其在校的缺点。所以，辅导员要悉心劝说，不要给学生施加压力以免产生不愉快的情绪，避免不愉快的事情发生。辅导员还要注意，绝对不能通过家访这种教育方法来获取利益。

学校、家庭真正做到同步定会使高校教育如虎添翼，从而培养出更加优秀的高校人才。作为高校辅导员，我们不仅要注重素质的培养，还要注重学生能力的培养。高校教育不同于初级教育，我们应该进一步加强并完善高校教育方式，我们应该以教育为己任，力争做到最好，培养出新一代全方面发展人才。

第三节　西方国家高校学生事务管理

21世纪是知识资本化、经济全球化、信息网络化的时代，世界范围的经济、科技竞争日趋激烈，对高等教育提出了严峻的挑战。谁在21世纪的高等教育中居于领先位置，谁就能在21世纪的国际竞争中处于主动地位。因此，针对不同国家的实际情况，各国高校学生事务管理的方法也不尽相同，部分国家在学生管理方法上极具特色。通过总结和比较，我们可以从中了解更多的先进思想，汲取更多经验。

西方古代教育以古希腊、古罗马的教育最为著名，其中古希腊教育以雅典大学为高等教育的发源地。欧美国家近代高等教育(特别是近代大学教育)的发展是以中世纪大学为其历史基础的。虽然欧美国家近代高等教育与中世纪大学在一些基本方面存在着显著的差异，但两者并不冲突，而是相辅相成的。中世纪大学的一系列制度不但没有被抛弃，反而在近代大学尤其整个高等教育中继续发挥着重要的作用。也就是说，欧美近代高等教育在某种程度上是对中世纪大学不断进行变革、更新和改造的产物。

渐变是发达国家近代高等教育发展的基本模式。欧美国家(除法国以外)近代高等教育的发展基本上是渐进的，几乎不存在明显的"飞跃"。经过几个世纪的不断创新发展，最终形成了现在的西方高等教育体制，其在学生管理方面具有如下特点。

一、教育模式

西方国家的教育模式与我国近代的专业教育模式不同，西方国家采用的教育模式是通识教育。

通识教育是一种使学生通过对知识的广博的、普遍意义的了解，形成内心统一的认识观和世界观，并通过理性和感性均衡发展，使之形成完善的人格，以适应现代社会生活所必需的解决问题的能力、生活态度、道德和政治修养等广泛的教养要求的具体教育形式。[1] 它是美国大学本科教育自19世纪后期以来的又一重要传统，几乎所有大学都有详尽的通识教育计划。

为了确保通识教育能够达到预期的目标，担任通识教育课程教学任务的教

---

[1]　杨颉：《大学通识教育课程：借鉴与启示》，55～56页，上海，上海交通大学出版社，2009。

师必须是教授或高级讲师，教学效果经评估必须达到优良。通识教育课程涉及自然科学、人文科学、社会科学等多个方面，通过高水平的教师来授课，大学生在进入专业课程学习之前，就可以对人类文明在各个领域所创造出的成果有一个概括性的认识和体验。① 所以，学生专业课的学习是建立在人类文明成果这一坚实的平台之上的，这不仅为他们继续学习某一专业的课程奠定了良好的基础，还为其以后的工作提供了一个非常有价值的平台。可以说，通识教育使高等教育站在人类文明进步这个"巨人的肩膀上"，直接聆听知名教授对某些领域的深刻见解。站在文明与发展的前沿，大学生每迈出一步可能就是一种创新。②

1. 入学与毕业

"宽进严出"是西方大学教育的一大特点。也就是说，基础相对薄弱的高中毕业生考进一所相对一流的大学的难度不大。但大学第一年的淘汰率要高于 60%。

美国大学用学分来衡量学生的成绩，学分制中主要分为学期制和学季制，以学期制比较普遍。学期制一年分 3 个学期，每学期分 15 周，每周上课 1 小时得 1 学分。在本国上完高中并获得高中文凭后继续在本国上完四年制以上的大学本科并获得文凭，即有资格申请进入美国大学研究生院学习。

西方教育的考核一般是平时成绩（分为小测验、作文、单元考试等）占 70%，毕业设计（Final Project）占 20%，期末考试占 10%，有时没有"Final Project"，这主要依据课程而定。

这个"Project"与演讲、论文、海报等有着异曲同工之妙，这就是所谓创新教育的精髓，因为完成这些"Project"就是真正的活学活用。

2. 思想观念教育

西方教育者注重价值观的塑造和批判思维的培养，主张用理智的思维判断事务。

通识课程的着眼点不在于"识"，而在于"教化"，在于培养学生树立正确的人生观、世界观、价值观。美国在设立多元化课程方面，除了基础课必修以外，其余课程学生可按自己兴趣选修，这使每个学生都能发挥出自己的特长。学生们课上动手操作的机会很多，其上课地点也不拘于教室，有时有出游课

---

① 王霞：《美国研究型大学通识教育反思》，78～79 页，杭州，浙江大学出版社，2010。
② 罗丹：《浅谈中美高中差别》，载《基础教育参考》，2003(11)。

(Field Trip)。学校通过这种鼓励学生开阔视野的方式，帮助学生形成价值观念。

西方人还有一个特点，他们希望对社会实行事后被动制约，用法律和组织措施来解决问题。而这无疑是以理智为基础的。从英国的经验主义到美国的实用主义，从马丁·路德的宗教改革到马克斯·韦伯的新教资本主义理论，再到约翰·穆勒的利己主义，都浸透着一种理智精神。在追求整体利益的过程中，其最终目标是要实现个人的人生价值。外国运动员常常以个人名义参加比赛，他们追逐的目标不是单纯的为国争光，更重要的是使自己超越生命的极限，实现人生的梦想！这种"个体本位"的思想无疑来源于理智的指导。

二、教学方式

西方的教学方式异常灵活，西方教育者从学生兴趣着手，课外举办各种各样的活动，从而开发学生潜能；课内为学生设置妙趣横生的课程，培养专业人才。

1. 课外活动

西方教育更重视人在兴趣上的培养。学校会开展丰富多彩的课外活动，下课很早，鼓励学生参加各种有益身心健康的课外活动，也可以自行组织课外活动，以锻炼自己的领导能力。虽然课外活动可能不包括正式的学习，但因为它们更激烈、更生动、更个性化，所以它们能比那些正规课程中教授的东西给人留下更深、更持久的印象。

课外活动的种类是多种多样的，有围棋、象棋、乒乓球、羽毛球、橄榄球、篮球和排球，以及其他公益性、学术性活动等，绝对能满足学生的课余生活。

加拿大从小学教育阶段起就开始注重兴趣的培养了。

在德国人心中，兴趣是最重要的，他们认为只有做自己想做的事，才能找到乐趣，才能取得成功。能歌善舞、足球场上是最佳射手、拥有良好的人际关系、会做家务、会外语和电脑等，这其中的任何一项都可成为学生骄傲的资本。

美国的教育旨在培养多样化人才，让不同的学生都发挥出自己的特长，允许学生自己选择接受教育的方向。一个学生如果是当花匠的材料，就要把他培养成最出色的花匠，这可谓充分地体现了因材施教。

当然，大学生活不仅仅是课外活动，学生还要顾及学业，社团活动与学习之间需要保持平衡。只有在两者间取得巧妙的平衡，大学生活才更丰富、更有益。

2. 课内教学

西方教育者重视体育、绘画、音乐，主张至少会一种乐器，从而培养学生的创新能力。文艺复兴不就重视这些内容吗？在西方，这可以说是一种传统。为提高学生的动手能力，西方教育者采用了表扬教育法来激发孩子的想象力，增加教育的灵活性。有的西方国家还精心为学生设置了许多妙趣横生的课程，真正意义上做到了寓教于乐。[①] 例如：

第一，学生政府。一门负责组织学校活动的课，分为高一、高二、高三、高四和学生主体五个部分，每个部分都有主席、副主席、秘书、财务等。除了学生主体，其余四个年级分别负责各年级的活动，学生主体负责整个学校的活动。但学生主体的学生必须由全校学生投票选定，相当于中国的学生会。学生政府组织活动的经费由学习这门课的学生在校园内工作赚得。例如，教师帮助学生从校外购进糖果，交由学生政府的学生出售，不同年级学生赚得的利润交各年级财务管理；学生可以在校门口开设临时洗车铺，卖印有学校标志的纪念品，另外，学生还可以在学校举办舞会时卖门票、食品、礼物等。学生政府利用赚得的经费组织活动。例如，学生政府每个月都会举办一次感谢教师的活动，活动中学生会送给教师卡片和糖果，或是一些可爱的文具，值得一提的是，学生政府将在教室里或者操场上为教师准备隆重而丰盛的午餐会，以感谢教师辛勤的教学。学生政府举办的活动很多，如每学年有一次正式舞会；每学期有一次午餐庆祝会和一次学生会议；某些时候还举行才艺表演，选出优胜者颁奖等。

第二，校报。学生在这门课上学习怎样编辑、印刷、出版报纸。校报是学生们的杰作。校报一般是一个月出一份，内容广泛，充分展示了学生们的个性、才华。

第三，学校年度纪念册。选学这科的学生需要在一学年结束时做好年度纪念册，并出售给学生。平时，有的学生负责在校园里拍照，有的用电脑设计版面，有的搜集校园的奇闻趣事，有的搞美术设计等。每年的纪念册都不同，各校的纪念册也都有自己的风格。

第四，陶艺课。学生从捏黏土做起，自行设计样式，作品晾干后，由教师

[①]　黄坤锦：《美国大学的通识教育：美国心灵的攀登》，81～82 页，北京，北京大学出版社，2006。

来统一烧制,再自行上釉色,然后再烧一次,作品就完成了。有一定基础后,学生可开始使用转轮塑造陶罐、花瓶、盘子等。在和黏土打交道的同时,学生也学习一些陶瓷艺术的知识,既陶冶了情操,又提高了艺术修养。学生作品将会在大厅展出,并参加优秀作品的评选。

3. 创建学习共同体

西方人非常重视学生在教学过程中的地位,认为学生是教育活动的中心,教师的主要作用是指引。西方人认为,学习不应该由教师向学生传递知识,而是学生构建自己的知识体系。学生作为学习信息加工的主体,不应该成为被动的信息吸收者。学生不应成为知识的被动接收者和被灌输的对象。因此,西方教育者努力创建学习共同体。

学习共同体有助于克服教师与学生、学生与学生隔绝的状态。学习共同体可以由不同专业的学生组成,围绕某一课题进行讨论学习。如此一来,学生不仅学到了知识,而且拓展了人际关系,提高了组织、沟通、协调能力。

为了加强学习共同体的效果和作用,使学生在课外有更多的共同时间在一起讨论,完成教师所布置的小组项目,出现了一种在住宿方面有要求的学习共同体,即同一学习共同体的成员住同一宿舍,称为住宿学习共同体。在斯坦福大学,"结构自由教育"就是一个住宿学习共同体项目。导师与学生住在一起,共同进餐,对学生的写作进行指导。每周对文本进行讨论和研读之后以电影等视频材料的形式作为结尾,每个学期学生都要上演一个剧目。秋季学期研读古希腊、古印度和以色列的文学名著,宗教和哲学著作。冬季学期通过对古典文学和文化的考察,探讨导致文艺复兴、工业革命、启蒙运动、殖民和资本主义等社会变革的政治、经济和文化因素。春季学期通过阅读小说、政治理论,着重探讨塑造现代社会的巨大力量。斯坦福大学的"结构自由教育"这一学习共同体项目还可以满足写作和人文方面分布的必修学分,这种一举多得的体制更容易受到学生的青睐。[①]

三、培养自学能力和探索能力

西方教育大都是基于人文思想而展开的,从小开始培养人的实践和分析能力,鼓励思想的自由,并对自己的言行负责。西方创新教育重视学生自学能力的培养,培养学生独立思考、独立生活的能力。核心在于中国的一句古话:

---

① 王霞:《美国研究型大学通识教育反思》,82~83 页,杭州,浙江大学出版社,2010。

"授人以鱼，不如授人以渔。"对于学生的疑问，教师会让学生去图书馆自己去寻找资料，自己做出判断，尽可能地不去影响学生的自主思考。

西方的学生是自己选课，有必修、有选修。每种课因种类不同，教的方法也不同。比如：美术课以实践为主，历史课以写作为主，法语课以会话为主。

英国大学没有统一规定的教材，学生也没有固定的课本，课本就是整个图书馆里的书。导师会根据社会发展的趋势和需求选择最新的、最有发展前景的内容来进行教学。在课堂和讲座之余经常会安排一些小型的、非正式的小组指导，学生可以与教师自由交换意见和观点，这也是一个鼓励提出新观点、新方法的学习过程。

英国大学的考试不是太多，但学生大量的课程设计和现场讲解极其锻炼人的动手能力。在英国教育的熏陶下，学生不仅能全面掌握学科知识，而且具备了分析问题、解决问题的能力，而这些能力正是日后雇主们更为看重的。

同时西方也重视探索能力的教学，实验不是验证，而是探索。

法国教师在上新课前不让看书，上课后不讲课，上来就做实验，让学生自己通过实验来发现定律或推出化学方程式。

这种探索式教学有利于学生产生独立见解，有利于研讨课的开展。学生不必从书籍和论文中抄袭拼凑观点，理论联系实际更贴近真理，有利于从多学科的角度全面、长远地解决现实问题。

四、宿舍辅导

学生的宿舍分配也影响通识教育。大多数学校的学生宿舍是将不同专业的学生编在同一寝室，目的是让不同专业的学生在日常生活当中自然地交换各自主修领域外的知识，这样在无形当中，学生便获得了其他领域的经验。[①]

对于宿舍辅导的情形，各校做法不一，有些学校仍设有宿舍导师制度，如哈佛、耶鲁以及教会性质的大学学院（如天主教的圣母大学）。宿舍导师负有督促考问宿舍内学生课业的职责，甚至各宿舍有由宿舍导师主持的"宿舍研习课"，哈佛至今仍有此项措施。另一些大学宿舍则设有舍监，仅负责宿舍内各项规则的执行和监督，而无辅导的功能。

至于校外的学生住宿，许多大学生集体在学校附近的民营学生宿舍住宿，取名常以希腊字母作为象征或代表，显示其某一特色或风格。这些较具历史和

---

① 黄坤锦：《美国大学的通识教育：美国心灵的攀登》，83～84 页，北京，北京大学出版社，2006。

规模的民营宿舍，通常也设有舍监甚至宿舍导师，对学生肩负督促管理之责，令学生对其敬畏之至，"爱恨兼有"。这些舍监有父母般唠叨啰唆的，也有父母般照顾呵护的，以至于许多大学生毕业时，对教师没有离惜之感，而对这些舍监感情深厚，依依不舍。

五、服务学习与社会实践

西方教育者认为，大学教育的价值远在课程之上，它包括学习社会中学生、教师和工作人员之间的一整套复杂经历。它依赖于个人间的关系，有些正式的关系通过学术性课程习得，很多非正式的关系通过课外或社区经历习得。因此，社会实践的教育意义有时能超过课堂教育。

通过服务学习，增加社会实践，学生更贴近自然、更接近社会。将有意义的社区服务与教学指导和反思结合起来，可以丰富学生的学习经历，提高个人能力，强化公民责任感，增强社会凝聚力，学生从社区服务或专业服务中会受益无穷。实践证明，学生越是把学业与社会相结合，他对大学的责任感也就越强烈。同时，服务学习还能让学生在实践中发现问题，这样，学生可以提高自己吸收知识和捕捉信息的能力，在开展工作时更容易找到突破口，真正做到在实践中铸造人才。

德国学校只上半天课，而实习却是全天的。高中二年级就安排与今后选择职业有关的实习，目的是让学生了解社会，了解自己今后想从事的职业的特点。实习结束还要出具实习鉴定，实习鉴定是上大学和就业的必备材料，由于他们上大学是宽进严出，所以实习鉴定往往比高考分数还重要，关系到学生的一生。

六、师生关系

西方大学生的师生关系倾向于朋友的关系，彼此间以名互称，或以小名互道，相互间平等。其优点在于坦诚相处，言语自然，彼此没有太多忌讳顾虑。正如古希腊哲学家亚里士多德说的"吾爱吾师，吾尤爱真理"。这有助于真理、学识的探究。① 这也充分体现了西方秉承的人人生而平等，建立平等的师生关系，推崇学术自由的理念。

西方高校教育实行导师制。教师并不一定局限于对专业的指导，有时候学生更需要人生道路上的指引。授课教师对学生在课堂内容之外的关怀和指导对

---

① 黄坤锦：《美国大学的通识教育：美国心灵的攀登》，85～86 页，北京，北京大学出版社，2006。

师生双方都是丰富人生经历的重要内容。教师可为学生营造和谐的学习氛围和人际网络，利用学习共同体和导师制，让师生有更多时间相互接触，彼此交流思想，排忧解难。

在英国，师生之间完全平等，教师没有高高在上的感觉，学生也可以直接叫教师的名字。英国学校的课堂气氛比较活跃，在课堂上教师和学生可以自由交流，教师也希望学生提出问题。中国学生在这方面大多有所欠缺。

七、学习环境

西方教育者主张为学生提供一个轻松的学习环境，营造愉快的学习氛围。

有研究表明，大学对学生价值观形成的净作用（即排除其他方面因素影响后的效果）主要是引导学生形成更加开放、自由、宽容的态度。而且不论是对政治、社会还是性别的看法，任何变化都不仅仅是社会潮流在校园中的反应。也就是说，校园有独立于社会的文化，它对大学生价值观的形成具有独特且积极的作用。因此，为学生提供一个轻松的学习环境，营造愉快的学习氛围至关重要。

在美国，教师有自己的任课教室，学生根据所学的课程每节更换不同的教室。学生上课时则喜欢坐得横七竖八，他们认为这样上课的效率更高、更舒服。

美国学生爱玩，放学后把很少的作业写完就开玩，参加多种活动。他们也打工，好像中国的社会实践，不同的是他们付出劳动后将得到报酬，真正体会成人的生活。欧美国家（美国、英国等）的教育都是属于比较开放式的教育，就是说教师不会对学生施加过多的压力，教学的知识面比较广，不死板，比较注重阅读、课外实践和动手能力。还有很重要的一点就是，教师对学生更多的是引导，让学生自己探究学习。

总的来说，西方国家从学生管理内容上说，更重视能力、情感方面的教学；从管理方式上说，更重视师生互动，学生自主思考、自主探究、合作学习；从管理目标上说，更重视学生个人综合素养的培养和学生自主学习能力、自主活动能力的获得。西方着重培养能力型的人才，注重专业性，主张让学生在自己感兴趣的领域发展。

➤本章小结

教育是一种文化现象，是构成文化系统的重要组成部分。然而不同的地域以及不同的文化造就了教育的不同形式，伴随着的，也就产生了不同的学生管理体制。

有一句谚语："播种行为收获习惯，播种习惯收获性格，播种性格收获命运。"荀子也曾指出："不闻不若闻之，闻之不若见之，见之不若知之，知之不若行之，学至于行之而止矣。行之，明也，明之为圣人。圣人也者，本仁义，当是非，齐言行，不失毫厘，无它道焉，已乎行之矣。故闻之而不见，虽博必谬；见之而不知，虽识必妄；知之而不行，虽敦必困。"可见，规范的行为是道德准绳的最高点，是评判圣人的最高标准，是知识升华的阶梯。如果学生没有一个正确的行为规范，高校的教育工作将无法顺利进行，甚至会停滞。因此，建立一个怎样的学生日常事务管理体制才能更系统地规范学生的日常行为，便成为当今各国高校辅导员在实践中不断探索、不断革新的课题。

随着19世纪末西方大学制度的传入，以及中国社会近代化进程的开始，中国高等教育从产生的那一天起也就开始了自己漫长而曲折的近代化征程。现在我国大学的知识体系，基本上源于西方。西方大学在学生管理上注重培养学生的创新能力和思考问题的习惯，强调实践，注重自我本身的素质及个人能力的提高，从而为进入一个重视创造性思想的社会做好准备。而目前我国的教学方式及学生管理方式仍呈现出横向的移植多于纵向的继承、西方模式的模仿多于中国典范的创建的现象。中国有悠久的历史，有深厚的传统文化，注重的是整体的协调性，强调整体团队的合作配合，更倾向理论学习。

有比较方见差异，有差异方见和同。"梅虽逊雪三分白，雪却输梅一段香"。无论中国还是西方国家，所秉承的理念都是"教学要提高，管理必先行"。所运用的学生管理方式都为提高学生学习质量，完善学生人格发展，树立正确的世界观、人生观、价值观，加强学生社会意识和社会责任感，为学生提供展现自我的平台，从而最大限度的实现自身价值，促进国家的蓬勃发展。

对于新时代下的高校辅导员而言，应全面掌握我国学生日常事务管理体制，"推陈出新、革故鼎新"；同时要积极了解西方先进的管理方法，"取其精华、去其糟粕"，兼容并蓄，结合我国的实际情况，将国外优秀的管理方式应用到实际教学生活中，争取摸索出一套更适合我国的学生日常事务管理模式，从而提高整体的教学质量，促进我国教育事业的蓬勃发展。只有经过互相取长补短所形成的全新的管理体系，才能更合理地解决生活中的实际问题，从而使得人与自然、人与人、人与社会之间达到和谐相处的境地。

➤案例：辅导员开展学生安全教育工作

9月6日，学校正式开学。在学院进行 2015—2016 学年第一学期学生报到情况统计时，我注意到有一个学生没有前来报到。谨慎起见，我拨打了该生的手机，手机处于关机状态，无法联系。9月7日上午上课时，该生宿舍同学及班干部仍无法联系该同学，我及时向学院反映了情况。上午 9：00，学院就该生的情况进行了仔细调查，据该生宿舍同学反映：该生 2015 年 9 月 5 日下午到"××医药"看脚伤（后经了解相关医生，该生脚伤已经基本痊愈，看病后就离开医院，未见异常）。截至 9 月 5 日晚 10：30 左右该生仍未回宿舍，其室友打手机询问，该生未接电话并发两条短信回复："我今晚不回来了，在外面，兄弟们无须挂念！给他们说一声！""没事，我挺好的，睡觉了，明天再说吧。"因为是暑假期间，该生宿舍同学认为没什么大问题就休息了，该生 9 月 6 日至开学上课未能取得联系，去向不明。

该生私自离校返校后，我作为辅导员，就该生的行为当面进行了批评，并针对该生的问题进行了分析：若仅按照学生手册的规定，立即生硬地进行处分的话，该生返校后会怎么样？还能放下包袱轻装上阵吗？该生肯定会受影响，我需要与他进行真诚交流，关心他的发展。此次事件中，我通过真诚交流，该生主动要求给自己严肃处分，以警戒其他同学，从而为事件后续工作的处理铺平了道路。

试想，此次事件中，如果我在事先没有充分思想工作的基础上对该生进行处分，对普通同学一样会起到警戒和震慑作用，但对该生本人的影响又将如何？

因此，我组织开展了一系列的安全教育工作，尤其是网络安全教育，希望通过安全教育工作加强学生的安全意识，保护自身不受外界不利因素伤害，更好地学习、工作、生活。看到该生现在正全身心投入考研，我也感到无比欣慰。作为一名跨世纪的青年教师，作为一名年轻的大学辅导员，我的路还很长。青春对于人生只有一次。青春永远属于力争上游、拼搏进取的年轻人。我将继续以自己实际的、实在的行动，来证明自己的价值、证明学生的价值、证明学校的价值！

➤思考题

1. 大学生日常事务管理的目的及意义是什么？

2. 大学生日常事务管理分为哪些阶段？

3. 结合实际，谈谈你对中西方国家现阶段高校学生事务管理的比较认识。

第五章　大学生心理健康教育

内容提要：随着社会经济的快速发展，谋求身心健康成为大家关注的焦点。而这其中，心理健康尤为突出。高校学生是社会中较特殊的一个群体，学生的心理健康更是教育的核心问题。本章从大学生心理健康教育概述、常见的大学生心理问题、大学生心理健康问题的解决途径、心理健康教育的维护与促进四个方面阐述了心理健康这个问题。首先对心理健康有一个宏观认识，然后对大学生中的特殊群体和一般群体逐一进行剖析，一方面分析常见的大学生心理问题及其解决途径，另一方面重在高校心理健康教育的维护，提高心理健康教育的水平。

第一节　大学生心理健康教育概述

本节主要从心理健康的深层概念出发，阐明了其对人的成长和发展的重要意义，并对其进行深入研究。同时，以大学生为研究对象，进一步表明了心理健康对大学生教育、人生发展、个人目标的密切影响，突出大学生心理健康教育的重要意义。

一、心理健康的概述

广义上，心理健康是指一种高效而满意的、持续的心理状态；狭义上，心理健康是指人的基本心理活动的内容完整、协调一致、能顺应社会并与社会保持同步。

近些年来，国内许多学者都提出了相关的心理健康的标准，具体表现为：正确对待困难和挫折，不苛求环境，不推卸责任，有战胜困难的信心、勇气、毅力，有创新意识和开拓精神，顺利时不骄傲自满；能避免由于过度紧张或焦虑而产生病态症状；与人相处时，能保持相处融洽；能将其精力转化为创造性和建设性活动；能进行正常的学习、生活和工作；遵守社会规范，在一定程度上能使身心得到满足。

心理健康对于一个人来说是非常重要的，一个人的生理、心理与社会处于相互协调的和谐状态才是健康心理的体现，其特征如下。

首先，智力正常。智力正常，即思维方式正确，能理智地、唯物辩证地看待这个社会，看待自己与他人，看待周围乃至世界的一切事物，这是人们正常生活、学习、工作、劳动的核心条件。

其次，情绪稳定与愉快。这是心理健康最重要的标志，它表明一个人的中枢神经系统处于相对平衡稳定的状态，机体功能也相对协调稳定。一个心理健康的人，行为应当协调统一，其行为必然受意识的支配，思想与行为是统一协调的，并有一定的自我控制能力。

再次，良好的人际关系。人生活在变化万千的社会中，就要善于处理好人际关系，懂得助人为乐的奥秘，建立良好的、和谐的人际关系。人正常的交往活动能反映人的心理健康状态，人与人之间正常的交往不仅是维持心理健康的必备条件，也是获得心理健康的重要方法。

最后，良好的适应能力。人生活在变化多端的大千世界里，一生中会遇到许多意想不到的变化，因此，一个人应当具有良好的适应能力。人一旦有了良好的适应能力，无论现实环境怎样变化，都能够迅速地适应。心理健康并非是超乎人想象的非凡状态，一个人的心理健康也不一定在每一个方面都有优秀表现，只要在生活实践中，能够正确认识、对待自我，自觉控制、对待外界，使心理协调并保持平衡，就已具备了心理健康的基本特征。

心理健康直接影响着人们的情感、健康、情绪、觉察和灵性等。一个心理健康的人，在良好的生理条件下，才能有所作为，有所成就。在日常生活中，一个心理健康的人，不仅会自己快乐，也会带给别人快乐，会给自己和他人的生命带来鲜艳的色彩和浓郁的生命力。总之，心理健康的人能给这个世界创造无穷无尽的财富，引领社会的进步。

二、大学生心理健康教育的意义

大学生心理健康教育的开展，在大学生的生活中起着导航作用，同时也促使大学生找到人生目标的正确方向。

1. 开展心理健康教育是塑造大学生优良思想品德的需要

一个人的道德标准决定了个人的优劣，而良好的道德标准正是由健康的心理决定的。大学生的思想品德直接影响着我国的国民素质，而校园加大力量建设大学生的心理健康教育对大学生形成优良思想品德有着良好的促进作用。

2. 开展心理健康教育是加快大学生人生目标形成发展的需要

大学生是一个特殊的群体，他们尚未成熟的心理特征决定了其不成熟的世界观、人生观和价值观。大学校园是一个小型社会，形形色色的人和事物促进了大学复杂环境的形成。刚离开父母庇护的大学生，在对未来茫然的同时，很容易被新生环境、具有新鲜诱惑力的事物所吸引，偏离自己的理想轨道；而一个具有健康心理的学生，则会避开那些诱惑，坚定学习信念，以此来完成自己的人生目标。

3. 开展心理健康教育是提高大学生创造力和智力的需要

中国有句古话说得好，"心静自然凉"。因此，学生的心理纯净、健康是良好的学习环境的基础条件。没有健康心理的学生是不会有所作为和成就的。当然，心理健康也会影响学生的学习能力和接受能力，从而影响学生的创造力和能动力的发展。

4. 开展心理健康教育是避免大学生心理疾病的需要

大学生若心理健康，自然有良好的心境。心理健康的程度往往可以影响一个人的脾气、情感和生活。具有健康心理的学生可以在阴郁时刻及时地调整心理，时时刻刻保持良好、乐观、开朗的心情，自然会与忧郁症、焦虑症等常见的疾病说再见。因此，心理健康教育很大程度上保证了学生的健康。

第二节　常见的大学生心理问题

大学生心理问题纷繁复杂，根据其普遍性可概括为学习心理问题、人际交往问题、自我意识问题、个性心理问题、情绪障碍疾病五个方面。本节从这五个方面着手，分析了每个方面的表现及其成因，以达到对大学生心理问题有一个宏观性理解的目的。

一、学习心理问题

在大学生涯中，大学生出现学习问题是无法避免的。其中学习动力缺乏（或学习动力过强）、学习焦虑、学习疲劳、考试焦虑等都是大学生最普遍的学习心理问题。

1. 学习动力缺乏(或学习动力过强)

学习动力缺乏，是指大学生缺乏内在的驱动力，故而没有明确的学习目标，无成就感，无抱负，逃避、厌学，不积极探索和改进学习方法，无知识需求。

造成学习动力缺乏的因素来自社会、学校、家庭、个性等诸多方面。

随着社会贫富差距拉大，身居"象牙塔"内的一部分大学生产生浮躁心理，功利意识浓厚，拜金主义盛行，使相当一部分大学生受到了潜移默化的影响；

而学校的专业设置口径过窄，某种程度上脱离了社会用人及学生个人发展的需要，导致大学生就业困难。加之教学内容陈腐，教学方法刻板，有的教师授课水平有限，教学设施受限，这已逐步成为学生学习动力缺乏的重要因素；在家庭方面，家长过高的期望给学生施加了压力，"唯学有用"的偏执观念限制了学生自身潜力的挖掘和培养；而导致学生学习动力缺乏的主导因素是学生个性，大学生结束了紧张的高考，加之大学生活又很闲散，学生出现"理想间隙期"，致使学习动力不足，因而振奋不起精神，且理想信念不坚定，专业又不对口，学习兴趣不大，常常处于被动状态，社会责任感渐渐下降，价值观念趋于不健全，自我效能感慢慢缺乏。

学习动力缺乏是学生学习心理问题的前提性问题，所以它对学生心理健康的教育是至关重要的。

学习动力过强，是指由于急功近利，所树立的理想抱负超过自身能力的承受范围，或对奖惩考虑过多，汲汲于奖励，但学习方法呆板、思维迟滞。对外界错误的自我表现意识使学生给自身下达超负荷的学习任务，造成身心俱疲亦未能取得期望的效果。

造成学习动力过强的原因除外界竞争压力大，父母给予的期望过高以外，主要因素还是学生自身。有的学生对自己的能力认识尚有不足，理想抱负不符合社会的现实，与社会现实严重脱轨，超越了自身的实际水平；而有的学生则是因为过分自卑，封闭孤独，不愿参加丰富多彩的校园活动，以学习成绩拔得头筹来获得存在感。学习动机过强与性格关系密切，越是自闭、不善交际、自尊心过强的人，越容易陷入死学习、读死书的境地。

学习动机过强容易使学生力不从心，学习焦虑，身体和心理都会受到伤害。

2. 学习焦虑

焦虑，指一个人的动机行为遇到挫折而产生的消极情绪。焦虑可以分为低度焦虑、适度焦虑和高度焦虑。

学习焦虑，是指大学生由于面对巨大的学习压力或不能达到预期的学习目标，致使自信心受挫或失败感增加，从而形成一种紧张不安的情绪状态。

心理学研究表明：适度焦虑对学生学习是有利的，而低度焦虑和高度焦虑则不然。焦虑过度会使学生感到沮丧、失望，而焦虑不足则会使学生不思进取。适当的学习焦虑有助于学习成绩的提高，但过多的学习焦虑则会产生众多的负面影响，比如精神长期极度紧张、思维迟滞、记忆力减退、注意力涣散、情绪烦躁、精神恍惚，致使学习效率降低。

造成学习焦虑的因素主要有：自尊心受伤，增加了挫败感和负疚感；心理受到虐待，紧张不安、焦虑烦躁、恐惧等混杂在一起，最后形成焦虑状态；学习偏科，自信心不足，对于不得要领的科目过分担忧而焦虑；生活不规律，饮食不当促使身体不适，学习心理压力增大，导致学习焦虑；学生先天性格较内向，自控能力和应变能力较差，过度的紧张造成学习焦虑。

找到学习焦虑的原因，积极地去克服，方能在学习中重拾信心，取得预期的效果。

3. 学习疲劳

学习疲劳，是指连续超负荷的学习之后，对身心造成的一种疲倦、厌学的状态。学习疲劳会导致学生出现精力涣散、感知麻木、情绪不安等心理问题，以及肌肉痉挛、功能失调等生理疾病。

厌学是一种典型的心理疲劳反应。目前，厌学现象在大学生中较为普遍，主要表现为：学习被动，课前不预习，课后不复习；情绪消极，作业拖拉，敷衍了事；注意力不集中，上课不听讲；学习态度不端正，上课迟到，甚至逃课。随之而来的是学习效率降低，考试成绩下降，甚至挂科。

造成学习疲劳的因素主要有：不注意科学用脑、劳逸结合；学习过度紧张，注意力长期高度集中；学习的内容单调而乏味，缺乏学习兴趣；睡眠不足，在恶劣环境下学习等。

学习疲劳经过适当的休息即可得到恢复，这是合乎心理和生理规律的。但是如果长期处在疲劳状态，大脑有关部位持续兴奋，会导致大脑兴奋和抑制过程的失调，严重的就会引起神经衰弱。所以，科学用脑、解除疲劳是高效学习法的关键。

4. 考试焦虑

考试只是一种检测方法，并不能够绝对地体现学生的学习状况，但学生往往过于在意其所带来的附加价值，如奖学金、保研机会等。

考试焦虑，是指担忧考试失败或渴望取得优异的名次而产生的一种紧张的心理状态。考试焦虑主要表现为在考试前精神紧张、心烦意乱、肠胃不适、考试怯场，在考试时情绪过分激动、心跳加快、呼吸急促、出汗、头昏、记忆受阻、尿急等。严重者全身发抖，两眼发黑，甚至晕倒。考试焦虑的产生既有客观因素，也有主观因素。

客观来看，就考试本身的重要性、竞争程度，考试焦虑有不同程度的表现；学业期望与考试焦虑是成正比的；对知识的掌握程度与考试焦虑成反比；考试的压力在同学们之间的传递也有一定程度的影响。

主观来看，敏感、自闭、缺乏安全感和自信心、做事尽求完美的学生在考试中更容易出现焦虑；久而久之的挂科体验会让学生丧失考试信心，从而产生焦虑；复习不充分，考试前易出现焦虑；对考试外在价值的过分看重会加剧恐惧考试失败的心理压力，更易出现考试焦虑。

考试焦虑是大学生中常见的心理问题，由焦虑所引起的考试作弊、发挥失常等在很多大学生身上都发生过。

自由、放纵、懒散地度过大学时光是大多数学生的大学生活方式，为此，辅导员应高度重视学生学习心理的问题，通过多种途径引导大学生适应大学的教育方式，培养其健康的学习心理，并不断提高其学习修养。

二、人际交往问题

新环境、新面孔，怎么与别人相处，致使一部分大学新生产生困惑，有的人期望值很高，希望别人都喜欢自己，反而给别人留下以自我为中心的负面印象；有的人因为来自农村或者贫穷家庭而自卑；有的人认为自己有很多毛病而自我轻贱、远离集体等，造成了人际交往渠道阻塞。大学生人际交往存在各种问题，给生活和学习造成了阻碍，无法展现身为祖国栋梁的大学生阳光向上的一面。全面的复合型人才需要良好的交往沟通能力，所以，人际交往问题是大学生心理健康中非常重要的问题。

1. 大学生人际关系的类型

第一，师生关系。教师和学生，是大学校园里最基本的两大群体。教师是学生人际交往的重要对象，师生关系是人际交往中最重要的内容，此种关系的发展直接影响学生在学校能否身心健康地学习成长。

第二，同学关系。同学关系是大学生人际交往的基本关系，也是大学生人际交往的主要对象。大学校园里的同学关系总的来说是和谐友好的，有亲情化、家庭化的趋势，它涵盖广，如寝室关系、班级关系、男女关系等。

2. 大学生人际交往问题的类型

第一，功利心理。有的大学生在与人交往时处处为自己着想，过分关心自己的需要和利益，强调自己的感受，不尊重他人的价值和人格，漠视他人的利益。功利心理主要体现为以自我为中心、自傲心理、自恋心理、自私心理、支配心理、虚假心理。

第二，冲动心理。大学生处于特殊的心理发展期，自制能力弱，遇事容易冲动，做事鲁莽，不考虑后果。冲动心理主要体现为敌视心理、敏感心理、随意心理。

第三，封闭心理。有些大学生在与别人交往时，总喜欢掩盖自己的真实思想、情感和需要，在他们看来，人世一切是那么无聊，令人厌倦；他们往往持着一种孤傲处世的态度，只注重自己的内心体验，古怪的行为和习惯有时令人费解。这种人交往失败就在于在心理上建起了一道屏障，把自我封闭了，无法与他人沟通，从而使自己的人际关系处在危机之中。封闭心理主要体现为自卑心理、恐惧心理、孤僻心理、害羞心理、怯懦心理。

第四，面子心理。爱美之心，人皆有之，爱面子更是大学生的一大特征。面子心理主要体现为嫉妒心理。嫉妒是对某些方面比自己好的人，产生的一种怨恨和愤怒相互交织的复合情绪。每个大学生都有希望成功的欲望，有超过他人的冲动。一些大学生对超过自己的同学不服气，对自己的境遇不甘心，但又无能为力，于是常常不加分析地批判、对抗他人的言行，甚至打击报复别人，以此来缩小彼此之间的差距，满足自己的心理需求。

3. 人际交往问题的产生原因

第一，外因。外因主要指家庭成员和学校、教师及同学等的影响，如家庭生活条件较差容易导致大学生产生自卑心理，学校老师不能及时做好心理疏导等。

第二，内因。内因主要指大学生自身的因素，主要有以下三个方面：人格因素、认知因素和情绪因素。

首先，在人格方面，大学生正处于人格品质形成与完善的关键时期，还未形成完善的世界观、人生观、价值观。一些大学生的人格自私自利、心胸狭隘、情绪反复无常，影响了大学生良好人际关系的建立。

其次，在认知方面，大学生生活在校园中，社会经验和人生阅历的缺乏使他们过于理想化，然而理想与现实是有差距的，大学生如果不能及时调整认知，就会出现认知偏差，从而影响大学生人际交往。

最后，在情绪方面，大学生正处于青春期，个性较强，感情丰富，但是过于丰富和激烈的情绪得不到适当地调节就会引发情绪障碍。

三、自我意识问题

大学生处在一个朝气蓬勃的学生时代，有太多的思想、内涵在校园中碰撞，产生火花，而大学生的自我意识也随着校园的流行元素、个性元素等不断变化，同时也包含心理、生理等方面。

1. 自我意识的内涵

自我意识是人对于自身以及自身与周遭环境关系的一种认识，是人认识、对待自己的统一观念，是人对自己身心状态以及对自己同客观世界关系的意识。自我意识是随着人生每一阶段的成长而逐步发展的，是决定大学生生活态度和行为的一个重要因素。加强对大学生自我意识的调节控制，有助于大学生树立正确的世界观、人生观、价值观，而且对促进大学生心理健康发展，促进大学生德、智、体、美、劳全面发展有着重要意义。

2. 自我意识的重要意义

自我意识在个人发展中有十分重要的作用。首先，自我意识是认知外界客观事物的条件；其次，自我意识是人的自我控制力的前提，对自我教育有推动作用；最后，自我意识是改造自我的途径，它使人能不断地自我监督和完善。可见，自我意识影响着人的价值判断和个性的形成，尤其对个性倾向性的形成更为重要。

3. 大学生自我意识问题的表现

第一，在生理自我方面的表现。一方面，表现为较关注自己的身体健康状况；另一方面，表现为较关注自己的外貌。

第二，在社会自我方面的表现。一方面，人际关系普遍良好，但也存在一定的行为困扰。大学生有着强烈的归属和认同需求，渴望交际和分享，想要成为群体中受大家欢迎的"明星"，然而出于自我保护的需要，他们对人际交往又有一定的戒备心理，这种交往欲求与自我封闭的矛盾使大学生人际关系普遍良好，但也存在一定的行为困扰。另一方面，大学生总体人生目的是明确的，主流是健康的，但也存在一定的迷茫。随着自我意识的发展，大学生的"自我理论"也逐步确立并整合。虽然说总体人生目的是明确的，但仍对未来存在焦虑和迷茫。

第三，在心理自我方面的表现。首先，具有强烈的自我表现意识，但缺乏自我控制力；其次，自尊心过强，容易产生不良心理，如"唯我独尊"等；再次，既要求个性独立，但又摆脱不了依赖感；最后，"涉世未深"，不能准确地对自我进行评价。

总之，自我意识的发展是一个漫长的过程，大学阶段是自我意识发展的重要阶段，因此，正确认识自我意识发展的特点，对引导大学生全面认识、积极悦纳、努力完善自我具有重要意义。

四、个性心理问题

当今社会，求洒脱、追求独特的个性心理已经成为大学生极其显著的不良心理问题。在全国各大高校的调查问卷中,个性心理问题是当今所有高校教育工作者面临的挑战,其中非主流的时尚观、眼高手低的就业观、崇尚名牌的攀比观、"鹤立鸡群"的个性观是大学生不良个性心理问题的典型表现。

1. 非主流的时尚观

近几年来,网络的迅速发展进一步促进了时尚因素的发展和流传。"非主流文化"就是其中的幸运儿之一,它带着浓郁、黑暗的色彩轻而易举地走进了那些被应试教育束缚的青年学子的心。也许,对大多数的学生而言,太多的压抑、太多的苦恼无人诉说,而"非主流"这些浓郁、黑暗的色彩和图案却是他们心灵的映射。一望无际的黑暗是他们的茫然,偶尔鲜红的色彩是他们心中饱含的希望和动力。就这样,"非主流文化"一炮走红。

可是,充满生机的"非主流文化"却失去了生命的色彩和前进的希望。原本那些点缀心灵的颜色渐渐消失,取而代之的却是数不尽的暗淡和狰狞。充满颓废感的图片、劲爆荒诞的音乐,以及天花乱坠不知所云的网络签名……渐渐的,非主流被作为时尚的代表风靡了整个中国。然而这些"非主流现象"无不张扬、宣泄着各种各样的躁动情绪。对于文化价值观尚未清晰牢固、思想仍处于幼稚与成熟之间的大学生来说,这些情绪很容易引发共鸣,"非主流现象"带来的负面影响,如缺乏节制和判断力,情绪颓废、脆弱,容易封闭自我,充满不安全感等,不容忽视。

在我们身边,很多大学生在"非主流现象"中寻找精神慰藉,他们盲目追求另类,分不清虚幻与现实,不懂得自尊、自爱,甚至出现自残、肆意挥霍金钱、过分扭曲自己以求与众不同等行为。他们的"非主流"行为并非来自自主的意识,更多的是一种心理盲从,是缺乏正确的心理认知所导致的。这恰恰体现了大学生在心灵成长的过程中是多么需要健康文化的引导,否则这些"非主流现象"就会乘虚而入,占据大学生的心灵。所以说,"非主流文化"并不是时尚,而是吞噬大学生心灵、引领大学生误入歧途的罪魁祸首。

2. 眼高手低的就业观

大学生是社会中思想最自由、最开放的群体,他们非同凡响的创造力是中国未来的希望。然而,环境恶劣、教育方式死板等不良因素加大了幼稚观的发展和壮大。那种所谓成熟心态就成了当今大学生的致命伤。

教育是就业的途径,是描绘未来的希望。对大学生而言,教育的最终目的也是就业。找一份好的工作,有一个好的归宿是全天下学子和父母的心愿。然而,近几年来,全国的大学都加大力度实行扩招政策,大学生的毕业率大幅度增长，已经超出社会负荷，因此社会竞争力也越来越激烈。不仅如此，当今的大学生在许多企业眼中，不过是一桩没有雕琢的木头，不仅理论知识不完善，技术、经验更无可言。大学生面临着"毕业即失业"的严峻问题。

在这样紧张的社会氛围下，学生在没有学会解决问题的前提下，还养成了一系列不良的就业观，其中"眼高手低"最为突出。每个莘莘学子都经过一番寒窗苦读之后完成了学业，当然每个学子也都渴望找到一份理想、高薪的工作。在追求高薪职位的过程中，难免有磕磕碰碰，但这却成为大学生逃避现实的借口。许多大学生不仅没有明确的目标，还有着盲目从众的求职心态，在人群中自己的特长又被淹没，自然找不到好的工作。不仅如此，大学生还出现严重的自我意向偏差。很多大学生头脑中精英意识过强，对资金和职位要求过高，眼高手低，不能胜任理想职位。由于不能恰当地给自己定位，导致大学生"高不成、低不就"，出现了大学生就业市场"就业不难择业难"的现状，一部分大学生宁愿待业或做临时工作也不愿意屈就。要想找到一份良好的工作，首先要解决的问题就是"眼高手低"。

3. 崇尚名牌的攀比观

崇尚名牌的攀比心理在大学校园里几乎像家常便饭一样随处可见，服装和鞋子不再以舒适、漂亮吸引别人眼球，相反，牌子的知名度成了衡量衣服好坏的唯一标准。其实，大学生本是最有学问的知识分子，本不应沉迷于这些虚无缥缈的东西，而应该与这种不良风气做斗争，但不幸的是，许多大学生就像迷路的孩子一样，深深地被森林困住，无法走出来。

校园中的攀比通常是指那些消极的、伴随有情绪性心理障碍的比较，会使个体陷入思维的死角，产生巨大的精神压力和极端的自我肯定或者否定。产生这种攀比行为最主要的原因在于缺乏对自己和周围环境的理性分析，只是一味地沉溺于攀比中无法自拔，对人对己都很不利。当然，校园中的攀比行为通常是由嫉妒心和虚荣心引起的。对于刚走出家门，步入小型社会的大学生来说，既没有了老师苦口婆心的叮咛，又没有了父母时时刻刻的耐心指导，思想、价值观还尚未成熟的他们往往会深陷此陷阱而无法自拔。

在开放的校园中，学生自己是自己的罗盘，自己要学会把握自己的人生方向。农村的孩子上大学就意味着第一次走进城市，怀着憧憬的他们在看见灯红酒绿的城市生活后会目瞪口呆。当同学们穿着名牌的衣裳，讨论着贵重的物品时，一些家庭不富裕的学生自然会不好受，心中会激发无穷无尽的情感，起初是好奇、羡慕，接着就是嫉妒、怨恨。最后，原本纯洁的他们也沦落成庸俗的人。

现在，部分大学生"现实"得可怕。在他们眼中，漂亮不在于容颜，高贵不在于气质，渊博不在于知识，朋友不在于相知，恋爱不在于相爱。名牌的服装、精致的妆容、高档的跑车和资产的多少成了纯洁校园的时尚主流。如今，学生攀比的例子数不胜数，崇尚名牌的行为似乎成了当今学子的最高信仰，这种现象应加强价值观方面的引导！

4."鹤立鸡群"的个性观

对所有大学生而言，他们都是最优秀的人。他们都是经历了层层选拔从五湖四海辛苦赶来求学的人，但是有比较，就一定有胜负。每一个人都想成为最耀眼的那颗星，都想成为茫茫人海中最与众不同的人。很多大学生认为秀才艺、走个性之路是展示自我的捷径。然而，太多的大学生无法把握正确的心态，他们虽然追求个性，却以另一种方式演绎着。部分女孩子浓妆艳抹，服装怪异，耳朵上的耳洞多得数不清；部分男孩子打架斗殴，抽烟酗酒，头发染得五颜六色。他们认为这就是个性，就是时尚，就是与众不同。很多学生觉得死学习、秀才艺的人都是庸俗至极的人，而他们是最有个性的人，是最有魅力、最帅气的人。更有一些学生明知这些现象十分恶劣，却在心里鼓励这种现象，追随这些学生，来吸引他人眼球……这种不良风气在大学生之间成了普遍的现象，的确引人深思！

五、情绪障碍疾病

大学生的心理特点以及所面临的社会环境与其他社会群体不同，因此多方面的心理与行为问题也就有其独特之处了。据调查所知，焦虑、人际关系敏感、偏执等情绪问题在大学生中有较高的发生率，下面是大学生常见的一些情绪障碍疾病。

1. 焦虑症

焦虑症是大学生中一种极为常见的心理障碍。大学生刚刚走进新的环境，对他们来说，虽然一切都是崭新的开始，但也都是陌生的，理所当然，他们各方面都要重新开始适应和调整。一旦对自己期望过高，有太大的追求，就必然产生过大的压力，做什么事都瞻前顾后、深思熟虑，时间一久，就会产生持续性的焦虑、不安、恐慌以及担心的不良情绪，甚至伴有明显的运动性不协调以及各种躯体上的不舒适感。大部分患有焦虑症的人，几乎都是胆小、做事犹豫不决、对新事物和环境适应能力较差的人。一旦外界有一定的精神刺激，就很容易成为焦虑症的患者。

2. 抑郁症

抑郁症更是大学生中常见的一种心理障碍。其主要症状是经常感到悲伤、孤独、绝望、自责、自卑等抑郁情绪，并从心理上排斥世界，从内心上把外界都看成"灰暗"的。大学生不成熟的个性本身就对大学有超乎寻常的幻想，加上对专业并不了解，步入大学之后，他们往往会对枯燥的专业学习不感兴趣，也会对刻板的生活方式感到厌烦，随之而来的是，对自己学习或社交的不适应、不成功而灰心丧气，陷入抑郁、悲观状态。科学表明，长期处于忧郁状态会导致思维迟钝、体力衰退、失眠等，对个体危害也是相当大的。近些年来，大学生患抑郁症的病例也越来越多，这主要是由于以下两个原因：一是，他们对社会、校园有更加强烈的需求，尽自己所能想表现出自己与众不同、出色非凡的才能；二是，他们对社会复杂的现状缺乏基本的认识，而且对自身了解得不够深刻，加上人生观、价值观并不成熟，对挫折的承受能力与心理防卫机能也不成熟、不完善，因而很容易表现出抑郁的情绪和心境。

3. 强迫症

强迫症是指患者在主观上感到某种不可抗拒和被迫无奈、无法束缚的观念、意向、情绪或行为存在。患有强迫症的人，明知某种行为或观念非常不合理，但却无法摆脱，所以感到非常痛苦。这种症状大多是由某种强烈而又持久的精神因素和情绪体验诱发的，与患者过去的生活经历、精神创伤以及幼年时期的遭遇有相关的联系。一般情况下，对于某一事物实施一遍两遍的重复比较正常，也不会对行为者产生过大的困扰。但这种行为一旦被某一事件牵扯、触痛，会强烈地打乱行为者的情绪状态与思维平衡，使其心中的失落感、挫败感一下子增强，甚至导致安全感丧失，以后每当做这件事之前就会立刻在脑海里浮现出不安全的、怀疑的想法，做事时也必然会担心、忧虑以及反反复复，明明知道毫无意义却克制不了自己，并且越挣扎，负面思维越强烈。患强迫症的病人，也经常有如下表现。

第一，经常会对病菌以及各种疾病非常敏感，心情也极差，总是神经兮兮的，表现出毫无必要的担心。

第二，经常出现反复洗手的状况，而且每次洗手的时间很长，常习惯把手洗到通红、麻木为止，超过大部分人的正常需要。

第三，有时会表现得很茫然，会毫无原因地重复相同的话语好多次，并且自身并无丝毫察觉。

第四，表现得很古怪，觉得自己穿衣、清洗、吃饭、走路时要有特殊的安排和顺序。

第五，经常没必要地反复做某些事情，例如检查门窗、煤气、钱物、开关、文件、信件等，对自己几乎做的所有事情都有所怀疑。

第六，经常不自觉地去想一些令自己不愉快的回忆或产生悲观的想法，使自己悲伤，并不能摆脱。

第七，胆小如鼠，经常觉得自己的微小差错会引起意想不到的灾难。

第八，时常担心自己患了某种不可治愈的疾病，或时常无原因地多次吟唱某一段歌曲。

第九，在某些场合害怕自己做出尴尬的事。

第十，当看到刀、匕首或其他尖锐物品时会不自觉地感到心烦意乱，甚至产生幻觉，而且每当听到自杀、犯罪或生病这类事情时，会心神不宁，很长时间不能控制自己，也总是不由自主地想起。

4. 神经衰弱

神经衰弱也是大学生中极为常见的情绪障碍疾病。它的特点是容易让人兴奋，迅速疲倦，并常常伴有各种躯体不适感以及睡眠障碍等。神经衰弱是由于长期存在的某些未知的精神因素引起大脑机能活动过度紧张，使精神活动的能力下降或失调。大学生神经衰弱的产生，主要是缺乏面对现实的勇气和良好的适应能力而造成的负担过重、专业思想不稳定以及个体自我调节失灵等状况，对社会、对人生考虑过多，在家庭、恋爱等问题上犹豫不决等。所有这些不良状况，在患者头脑中产生了思想冲突，使得神经活动过程持久地处于紧张状态，超过了神经系统本身的张力所能忍受的限度，从而引起崩溃和失调。

第三节　大学生心理健康问题的解决途径

本节主要阐述大学生心理健康问题的解决途径，并侧重分析学习心理、人际交往、自我意识、个性心理和情绪障碍五个问题的不同之处和具体、切实的解决方案，为迷茫的大学生在前进的道路上点亮一盏明灯。

一、学习心理问题的解决途径

学习心理问题是大学生面对的最基本的问题，其中来自家庭的高期望和对未来的担忧是主导因素。在家庭教育中，父母要因材施教、减轻给孩子的压力，学校也要积极地教育和引导，但最重要的还是学生的自我教育。

1. 引导学生树立符合自身情况的大学目标

刚进入大学的学生正处于一个迷茫期，结束了填鸭式的高中教学，还不适应自由的大学校园环境。所以，在大学期间，学生极易出现"目标间隙期"。虽然，现在学生对自我的认识比较深刻，但是往往不能根据自身实际情况客观地认识自己，这就需要学校在学生进入校园伊始就对其进行引导，比如辅导员与学生的初次见面会就可以开展一堂"学生应如何树立目标""如何在大学发展自己"之类的课，既能满足学生对大学的好奇心，又能适当引导。

2. 加强不同阶段的学习适应

大一是适应阶段，要对大学新生进行导向教育，使其尽快适应大学的学习和生活环境。大二及大三上学期要调整心态，建立信心，在学习中培养良好的学习方法和习惯，体会成功的愉悦，激发学习兴趣。大三下学期是充实和选择的阶段，要对大学生加强定向教育，提高他们的思维能力、创新能力和操作能力，引导大学生学会自主创新学习。同时这个时候也是择业与考研矛盾的突发时期。校方要根据社会经济发展动态，及时了解就业、考研信息，成立"毕业指导办公室"或类似的组织，为学生答疑解惑。大四是冲刺阶段，应对大学生进行去向教育，帮助他们做好就业前的心理准备，确立就业目标和继续学习的发展方向，引导他们树立终身学习的信念。

3. 进行科学合理的教学和课程安排

对课程设置的有效性、合理性进行研究，突出学科重点，把握学科发展的脉搏，摒弃已过时的无用科目教学。向学生传授科学、时效、实用的理论与实践知识。

合理安排作息时间。据悉，学生科学用脑学习集中注意力的时间只有20分钟，学校可根据这样的生理需求调节上课时间，增加课间休息的时间，提高学生的学习效率，而不是为了完成教学进度而一味地加课，致使课程质量下降。针对晚自习事项，学校宜根据具体的校园客观环境具体安排，一般晚自习时间不宜过长，晚上8点以后不宜进行较沉重的学习任务，此时应处于情绪放松阶段，适宜听听音乐，舒缓神经。只有科学用脑，合理安排作息时间，才能提高学习效率。

4. 帮助学生进行正确归因，建立目标导向激励系统

正确、合理的归因有助于激发学生的学习兴趣，所以，应优化学生认知模式，引导学生进行正确的归因，用科学合理的理念形成积极的心态，同时，要加强学生针对职业生涯规划的激励教育，指导学生对学习和生活的目标进行过渡性分解，使学生通过渐进性和阶段性的方式逐步实现目标。

5. 加强研究型教学

研究型教学模式应体现崭新的教学理念，提倡科学的教学方法，包含新颖

的教学内容。这是高水平研究型大学应当大力倡导的一种新型教学模式。研究型教学模式可以概括为：坚持以学生为中心的原则，以全面、协调、可持续的教育发展观为指导，将教学与科研有机结合，学习与实践有机结合，让学生有更多的机会参与研究，以培养高层次、复合型的高素质创新型人才，体现创造性特色的一种教学模式。

6. 合理转变学习方式

学习型社会需要大学生能够科学合理地转变学习方式，并加以自由选择、优化组合、创新发展，这样才能成为具有创新精神和实践能力的高素质人才。

第一，在学习态度上，由他主学习转为自主学习。自主学习是大学生学习的特点，也是大学教育和大学应坚持的教育理念。

第二，在学习性质上，由重复学习转向创新学习。优化知识结构，丰富学习内容，注重学习方法，创新学习方式。

第三，在学习空间上，由课堂学习转向社会学习。社会是一个大课堂，学生可以从社会实践中学到很多有利于日后工作的经验以及处世技巧。

第四，在学习途径上，由经验学习转向体验学习。俗话说"纸上得来终觉浅，绝知此事要躬行"，从书本上得来的经验始终不能作为自己的经验，要想真正学到知识就一定要有感知和体验，实践之后获得的知识才是自己真正的知识。

第五，在学习内容上，由理论学习转向应用学习。认识的最终目的在于实践，大学生应该将书本上、课堂上学的理论知识应用到实践中去，主张应用学习，这样才能学有所用。

第六，在学习规模上，由单独学习转向结伴学习。一个人的智力水平是有限的，个人的思维方式和学习习惯也具有单一性，这就需要倡导结伴学习，既可以相互督促，又可以多方式学习，使学习效果达到最佳。

7. 优化学习方法

第一，制订科学合理的学习计划，制订计划时要明确自己的基础水平和能力，既不要高不可攀，又不要触手可及。

第二，培养学习的基本技能，如学会做笔记、学会读书、学会预习、学会听课、学会复习等。

第三，养成良好的学习习惯，如当天学习的知识内容当天解决，不拖延，避免造成日后负担加重，及时复习，做好预习。

第四，经常性地进行学习反思，"吾日三省吾身"。根据反思结果进行调整，不断调整和改进学习计划，完善学习方法，优化学习策略。

8. 挖掘正确的学习动机

不一定说报效祖国就是好的学习动机，而且学习动机也是因人而异的，所以大学生要找寻适合自己并可以促进自己进取的正确的学习动机。正确的学习动机的前提是拟出有意义、可实现的学习目标，要与现实的差距适度，通过努力实现的目标才会感到成功和满足，才能进一步激发学习动机；反之，若通过反复努力，目标仍无法达成，则易使人受挫。同时兴趣是最好的老师。学生应运用各种策略，激发自我内在的学习动机，提高学习兴趣。学习兴趣对学习动机有促进作用，学习兴趣高则学习动力强；相反，学习兴趣的减退必然伴随着学习动机的弱化。此外，在激发学习动机中还可以采取树立学习榜样和帮助自我正确归因等方法。

9. 正确看待考试

适度的考试焦虑，对唤起大脑皮层的兴奋、集中注意力、活跃思维是有积极作用的，但严重的考试焦虑则对学习有极大的危害。

考试要想成功，不仅要牢固地掌握知识，具备良好的心理状态，还要有应试答题的技巧。应试技巧也是学习能力的一个组成部分。掌握了良好的应试技巧，将有助于考生在考试的过程中发挥自己的真实水平，激发潜在能力，取得考试的成功。

10. 多元智能

多元智能理论由哈佛大学的著名教授加德纳提出，它是全人类都能够用于学习、解决问题和开发创造的工具，人类的每一种智能都具有同等的重要性。多元智能包括：语言智能、逻辑—数学智能、空间智能、运动智能、音乐智能、人际关系智能、自我认识智能和自然智能。充分利用各种智能，也可以促使学生以新的方式思考问题，让学生变得更有创造力。

二、人际交往问题的解决途径

大学校园虽然是一个小社会，但是人际关系还是相对纯洁的。大学生如何处理好自己与他人的交往问题是拥有精彩校园生活的基本保证。

1. 正确对待与教师的关系

在丰富多彩的大学生活中，教师授予学生的不仅仅是知识，更重要的是处世的方法和态度。有人说，在大学学的是一种学习与思考的能力。而一位优秀的教师，往往会教学生许多人生哲学。大学生如何把握师生的关系是交往问题的关键。

第一，诚心诚意地尊重教师、理解教师、信任教师。

第二，善于和教师沟通，把教师当成朋友。

第三，有良好的学习态度，合理地把握师生关系。

2．建立良好的同学关系

第一，与同学相处要坦诚相待。

第二，与同学交往中不宜讲过多的恭维话。

第三，懂得微笑并体验微笑的奥妙。

第四，合理竞争，学会分享。

第五，找一个"良师益友"的真心朋友。

第六，要善于倾听他人的心声。

以上就是解决人际交往问题的基本途径。学校和辅导员要加大力度宣传这些思想，积极创造适宜的环境，为同学提供更多的便利。①

三、自我意识问题的解决途径

大学生的自我意识还处于薄弱的阶段，但是自我意识在大学的成长与学习中是非常重要的。以下是如何培养良好自我意识的重要方法。

1．养成良好的生理自我意识

首先，身体是革命的本钱。大学生应当把健康放在第一位，时刻注意饮食卫生，有良好的饮食习惯与合理的饮食时间。其次，不要把过多的时间浪费在外在装扮上，要做一个真正有内涵、有品质的人。最后，不仅自己不要做一个花瓶，在人际交往中，也不要只注重他人的外表，而忽视内涵。

2．养成良好的社会自我意识

良好的社会自我意识，是大学生融入校园生活的基本条件。大学生应当做到如下几点：注重家庭教育；注重学校的培养；注重老师和同学的基本行为；关注大众传播；学会模仿学习；有主观上的认同感；有意识的角色扮演。

3．养成良好的心理自我意识

大学生心理问题引起社会和学校越来越多的关注。大家都在寻找解决大学生心理问题的钥匙，寻求增进心理健康的途径和方法。辅导员要针对问题产生的根本原因而采取相应的措施。

四、个性心理问题的解决途径

个性心理问题应该是最令社会头疼的问题了。大学生是最具个性和特色的

---

① 王川平：《大学生人际关系问题及应对策略》，载《读与写（教育教学刊）》，2008(2)。

群体，他们用自己的方式演绎着自己的人生，然而却问题连连，引起了社会的高度重视。针对大学生有特点的个性心理问题，有以下几种对策。

1. 追求精髓的"非主流文化"

其实，最初的非主流文化是来自欧美国家的"朋克"思想，人们追求的是自由、快乐和创造力。而这几年，非主流文化却面目全非。随着与日韩时尚元素的混搭，"非主流"变成一种黑暗、颓废的象征。遗憾的是，大学生却深受其影响。在此，希望大学生真正地理解非主流文化，大胆追随那些自由的思想，追随精髓的文化。要充分发挥大学生的智慧，摒弃不文明现象，发挥想象力和创造力；要借助作为大学生的优势，发扬新潮的文化，传递优秀的文化，为这个社会做一点点贡献。

2. 树立正确的就业观

大学生面临最严峻的问题就是就业，而这个问题，大学生必须提前面对，提早做好准备。大学生应当做好如下几点。

第一，认清形势，转变观念。

第二，把握机遇，理性选择。

第三，克服不足，提高内功。

第四，做好生涯规划与就业准备。

第五，要有强烈的竞争意识。

第六，要培养雄厚的竞争实力。

3. 多途径解决攀比问题

大学生正处于自尊心和虚荣心膨胀的时期，攀比的现象到处可见。攀比心理大多是由于大学生消费引起的，且攀比心理直接影响了大学生的正常成长，阻碍了其健康发展。对此，提出以下建议。

第一，树立节俭意识，养成节俭的好习惯。自古以来，艰苦朴素就是中华民族的传统美德，而从小深受教育、年龄逐渐增长的大学生竟有些淡忘了这个传统的意识。很多大学生认为，消费水平的高低就代表着身份的高低。大学生应当否定这种思想，树立节俭意识，养成节俭的习惯。作为一名大学生，应该是传统文化的发扬者，而不是传统文化的摒弃者。节俭并不代表身份低贱，而身份的高低也并不意味着消费水平的高低。消费要适当、要合理，这样不仅仅可以解决攀比问题，减轻心理负担，同时也可以为父母省心、省力、省财。

第二，保持良好的心态。攀比来自内心消极的思想情感，以及内心的自卑感和虚荣心。很多大学生是因为家庭环境不好而觉得低人一等，从而产生自卑感。自卑感在一定环境的刺激下就容易产生攀比心理。要把自己的心态调整好，用平常心看待一切。因此，保持良好的心态对预防大学生攀比心理起着重要的作用。

第三，打消恋爱攀比的心态。大家都听过"身无彩凤双飞翼，心有灵犀一点通"。爱情的价值是无法用任何东西衡量的。但在大学校园中，在有些大学生的心中，爱情就像是过了期的鱼罐头再也没有价值。有些虚荣心过度膨胀的大学生，把恋爱当作消遣，用来攀比等。爱情并不是玩具，也不是奢侈品。因此，大学生应当树立正确的恋爱观。

五、情绪障碍疾病的解决途径

情绪障碍疾病是大学生最棘手的心理健康疾病，它不仅影响着大学生心理健康的发展，也一定程度上影响着大学生一生的路途。因此，正确的医疗等解决途径是帮助大学生摆脱情绪障碍疾病最有效的办法。

1. 提供良好的支持

良好的支持可帮助大学生解决现实的困难，渡过眼前的难关；同时倾听他们的心声，在精神上给予鼓励和安慰，可以使其树立战胜挫折的信心，明确生活的目标，增强自我防御能力和对环境的适应能力。支持性心理治疗对于各种精神障碍疾病都是必要的，从某种意义上说，亲人、朋友、同学、邻里给予的同情、安慰、耐心倾听和劝解，都具有支持性心理治疗的作用。

2. 顺自然、重行动——森田疗法

森田疗法将"顺应自然，为所当为"视为一种生活的态度，应积极面对生活的困难和痛苦，自己按本身应有的"生的欲望"积极地行动。行动是去做你感兴趣的、力所能及的、具有建设性的活动。情绪是不能完全受自己支配的，而行动则是可受意志支配的。通过积极的行动，去获得成功和喜悦，经反复实践再行动、再成功、再喜悦，以这种良性循环去替代失败与痛苦的恶性循环，即使在行动中失败或痛苦也是生活的必然，应顺应自然，为所当为。[①]

3. 培养兴趣爱好

人的爱好多，生活就会变得丰富多彩，如集邮、运动、种花、养鸟、垂钓、跳舞、下棋、看书、绘画等。这些爱好可使生活多姿多彩，多进行户外运动是舒缓情绪的最好办法，晒太阳能促使人体内分泌五羟色胺，它能帮助兴奋

---

① ［日］高良武久：《森田心理疗法实践——顺应自然的人生学》，15～16页，北京，人民卫生出版社，1989。

中枢神经、减缓压抑。人的生活倘若陷入单调，就不易感到快乐；而如果能积极地参加活动，则不仅可以扩展自己的生活领域，而且还可以带来新的乐趣。

4. 音乐舒缓

舒缓情绪可以听轻音乐，但不要听摇滚乐或流行歌。听一些令自己放松的音乐，旋律舒缓的、轻悠的就可以，比如古琴曲等。

5. 第二人称对话

分析烦躁的原因，但不要用第一人称，要跳出来看自己，将自己当作一个旁观者，分析自己目前的处境，就像看别人一样看自己，人的大脑很容易就能模拟出这样的情形。就像是与自己在对话，问自己为什么烦躁，是因为这个还是因为那个，一点一点地询问、排除、接受、肯定；如果还不擅长这种抽象的模式，可以用某种物品来代替自己，比如喜欢的玩偶，看着它，把它假想成自己，与它说话，这种方式甚至比与心理医生的对话更加坦诚，得到的答案更加确定。

第四节　心理健康教育的维护与促进

大学校园的生活是大学生最关键的转折点，在学校中，学生如何把握自我、处理人际关系、与他人沟通、分配学习与休闲的时间，这些都很关键。心理健康的学生会在短短的大学四年时间里开阔自己的视野、塑造全新的自我，而心理不健康的学生却会在这四年中沦落，丢失了自己的方向。因此，在大学中开展心理健康教育是极其重要的，它与人才培养和完善有着密不可分的联系，学校和社会应不断地加大心理健康教育的力度。

一、高校心理健康教育的现状

近年来，全国各省市高校对心理健康教育加大了投入，在硬件设施、经费、课内外结合教育、心理咨询工作等方面有了显著的进步。心理健康教育的师资力量雄厚，教育形式多种多样，各个高校的重视程度也都有了显著提高。心理健康教育工作的评价得到了在校大学生的普遍认可，但仍然应该重视实践，在实践中不断塑造自己新时代大学生的健康、阳光的形象。

目前，高校心理健康教育工作总体上效果良好，但仍存在不足。影响高校心理健康教育工作效果的主要因素有很多，如有防患于未然意识误区、体制尚未健全、存在落后与进步地区差异问题、普及率不高、针对对象狭隘等。

二、高校心理健康教育的促进与维护

1. 提高心理健康教育的专业性

要积极引进心理学专业的专职教师，聘请具有心理学、教育学教学背景的兼职教师，鼓励高校辅导员参加心理咨询师资格的培训，扩大心理健康教育队伍规模。积极调动学生的力量，建立班级心理委员负责制。对新生心理委员及部分寝室长开展有关方面的培训，普及心理健康的基础知识，增强危机意识，提高其发现问题和解决问题的能力。

2. 学校教育与自我保健教育相结合

通过开设心理健康讲座、校园心理咨询、心理活动月等活动，宣传心理健康知识，提高学生的心理健康水平。还可以通过增加学生获取心理自助的途径，如提供有关心理健康的书籍与影片，来丰富学生的心理学知识，提高他们的心理自助能力。

3. 成立心理课外小组，开辟心理健康教育新途径

加强学生心理委员、心理护航员的管理，提高学生心理互动意识，心理委员的职责是：负责接收心理护航员上报的心理信息，负责本班级学生心理健康状况的监察、统计，填写本班级学生心理健康月报表，负责本班级心理健康教育活动的安排、协调，开展学生心理咨询、辅导工作，接受学院及学生处心理健康教育中心组织的培训、指导，及时上报本班级的心理危机情况，宣传心理健康知识。心理委员、心理护航员应由学生处心理健康教育中心统一进行"心理健康知识""心理危机干预""心理辅导技能"等方面知识的培训。

4. 打造活跃的校园文化氛围

丰富的校园文化活动，良好的校园文化氛围，能使人精神振奋、心情舒畅、生活充实。因此，在高校中成立各种学生社团、群众组织，开展健康向上的文化娱乐活动，对加强校园文化的交流，创造积极活跃的校园文化氛围，为大学生成长营造良好的生活环境，有着极其重要的作用。

5. 个体辅导和团体辅导

个体辅导是辅导者运用心理学的理论和技术，借助语言、文字等媒介，与辅导对象进行一对一的信息交流并建立某种人际关系，帮助辅导对象消除心理障碍，正确认识自我价值，充分发挥自身的潜能，更好地去适应环境的过程。团体辅导是心理健康教育工作中较为开放和广泛的一种方式。它区别于个体辅导，将某一心理问题组成课题小组，大家以讨论的方式敞开心扉，各抒己见，使同龄人之间彼此启发，相互鼓励，从而达到调整心态、解决心理问题的

目的。

6. 遵循教育规律和学生身心发展规律

国家教育事业发展"十三五"规划中提出的要求,把育人为本作为教育工作的根本要求。人力资源是我国经济社会发展的第一资源,教育是开发人力资源的主要途径。高校要以学生为主体,以教师为主导,充分发挥学生的主动性,把促进学生健康成长作为学校一切工作的出发点和落脚点。关心每个学生,促进每个学生全面健康地发展,尊重教育规律和学生身心发展规律,为每个学生提供适合的教育。

▶本章小结

在高速发展的信息时代,竞争日益激烈,受到学习、生活、家庭、环境等因素的影响,学生心理承受的压力越来越大,心理健康教育更显重要。21 世纪的人才,除了必须具备良好的身体素质、文化素质、道德素质外,还必须具备良好的心理素质。

当代大学生的心理正在发生着变化,他们的心理健康状况直接影响着祖国的未来。要实现中华民族的伟大复兴,就必须努力培养学生成为高素质的劳动者和专门人才。具有良好心理素质,是能成为国家栋梁之材的重要前提,是未来人才素质中的一项十分重要的内容。

当代大学生心理健康现状欠佳的案例比比皆是,比如震惊众人的马加爵事件、赵承熙事件。不少案例使我们深刻认识到,学生心理健康教育的重要性和紧迫性。心理健康教育引导得好,学生的身心就能得到健康发展;反之,学生的身心就受到不良影响或不同程度的伤害。大多数学生正处于青春发育期,思想活跃但不稳定,容易出现叛逆心理,这个时候他们既要经历青春期的生理变化,还要经历心理发展的种种困惑。自我意识明显增强,有强烈的参与意识,但又存在心理封闭,欠缺交流;在感情上表现为活泼热情,但容易急躁、急于求成,感情用事,欠缺自控力。所有这些特点,使得大学生心理常表现出不稳定和冲突感。所以,在这一时期,针对不同学生的心理状况进行心理健康辅导教育尤为重要。

总之,在对学生进行心理教育、心理辅导时,能让学生亲身体会,比单纯地讲大道理效果更好,也更符合学生心理健康教育的特点。尽管这个过程有难度、较漫长，但只要坚定信心、一直坚持，就必定会探索出一条心理教育、心理辅导的新路，实现提高学生心理素质的目的。

希望这些知识能够帮助学生建立正确的健康观，能正确地掌握理解社会、文化与自我的方法，学会有效计划自己的大学生活，尽快适应环境，接受新的挑战，以清醒的认知、积极的心态、顽强的意志走上成才之路。

➤案例：辅导员应关注学生的心理转变

案例(一)

小林以当地第一名的成绩考入北京某重点高校，第一学期期末，本来踌躇满志准备获取奖学金的她未能如愿。她的情绪从此一落千丈，变得郁郁寡欢，无心学习，也无法处理好与同学的人际关系，还整夜失眠。最后，小林不得不去医院精神科检查，诊断结果为她患了抑郁症。

大学生中有抑郁现象的比较多，究其主要原因，是由于自我价值没有得到很好的体现，对自己进行了一些否定。一般这样的学生情绪都比较低落、不稳定，不爱搭理人，做事情没有兴致，时间长了，容易造成心理情绪积聚，对学习、生活肯定会造成影响，严重的则会患上抑郁症。如果没有找到正常渠道发泄，可能会沉迷于一些自己觉得正确的事物上面，比如网络。这就需要周围的人群关注他们，给他们温暖，生活中有这种情绪的大学生也要多和身边的朋友谈心、交流，释放出自己的压力，以缓解这些症状，从而恢复到正常状态。

案例(二)

纪某，系某班的一名学生，在2009年4月底进行的《概率论》考试过程中，该生没有作答，而是在试卷背面洋洋洒洒写了2 000字的个人感言，该生感觉大学生活太安逸，是对生命的浪费，同时透露出对大学教育失去信心，再读下去对自身素质也没有多大提高，想退学到社会上去打拼，以求真正实现自己的价值。

面对上述情况，辅导员应做好以下几方面工作。

首先，要关心学生的心理健康。大学生正处于青春期，面临适应社会、处理人际关系和生长发育等问题。这些问题使他们产生许多心理冲突、心理危机，而且会直接影响学生的学习兴趣和学习成绩。辅导员如果能针对学生这些心理问题，给予及时和恰当的指导，真诚地帮助学生，就能解决困扰他们的心理问题。

其次，要关心学生的生活。有少数学生厌学也与他们生活上遇到困难有关系。例如，家庭经济困难交不起各种费用，如果辅导员能及时妥善地帮助学生解决好这些问题，解除学生的后顾之忧，学生也会感谢辅导员的关怀，努力学习，遵守纪律。

最后，多鼓励学生。心理学的研究表明，对学生充满爱心的鼓励、肯定和赞扬，能大大增加学生的自信心，有效提高他们的学习积极性和学习成绩。辅导员对学生的信心、期望和热爱，会使学生更加自尊、自爱、自信和自强。受到辅导员的爱护、重视，学生会更加努力学习，报答辅导员的爱护和希望；同时学生的进步和成绩又会进一步影响辅导员的期望，从而形成良性循环，使学生在充满爱的氛围中迅速、健康地成长。

➤思考题

1. 心理健康的含义和特征是什么？结合大学生成长成才实际，简述高校大学生心理健康教育的重要意义。

2. 从大学生人际交往问题的形成原因出发，联系你的社会实践，谈谈大学生在解决人际交往问题上应当如何付诸行动。

3. 大学生自我意识问题的表现主要有哪些？结合自我意识的重要意义，论述大学生解决自我意识问题的基本途径。

第六章　大学生特殊群体教育管理工作

内容提要：近年来，高等学校大学生中特殊群体的人数与比重呈逐年递增的趋势，在积极构建和谐校园的过程中，加强和改进大学生特殊群体的教育管理工作显得尤为必要和迫切。本章首先从分析高校特殊群体学生的概念与类型入手，将高校特殊群体学生分为十大类型。然后进一步探讨特殊群体学生的形成原因，主要从两大因素加以分析，即学生个体因素和社会整体因素。最后结合实际工作经验，提出针对大学生特殊群体教育管理的主要内容，力求在方法上有所创新，更加行之有效地解决高校特殊群体学生所面临的问题，为高校维稳工作打下坚实的基础。

第一节　高校特殊群体学生的概念与类型

高校特殊群体学生以及由此类群体学生产生的问题，一直以来困扰着广大学生工作者。高校辅导员要贴近特殊群体学生，高度关注他们的学习和生活，深入细致地开展思想政治教育和心理辅导工作，着力解决特殊群体学生遇到的实际问题，积极创建全员参与的工作模式，营造和谐共生的校园文化氛围，建立健全充满活力、和谐运转的工作制度体系，努力提高思想政治教育的针对性、实效性，积极地构建和谐的大学校园。

一、高校特殊群体学生的概念

在社会心理学中，群体是指由相互依赖、相互影响的人组成的集合，群体的成员间通常有面对面的接触与互动的可能性。高校特殊群体学生是一个与大学生正常群体比较而言的相对概念。本章所指的高校特殊群体学生是指随着我国高等教育改革的不断深化，在大学生群体中出现了分层和分化趋势，形成了经济困难、学业困难、心理障碍、网络痴迷等多种类型的特殊群体学生。这些学生相对而言是心理问题的高发人群，是校园内的弱势群体，是高校维稳工作的重中之重。① 为此，高等学校必须从解决学生实际问题出发，增强对大学生

---

① 王希莲、张洪方、杨冰：《从解决学生实际问题出发，谈增强大学生特殊群体教育的实效性》，载《科技信息》，2009(4)。

特殊群体的教育管理和心理指导，培育其良好的思想观念，以增强高校大学生特殊群体教育管理工作的实效性，促进大学生健康成长和全面成才。

二、高校特殊群体学生的主要类型

只有贴近当代大学生的学习和生活，才能提高学生工作的针对性和实效性，才能更有效地推进和谐校园的建设，也只有贴近当代大学生，才能更加准确地把握大学生中各类特殊群体学生的状况。结合相关调查研究以及多年来从事学生工作的实际经验，笔者认为高校特殊群体学生主要分为以下十大类型。

1. 贫困生群体

由于我国不同地域经济发展水平的不均衡，以及我国高等学校招生并轨以及收费改革的推进，在高等学校的校园内出现了一个最为显著的大学生特殊群体——贫困生群体。贫困生群体是指家庭经济困难、支付教育费用较困难甚至无力支付的大学生群体。贫困生群体通常分为固定人群和动态人群两大类，处于固定人群中的贫困生是指由于地区间的经济差异或家庭收入的不稳定而无法负担教育费用，进而无法顺利完成学业的大学生；动态人群中的贫困生则是指由于突发事件丧失了经济来源，导致生活和求学艰难的大学生。贫困生群体在行为方式、语言、衣着以及与个人生活紧密相关的方方面面都会有所体现，一般都会带有家庭所属的社会身份特征，形成一种贫困的无形符号。[①] 这种无形符号给贫困大学生带来了很大的压力，导致他们心理过于敏感，行为不合群，造成人际交往和人际沟通的困难。而经济上的压力是造成贫困大学生各种问题的根源。大学每年上万元的学费和生活费，成为整个家庭巨大的经济负担。许多贫困大学生因为经济困顿不愿意与他人交往，将自我封闭起来，造成心理脆弱、敏感、焦虑等不良的心理体验，进而产生自闭、厌世、厌学等一系列问题。

2. 学业受挫群体

学业受挫群体是指由于入学时学习基础差，自我学习能力不强，长时期无法适应大学的学习环境和教育方式或缺乏学习兴趣等原因而导致大学期间学习成绩差，甚至出现严重学业问题的学生。我国高等教育步入大众化教育阶段后，在高等学校特别是普通高校中，学业受挫的大学生不在少数。各高校为加强学生的学业管理，促进学生更好地完成学业，都制定了相关规定。以某大学

---

① 田官贵、王冕：《贫困大学生自我认知分析与心理疗补》，载《学校党建与思想教育（高教版）》，2006(11)。

为例，根据某大学本科教学学分制实施办法有关规定，对一学年内考试未能取得 60 学分者，学校将给予其学业警告，连续两年受到学业警告学生，将予以劝退处理。[①] 学业受挫群体对学习失去了兴趣和信心，产生了厌学心理，心情沮丧失望、自暴自弃，容易产生失落感和自卑感，容易出现破罐子破摔现象。据调查，这类群体学生，无法完成学业者占大学生总人数的 0.5% 左右。

3. 心理障碍群体

大学生心理障碍群体是指在心理过程、心理动机和心理特性等方面处于亚健康状态的大学生群体。主要表现是学生对未来就业、个人经济状况、学习、情感等压力的心理承受能力差，从而产生自卑感、孤独感、压抑感、失衡感、焦虑感、烦躁感和困难感，还表现为自我意识存在偏差、心理承受力差或情绪情感不稳定等。[②] 当大学生远离父母，进入一个全新的环境时，要面临许多新问题，其中包括环境适应问题、人际交往问题等。大学所学的课程越来越深，且不同于高中的学习方法，因而，大学生又要面临学习压力，此外还有学费、生活费等经济问题，恋爱、交友等情感方面的问题等。当代大学生如果不能正确处理好这些问题，就会产生较大的心理压力，容易形成焦虑、悲观、冷漠、自闭等亚健康心理状态。

4. 网络痴迷群体

"网瘾"全名叫网络成瘾综合征(Internet Addiction Disorder，IAD)，又称网络成瘾障碍，是指在无成瘾物质作用下的上网行为冲动失控。网络操作时间失控，难以自拔，沉溺于网络世界，从而导致个体明显的社会、心理功能损害。[③] 大学生网络痴迷群体是指不分昼夜地投入网络游戏中，在网络虚拟世界中寻求心理满足，逃避责任，麻醉自我的群体。网络痴迷群体往往自控能力差，责任心不强，没有理想，有厌学心理。大学生网络痴迷群体生活无规律，睡眠与饮食无规律，严重地影响其身体健康。此外，由于过分沉溺于网络，大学生网络痴迷群体忽视了与现实生活中同学、朋友的交往，从而出现人际交往、同伴关系不良等问题，导致大学生网络痴迷群体更多体验到抑郁、自闭、

---

① 张文、史全明、张兆华等：《大学新生心理健康教育方式的研究》，载《中国医药指南》，2009(18)。

② 李贞、包锋、杨洪泽：《高校大学生特殊群体思想政治教育的途径》，载《中国电力教育》，2009(11)。

③ 欧永美：《建立大学生网瘾特殊群体援助体系》，载《四川理工学院学报(社会科学版)》，2008，23(3)。

焦虑等情绪，学习和生活的满意度都非常低。

　　5. 受违纪处分群体

　　大学生受违纪处分群体是指其行为在没有智力迟滞或精神失常症状的情况下，与大学生行为规范的相关制度相违背，从而受到学校纪律处分的大学生群体。[①] 高等学校根据各自的实际情况都相应地制定了校规校纪，以某大学为例，根据某大学有关规定，考试作弊、蓄意破坏公物、寝室使用违章电器等行为均属于违纪行为，学校依据其严重性给予严重警告或留校察看处分，如学生在校期间受到两次违纪处分将予以开除学籍处理。[②] 受到违纪处分的大学生容易产生消极对待学习、生活，甚至抵触学校相关规定的情绪。这在一定程度上存在潜在的危险隐患，学校有关部门及广大辅导员老师应对此类群体给予足够的重视，并对其进行有效的教育，使其认识到自己的错误，积极主动地予以改正。

　　6. 少数民族群体

　　大学生少数民族群体既是校园文化活动中一道亮丽的风景线，也是最需要关心、爱护的特殊群体。由于少数民族学生特别是来自偏远、落后地区的少数民族学生，有着自己特定的文化环境、语言环境和风俗习惯，又由于少数民族聚居区普遍受教育水平不高，学生在进入大学前文化基础相对薄弱，进入高等学校后，适应大学的课程学习难度较大，容易造成在学习上的自信心不足，甚至有自卑感和失落感，影响了专业学习和综合素质的全面发展。[③] 此外，大学生少数民族群体往往有其特定的生活特点，有的少数民族大学生还有其特定的宗教信仰、文化习俗等，这些都会影响到少数民族学生与汉族学生的交往以及其在大学校园的生活等方方面面，一旦处理不好，会给学生工作带来很大的不便，甚至会引发矛盾冲突，成为校园安全工作的隐患。

　　7. 学籍异动群体

　　大学生学籍异动群体是高等学校不可忽视的一个特殊群体。大学生学籍异

　　① 孙宏发、刘占波：《浅谈新时期如何做好大学生特殊群体的工作》，载《内蒙古农业大学学报(社会科学版)》，2009(1)。

　　② 罗煜、李高申、时会永：《民办本科高校构建学分制教学管理模式初探》，载《黄河科技大学学报》，2009(1)。

　　③ 周小西、王红飞：《关于少数民族学生就业相关问题的小型调查及分析》，见安国启等：《青年就业问题与对策研究报告——中国青少年研究会优秀论文集(2004)》，天津，天津社会科学出版社，2005。

动群体主要是指退学、休学、进修等情况的学生，在当今高校中，学籍异动现象比较普遍，几乎每位辅导员负责的学生中都会存在若干名这样的学生。出现此类情况的原因也是多方面的，包括学生学习成绩差、沉溺网络、贪玩、身体患有疾病等。学籍异动群体的特殊性体现在学习能力弱，学习主动性不够，缺乏集体主义观念，对班级同学缺乏了解，缺少班级和寝室同学的认同感，缺乏参与集体活动的积极性，所学课程和所在班级不完全统一，与所在班级其他同学住宿分散等方面。因此，大学生学籍异动群体容易被忽视，从而脱离正常的思想政治教育和日常管理的环节，成为高校学生工作的盲点。

8. 就业困难群体

当今社会，大学毕业生就业困难已成为一个全社会共同关注的问题，高校学生就业工作也已经成为高校学生工作的重中之重。由此产生的大学生就业困难群体是当前就业形势严峻情况下出现的新型特殊群体。作为高校辅导员，尤其是作为大四学生的辅导员，要特别关注就业能力弱而导致就业困难的学生，这些学生往往学习成绩差、性格内向孤僻、不善交流或者因身体健康等原因而在就业过程中遇到困难。高等学校必须以高度的政治责任感做好就业困难学生的思想教育和就业指导工作。[①]

9. 家庭变故群体

大学生家庭变故群体是指由于学生家庭突然发生变故，导致学生出现严重的学习、生活以及心理问题。例如，由于学生家庭主要成员的突然离世或是患上重病致使家庭经济收入严重下降，进而导致学生在校期间经济来源发生极度变化，一般指的是学生从衣食无忧到经济拮据的变化。还有的家庭变故体现为父母离异，给学生心理带来沉重打击，进而导致学生心理情绪发生极大的变化。突如其来的家庭变故，将造成强烈的生活反差，导致学生出现一系列心理问题，如性格内向、沉默寡言、不善表达、情绪低落、自暴自弃、行为极端等种种表现。笔者在具体工作中曾遇到某学生由于父亲在工作中不慎离世，而导致家庭经济水平极速下降，该学生已被列入大学生家庭变故特殊群体之中，辅导员已给予充分的关心和高度的关注。

10. 身体生理状况不良群体

在高等学校校园里，存在着身体残疾、生理缺陷、体弱多病的大学生群

---

① 吴国芳、王龙、张爱书：《高校特殊群体学生就业竞争力探讨》，载《高等建筑教育》，2010(1)。

体，笔者将其称为大学生身体生理状况不良群体。该群体虽然在学生中所占比例较小，但应受到辅导员的高度关注。此类群体中有的学生身材比较矮小，身体局部畸形或残疾，有时会受到其他同学的挖苦嘲讽，承受着比普通人更大的压力，表现得更加自卑、忧郁而且高度敏感。高校辅导员应给予这样的学生更多的关爱，帮助其摆脱身体缺陷所带来的阴影，使其保持乐观向上的积极心态，更好地学习和生活。

第二节　高校特殊群体学生的形成原因

大学生特殊群体是一个相对的概念，是指在相似情境下与其他学生相比，在行为表现上存在一定差异的群体。高校特殊群体学生在经济状况、权益维护、教育资源占有、教育机会享受、就业机会选择、身心健康、竞争能力以及自身素质等单一方面或多方面处于相对不利或相对劣势的境地，在教育资源分配和社会竞争中处于相对弱势的地位。① 因此，为了深入研究高校特殊群体学生，我们有必要研究其形成的原因，总的来看可以从学生个体因素和社会整体因素两大方面加以考虑。

一、学生个体因素

学生个体因素是高校特殊群体学生形成的具体因素，不同的个体因素将会导致不同类型大学生特殊群体的产生，概括起来学生个体因素主要有以下三大方面。

1. 家庭环境对大学生的影响

第一，家庭经济困难。由于父母收入低或者来自贫困地区，在校期间因家庭经济贫困而难以交付学费和住宿费，日常生活缺乏经济保障的学生，称之为家庭经济困难学生。大多数家庭经济困难的学生存在自卑感，思想消极的学生还会出现不同程度的焦虑、自我封闭等行为表现，严重时情绪波动较大，容易走极端。家庭经济困难学生一方面希望申请助学贷款或困难补助缓解其经济拮据的状况，另一方面又怕被其他同学瞧不起，不愿同学知道自己的家境困难。有的学生因过于自卑而变得虚荣、不诚实，甚至与其他同学攀比吃穿。

第二，家庭经济富裕。一部分大学生来自经济富裕家庭，且又是独生子

① 江云清、宋明霞：《对大学生特殊群体开展心理健康教育的几点思考》，载《学校党建与思想教育》，2007(5)。

女,从小受到父母的溺爱,在性格上形成了以自我为中心、遇事固执、相容性差、过分依赖父母等消极特征,在学习上则有"反正将来有依靠,学好学坏一个样"的错误观念,在生活上稍有不顺心,就向父母哭诉,甚至要求学校教师和领导为其解决等。

第三,单亲家庭。当今社会夫妻离异现象越来越普遍,因此,存在相当一部分大学生来自单亲家庭。由于存在父亲或母亲某一方面教育的缺失,因而,这部分大学生存在一定程度的"恋母情结"或"恋父情结",表现出明显的家庭教育缺陷;有的学生则因为父母离异,破坏了其对人、对事原有的"美好"印象,变得偏激,不再相信世界上的任何人和事,消极处世。

2. 青春期与心理情感问题

第一,高校大学生正处在青春期,处于这个阶段的学生,心理发展水平正处于迅速走向成熟但尚未完全成熟的阶段。大学校园环境是多种文化磨砺碰撞的地方,也是多种思维、理念、观念产生交融的地方,大学生自身的世界观、人生观、价值观并不牢固,极易产生辨识错误。当代大学生一方面要接受社会变革的洗礼,表现出积极的进取心、强烈的竞争意识;另一方面又生活在相对单一狭小的环境,缺乏社会生活阅历和经验,在学习、生活中所遇到的挫折和难以解决的问题都会给大学生带来一定的心理压力和精神负担。

第二,高校大学生存在心理情感问题。高校大学生群体中存在心理素质差或者心理过度敏感的学生,这样的学生承受不了巨大的心理压力以及学习、生活中的挫折,对周围事物很敏感,非常在意别人对自己的评价和认同,一旦理想与现实存在较大的差距,就会表现得比较忧郁、失落、精神压抑,形成心理障碍,有的甚至引发治安与刑事案件。大学校园内"有情人"虽多,但"成眷属"者却很少,一部分大学生的情感控制能力较弱,情感纠葛、恋爱失败造成的情绪落差往往使其不能理性思考,从而采取极端方式处理,导致校园内自杀或暴力伤人等恶性事件时有发生。

3. 大学生个人适应能力差

现在的大学生大部分都来自独生子女家庭,缺乏生活自理能力,独立处理事务能力有限,适应环境能力差,高考前父母希望替学生包揽、处理所有的事情。当进入大学后,大学生单独处在陌生环境中,不能迅速调整自己,不能适应半社会化的大学环境,从而出现诸多问题。部分学生适应能力较弱,自我约束力差,没有明确的学习目标,很少考虑自己的将来和发展。有的学生沉浸于虚幻的网络世界,在网络虚拟世界中寻找心理满足,逃避责任,麻醉自我。有的学生经常违反校规校纪，辅导员与家长共同做工作效果却不显著。

二、社会整体因素

社会整体因素是高校特殊群体学生产生的根源，高校辅导员必须清楚地认识当今社会存在的显著性问题，并积极地对学生开展形势与政策教育，以避免学生产生面对社会问题的消极态度。社会整体因素概括起来主要有以下两点。

1. 社会经济体制问题

随着社会主义市场经济体制的建立和完善，市场经济的消极影响在我国文化和教育领域已不容忽视，如黄色文化污染、网络虚假信息泛滥、收入分配差距过大、腐败现象严重以及社会治安环境较差和就业形势严峻等，这些都会对高校大学生的心理和思想观念形成或多或少的影响，从而导致高校特殊群体学生的出现。

2. 大学毕业生就业困难问题

随着高等学校招生规模的不断扩大，社会上的用人单位却因市场竞争日趋激烈，纷纷加强人事制度改革的力度，对人才的素质和要求进一步提高，这使得高校大学生的就业形势更加严峻。因此，大学生在刚刚入学不久，就又被新的烦恼所困扰，这导致高校大学生心态不够平衡和稳定，有时非常自信，有时又非常自卑，有时对生活充满希望和憧憬，有时又把未来看成是漆黑一片，甚至哀叹命运不公，失落感随之产生。正是由于当今就业形势的严峻，导致高校大学生群体心理压力过大，随之而来产生了诸多心理问题，导致高校特殊群体的产生。

第三节 高校特殊群体学生教育管理的主要内容

近年来，国家、社会各界以及高等学校对各类大学生特殊群体的关注和重视不断增强，国家助学贷款、社会资助体系、大学生应急心理干预系统等措施的建立为高校辅导员做好大学生思想政治教育工作提供了全新的载体，同时也对高校辅导员在新形势下开展学生工作的方式方法提出了更高的要求。关心特殊群体、关爱特殊个体，是进一步提高思想政治教育针对性和有效性的重要途径，从解决大学生特殊群体的实际问题出发，在工作中，贴近实际、贴近生活、贴近学生，增强大学生特殊群体教育管理工作的实效性。[①]

---

① 付原科：《浅谈如何做好大学生特殊群体的思想教育工作》，载《林区教学》，2009(6)。

一、整体工作思路

高校辅导员在对大学生特殊群体进行教育管理的过程中，应首先把握整体工作思路，从整体入手，解决特殊群体大学生所遇到的共性问题，然后再针对不同类型的特殊群体学生施以不同的方法，整体工作思路主要有以下两大方面。

1. 完善体制机制

第一，加强高校辅导员队伍建设。高校辅导员始终处于大学生思想政治教育和日常管理的前沿阵地，最直接、最全面、最真实地掌握学生的情况，高校辅导员队伍可以统筹安排、协同管理、全面调动，在危难之时更要冲锋陷阵、消除危机、排查隐患。这就要求高校辅导员老师不断提高思想政治理论水平和学生管理水平，成为思想政治教育工作的行家和资深的学生事务管理者，成为大学生钦佩信赖的人生导师和健康成长的知心朋友。这样才能对大学生特殊群体的思想政治教育和日常事务管理工作得心应手。

第二，建立班主任制和导师制，充分发挥任课教师的教书育人、德育为先的功能。配备思想政治觉悟高、责任心强、事业心强的专业教师担任班主任和导师，任课教师和辅导员应经常就特殊群体学生的日常表现进行沟通，并探讨大学生特殊群体教育、管理工作的方法和思路。

第三，通过学生组织和学生干部，加强对大学生特殊群体的监管。辅导员应在各班级、各寝室设立信息员，且由学生党团组织、学生会、班委会等学生干部担任，学生干部定期对各寝室同学进行摸底调查，重点关注学生的迟归寝、不归寝等现象，同时要密切注意所负责宿舍中特殊群体学生的思想动态，一定要做到及时发现、及时上报、及时跟踪教育。

2. 加强科学舆论的导向作用

第一，高校辅导员应当全面把握大学生特殊群体的情况，深入分析问题存在的根源，积极寻找解决问题的切入点，不断深入地对特殊群体学生进行教育，增强特殊群体学生对未来的希望和信心。

第二，以思想政治理论课、专业课教学及丰富多彩的校园科技文化活动为重点，密切配合专业思想和职业道德教育，以技术精湛、诚实守信、乐于奉献的敬业精神引导特殊群体学生树立正确的世界观、人生观和价值观，努力提高教育与工作之间转化的实效性。例如，采用内容丰富的多媒体课件、录像、科教影片等形式进行教学，以感染学生，引起学生的共鸣。

第三，积极组织开展"感恩教育"活动，使学生拥有一颗感恩的心，感恩父母的养育、感恩老师的教诲、感恩社会的安定；开展"诚信教育"活动，使学生树立起诚信意识，养成诚信的行为习惯。

第四，开展"入党启蒙教育"，使学生体会到党组织的关怀和召唤，懂得进入大学不只是单纯地为了学习专业知识，更重要的是在政治上和专业上对自己高标准、严要求。

第五，开展"责任意识教育"，使学生认识到责任在个人生活中的重要性，只有认真负责地履行自己的责任，才能真正实现自己的人生价值，充分感受人生的意义，从而引导学生步入正常发展的轨道。

二、家庭经济困难大学生教育管理创新

贫困生群体在高校特殊群体中所占的比重相对较大，且这类群体学生特别需要学校、社会等方面的资助以及辅导员的关怀，以便使学生摆脱家庭经济困难所带来的阴影，更好地融入学校生活之中。

1. 建立健全经济资助体系

随着经济体制改革的进行，教育体制必然要做出相应的调整。高等学校应将"扶贫"与"扶志"相结合，鼓励贫困大学生树立自强自立、艰苦奋斗的精神，以积极健康的心态去面对人生的挑战。

第一，鼓励贫困大学生勤工助学。在常规性勤工助学项目的基础上，高等学校在有条件的情况下可以开设助教、助研等新的勤工助学岗位。在学生能力允许的情况下，鼓励大学生利用业余时间，协助教师开展教学和科研活动，来提高学生的专业素质，最大限度地发挥学生的内在潜力。在鼓励学生进行勤工助学的同时，高校辅导员要密切关注学生勤工助学的工作单位，做好记录并进行监督管理，以免出现学生安全问题。

第二，设立贫困大学生专项奖学金以及助学金。为贫困大学生设立专项奖学金，奖励成绩优秀且全面发展的贫困学生，例如，国家励志奖学金就是其中最重要的一项，还有的高校已经设立了由政府、企业、社会团体资助的各类特困生专项奖、助学金，以此激发贫困大学生的学习热情，增强他们的自信心。

第三，与企业联合培养人才。高等学校应积极地与有实力的企业联盟，通过签订协议、定向培养以及按需培养等方式，让企业出资参与人才的培养，学生毕业后可以进入企业，为企业带来经济效益。这样可以在很大程度上减轻高校贫困大学生的经济负担，并为贫困大学生日后的就业带来帮助。

2. 注重加强育人工作

高等学校应将助困和育人双管齐下，这就需要在资助贫困大学生的同时，

加强对贫困大学生的育人工作。育人工作首先要采取自我促动与社会保障相结合的方式来提高贫困大学生的自信心。贫困大学生自信心的建立需要个人内心深处对梦想、愿望、目标等的内在动力因素。激发贫困大学生这种动能需要高校辅导员经常与其沟通、交流，使其摆脱经济和精神的束缚，转变人生态度，消除自卑心理，保持对命运和前途积极乐观的态度，树立"天生我材必有用"的价值观。高校辅导员要引导贫困大学生积极参加社团活动和社会实践活动，将知识体现在生活价值中，在生活实践中不断磨炼、成就自己。其次要将家庭和谐教育与学校沟通教育相结合，促进贫困大学生成长。家庭的和谐是和谐社会构建的重要组成部分，学校的沟通教育在高校贫困大学生的教育管理中也将起到重要的作用。

三、心理障碍大学生教育管理创新

高等学校学生心理障碍特殊群体是困扰高校辅导员开展工作的最主要群体，这类群体也是出现校园问题的最突出群体，一旦处理不好，会对校园的安全、稳定带来非常大的影响。因此，高校辅导员应密切关注大学生心理障碍群体的教育及管理。

1. 关注大学生心理问题

当今社会，青年学生心理问题频发，使得高等学校越来越重视心理障碍大学生这个特殊的群体，大部分高校已经设立了心理问题学生 24 小时干预系统。广大高校辅导员要具备良好的品德，对心理有障碍问题的学生要伸出友爱、援助、关怀之手，要善于聆听他们的心声，要及时了解他们的家庭情况，了解其成长及求学环境和历程，了解其平时与班集体同学交往和交流的表现情况，并建立心理档案，用行动去温暖他们的心灵，用真挚的感情去融化他们的心理阴影。关注高校心理存在障碍的学生不单单是高校辅导员的责任，还需要全员参与，任课教师在课堂上发现个别学生存在心理障碍问题，要及时找其沟通、交流，了解详细情况，结合自身经历疏导学生的心理压力，并及时将情况反馈给辅导员。做到有情况第一时间发现、第一时间解决，避免造成不必要的人身和财产损失。

2. 建立完善的心理健康工作机制

第一，建立完整的心理障碍学生档案。这样可以准确、及时、全面地了解心理障碍大学生在思想、学习、生活、心理等方面的情况，进而对心理障碍大学生进行跟踪管理和过程教育。

第二，建立健全心理健康教育和咨询的专门机构，制订心理健康教育计划，确定科学的教育内容和教育方法，采取心理咨询教育、讲座答疑、个别谈话等形式，使学生不健康的心理得到及时疏导。

第三，以人为本，加强对大学生心理障碍群体的情感教育。在尊重学生的前提下，采用平等对话、交友谈心的方式，努力减轻或解决学生遇到的实际困难和问题。用我们的尊重去唤醒他们的自尊，用我们的关爱去温暖他们的心灵，用我们的鼓励去扬起他们的希望。

四、沉迷网络大学生教育管理创新

随着网络信息时代的发展，互联网已成为人们日常生活、工作的一部分。大学生作为新时代的年轻人，对网络的依赖性不断提高，网络具有很大的吸引力，个别学生思想意志薄弱，自律能力较差，很容易被网络的大潮卷走。作为高校辅导员，要引导青年大学生合理利用网络。目前高等学校中存在的迷恋网络的学生大部分学业有困难，由于达不到学分被勒令退学的学生比比皆是。高校辅导员不要一味地说教，而应该注重结合工作中遇到的实际案例教育，指导沉迷网络的大学生，利用正面和反面实例相结合的教育方式，使得沉迷网络的学生从思想上得到真正转变。此外，大学生的教育管理离不开必要的制度保障，高校辅导员要结合学校实际，制定相对应的政策和规定，以便对沉迷网络的大学生起到警示和制约的作用。

五、就业困难大学生教育管理创新

知识经济的高速发展，使得社会对人才的需求数量不断加大，然而，在经济危机的情况下，社会对人才的素质要求又不断提高。就业是把双刃剑，就业形势的好坏直接关系到高等教育人才培养模式的调整。做好高校就业工作对和谐校园建设以及和谐社会构建都起到至关重要的作用。同时，也给高校就业困难大学生这个特殊群体的教育管理带来了新的挑战，对内强化素质、对外开拓市场就是解决这个问题最好的办法。对内强化素质在精神层面上就是要求就业有困难的同学树立"苹果长好了可以出口，土豆长好了照样可以出口"的信心理念，转变就业求职观念，到"一线"去打拼，当村官、下基层，从蓝领干起。除了精神层面对就业有困难的学生进行教育外，重点是培养其实践经验，鼓励就业困难大学生走出校园，多增加才干，多获取经验，多增长见识。

总之，大学校园和谐与否，不仅关系到我国高等教育的质量和大学生的综合素质，而且影响着全社会的和谐稳定。在积极构建和谐校园的过程中，高校辅导员要高度关注当前在高等学校中存在的特殊群体大学生，按照中共中央、国务院《关于加强和改进大学生思想政治教育的意见》的要求，"坚持以人为本，贴近实际，贴近生活，贴近学生，努力提高思想政治教育的针对性、实效性和吸引力、感染力"，切实维护社会和学校的和谐稳定。高等学校大学生中的特殊群体学生同样是国家的宝贵人才资源，肩负着建设祖国的重任。因此，高校辅导员在工作中要不断探索新思路和新方法，采取有针对性的思想教育方式，切实解决学生的根本问题，使之全面、健康发展，为社会主义现代化建设培养德、智、体、美、劳全面发展的有用人才。

▶本章小结

　　本章探讨高校特殊群体学生的教育管理问题，首先简述了高校特殊群体学生的概念，进而归纳出高校特殊群体学生的十大主要类型，这十大主要类型基本涵盖了特殊群体大学生的全部类型，可作为进一步研究的基础。接下来，探讨大学生特殊群体的形成原因，提出两大因素，即社会整体因素是宏观大背景，学生个体因素是特殊群体产生的具体原因。最后，在上述分析的基础上，提出了高校特殊群体学生教育管理的主要方式方法，先提出整体工作思路，再根据不同类型提出不同的解决方案。至此，本章的内容实现了从提出问题以及概念类型归纳进而到原因分析，再到问题的解决，形成了一整套提出问题、分析问题、解决问题的模式，这为高校辅导员研究特殊群体学生，解决由特殊群体学生所产生的各类问题提供了重要的借鉴。

　　社会主义和谐社会是人的和谐，是以人为本的和谐社会，构建和谐社会，最终是为了实现人的自由全面发展，也即人的和谐发展。社会主义和谐社会不仅要体现社会的整体和谐，还要体现每个社会成员的个体和谐，社会整体和谐需要通过个体和谐来实现。大学生作为社会中一个最有活力的群体，是社会主义经济建设和构建和谐社会的后备力量，大学生个体和群体的和谐发展是构建社会主义和谐社会的重要内容。培育大学生的和谐精神，促进大学生的和谐成长，既是构建社会主义和谐社会的重要内容，又是建设和谐校园的前提和基础。高校辅导员必须准确把握当代大学生的思想动态以及心理需求，尤其是密切关注那些特殊群体大学生的思想、心理问题和各种具体问题，促进他们全面发展、和谐成长。这既是构建和谐社会的需要，更是我们高校辅导员应尽的责任。

➤案例：对于特困生也要有辨识度

2013 年 9 月，2012 级学生正式来我院报到，同时学院也在开学初期就下达了学籍注册和催缴学费的通知，在开班会过程中，我要求家庭经济困难的同学主动到学院学生管理科说明情况。很快，一位来自东北农村、衣着简朴的女同学来到办公室，并向我哭诉家中的不幸遭遇。她的母亲和妹妹都死于脑癌，家里也因此欠下了巨额的治疗费用，父亲没有什么文化，只能靠干些力气活供她上学，而且父亲年龄大了，身体也有毛病，但还在咬牙坚持着。了解到她的家庭情况后，我的内心非常同情她。而不久，一位衣着名牌的同学也为了同样的原因找到我，手中拿着当地民政部门开具的"贫困证明"，我同他谈过后，很坚定地拒绝了他的请求。这一对比给我留下了深刻的印象，同时也对学生手中的"贫困证明"和"申请书"不再那样信服了。

1. 辅导员在学生教育和管理过程中，一方面要引导学生成为社会主义的合格建设者和接班人；另一方面要在学生管理过程中避免教条主义或主观性强的问题。要通过制度和规范工作，按照制度进行管理。

2. 将必要的行政权力下放，加强学生的自我管理、自我教育的自决权。但是，要做好引导，不能让这种权力变得盲目。

3. 避免和戒除在家庭经济困难学生资助上"一刀切"的粗暴做法。因为辅导员不仅是作为管理者，更是作为教育者出现的。粗暴的做法会使学生产生不信任，教育的落实就无从谈起。

➤思考题

1. 简述高校特殊群体学生的概念及主要类型。

2. 分别从社会和大学生个体角度分析高校特殊群体学生的形成原因。

3. 结合你对特殊群体学生的认识，谈谈高校在对特殊群体学生的教育上应当如何创新管理。

第七章 大学生党团组织建设

内容提要：习近平总书记强调，办好我国高等教育，必须坚持党的领导，使高校成为坚持党的领导的坚强阵地。高等学校学生党团组织建设是党建工作在青年学生中的实践，对培养中国特色社会主义合格建设者和可靠接班人，促进党的执政能力建设与先进性建设具有直接意义。高校学生党团组织建设，根本上属于党建范畴，具有党建的基本内涵。大学生中的党员是我党的未来与希望，学生党团组织作为培养党员和团员的关键部分，应该被更充分地重视。在这里，我们将探讨高校学生党团组织建设的意义，阐释高校学生党团组织的内涵，介绍高校学生党团组织的日常工作，规范高校党员发展的手续和程序，并提出高校学生党员队伍教育的措施。我们要从实际出发，明确任务和方案，因地制宜，加强学生党团组织建设，发挥党团组织的整体优势，不断深化社会实践活动，使更多的大学生了解党，志愿加入中国共产党，为国家和人民服务。

第一节　高校学生党团组织建设的意义

在高等教育大众化不断演进的今天，高等学校要切实发挥人才培养的功能，就必须以学生为主体，大力发展高校党团组织。高等学校作为培养和造就德、智、体、美、劳全面发展的社会主义事业合格建设者和可靠接班人的摇篮，是构建社会主义和谐社会的重要阵地。我们要发挥党团组织的先进性，加强和改进大学生思想政治教育，提高他们的思想政治素质，确保我国在激烈的国际竞争中始终立于不败之地。

一、促进党的执政能力建设的需要

习近平总书记曾经指出："青年最富有朝气、最富有梦想，青年兴则国家兴，青年强则国家强。""青年一代有理想、有担当，国家就有前途，民族就有希望。""中国梦是我们的，更是青年一代的。中华民族伟大复兴终将在广大青年的接力奋斗中变为现实。"高校学生在社会发展中起着承前启后、继往开来的作用，他们拥有丰富的情感和想象力，拥有充沛的精力和较高的知识水平，高校学生如果能够投身到党领导的伟大事业中，并成为积极的前进动力，不仅是国家和民族的希望，也是执政党的希望。大学生党员，是党未来的希望，也是我党干部的重要来源。他们其中有很大一部分会经过锻炼将进入党的各级领导班子，成为党的领导干部，他们的思想文化素质如何，科学文化素质怎样，能不能胜任领导岗位，能否完成党赋予的任务，是事关党的执政水平的高低和党的生死存亡的问题。高校培养的人才最终要通过就业撒向各条战线，并在其中发挥重要作用。加强高等学校学生党团建设可以使一大批符合条件的优秀学生及早充实到党内来，通过他们在各行业就业有利于改善党员队伍的构成和分布，也可以影响和带动其他人员更好地为全面建成小康社会服务。

二、高等学校改革与发展的必然选择

2016 年 12 月，习近平总书记在全国高校思想政治工作会议上强调，"我们的高校是党领导下的高校，是中国特色社会主义高校。办好我们的高校，必须坚持以马克思主义为指导，全面贯彻党的教育方针。要坚持不懈传播马克思主义科学理论，抓好马克思主义理论教育，为学生一生成长奠定科学的思想基础。要坚持不懈培育和弘扬社会主义核心价值观，引导广大师生做社会主义核心价值观的坚定信仰者、积极传播者、模范践行者。"高等教育水平的高低是衡量一个国家综合国力强弱的一个重要方面，而衡量高等教育水平的高低，不仅要看量的规模大小，更要看质的高低。能否培养出具有创新精神和实践能力的高素质人才，推动生产力的最终发展，是判断高校水平高低的一个重要尺度。高校的中心工作是立德树人，大学造就的人才不仅要有创新能力和科学文化素养，更应有为人民服务的思想品德。思想政治素质不仅直接决定和影响学生当前乃至一生的发展，而且也直接影响科学文化素质的形成和提高，同时对其他素质也起到定向、激励和保证作用。高校要顺应培养合格国家建设者的要求，加强高校学生党团组织的建设至关重要。

高等学校学生党团建设也直接影响着高校良好的校风、系风和班风的形成，是高校学生工作的龙头。良好校风的形成，除了需要进行科学有效的行政管理和加强师生精神文明建设教育外，还必须发挥学生党团组织政治思想引导的战斗堡垒作用，发挥大学生党员在学生全面成才中的榜样作用，以他们优秀的品行、较高的思想政治觉悟和为同学服务的精神来感染、教育周围的同学。

三、推进大学校园文化建设的有力保证

大学是传承文化的场所，同时也是创造新文化的阵地。大学校园文化对大学生的思想观念、价值取向和行为方式有着潜移默化的影响，还具有重要的育人功能。高度重视大学校园文化的育人功能，着力建设体现社会主义特点、时

代特征和学校特色的校园文化，不断满足大学生日益增长的精神文化需求，为大学生提高素质和健康成长创造良好的文化环境，是高校落实习近平新时代中国特色社会主义思想、建设和谐校园的一项重要举措。

大学生党员具有正确的世界观、人生观、价值观，具有良好的精神状态和得体的行为处事方式，是大学精神的主要继承者和发扬者。大学生党员在大学期间接受精神熏陶所形成的精神动力，不仅会对他的生活和将来从事的职业产生影响，而且会对他身边的同学产生巨大的影响，从而增强学校的凝聚力，提高学校的知名度和美誉度。

大学生党员在参加校内外各种文体活动和各级各类科技学术活动时，大多走在前列，并起到了很好的榜样作用。大学生党员通过自己的实际行动教育和影响身边的广大同学，使其受到极大感染，并积极主动地加入素质拓展的行列中来，从而使高校的素质教育整体得到提升。大学生党员具有最了解广大学生的思想、工作及学习情况的特点，在活动的组织工作中能够做到有的放矢，紧贴广大学生实际，这样组织的活动就会受到广大学生的欢迎，学生就会积极主动参与并从中培养和锻炼个人的综合素质和能力，同时，学校实施的素质教育也会取得良好的效果。

四、加快大学生自身成长的明确要求

高校是聚集高层次人才的重要场所，是党培养建设具有中国特色社会主义事业建设者和接班人的重要阵地。大学生党员作为大学生群体中的佼佼者，其必然成为建设社会主义现代化新生力量的领军人，将肩负起在政治、经济、文化等各方面更为重大的历史使命。从大学生是未来先进生产力的开拓者的角度来看，加强和改进高等学校学生党团建设，可以更好、更有效地教育引导青年大学生做先进生产力的有力推动者。加强高等学校学生党团建设，不仅符合高等学校培养人才的计划，同时也满足了大学生自身成长和发展的需要。大学生积极加入党团组织的过程，就是一个深刻的思想政治教育过程。在党团组织帮助下，按照规定严格要求自己，克服自身的缺点和不足，努力改造自己的世界观、人生观、价值观，并会逐步变成理想坚定、品行端庄、学业成绩优异、各方面素质不断得到提高的优秀知识青年。

第二节　高校学生共青团组织概述

随着社会主义的迅猛发展，中国共青团组织要更加努力做好教育青年团

员、服务青年团员的工作，改变过去单调的思想政治教育工作，做到教育、服务两手抓，两手都要硬。今天必须把教育融入服务之中，同时在服务中引导教育。随着我国教育体制改革，高校共青团的工作环境发生了变化，给传统的学校共青团工作职能和工作方法带来了巨大的冲击和挑战，高校共青团组织建设必须顺应时代和青年学生的变化，在巩固原有职能的基础上不断开拓新思路。

一、中国共产主义青年团的性质和作用

《中国共产主义青年团章程》（以下简称《团章》）把共青团组织的性质表述为："中国共产主义青年团是中国共产党领导的先进青年的群众组织，是广大青年在实践中学习中国特色社会主义和共产主义的学校，是中国共产党的助手和后备军。"

中国共产主义青年团（以下简称共青团）是中国共产党领导下的先进青年的群众组织，这是团的性质的根本点，是党的建团路线的核心部分。党的领导是共青团的生命线，现在仍是这样。共青团是在中国共产党领导下的先进青年的群众组织。它是一个群众组织，但又不同于一般的群众组织，它既具群众性，又具先进性，是先进性与群众性的统一。共青团的先进性主要表现为：共青团与党有着密切的联系，党是无产阶级先锋队，团是党的有力助手和可靠的后备军。共青团拥护党的纲领，以马克思列宁主义、毛泽东思想、邓小平理论、"三个代表"重要思想、科学发展观、习近平新时代中国特色社会主义思想为指导，把最终实现共产主义的社会制度作为奋斗目标，是青年在实践中学习中国特色社会主义和共产主义的学校。共青团由青年中的先进分子组成，是积极、进步的政治力量，在我国各青年团体和青年中发挥着核心作用。共青团是按照民主集中制原则组织起来的，有着严密的组织系统和严格的组织纪律。共青团的群众性主要表现为：共青团是一个用先进思想教育、引导青年的群众组织。共青团是联系党和青年的桥梁和纽带，是党进行青年工作的主要渠道，党通过共青团把广大青年团结在党的周围。共青团与广大青年有着密切的联系，共青团员的标准、数量、活动方式、教育方法都与共产党员有所不同。共青团按照青年特点开展工作，在维护全国人民总体利益的前提下，表达和维护青年的具体利益。共青团的先进性和群众性是一个事物的两个方面，先进性以群众性为基础，群众性以先进性为保证，两者互为条件，相辅相成。

1. 共青团是中国共产党的助手和后备军

把共青团作为党的助手和后备军，既是党建立共青团的目的，也是党赋予共青团的光荣历史使命。共青团作为党的助手和后备军，是因为：第一，共青

团坚决拥护党的纲领，积极执行党的路线，带领青年完成党交给的各项任务，成为"一支能够支援各种工作、处处都表现出积极主动的突击队"；第二，共青团是党联系青年的纽带，团组织不但要把青年团结在党周围，而且经常把人民群众和青年的意见、要求和批评向党反映，提出合理的建议，同违背党的路线、方针、政策的行为做斗争，维护党的集中统一领导，维护党的团结和党的利益；第三，共青团在党的领导下，用共产主义精神教育青年，把青年培养成无产阶级革命事业的接班人，并将优秀的共青团员输送给党的组织，增加党的新鲜血液。

2. 共青团是党联系青年的桥梁和纽带

共青团是党与青年群众之间相互沟通、紧密联系的组织因素。共青团的桥梁作用主要体现在两个方面：一是党的路线、方针和政策通过共青团在青年中的工作，变成广大青年的自觉行动，党通过共青团把广大青年团结在党的周围；二是广大青年的呼声、意见和要求通过共青团组织及时向党反映，共青团协助党改进工作，密切党和青年以及广大群众之间的联系。共青团充分发挥党联系青年的桥梁作用，在维护国家和人民利益的同时，代表和维护青年的具体利益，围绕党的中心任务，开展适合青年特点的独立活动，关心青年的工作、学习和生活，切实为青年服务，向党和政府反映青年的意见和要求，开展社会监督，同各种危害青年现象做斗争，保护和促进青年健康成长。

3. 共青团是社会主义建设事业的生力军和突击队

共青团的生力军、突击队作用主要体现在共青团在整个革命事业中所占据的重要地位和发挥的巨大作用方面，即共青团在党的领导下，始终站在革命和建设事业的前头，英勇奋斗、不怕牺牲，充分发挥共青团的先锋作用。团的十七大报告指出，共青团组织要"在全面建成小康社会进程中充分发挥生力军作用。紧紧围绕党和国家的重大战略部署，团结带领广大团员青年充分发挥生力军作用，勇做走在时代前列的奋进者、开拓者、奉献者，在实现中国梦的征程中施展才华、建功立业。"

4. 共青团是青年的核心组织

共青团的核心作用是指共青团是党领导的革命青年运动的核心组织，是党联系青年群众不可缺少的纽带。青年运动要有自己的核心组织去凝聚青年的力量，集中青年的意志和行动。青年有着不同于成年的特点，除接受党的一般教育外，还需要有专门组织的形式——共青团，这是共产党创建团组织的目的之一。在新的历史时期，党更需要共青团的协助，需要共青团在青年中不懈地工作。[①]

二、高校学生共青团组织的特征

高校共青团既含有共青团的普遍性，又含有基于高校开展工作所带来的特殊性。高校作为高等教育的场所，聚集了大量优秀的共青团员，高校共青团是直接面向大学生青年的基层组织。因此，高校共青团工作应以育人为基本理念，以思想引导为核心，以服务学生成长、成才为宗旨，结合国家政治意图和高校实际，在高校党委的直接领导下开展各项工作。

1. 思想政治教育

中共中央、国务院在 2017 年印发的《关于加强和改进新形势下高校思想政治工作的意见》中指出："高校肩负着人才培养、科学研究、社会服务、文化传承创新、国际交流合作的重要使命。加强和改进高校思想政治工作，事关办什么样的大学、怎样办大学的根本问题，事关党对高校的领导，事关中国特色社会主义事业后继有人，是一项重大的政治任务和战略工程。"近年来，我国面临着日趋复杂化的国内外环境，各种社会思潮鱼龙混杂，当代青年大学生又存在一定的特殊性，大学生中出现了缺乏信仰，没有坚定的理想信念，甚至出现思想滑坡、道德败坏的现象。高校共青团承担着大学生思想政治教育的重要责任，应引导青年大学生树立正确的世界观、人生观、价值观，激发他们的爱国热情，加强他们的思想道德建设和责任感，引导青年大学生全面提高自身素质，成人成才。

2. 组织管理制度

在高等学校中，与大学生关系最为密切的是各类学校社团和组织。共青团作为思想性和政治性都很强的组织，要积极配合学校育人的基本目标。各类学生组织和社团应该在团组织的指导下开展日常工作，学校团委应选优秀的学生干部到学生组织中，把握好政治方向，吸收优秀的学生组织干部参加团校学习。一般情况下，各高校团委下设院分团委，各班级设有团支部，形成"校团委—分团委—团支部"体系，校团委要坚持眼睛向下，重心下移，力争使团的基层组织网络覆盖全体青年，使团的各项工作和活动影响全体青年。

3. 服务创新

共青团的性质决定了高校共青团要服务青年，维护青少年的合法权益。青

---

①　杨坚康：《团委工作指导手册》，1～3 页，北京，中国青年出版社，2009。

年成长需以内在动力为支撑。大一新生容易出现目标真空期，这时亟须高校共青团采取相应措施，帮助新生消除迷惘，引导其树立正确的目标。随着大学生就业形势日益严峻，促进大学生就业也上升为新时期高校共青团工作的特殊任务。高校共青团在大学四年间应组织学生对自己进行职业生涯规划，鼓励大学生自主创业。此外，共青团应根据各高校的实际需要和教学目标，打造平台，组织青年大学生进行专业的学习和竞赛；组织学生课外科研，提高大学生科研能力。高校共青团要不断创新，开展具有影响力的团日活动，不断丰富青年大学生的第二课堂。[①]

第三节　高校学生共青团组织的主要工作

高校学生党团组织是高校贯彻党和国家的教育方针，培养和造就社会主义合格建设者和可靠接班人的重要力量，是高校实施大学生素质教育的重要载体和学校第二课堂教育的重要组织者。共青团作为党的助手和后备军，是党领导下的先进青年的群众组织，肩负着把青年一代培育成为"四有"社会主义新人的根本任务，在大学生思想政治教育中承担着重要的职责，发挥着重要的作用。在当前形势下，高校共青团组织在加强大学生思想政治教育、引导广大青年学生健康成长、维护校园稳定和构建和谐校园中都发挥着重要作用。

一、团的组织生活

团的组织生活是团内政治生活的重要组成部分，是团组织对团员进行思想政治教育和团员自我教育的具体形式，是加强团的思想建设和组织建设的重要途径。根据《团章》规定，每个团员都必须编入团的一个支部，参加团的组织生活，接受团组织的教育和监督。组织团员过好团的组织生活，是共青团组织先进性和严密性的重要体现，也是团内生活与青年活动有所区别的一个重要标志。团的组织生活一般每月至少举行一次。《团章》规定，团员没有正当理由，连续六个月不缴纳团费、不过团的组织生活，或连续六个月不做团组织分配的工作，均被认为是自行脱团。因此，团支部必须把严格团的组织生活作为一项重要工作，建立和健全团的组织生活制度，不断提高团的组织生活质量。

团员是组织生活的主体，只有经常保持和不断提高团员参加组织生活的积

① 王传伟：《新媒体背景下高校团建工作的创新路径研究》，硕士学位论文，南京理工大学，2013。

极性和自觉性，充分发挥团员在组织生活中的主观能动性，使团组织和团员的积极性统一起来，组织生活才能取得实效，发挥作用。要做到这一点，就要使团的组织生活内容和形式真正适合青年的特点，在内容上注重思想性和教育性，同时也应适当注意知识性和趣味性，形式上要丰富多彩、生动活泼。团的组织生活要讲求实际效果，不搞形式主义。内容要集中，要有针对性，联系团员的思想实际，每次组织生活要做好充分的准备工作，力求解决一两个实际问题。要严格执行团的组织生活制度。团的组织生活制度是保证团的组织生活经常开展和发挥作用的有效手段之一。要经常听取团员对组织生活的意见和要求，适应团员思想、工作情况的变化，及时调整和改进工作，不断丰富组织生活的内容和形式。

团的组织生活的内容要为其目的服务，因此，必须按照统一的要求来确定，并保证其相对稳定性，而不能漫无边际地随意确定。一般来讲，团支部的组织生活主要有以下三个方面的内容。

1. 组织团员开展各种学习

按照共青团培养"四有"新人的总体要求，新时期对团员进行思想政治教育的基本目标是增强团员意识，即：增强团员坚持党的基本路线的政治意识；正确参与团内和社会管理监督的民主意识；团员权利与义务平等一致的意识；遵守经济、政治和社会生活行为规范的法制意识；高于一般青年的模范意识。其中特别要注重增强团员的政治意识和模范意识。为此，团的组织生活以思想政治教育为主的各种学习，应按照团员意识教育的要求，重点突出马克思列宁主义、毛泽东思想、邓小平理论、"三个代表"重要思想、科学发展观、习近平新时代中国特色社会主义思想以及党的基本路线、党团基本知识、社会主义道德规范和社会主义民主与法制基本知识等内容，逐步使团的组织生活的学习更加规范，更加紧密结合改革开放、发展经济的社会生活实践和广大团员的思想实际。团的组织生活要切实成为开展团员意识教育，提高团员思想政治觉悟的重要形式，成为团员吸取思想营养的重要渠道。学习活动可按照"理论教育与实践教育相结合"的团员教育原则，以团课、阅读式学习、讨论式学习、参观式学习、调查式学习等形式开展。

2. 组织团员开展批评与自我批评

批评与自我批评是党的三大作风之一，共青团是党的助手和后备军，在团内开展正常的批评与自我批评，不仅是坚持和发扬党的优良传统的重要方面，而且也是加强团员教育和团的自身建设的有力武器。金无足赤，人无完人，一个团员在其成长的道路上，难免会有挫折，这就需要团组织给予关心、帮助和教育。通过团的组织生活，开展批评与自我批评，就是针对团员的思想实际和出现的某些问题，展开讨论，澄清模糊认识，分清是非，引导团员经常审视自己的思想言行，不断修正自己的思想行动轨迹，做到防微杜渐；同时，对犯错误的团员，进行实事求是的分析，展开批评，纠正错误，使犯有错误的团员正确认识自己的错误和正确对待团组织的处理，端正态度，改正错误，继续进步，同时也使全体团员从犯错误的团员那里吸取教训，接受多方面教育。批评与自我批评一般以团的民主生活会的形式开展。团的民主生活会主要是通过团员之间的思想交流，总结自己的思想、工作、学习等方面的情况及存在的缺点、错误，达到在批评与自我批评中，取长补短、密切思想感情联系、共同提高的目的。

3. 组织团员民主决定团内重要事务

按照民主集中制的组织原则，团支部的重大事务必须经团员民主决定，这既是做好团支部工作的保证，又是保障团员权利和团员履行义务的必然要求。为此，团支部的工作落实、团员的奖励与处分、支委会和团支部书记以及出席上一级团的代表大会的代表选举、团员的民主评议和推荐优秀团员作为党的发展对象等各项工作，都应通过团的组织生活会，充分讨论，共同决定。团员民主决定团内重要事务，一般通过团支部团员大会、团支部委员会的形式来进行。

二、团员的团籍管理

团籍指的是团员的资格。取得了团籍，就成了共青团的一员。《团章》规定，"要求入团的青年要向支部委员会提出申请，填写入团志愿书，经支部大会讨论通过和上级委员会批准，才能成为团员。被批准入团的青年从支部大会通过之日起取得团籍。"团籍注册是团组织对团员团籍的连续认定，是对团员的年终思想总结，也是团组织对团员进行的思想教育整顿的过程。通过注册，团组织可以比较准确地掌握团员数量、年龄结构、分布流向发生的变化，为转出、转入团员转接组织关系，办理超龄团员离团，为发展新团员履行手续，并对流动团员参加团的活动，履行团员义务提出要求。通过重新认定团员团籍，可以使团员普遍受到一次严肃的团内教育，有助于帮助团员增强团员意识，树立做一名共青团员的光荣感和使命感，从而为团员在新的一年里思想上的不断进步打下良好的思想基础。

凡是能够参加团的活动，做团组织分配的工作并按时缴纳团费，经评议是优秀团员、合格团员及教育帮助后可以合格的团员，团组织都应予以注册。团员违反团的纪律的，除受留团察看处分，团组织在对其进行批评教育的同时，应为其办理注册手续。

1. 团籍的注册

团籍的注册一般以团员评议教育活动的形式开展。团支部委员会向全体团员报告一年来的工作，接受团员监督，宣布团费收缴情况。对符合注册条件的团员，在其团员证的"团籍注册"栏内填写注册时间，加盖注册专用印章。根据团员注册情况，搞好年度团员统计。在注册中，对年满 28 周岁的团员，团支部应按规定的程序为其办理离团手续，对新发展团员，办理注册手续。年度团籍注册后，团支部应及时向上级团委汇报注册情况，并根据团员注册、超龄团员离团和发展新团员情况修订《团员花名册》。团籍注册的时间一般是从上年度最后一个月开始至本年度第一个月结束。

2. 团籍的保留

根据《团章》规定："团员加入共产党以后仍保留团籍，年满二十八周岁，没有在团内担任职务，不再保留团籍。"保留团籍的青年党员应参加团支部的组织生活和活动，遇到党团活动时间冲突时，一般应参加党的组织生活和活动，也可征得党组织同意后，参加团的组织生活和活动。保留团籍的青年党员从取得预备党员资格起，应交纳党费，可不交纳团费，自愿交团费者不限。保留团籍的青年党员在工作、学习单位发生变更时，其团员组织关系随党员组织关系自然转接，到新单位团组织办理团员登记手续后生效。二十八周岁以下，已经办理离团手续的青年党员，自然恢复团籍，参加其所在单位团支部的组织生活和活动。团支部在进行团的组织情况年度统计时，应将保留团籍的青年党员数计算在团员数内。

3. 退团

《团章》规定："团员有退团的自由。"团组织是先进青年的群众组织，极个别团员政治热情减退，不愿意继续留在团组织中发挥作用，主动提出退团要求是允许的。团组织在实际处理过程中要区别情况、妥善处理，如果属思想认识问题，团组织应耐心进行教育帮助；如果有实际困难，应热情帮助解决，经教育帮助后，提出退团要求的团员如果愿意继续留在团内，应当允许并得到鼓励；如果坚持要求退团，则应由本人向所在支部委员会提出书面报告，由支部大会决定除名，并报上级团委备案。团员退团后，团组织应在其入团志愿书或团员登记表备注栏内注明退团情况和退团日期，并收回团员证。对已退团的青年，团组织仍负有对其进行帮助教育的责任。

4．超龄离团

团员年满二十八周岁，如果没有担任团内职务，应该办理离团手续，团员加入共产党以后仍保留团籍，年满二十八周岁，没有在团内担任职务，就不再保留团籍，恢复团籍的党员在年满二十八周岁以后，没有担任团的职务，团籍自然取消。对于被开除团籍，要求退团和自行脱团者不办理超龄离团手续。曾经被开除团籍，经复查已撤销开除团籍处分者，如已超龄的应按超龄办理。

团员年满二十八周岁时，应由本人向所在团支部提出口头或书面超龄离团申请，团支部予以核准。经支委会讨论通过后，及时报请上一级团的基层委员会备案。由团的基层委员会在其团员证"团员超龄离团"栏内和入团志愿书的备注栏内注明团员超龄离团的时间，加盖公章。团的基层委员会将团员的入团志愿书送交其所在单位的人事部门保管，将团员证交由本人保存，作为永久纪念，但不得继续使用。团员离团时，团支部组织委员要在大会上宣布其光荣离团，并找他谈心，肯定其成绩，指出今后努力的方向，并听取他的意见。

共青团是一个有年龄限制的组织。每年有一批适龄青年具备了入团条件被接收入团，也有一批团员因超龄而离团。团组织不断地有进有出，如一池活水，保持着团组织的正常发展。办理超龄团员离团工作是团组织一项经常的、细致的工作，它体现了团组织对超龄团员的关心。团组织要对团员宣传《团章》中关于"团员年满二十八周岁，如果没有担任团内职务，应该办理离团手续"的规定，并根据每个超龄团员的具体情况，认真做好思想工作，使他们正确理解《团章》规定，心情愉快地离开团组织。对超龄离团的同志，团组织应肯定他们在团内所取得的进步和做出的成绩，指出今后努力的方向；要求他们离团后，应该像老战士关心新战士那样，继续热情帮助周围团员青年进步，积极支持和关心团的工作，经常向团组织反映情况，提出意见和建议，要继续保持和发扬共青团的光荣传统，在社会主义现代化建设中更好地发挥积极作用。

三、在青年中发展党员和团员推优入党工作

做好在青年中发展党员和推荐优秀团员作为党的发展对象的工作，是保证党的事业后继有人、兴旺发达的战略需要。我党要实现长期执政，要带领广大人民实现中华民族伟大复兴的宏伟目标，需要不断地吸收一批又一批的优秀团员青年入党。只有这样，党的事业才能兴旺发达，党的目标才能实现。因此，在青年中发展党员和团员推优入党工作是党的事业兴旺发达的重要组织保证。

1．推优入党工作的意义

第一，加强在青年中发展党员和推优工作，是实现全面建设小康社会宏伟

目标的战略需要。党的十八大确定了确保到 2020 年实现全面建成小康社会的奋斗目标，提出实现人均国内生产总值和城乡居民收入比 2010 年翻一番。实现这个目标，要靠包括青年在内的全国人民共同奋斗、共同创造。这十几年，是我们党和国家发展的重要战略时期，也是当代青年大显身手、建功立业的大好机遇。实现这个目标，离不开青年的奋斗，离不开青年的创造。在团员青年中加大发展党员和推优工作力度，吸引更多的优秀团员青年加入党的队伍中来，对于壮大我们的党员队伍，拓展我们党在青年中的群众基础和执政基础，培养更多的合格建设者和可靠接班人，团结更多的力量来实现这个宏伟目标，具有十分重要的意义。

第二，加强在青年中发展党员和团员推优入党工作也是广大团员青年成长发展的迫切需要。中国青年运动的发展历程表明，青年只有跟党走，才会有光明的前途。习近平总书记在 2013 年五四青年节，同各界优秀青年代表座谈时指出："展望未来，我国青年一代必将大有可为，也必将大有作为。""广大青年要勇敢肩负起时代赋予的重任，志存高远，脚踏实地，努力实现在中华民族伟大复兴的中国梦的生动实践中放飞青春梦想。"这充分表达了党对青年的无比信任和殷切期望。有更多的团员青年加入党的组织中来，这关系到广大团员青年的命运。只有跟着党去奋斗，青年的人生才是辉煌的人生，青年运动的前途才会无限美好。从青年运动健康发展的角度来看，加大力度吸引更多的青年到党组织中来，这关系到这一代青年的命运。

第三，推优入党工作应坚持实事求是和民主集中制原则。积极把思想素质好、作风正派、政治立场坚定，在同学中有一定威望的优秀团员及时向党组织推荐。严把质量关，不能单一的追求数量。推优对象一般应由团员大会民主推荐产生，对于大会推荐不集中，但在平时工作中确实表现突出的优秀团员，可由学校、学院团委以组织推荐的形式产生。同时设立包含校党委、校团委、分团委和基层团支部的推优工作组织机构。推优对象一般应具备以下基本条件：①年满十八周岁的团员，志愿加入中国共产党，已被确定为入党积极分子；②政治立场坚定，是非观念明确，注重理论学习；③遵守团的章程，积极参加团组织的各项活动，自觉履行团员义务，发挥团员的先锋模范作用；④在学习、工作、生活中发挥表率作用，遵守国家法律和学校的各项规章制度，学习成绩优良。如果在日常表现、学习创新、见义勇为、助人为乐等方面受到表彰或表现突出者，也可以组织推荐的形式推优入党。

2. 推优入党工作的程序

(1)团支部推选阶段

①团支部筹备召开支部推优会。会议时间和地点应提前上报学院分团委。

②各团支部召开团员(包括本支部的学生党员)推荐大会,会议由班级团支部书记主持,到会人数超过本支部人数的三分之二方可进行;学院委派两名监督员参加推优会,监督员应是中共党员,其具体任务为:监督推优会会议过程,解答同学对推优程序的疑问,做好推优工作会议记录,上报学院分团委。没有分团委监督员参加的推优会无效。

③推优会开始前,团支书要先向到会团员介绍监督员及会议流程,说明推优程序及推荐条件,并公布符合推荐条件人选的名单。

④符合推优条件的入党积极分子在会上进行陈述,明确地表明入党志愿和动机,客观地剖析自身存在的优缺点。

⑤团支部全体成员根据个人陈述及其日常表现,讨论酝酿后,进行无记名投票,计票工作要当场进行,投票结果应当场公布。获到会人数50%以上票的团员方可被团支部推荐。推荐对象总数一般应低于或等于符合推荐条件人选总数的二分之一。

⑥推优会结束后,由监督员负责回收选票,形成推荐情况说明(情况说明必须有团支书签字),整理会议记录,及时上交学院分团委。

(2)评议推荐阶段

①综合评议。各团支部材料上报后,学院分团委召开评议会议,参加支部推优会的监督员首先汇报所参加支部的推优情况,然后全体委员对各支部推优工作进行评议。对不符合程序和原则的,要求支部重新推优。

②上报名单。学院分团委在广泛征求意见基础上,结合大会推荐和组织推荐的情况,确定推荐对象,形成书面推荐材料,上报校团委备案。团支部组织推荐对象填写《优秀团员作党的发展对象推荐表》后,由学院分团委进行汇总,上报校团委审批。

(3)审核推荐阶段

校团委应及时对各学院分团委上报材料进行审核,并建立推优对象数据库,对相关材料进行归档,并向所属党支部推荐。

推优工作每年进行两次,具体时间根据各支部党员发展实际情况排定。推优对象的有效期为一年半,期间,推优对象未被党组织确定为发展对象,需要重新推优;受到学校纪律处分者,取消其推优对象的资格。未经过推优程序的团员不能被确定为发展对象,不能列入发展计划。

高校团委应从积极创新、狠抓落实的高度,切实抓好推优工作。党的十九大为推优工作指明了方向，习近平新时代中国特色社会主义思想为推优工作提供了强大的理论武器。共青团十七大报告明确指出："着力建设一支思想进步、作用明显、规模合理的团员队伍。要强化日常教育，促进团员坚定理想信念。做好经常性发展团员工作，控制团员总量，保持队伍合理规模和结构。教育广大团员自觉增强团员意识，努力在各自岗位上创先争优。积极推荐优秀团员作党的发展对象，源源不断地为党输送新鲜血液。"高校各级团组织要在党的十八大精神鼓舞下，深入开展社会主义核心价值观教育实践活动，把推优工作扎扎实实地做好。

四、志愿服务和社会实践

大学生志愿服务是倡导一种崇高的精神，即"奉献、友爱、互助、进步"的志愿者精神，让学生走出课堂、走出校园，自愿参与服务社会的活动。大学生社会实践活动是指在课堂教学以外，在校学生利用课余时间走出校门，有组织、有目的地参与社会、了解社会，到社会中去实践的一种教育活动。① 共青团十七大报告指出："深入开展志愿服务等活动，推动志愿服务项目化运作、社会化动员、制度化发展，努力使志愿服务成为当代青年的精神时尚。大力加强青年文化建设，组织动员青年积极参与群众性精神文明创建，广泛开展形式多样的文化活动，为建设文化强国发挥青年的积极作用。""动员青年投身基层、勇挑重担。深入实施大学生志愿服务西部计划、优秀大学生西部基层建功计划，影响和带动更多青年到西部地区、贫困地区和基层一线去贡献力量、施展才华。深入开展'三下乡'、博士服务团、'科技之光'、海外学人回国创业周等工作。特别要在'急、难、险、重'任务面前，激励青年充分发挥突击队作用。"

大学生社会实践与志愿服务活动是青年学生在学习过程中主动承担社会责任，奉献社会、服务社会的实践活动，既是开展现代大学生素质教育，促进学生社会化，培养学生创新实践能力的有效途径和重要载体，又是价值承载，传递正能量的主题实践活动。习近平总书记在参加"实现中国梦、青春勇担当"主题团日活动时指出，"广大青年一定要练就过硬本领。学习是成长进步的阶梯，实践是提高本领的途径。""要坚持学以致用，深入基层、深入群众，在改革开放和社会主义现代化建设的大熔炉中，在社会的大学校里，掌握真才实学，增益其所不能，努力成为可堪大用、能担重任的栋梁之材。"青年兴则国家兴，青

---

① 薄爱敬：《论大学生社会实践和志愿服务可持续发展的有效机制》，载《学校党建与思想教育》，2011(6)。

年强则国家强。大学生学以致用，开展社会实践与志愿服务，既是党和国家提出的期望和要求，也是广大青年努力践行"中国梦"的责任和担当。加强和改进大学生社会实践与志愿服务工作，在理论上有支撑，在实践上有平台，在价值上有认同，在政策上有要求，对大学生成长、成才具有重要而深远的实践价值与现实意义。

共青团在组织高校大学生社会实践和志愿服务活动时，应旗帜鲜明，突出实践主题，加强政策引导，优化和细分服务内容，创新服务形式；要找准定位，聚焦基层一线，强化体验教育，增强实践育人的生动性和感染性。同时，共青团目标要准确，紧跟时代，采取点面结合、分散与集中并举的形式，使实践服务的基层组织网络覆盖全体青年，使志愿服务的各项工作和活动影响全体青年；要更新大学生培养的观念，将理论学习、专业学习与社会实践相结合，激发大学生的主体意识和参与热情，促进大学生对服务社会、参加实践的观念认同和情感认同；要充分调动干部、教师参与指导大学生社会实践的积极性，将团委组织的"活动"纳入教学环节，成立专门的指导委员会或相应的指导机构，对大学生社会实践活动进行学分认定，并将活动参与的具体绩效纳入学生评优、评先指标中。

社会实践与志愿服务是促进学生知识转化为能力并内化为素质的必要措施。高校应整合原有寒暑假社会实践、周末社会实践、课余社会实践与志愿服务主题活动，广泛发动大学生积极参加"三下乡"活动，充分利用寒暑假实践机会，进一步明确实践服务的内容，打造学生喜爱的日常化实践服务模式。高校共青团组织要主动与地方联系，建立相对固定的基地平台和服务站点，通过相对固定的基地平台积极开展和组织能体现志愿者个人专业特长、志趣爱好和自愿性的活动。① 以服务促发展，以贡献促效率，加强校地合作，主动奉献，本着合作共建、双向受益的原则，积极探索社会实践与志愿服务基地的平台化和多样化。加强舆论宣传和引导，营造积极氛围，充分利用报刊、广播、电视、互联网等新闻媒体，定期评选表彰大学生社会实践与志愿服务示范基地，深入宣传报道大学生社会实践与志愿服务。建设稳定的社区服务基地。实现实践育人和网络育人并重，组织网络志愿者，积极开展网络团日活动，提升大学生网络媒介素养，大力实施网络社会实践。鼓励支持社会各方面接纳大学生社会实

---

① 上海市慈善基金会、上海慈善事业发展研究中心：《志愿服务与义工建设》，125页，上海，上海社会科学院出版社，2007。

践与志愿服务，并为社会实践活动创造有利的网络舆论氛围。

大学生社会实践与志愿服务体系是一个系统工程。政府、社会、学校各方面需要协同努力，构建长效机制，积极开展大学生社会实践与志愿服务的理论研究，指导社会实践与志愿服务深入发展，促进大学生志愿服务的持续健康发展。①

第四节　高校学生党组织建设概述

高校学生党组织建设工作关系到我国高等教育的健康发展，关系到党对高校的领导和高校的社会主义的办学方向。随着社会的发展和高等教育改革的深入，高校党组织建设工作出现了许多新情况、新问题，面临着许多新的挑战。因此，在新形势下如何搞好高校学生党组织建设工作具有重大现实意义。中华人民共和国成立以来，我国高校学生党组织建设工作取得了巨大成绩，这些为保证我国高等教育的健康发展，为培养合格的社会主义事业的建设者提供了基本的政治保障。②

一、高校学生党组织建设工作内涵

高校学生党组织建设工作是指高校党组织及党务工作者依据中国共产党组织的要求，结合高校学生身心发展的特点与规律，在高校学生中有目的、有计划、有组织地对入党积极分子进行培养、教育、发展，对学生党员进行培养、教育、管理，同时对学生党组织进行管理，从而加强高校学生思想、组织、作风和制度建设，保持和发展学生党员的先进性，提高学生党员自我发展教育能力，发挥学生党组织在学生中的战斗堡垒作用，促进高校各项工作的发展。

高校学生党组织建设根本上属于党建的范畴，具有党建的基本内涵。习近平总书记指出，办好中国特色社会主义大学，要坚持立德树人，把培育和践行社会主义核心价值观融入教书育人全过程；强化思想引领，牢牢把握高校意识形态工作领导权；坚持和完善党委领导下的校长负责制，不断改革和完善高校体制机制；全面推进党的建设各项工作，有效发挥基层党组织战斗堡垒作用和共

---

① 张绍荣、张东：《大学生社会实践与志愿服务：内涵功能与体系建构》，载《高等建筑教育》，2014(2)。

② 刘舒君：《提升高校学生党建工作科学化水平的研究》，硕士学位论文，安徽农业大学，2013。

产党员先锋模范作用。各级党委和宣传思想部门、组织部门、教育部门要加强对高校党的建设工作的领导和指导，坚持党的教育方针，坚持社会主义办学方向，加强和改进思想政治工作，切实把党要管党、从严治党落到实处。

高校学生党组织建设的根本对象是广大的高校学生，他们是一群具有较高知识、思维活跃、独立性和自我意识较强的集体，同时他们的思想特点呈现敏感性、多样性、多变性、矛盾性。教育的主体包括高校学生的上级党组织和党务工作者，同时也包括学生自身的学习教育。高校学生党组织建设工作的目标有两个方面：一方面是确保高校学生党员及学生党组织发展的方向性和先进性；另一方面是促进高校学生各项工作的发展。①

二、高校学生党组织建设工作的指导思想

高校学生党组织建设是我党工作在高等学校的体现，马克思主义政党的学说是高校学生党组织建设工作的根本指导思想。马克思、恩格斯在《共产党宣言》和《共产主义者同盟章程》中，第一次比较集中地阐明了无产阶级政党的性质、理论基础、纲领、组织原则等基本原理；列宁坚持马克思主义政党的学说，结合俄国革命的实践，推出新型的无产阶级政党学说。以毛泽东为主要代表的中国共产党，在认真学习和掌握马克思列宁主义建党学说的同时，积极探索在中国具体条件下马克思主义党建学说的运用发展，在长期的建党实践中逐渐摸索出一条符合中国国情和我党发展规律的建党道路。以邓小平为首的党中央，在总结国内外无产阶级政党建设正反两方面的经验和改革开放的新鲜经验的基础上，创造性地把马克思主义的政党学说与当代中国共产党建设的实践相结合，科学回答了在改革开放和现代化建设条件下建设一个什么样的党、怎样建设党的问题。党的十三届四中全会以来，以江泽民同志为总书记的党中央领导集体，以邓小平执政党理论为核心指导，在中国特色社会主义建设的新的历史阶段，结合中国正在进行的实践，提出了"三个代表"重要思想。党的十六大明确要求："三个代表"重要思想是我党必须长期坚持的指导思想，"三个代表"重要思想对每一个党员、对党的各级组织、对党的各级领导干部提出了新的更高的要求。党的十八大提出，中国特色社会主义事业是改革创新的事业，要站在时代最前列，带领人民不断开创事业发展新局面，必须以改革创新精神加强自身建设，始终成为中国特色社会主义事业的坚强领导核心。党的十八大吹响

---

① 徐世梅：《高校党群思想政治工作中"以人为本"的研究》，载《办公室业务》，2014(9)。

了全面建成小康社会的号角，党要带领全国人民一心一意谋发展，聚精会神搞建设，为实现中华民族伟大复兴的中国梦而努力奋斗。习近平总书记在全国思想政治工作会议上指出，办好我国高等教育，必须坚持党的领导，牢牢掌握党对高校工作的领导权，使高校成为坚持党的领导的坚强阵地。高校党委对学校工作实行全面领导，承担管党治党、办学治校主体责任，把方向、管大局、做决策、保落实；要加强高校党的基层组织建设，创新体制机制，改进工作方式，提高党的基层组织做思想政治工作的能力；要做好在高校教师和学生中发展党员工作，加强党员队伍教育管理，使每个师生党员都做到在党爱党、在党言党、在党为党。党的十九大指出，党的长期执政能力建设、先进性和纯洁性建设，是一个必须长期坚持，始终放在重要位置解决的问题。对于党的建设目标，党的十九大报告中也做了新的概括，就是要把我们党建设成为"始终走在时代前列、人民衷心拥护、勇于自我革命、经得起各种风浪考验、朝气蓬勃的马克思主义执政党。"新时期高校学生党组织建设工作就是要以保持党的纯洁性、先进性为目标，践行习近平新时代中国特色社会主义思想，探索高校学生保持党员先进性的长效机制。①

三、高校学生党支部的特点

高校学生党组织要根据大学生的特点，围绕培养德、智、体、美、劳全面发展的中国特色社会主义事业合格建设者和可靠接班人的根本目标，充分发挥学生党组织在学校教书育人工作中的重要作用，成为班级或年级的核心，引领学生全面发展。相比于教工党支部，学生党支部的工作有着以下特点：一是学生党支部都是由相同的年级或班级中的党员组成的，构成比较单纯；二是学生党员的流动性比较大，一般经过几年的学习就会毕业离校，党支部也随之撤销；三是党支部的地位比较特殊，一般在学生班集体中，有班委会、团支部，学校还要为班集体配备班主任和辅导员，党支部要妥善处理好同班主任、辅导员、班委会、团支部的关系。学生党支部的这些特点决定了学生党支部是与学生班集体一起成长的，党支部的单位是在班级的成长中形成的。高校要坚持把大学生党支部建在班上，努力实现本科生班级"低年级有党员，高年级有支部"的目标，切实加强研究生党支部建设，充分发挥学生党员的先锋模范作用和骨干带头作用，使得学生党支部成为带动学生班级团结进步和开展思想政治教育

---

① 金钊、胡林辉：《党的基层组织工作手册》，150～156页，北京，人民日报出版社，2008。

的坚强堡垒。

四、高校学生党支部的工作职责

1. 宣传执行党的路线、方针、政策和决议

大学生党支部要积极向学生宣传党的路线、方针、政策和上级党组织的决议，引导大学生自觉贯彻党的路线、方针、政策和党的决议，在思想上、政治上、行动上与党中央保持一致；要加强党支部自身建设，切实履行工作职责，健全工作制度，转变工作作风，创新活动方式，丰富活动内容，努力做到学生党支部为学生党员服务、学生党支部和学生党员为广大学生服务，不断增强大学生党支部的凝聚力和战斗力，使大学生党支部切实成为引领大学生刻苦学习、团结进步、健康成长，推动班集体进步的坚强堡垒。

2. 发挥学生党员的先锋模范作用

大学生党支部要以提高素质、增强党性、发挥作用为目标，扎实做好党员教育工作，引导大学生党员深化对中国特色社会主义理论体系的理解，组织大学生党员认真学习贯彻《中国共产党章程》(以下简称《党章》)，加强党性、党风、党纪教育，坚定理想信念，坚持党的宗旨，增强党的观念，发挥优良传统；要加强对大学生党员的管理，坚持和完善党的组织生活制度，严格党的组织生活，督促大学生党员认真履行义务，保障大学生党员正确行使权力，注重从政治上、思想上关心爱护大学生党员；要加强支部党员的党费收缴管理和使用；要建立健全大学生党员队伍的自我纯洁机制，严肃处理不合格党员，及时处分违纪党员，保持大学生党员队伍的纯洁性；要充分发挥大学生党员在掌握科学文化知识、加强实践锻炼和日常工作生活中的先锋模范作用和在关键时刻、重大活动中的骨干作用。

3. 组织党员开展工作

大学生党支部要积极组织大学生党员参与班级和年级事务管理，积极指导、帮助班委会开展工作，着力加强班集体建设，组织开展丰富多彩的主题班会等活动，发挥团结学生、组织学生、教育学生的职能，努力维护学校的稳定；要积极支持、指导、帮助团支部工作，充分发挥团支部在教育、团结和联系大学生方面的优势，竭诚为大学生的成长成才服务，针对大学生的特点，开展生动有效的思想政治教育活动，把广大学生紧密团结在党的周围；要加强对大学生社团的领导和管理，帮助大学生社团选聘指导教师，支持和引导大学生社团自主开展活动；要积极组织大学生参加社会调查、生产劳动、志愿服务、公益活动、科技发明和勤工俭学等社会实践活动，组织开展丰富多彩、积极向

上的学术、科技、体育、艺术和娱乐活动，促进学生全面发展。

4. 培养教育入党积极分子，发展学生党员

大学生党支部要积极主动地开展入党积极分子的培养教育工作，早发现、早教育、早培养，有计划、有步骤地把基本素质好、入党积极性高的优秀团员、学生骨干吸收到大学生入党积极分子队伍中来；要全面把握和坚持党员标准和方针，严格在大学生中发展党员工作的程序，认真履行入党手续；对准备发展入党的大学生要进行综合考察，既要考察其政治素质、学习成绩，也要考察其入党动机、理想信念，既要考察其平时表现、群众基础，也要考察其在关键时刻的表现及在重大政治问题上的态度和立场；严格政治审查、集中培训、发展对象公示、党组织集体讨论表决等程序；要坚持把培养教育贯穿于大学生发展党员工作的全过程，切实加强大学生入党前、入党中、入党后教育，实现组织入党与思想入党的统一。

5. 了解和反映学生的思想状况，做好学生思想政治教育工作

大学生党支部要积极了解大学生的思想状况，结合大学生实际，广泛深入开展谈心活动，有针对性地帮助大学生处理好学习成才、择业交友、健康生活等方面的具体问题，提高大学生的思想认识和精神境界；要经常听取他们的意见和建议，并及时向有关部门反映情况；要注重引导和培养大学生自尊、自爱、自律、自强的优良品格，增强大学生克服困难、经受考验、承受挫折的能力，引导大学生坚决抵制各种有害文化和腐朽生活方式的侵蚀和影响；要利用校园网为大学生学习、生活提供服务，加强同大学生的沟通与交流，及时回答和解决大学生提出的问题。①

第五节　高校学生党员发展工作

发展党员工作是党的组织建设的重要组成部分，是贯彻落实党的路线、方针、政策的组织保证，也是高校学生党务工作的重要组成部分。高校党的基层组织应当把具有马克思主义信仰、共产主义觉悟和中国特色社会主义信念，自觉践行社会主义核心价值观的先进青年吸收入党，并将此作为一项经常性重要工作。发展党员工作是基层党组织的基本任务之一，是一项严肃的政治工作。

---

① 中共中央组织部组织二局：《中国共产党普通高等学校基层组织工作条例学习辅导读本》，109～112 页，北京，高等教育出版社，2011。

一、高校学生党员发展工作的原则

发展党员工作应当贯彻党的基本理论、基本路线、基本纲领、基本经验、基本要求，按照控制总量、优化结构、提高质量、发挥作用的总要求，坚持《党章》规定的党员标准，始终把政治标准放在首位；坚持慎重发展、均衡发展，有领导、有计划地进行；坚持入党自愿原则和个别吸收原则，成熟一个，发展一个；禁止突击发展，反对"关门主义"。发展党员必须在坚持党员标准、落实党员条件的基础上，严格执行发展党员的工作程序，认真履行发展党员的手续。

二、高校学生党员发展工作的程序及手续

入党手续是指按照《党章》和《中国共产党发展党员工作细则》的有关规定，在发展党员时，按照一定的时间顺序和必须经历的工作过程，履行的必要仪式和需要办理的文书材料。入党程序是指在发展党员工作中按照《党章》和《中国共产党发展党员工作细则》规定的精神，在履行入党手续中对具体工作工程、步骤和顺序的基本要求。

入党手续和程序，既有联系又有区别。入党手续和程序，统一于发展党员工作之中，手续中有程序、程序中又体现手续的具体要求，手续和程序的融会贯通，形成了严密、科学、规范的工作体系和制度。为了把住"入口关"，确保发展党员的质量，手续和程序已经成为党内的法规，在发展党员工作中，对党组织具有很强的约束力和强制性，各级党组织必须认真、严肃地执行。

1. 入党申请人向党组织递交入党申请书

根据《党章》的规定，要求入党的同志必须自愿向党组织提出申请，递交入党申请书，这是加入党组织的必要手续。入党的同志在递交申请后，党组织应当在一个月内派人同其谈话，了解基本情况，并针对申请人的具体情况进行培养、教育和考察。

(1)递交入党申请书的有关要求

通常情况下，入党申请书应由本人执笔，并经申请人签名盖章。入党申请书不能打印。

(2)党组织对入党申请人的培养、教育

对入党申请人的培养、教育工作，是做好发展党员工作的重要环节，是保证新党员质量的基础。对入党申请人的培养、教育工作，要坚持经常化、制度化，突出针对性、指导性、务实性。注意避免平时不做细致的思想工作，到发展阶段搞"临时"培养，"浓缩"教育。党组织要针对入党申请人的思想和工作实

际，结合党的中心任务对其进行教育。教育内容主要有以下几个方面：一是进行马克思列宁主义、毛泽东思想、邓小平理论、"三个代表"重要思想、科学发展观以及习近平新时代中国特色社会主义思想的教育；二是进行党的基本路线、方针和政策的教育；三是进行党的基础知识教育；四是进行党的优良传统和作风教育；五是进行怎样争取成为一名共产党员的教育。

2. 确定入党积极分子

入党积极分子是指在党员发展工作中，党组织在表现比较突出的入党申请人中确定的重点培养对象。

(1)确定入党积极分子的程序

党组织应当通过宣传党的政治主张和深入细致的思想政治工作，提高党外群众对党的认识，不断扩大入党积极分子队伍。在入党申请人中确定入党积极分子，应当采取党员推荐、群团组织推优等方式产生人选，由支部委员会(不设支部委员会的由支部大会，下同)研究决定，并报上级党委备案。上级党委如无不同意见，应及时下发《入党积极分子考察表》，并由党支部负责填写和保管。党组织应当指定一至两名正式党员作入党积极分子的培养联系人。培养联系人的主要任务是：向入党积极分子介绍党的基本知识；了解入党积极分子的政治觉悟、道德品质、现实表现和家庭情况等，做好培养教育工作，引导入党积极分子端正入党动机；及时向党支部汇报入党积极分子情况；向党支部提出能否将入党积极分子列为发展对象的意见。

(2)对入党积极分子培养和教育的方法

党组织对入党积极分子的培养教育工作，要密切结合入党积极分子的思想和工作实际，有组织、有计划地进行，循序渐进，坚持不懈。应当采取安排入党积极分子听党课、参加党内有关活动，给他们分配一定的社会工作以及集中培训等方法，对入党积极分子进行马克思列宁主义、毛泽东思想、邓小平理论、"三个代表"重要思想、科学发展观、习近平新时代中国特色社会主义思想教育，党的路线、方针、政策和党的基本知识教育，党的历史和优良传统、作风教育，以及社会主义核心价值观教育。教育方法要切实可行，形式要灵活多样，并形成制度，使入党积极分子懂得党的性质、纲领、宗旨、组织原则和纪律，懂得党员的义务和权利，帮助他们端正入党动机，确立为共产主义事业奋斗终身的信念。

(3)对入党积极分子定期进行考察写实

培养联系人、党小组和党支部每半年要对入党积极分子的考察情况进行一次写实，写实情况填入《入党积极分子考察表》中的"培养考察写实"一栏。考察写实的主要内容是：入党积极分子的政治觉悟、思想品德、入党动机和日常表现等。写实情况要注意既要肯定成绩，同时还要指出不足。

高校基层党委应每年对入党积极分子队伍状况做一次分析。针对存在的问题，采取改进措施。统计并及时完善入党积极分子信息库中的相关信息，使入党积极分子队伍成为动态化管理，做到有进有出，有增有减。确定入党积极分子工作一般情况下每年至少讨论两次。

3. 确定发展对象

入党积极分子经过一年以上的培养、教育、考察和写实，党支部在听取党小组、培养联系人和党内外群众意见的基础上，经支委会讨论，对其中具备党员条件，且准备近期发展的，可确定为发展对象，根据《中国共产党发展党员工作细则》规定，确定发展对象的程序一般如下。

第一，党支部认真听取培养联系人和党内外群众的意见。

第二，党小组对入党积极分子的表现情况进行讨论研究，提出能否被列为发展对象的意见。

第三，党支部委员会将党小组的意见和党内外群众、培养联系人的意见进行综合，经过讨论研究决定是否确定为发展对象。同时，要将确定发展对象的意见填入《入党积极分子考察表》中的"确定发展对象意见"一栏，并将拟发展计划上报上级党委组织部门。

第四，经党委组织员协审后，向同级党委进行汇报并提出意见，最后由党委确定是否发展的意见。

4. 确定入党介绍人

《党章》规定，申请入党的同志，"要有两名正式党员介绍人"。入党介绍人可由发展对象自己约请，或由党组织指定。由党组织指定的，也要经本人同意，不应硬性指派。入党介绍人一般由培养联系人担任。入党介绍人要认真了解拟发展对象的思想、品质、经历和工作表现，向他解释党的纲领和党的章程，说明党员条件、义务和权利，并向党组织做出负责任的报告。入党介绍人对党、对被介绍的同志都负有重要的责任。预备党员不能做入党介绍人，被限期改正或受留党察看处分的党员，也不能做入党介绍人。

5. 党组织对拟发展对象进行政治审查，并形成综合政审材料

对发展对象进行政治审查是发展党员必须履行的手续之一，是保证党的先进性和纯洁性的具体措施，是保证新党员的质量的重要一环。《中国共产党发

展党员工作细则》明确规定："凡是未经政治审查或政治审查不合格的，不能发展入党。"对发展对象进行政治审查的目的，是为了使党组织对申请入党的同志有一个全面的了解，掌握他们的政治历史、现实表现及对待重大政治问题的立场，同时避免敌对分子、腐败分子和其他不具备党员条件的人混入党内。因此，对发展对象进行政治审查非常重要。

（1）政治审查的主要内容

党组织对发展对象进行政治审查的主要内容包括：一是审查发展对象的政治态度，特别是对党的路线、方针、政策的态度；二是审查发展对象本人的政治历史情况和在重大历史政治斗争中的表现；三是审查发展对象的直系亲属和与本人关系密切的主要社会关系的政治情况等。直系亲属和主要社会关系的政治情况，主要指父母、爱人、子女和抚养其成长的亲属，以及联系密切的社会关系的政治面貌、职业、政治表现及其与本人的关系等。对于同本人没有或很少联系，影响不大的非直系亲属，可不列为政治审查的范围。

对新的社会阶层申请入党人员的政治审查，除上述政治审查的内容外，还要依据中央及省、市委组织部的有关规定，做相关方面的审查。

（2）政治审查的方法

一是党组织同发展对象本人谈话，听取发展对象本人、亲属和主要社会关系各方面的情况；二是查阅有关档案和相关材料；三是听取党小组和培养联系人及党内外群众意见；四是向有关人员或单位进行函调或派人外调。

（3）形成党支部综合政审材料

党组织对拟发展对象进行政治审查后，需形成综合型材料，综合型材料是在政治审查、考核的基础上对拟发展对象较为全面的评价的重要材料。

6. 党组织对拟发展对象进行短期集中培训

《中国共产党发展党员工作细则》规定，基层党委要对发展对象进行入党前的短期培训。没有经过培训的，除个别特殊情况外，不能发展入党。集中培训重点有以下几点要求。

第一，培训时间一般为5～7天（或不少于40学时）。

第二，在短期集中培训期间，党组织要对拟发展对象进行考试，对考试合格者发放《入党前短期集中培训考试合格证》，并将学习成绩和培训前后的思想变化情况，作为考察拟发展对象是否具备入党条件的重要内容。同时，拟发展对象参加培训的有关情况，要填入《入党积极分子考察表》中的"参加党内活动及接受培训情况"一栏。

第三,培训结束时,要督促拟发展对象,联系自己的思想实际,做好个人学习总结。

对拟发展对象进行入党前短期集中培训,与平时对入党积极分子进行经常性的教育是不同的。一是经常性的教育对象既包括拟发展对象,也包括入党积极分子。参加入党前短期集中培训的,必须是经过一年以上培养、教育和考察,基本具备了党员条件而准备发展的入党积极分子及发展对象。无论是工人、农民,还是专家、学者、名人以及领导干部,无论他们经过多少经常性的教育,在履行入党手续前,都要经过统一组织的短期集中培训。二是经常性教育一般是业余学习,包括自学党内文件、参加一定的党内活动,以及接受各种形式的日常思想政治教育等,而对拟发展对象入党前进行的短期集中培训则有特定的目的和要求,这种培训有规定的培训时间、学习文件和具体要求,结束时要进行个人总结和考核。三是经常性教育的方法比较灵活多样,党委、总支、支部和党小组都可以组织。对拟发展对象的短期集中培训必须以区、县(市)委党校、各级业余党校为教育阵地,人员较多的单位可由基层党委负责组织。

7. 入党前考核及民主测评

入党前考核是指入党积极分子被党组织确定为拟发展对象后,在发展之前,上级党委到其所在单位党组织进行的考核。考核要注意广泛听取党内外群众的意见,对拟发展对象的思想政治素质、学习态度、学习成绩、群众基础等情况进行全面考核。考核的方法,可以采取召开座谈会、召开专题会议、进行民主评议和个别谈话等方式了解情况。

民主测评是指在考核的基础上,在一定范围的党员群众中进行民主测评,对拟发展对象进行综合素质的全面评价。考核情况及民主测评结果可作为拟发展对象能否入党的重要参考依据。经汇总整理后,填入《入党积极分子考察表》中的"群众座谈意见"一栏。

8. 入党前公示

入党前公示,是指接收预备党员公示,即在支委会研究确定拟于近期发展后,在考核及民主测评后,召开支部大会讨论接收预备党员的党员大会之前进行的公示。

公示的范围一般为被公示人所在单位党支部的党员和群众。特殊情况下,根据需要可向被公示人所在单位党委的党员和群众公示。入党前公示的主要内容:公示对象的自然情况、简历、党支部确定为入党积极分子的时间、培养教育和考察情况。公示时间为 10 天。各基层党支部和基层党委要建立公示登记制度，必须安排专人收集、登记、整理有关意见。公示期结束 5 日内，由公示对象所在党支部负责对党员、群众来信来访的问题进行认真的调查核实。受理意见的党组织要根据实际情况，制定公示结果的处理办法，对群众反映强烈且经查实确有严重问题的，或经调查条件尚不成熟、不宜发展的，应暂缓发展，继续加强培养教育和考察。公示结果要在支部党员大会上公布，并做好材料的归档工作。

9. 填写《中国共产党入党志愿书》

党支部在征得上级党委或党委组织部门原则上同意后，即将《中国共产党入党志愿书》(以下简称《入党志愿书》)发给拟发展对象，由其本人亲自填写，正式履行入党审批手续。未经上级党组织审查同意，党支部不能擅自同意拟发展对象填写《入党志愿书》。填写《入党志愿书》是一个同志申请加入中国共产党的主要依据，也是党组织对拟发展对象进行审查的主要依据。《入党志愿书》记载了一个党员入党时的主要情况和党组织的审批过程，是表明党组织吸收一个同志入党的手续，要存入党员本人的档案。

填写《入党志愿书》的有关要求如下。

第一，在填写《入党志愿书》之前，党支部要对拟发展对象进行教育。拟发展对象要对《入党志愿书》中的每项内容都要搞清楚，不明白的地方，可请入党介绍人指导。填写前先打好初稿，经党小组或党支部审阅后，再正式填写。

第二，在填写时，要按照《入党志愿书》的项目，用钢笔、签字笔或毛笔逐项填写，并使用黑色或蓝黑色墨水。表内的年、月、日一律用公历和阿拉伯数字。填写必须手写，不能打印。内容要真实，字迹要清晰。如申请入党人填写有困难，可由党支部指定党员按照本人口述的内容填写，并由本人签名盖章或按手印。表内栏目没有内容填写时，应注明"无"。个别栏目填写不下时，可加附页。

第三，《入党志愿书》填好后，要及时交给党支部，接受党支部审查。

10. 党支部委员会进行审查

在发展对象填写《入党志愿书》后，党支部委员会要对发展对象进行综合审查。审查内容包括拟发展对象是否具备入党条件，本人经历、家庭成员及重要社会关系是否无误，外调材料及考察材料是否符合要求，有关材料是否齐全等。经集体讨论认为合格后，方可提交党支部大会讨论。

11. 召开支部大会讨论接收预备党员

在召开支部大会前应确定召开支部大会的时间、地点及内容。提前通知党支部每名党员、发展对象、列席会议的入党积极分子。党支部组织委员将支委会对发展对象的审查情况整理成书面材料，以便如实向支部大会报告。党支部负责人或介绍人要与发展对象进行个别谈话，帮助其进一步端正态度，指导其做好向支部大会汇报的准备。

讨论接收预备党员的支部大会的主要程序是：主持人报告出席会议的党员人数，并说明是否符合法定人数。同时，提出会议的议题。拟发展对象向大会宣读自己在《入党志愿书》中所填写的全部内容。党小组和介绍人分别介绍发展对象的主要情况，并表明对发展对象能否入党的态度。支部委员会向党员大会报告对发展对象的审查情况、征求党内外群众意见及公示情况。与会党员进行充分讨论并发表意见，表明自己的态度。拟发展对象对大会讨论情况表明自己的态度。对讨论中党员提出的有关问题，能够解释说明的，应做出实事求是的解释和说明。以无记名投票的方式表决。赞成人数超过应到会有表决权的党员的半数，即可做出同意接收发展对象为预备党员的决议。最后，由支部书记宣读决议。

召开接收预备党员支部大会应注意的问题包括以下几点：①会议一般应由支部书记主持召开，支部书记因故短期内不能主持召开的，应推迟开会时间；支部书记离岗时间较长，影响发展党员工作正常进行时，经上级党委同意，可由副书记主持召开会议。②要保证出席人数。如果有表决权的正式党员实到会人数没有达到应到会人数的一半以上，支部大会不能举行；虽然超过半数，但缺席人数较多，一般也应改期召开。③当发展对象和入党介绍人均不能参加会议时，支部大会应改期召开；如果一名介绍人不能参加会议时，但在开会前已将被介绍人的情况向支部做了书面报告，可以召开支部大会；支部大会表决时，发展对象不必回避。④支委会向支部党员大会报告对发展对象的审查情况要具体详细，一般应包括以下内容：发展对象的自然情况；对发展对象的政治历史、直系亲属和社会主要关系的审查情况；对发展对象填写的《入党志愿书》和有关材料进行审查的情况及其对入党的态度。⑤要充分发扬民主，让与会的每一位党员都充分发表意见。在表决前和表决时，任何人不得以暗示、串联等方式授意他人同意或不同意；表决时要坚持"少数服从多数的原则"，采取无记名投票的方式，在有表决权的正式党员中进行；如果讨论中持两种不同意见的人数接近，则不要匆忙进行表决，待进一步酝酿后，提请下一次支部大会讨论决定；支部大会讨论两名以上的发展对象入党时，必须逐个讨论、逐个表决。⑥支部要指定专人做好会议记录。

12. **上级党组织派人谈话**

党委在审批党支部上报的接收预备党员的决议前，要指派专人与拟发展对象进行谈话，并对《入党志愿书》和有关材料进行审查。谈话人由党委委员或上级党委组织员担任。与拟发展对象谈话前，要认真阅读其入党手续是否完备，各种材料是否齐全和规范。同时，谈话人应到拟发展对象所在单位征求党内外群众的意见。征求意见可采取个别谈话、召开座谈会、民意测验等多种方式进行。谈话时，着重了解其对党的认识、入党动机、党的基本知识的学习和理解程度，对党的路线、方针、政策的态度，对重大政治事件的看法等情况，并有针对性地进行教育，提出明确要求。谈话后将谈话情况和自己对拟发展对象能否入党的意见，填入《入党志愿书》中"上级党组织指派专人谈话和对申请人入党的意见"一栏。

13. **召开党委会审批预备党员**

接收预备党员必须有党委审批。一般情况下，党总支不能审批预备党员，但要对支部大会通过接收的预备党员进行审议，并提出能否接收预备党员入党的意见，填入《入党志愿书》中"总支部审查（审批）意见"一栏。党委会在审批预备党员的过程中，要认真听取谈话人和组织部门的意见，认真负责地审议发展对象是否具备党员条件、入党手续和有关材料是否完备。确认具备党员条件且入党手续完备，党委会即可表决批准其为预备党员，并将审批意见填写在《入党志愿书》中"基层党委审批意见"一栏，注明预备期开始的时间。如发现其某些问题尚未查清或入党手续不完备的，应在弄清问题和完备手续后再讨论审批。

党委会审批预备党员，必须在支部大会上通过上报接收预备党员决议后三个月内讨论审批。因故超过规定时间的，应退回原报批党支部复议后再进行审批。如遇特殊情况，可以适当延长审批期限，但不得超过六个月，否则应重新履行入党手续。党委会审批后，要及时通知报批的党支部，党支部应将审批结果通知本人，并采取适当的形式予以公布。对党委会审批未予通过的发展对象，要做好思想工作，说明原因，并提出希望，鼓励他们继续努力，争取早日入党。

14. **举行入党宣誓仪式**

拟发展对象经上级党委批准入党后，即是预备党员，需参加入党宣誓。《党章》规定，预备党员必须面向党旗进行入党宣誓，这是入党必须履行的手续。誓词是："我志愿加入中国共产党，拥护党的纲领，遵守党的章程，履行党员义务，执行党的决定，严守党的纪律，保守党的秘密，对党忠诚，积极工作，为共产主义奋斗终生，随时准备为党和人民牺牲一切，永不叛党。"

举行入党宣誓仪式的主要程序有：唱（奏）《国际歌》；党组织负责人致辞；预备党员宣誓。宣誓人面像党旗，举起右手握拳过肩，在领誓人逐句领读下，跟读誓词，读完誓词后，宣誓人逐一报姓名；预备党员代表和入党积极分子代表发言；自由发言；党组织负责同志讲话。如上级党委派人参加，也应邀其讲话。

组织预备党员进行入党宣誓应注意以下几个问题：第一，入党宣誓一般由基层党委或党支部（党总支）组织举行。由党支部（党总支）组织宣誓仪式时，上级党组织应派人参加。第二，预备党员入党宣誓，应在支部大会通过并经上级党组织批准接收为预备党员后及时举行，不要拖延太久。第三，举行入党宣誓仪式一定要严肃认真。会场要布置得庄重、简朴，主席台正中悬挂党旗和"入党宣誓大会"的横标。

15. 预备党员的教育和考察

《党章》规定，申请入党的同志，要经过支部大会通过和上级党组织批准，并经过预备期的考察，才能成为正式党员。预备期是党组织对新入党的同志在成为正式党员之前，对其做进一步考察和教育的期限。为了使预备党员顺利地渡过预备期，党组织要加强对预备党员的教育和考察。主要方法有以下几种。

（1）听取本人汇报

党组织要定期听取预备党员本人汇报思想、学习、工作等方面的情况，肯定成绩，找出差距，指出努力方向。

（2）个别谈心

党组织应针对预备党员的实际情况，经常性地与其谈心，及时了解他们的思想和学习情况。

（3）集中培训

党组织要通过举办培训班等方式，对预备党员进行集中教育。培训结束后，要进行考试，并将学习成绩作为预备期满能否转正的依据之一。

（4）严格党的组织生活

申请入党的人被批准为预备党员后，党组织应及时将其编入所在单位的党支部或党小组，参加党的组织生活，接受党内生活的锻炼和党组织的帮助与监督。

（5）分配一定的工作

党组织应根据预备党员的情况和特点，分配给他们适当的工作或交给某些任务，为他们在实践中锻炼提供和创造条件。

(6)定期写实

党支部要定期听取党小组和入党介绍人的汇报，每季度对预备党员的表现进行一次讨论，发现问题及时指出。每半年要进行一次写实，并填入《预备党员考察表》。

16.预备党员的转正

预备党员预备期满，党组织要严格按照《党章》规定讨论其转正问题。办理预备党员转为正式党员的手续，是严格履行入党手续的一个重要组成部分。

预备党员预备期满时，应主动、及时地向党组织提出转为正式党员的申请。提出转正申请也要坚持自愿的原则，如本人没有及时提出转正申请，党组织要进行启发和教育，讲明道理，但不能强迫其申请转正。同时，介绍人应及时报告对预备党员的教育和考察情况，所在党小组应及时讨论，并向党支部提出其能否转正的意见。党支部还要通过多种形式，广泛征求党内外群众对预备期满的预备党员能否转正的意见，并把党内外群众的意见作为衡量预备党员能否转正的重要依据。在党支部审查前，党支部要将预备党员转正的情况进行公示，公示期为 10 天。根据预备党员的转正申请，党小组的意见和党内群众的意见，以及在预备期间对预备党员教育和考察的情况，党支部要召开支委会进行综合分析和全面审查，要认真研究和提出预备党员能否转正的意见，提交支部大会讨论。支部大会讨论后，做出决议。申请转正的预备党员必须到会，入党介绍人也应到会。

讨论预备党员转正的支部大会的主要程序是：申请转正的预备党员汇报自己在预备期的表现，肯定成绩，找出缺点和不足，表明自己的态度和决心，向党组织说明有关问题。介绍人汇报对预备党员的培养、教育和考察情况，提出其能否转为正式党员的意见。党小组介绍预备党员在预备期间的表现和党小组的意见。支委会介绍预备党员在预备期间的教育和考察情况，提出能否转为正式党员的意见。支部大会进行讨论，与会同志充分发表意见。采取无记名投票方式进行表决，做出决议。申请转正的预备党员可以对支部大会讨论的意见或表决结果表明态度。

预备党员转正大会结束后，上级党组织应派人及时与其进行谈话。谈话前，要注意采取多种形式，征求党内外群众意见。谈话中，除要对预备党员在预备期内有关情况进行考察外，还要注意让预备党员说清楚本人对自身不足的认识和改正情况。同时，还要提出要求、讲希望。支部大会结束后，支委会要将决议填入《入党志愿书》中的"支部大会通过预备党员能否转为正式党员的决议"一栏，经党支部书记签名或盖章后，连同转正申请、预备期的考察材料一并报上级党组织审查(审批)。总支部审查(审批)意见要填入《入党志愿书》中的"总支部审查(审批)意见"一栏。

上级党委接到党支部上报的预备党员转正的决议后，要对有关材料进行审查，主要看党支部对预备党员的教育和考察工作是否扎实，党支部讨论其转正的手续是否完备等。经全面审查之后，应在支部上报转正决议的三个月内，召开党委会集体讨论审批。党委审批程序和要求与审批预备党员是一致的。基层党委讨论审批预备党员转正并提出意见后，应及时将党委讨论审批的结果填入《入党志愿书》中的"基层党委审批意见"一栏。

在预备党员转正工作中应注意以下几个问题。

第一，必须及时讨论、审批。预备党员预备期满，不论能否按期转正，党支部都要及时讨论，及时将支部大会决议上报上级党组织。上级党组织也应及时做好审批预备党员转正工作，审批时间(不能超过三个月)、审批结果应及时通知报批党支部。支部书记要与本人谈话，通知审批结果，并将审批结果在党员大会上宣布。党组织不能无故拖延讨论、审批预备党员转正时间。对不宜按期转正的，也不得采取拖延讨论的办法，待其达到转正条件时再讨论。如属组织上的原因拖延讨论审批，而本人预备期满已具备党员条件，其转正时间应从预备期满之日算起，仍属于按期转正。

第二，必须按照党员标准全面衡量。《党章》规定，预备党员预备期满，"认真履行党员义务，具备党员条件的，应该按期转为正式党员"。党组织对预备党员能否按期转正，应该严格按照《党章》规定的党员条件全面衡量。具备党员条件的，按期转为正式党员；不完全具备党员条件需要进一步教育考察的，可延长一次预备期(不能少于半年，也不能超过一年)；不具备党员条件的，应该取消预备党员资格。

第三，认真处理有些预备党员预备期满未提出转正的问题。预备期党员预备期满，本人应主动提出书面转正申请。对预备期满后没有提出转正申请的，党支部要及时提醒他们，说明道理，提出要求，同时要弄清原因。如果是不知道应该写转正申请，或是疏漏及其他特殊原因，在要求其尽快提交转正申请后，再根据本人表现进行讨论，做出决议。对于信仰动摇、不愿意继续当党员的，或经党组织提醒本人仍不提出转正申请的，经支部大会讨论，报上级党组织批准，取消其预备党员资格。

延长预备期的，要注明延长的期限（党章规定延长预备期时间不超过一年）；取消预备党员资格的，说明不具备党员条件，或者在预备期期间犯有严重错误，或者延长预备期后，经教育仍不具备党员条件，要简要列出原因。党委审批结果要及时通知报批的党支部。

延长预备期或取消预备党员资格，同样必须经过党支部大会讨论做出决议，上级党组织批准，分别填入《入党志愿书》中的"支部大会通过延长预备期的党员能否转为正式党员的决议""总支部审查（审批）意见"和"基层党委审批意见"一栏。其本人也必须参加支部大会讨论，并可以在支部大会上为自己申辩。取消预备党员资格，不是党的纪律处分，只能说明不具备党员条件，可以重新争取入党。

预备党员转正工作结束后，应将入党材料及时归档。入党材料是党组织批准一个同志为中共党员的主要依据，也是证明一个同志党员身份和记录党员成长经历的主要证据，因此，必须妥善保管。按照《中国共产党党员发展工作细则》规定，预备党员转正后，党支部应当及时将其《中国共产党入党志愿书》、入党申请书、政治审查材料、转正申请书和培养教育考察材料，交党委存入本人人事档案。无人事档案的，建立党员档案，由所在党委或县级党委组织部门保存。按照这个要求，党组织在做好入党材料的归档方面，要注意以下几点：一是要提高对党员材料归档重要性的认识。入党材料全面、历史地反映了一个党员的基本情况、思想品质、工作业绩以及党组织考察、决议等综合情况，是一名党员从入党积极分子到成为正式党员的综合记录。党组织必须提高认识，克服满不在乎、无关紧要的思想，正确做好党员材料归档工作。二是归档要及时、准确。党委审批预备党员结束后，有关人员要及时将其入党材料归档，不要无故拖延时间，以免丢失和忘记。归入人事档案的材料要按照《中国共产党党员发展工作细则》的要求进行，不要将应入人事档案的材料漏掉，给审查入党材料带来不必要的麻烦。三是归档的材料要标准，要符合关于干部人事档案立卷归档的有关规定要求，没有人事档案的，应建立党员档案，由其所在党委保管。

第六节 高校学生党员队伍的培养和教育

党的十八大报告指出，提高党的建设科学化水平是党建工作的重大任务，高校学生党建工作是党的建设的重要组成部分，高校是培养优秀人才的基地，是造就优秀共产主义接班人的阵地，面对当前纷繁复杂的国际形势及高等教育改革的不断深入，高校学生党建工作面临着新情况。如何有效推进高校学生党建工作，促进青年学生奋发向上，学好本领，积极投身国家事业建设，提高他们的主动性，不断增强高校学生党组织的凝聚力、创造力、战斗力，建立一支充满生机活力的学生党员队伍，确保党领导的社会主义事业后继有人具有重要的理论价值。

一、重视高校学生党员队伍的思想建设

高校学生党员队伍的思想建设要把加强学生党组织的思想理论建设放在突出的位置，抓好思想理论建设这个根本，引导广大学生党员学习马克思列宁主义、毛泽东思想、邓小平理论、"三个代表"重要思想、科学发展观、习近平新时代中国特色社会主义思想，引导广大学生党员为中国特色社会主义共同理想而刻苦学习，努力奋斗，掌握为人民服务的本领，加强对广大学生党员的党性教育。党员是党的细胞，党的先进性要通过每一个党员的先进性来体现。因此，要引导学生党员不断加强党性修养，树立崇高的共产主义理想和中国特色社会主义信念，帮助他们明确奋斗目标和方向；要教育广大学生党员遵守社会主义荣辱观，讲党性、重品行，做社会主义道德的示范者、诚信风尚的引领者、公平正义的维护者。

高校学生党组织是党在高校的战斗堡垒，是高校党建工作的重要组成部分，肩负着培养有中国特色的社会主义事业建设者和接班人的重任，讲政治始终是最根本的原则，提高各级党组织和党员干部的思想政治素养始终是第一位的要求。特别是广大大学生党员，正处在心智即将成熟的特殊时期，处在即将进入社会、成为社会建设新生力量的过渡时期，如果思想政治素养不过关、不合格，就会在错综复杂的发展形势中迷失方向，就难以抵御各种错误思潮和腐朽思想的影响。加强学生党支部的思想建设，一个很重要的任务就是坚持以马克思主义为指导，以理想信念教育为核心，以爱国主义教育为重点，以思想道德教育为基础，以大学生全面发展为目标，帮助大学生树立正确的世界观、人生观和价值观；提高大学生的认知水平，防止和减少认识偏差，从而能正确地认识人类社会的各种现象，正确处理人与社会的各种关系和矛盾；确立正确的人生态度和人生信仰，树立正确的价值取向和崇高的人生理想。①

---

① 李九丽、马俊红：《提升高校学生党建科学化水平的思考》，载《学校党建与思想教育》，2013(1)。

二、积极开展大学生入党启蒙教育

大学生入党启蒙教育是大学生入校后对党认识、了解的平台，是熟悉入党条件、程序的窗口，是提高大学生政治素质的开端，是发展大学生党员工作的基础。[①] 大学生入党启蒙教育一般在新生入学后的一个月内开展，是新生入学教育的重要内容之一。入党启蒙教育由学生党支部负责组织实施，主要内容要涵盖中国共产党的性质、发展历史，当前高校党建工作的基本情况，入党应履行的手续和基本程序，学生党员的标准等。通过入党启蒙教育，更多的青年学生可以了解党、热爱党，积极向党组织靠拢，明确自己的组织归属，端正入党动机，树立正确的价值观念和理想追求，不断用党员标准严格要求自己，督促自己不断进步，争取早日加入党组织。

三、提高学生党员队伍整体素质

党的十八大报告指出，加强基层党建工作，要以增强党性、提高素质为重点，加强和改进党员队伍教育管理，推动广大党员发挥先锋模范作用。基层党组织是党员发展的最前沿，也是学生党员发展的"入口"，以学生党支部为代表的基层党组织除了制定一套相关的学生党员发展标准外，在执行这样的发展标准的过程中，也必须从严抓起。只有高标准与严要求，才能把握高校学生党员的"入口"，让没有达到相关标准的学生继续提高，发展那些符合要求的优秀学生。在"入口"方面一直不放松，要有充分对每一个积极分子负责，对党组织负责以及对党负责的精神，严把"入口"关，这样才是学生党员发展质量得到提高的重要保证。同时，建立健全党员能进能出的机制，就是让高校党组织在发展和培养党员的过程中始终执行有进就有出的措施。在党员的每个发展阶段都建立一个"出口"，党员发展能进能出的机制才能起到作用，也只有这样做，才能保持整个学生党员队伍的先进性和纯洁性，我们党才能始终保持生命力和活力。发展党员"出口"这项工作不是一朝一夕就能完成的，并不是像"入口"建设那样每个高校都有自己成熟的体系与实践做法，除了借鉴那些社会上的具体经验，"出口"建立还是需要高校中的每一级党支部积极努力去实践。

四、注重对学生党员的全过程培养

各高校还应在各个阶段都注重党员的培养，不能因为着重于对积极分子的

---

① 符晓兰、刘燕萍、严晨：《浅谈新时期90后大学生入党启蒙教育工作》，载《时代教育》，2012(23)。

培养而忽略对预备党员甚至正式党员的培养，党员的培养教育应该是全程的，不应该有丝毫的松懈。大学时期是一个人思想形成的重要时期，因此，高校对学生党员的培养教育就显得更为重要。加强对高校学生党员的培养教育，尤其是在思想上的教育，努力做到长期教育、全面教育，是建设一支理想信念坚定、思想觉悟高、政治素质过硬的党员队伍的根本保证。

五、坚持群众参与，接受群众监督

高校不能忽视学生的群众监督力量，把学生党员的评判权交给学生，广泛听取民主评议、及时通报相关意见、处置不合格党员。同时对学生党员的公示制度要落实全面，对学生反映的相关发展对象公示方面的情况要充分重视，并积极核实，发现问题要及时处理。不仅入党积极分子、预备党员、正式党员要接受广大学生监督，各个学生党支部等党组织也要接受监督。让其他学生充分监督，党员的发展，党组织的各项活动、各种工作才能更好地完成，否则就只能是做做样子，走走过场，达不到预期的目的与效果。要努力在高校完善学生监督工作，促进符合民意的学生党员得到更好的发展。[①]

➤本章小结

我们要以恰当的理论为指导，结合实际，采取合理的措施，使学生党团组织建设工作圆满完成。在进行高校学生党建规范化实践中，我们要严格审查入党学生的条件，加强对其思想的教育，使他们通过学习马克思列宁主义、毛泽东思想、邓小平理论、"三个代表"重要思想、科学发展观和习近平新时代中国特色社会主义思想，树立和坚定共产主义信念并决心为之奋斗终生，这是作为一名合格的共产党员的首要条件。以此保证新发展的学生党员质量，保持党组织的先进性和纯洁性，提高学生党支部的战斗力。

在推进学生党团组织先进性的工作时，对于各种活动的开展我们要做到有的放矢，紧贴学生实际，这样组织的活动就会受到广大学生的欢迎，学生就会积极主动参与并从中培养和锻炼个人的综合素质和能力，学校实施的素质教育也会取得良好的效果。我们要结合具体实际，加强学生党团建设，达到促进党

---

① 刘鑫：《高校学生党员发展质量保障体系构建研究》，硕士学位论文，武汉理工大学，2013。

的执政能力的建设，加快高等学校改革与发展，推进大学校园文化建设，加快大学生自身成长的目的，最终实现国家的繁荣富强。

▶案例：发展党员常用文体及基本要求

一、入党申请书

按照《党章》规定，每个要求入党的人，都必须由本人向党组织提出申请，郑重地向党组织表明自己的政治追求和决心，便于党组织对自己进行考察、教育和培养。

1. 格式

(1)标题：第一行正中写"入党申请书"。

(2)称呼：第二行顶格写"尊敬的党组织"，并加冒号。

(3)正文：申请书的主要部分。一般写以下内容。

①为什么要入党(对党的认识、政治信念、入党动机以及在这些方面思想演变的过程)。

②本人的基本情况(主要写自己成长的经历、政治历史问题、受过何种奖励或处分，以及思想、工作、学习和作风等方面的情况)。

③家庭主要成员和主要社会关系情况(主要写其职业、政治情况、与本人的关系等)。

④对待入党的态度和今后努力的方向(主要写怎样正确对待入党问题，以及怎样以实际行动积极争取入党和接受党组织的考验)。

(4)结尾：正文写完后，另起一行用"请党组织在实践中考验我""请党组织看我的实际行动"或"此致敬礼"作为结束语。

(5)署名和日期：在结尾的下一行的后半行写上申请人的姓名，再下一行注明申请的日期。

2. 要求及注意的问题

(1)要在自己深思熟虑、做出郑重选择后再写入党申请书。不能凭个人的一时冲动，或看到别人写了申请，自己也提出申请。因为入党不是一件小事，一旦向党组织递交入党申请书，就等于向党组织正式表明了自己的政治选择，表明了自己为共产主义奋斗终生的愿望。这绝不是儿戏，必须考虑成熟。

(2)写入党申请书之前，要认真学习党章和有关党的基本知识。了解党的性质、纲领、宗旨、任务，党员的权利和义务等，提高对党的认识，增强对党的感情，树立正确的入党动机。

(3)要紧密联系自己的思想实际谈对党的认识，向党组织交心，切忌只抄书抄报，不谈真实思想。每个人的成长经历、入党动机、能力水平各不相同，因此，写入党申请书一定要从自己的实际出发，尽量少讲一些一般的大道理，多联系自己的实际情况来谈对党的认识、为什么要入党、怎样努力等。使党组织能全面准确地掌握自己的情况，以便有针对性地进行培养教育。

(4)要对党组织忠诚，如实向党组织交代自己的思想，以及家庭主要成员和主要社会关系中的问题，客观反映情况，即使是自己认为可能影响入党的一些问题，也不得有任何的隐瞒和伪造。

(5)入党申请书要由本人手写，这样可以较准确地表达自己对党的认识和对党的思想感情。

要用黑色水性笔书写清楚，字迹工整，便于识别。日期要准确，这是查对入党申请时间，计算培养时间的重要依据。

例1：

入党申请书

敬爱的党组织：

我是一名平凡的大学生，但我有着不平凡的人生理想。在我心中，中国共产党是一个先进和光荣的政治组织，而且，随着年龄的增长我越来越坚信，中国共产党的全心全意为人民服务的宗旨，是我最根本的人生目标；为实现共产主义而奋斗，是我一生的崇高理想。在此过程中，展现自己的人生价值、完善自我是我内心深处的愿望。所以，我恳请加入中国共产党。

中国共产党是中国工人阶级的先锋队，同时是中国人民和中华民族的先锋队，是中国特色社会主义事业的领导核心，代表中国先进生产力的发展要求，代表中国先进主文化的前进方向，代表中国最广大人民的根本利益。党的最高理想和最终目标是实现共产主义。党的性质从根本上解释了她光荣的历史和繁荣的现在，也预言了其必然的灿烂未来。在生活中，只要一提到党员，人们就会想到先进。记得去年回家时，我告诉只上过小学二年级的母亲我从党校毕业的消息时，她特别欣慰，在母亲心中，她的儿子才二十多岁就从党校毕业，这证明儿子很优秀。毋庸置疑，在人民心中，党员几乎成了积极分子的代名词，在人民需要帮助的时候首先想到的就是中国共产党。

我是一个积极上进、不甘落后的人。从童年到高中时代的生活经历，让我坚信中国共产党是一个先进集体和光荣组织。我来自一个普通而贫困的农村家庭，母亲支撑了整个家。由于家庭贫困，我从小学到大学的学费中相当一部分来自学校和社会的资助，直到今天每年我还要从尊师重教联合会领取助学金。贫困让我比一般人更深刻地体会到，没有社会的温暖就没有我今天丰富多彩的大学生活，甚至没有合家的幸福欢乐。同时，贫困也锻炼了我，让我在思想上更加成熟。在学校，也许是因为我更懂得来之不易的学习机会，从小学高年级起一直到高中，我的成绩一直都比较突出，并且多次担任班干部和学生干部的职务。这些宝贵的经历让我体会到作为人应该自强不息、力争上游，同时也让我有机会跟同龄人和大人们打交道，体会到为他人着想和维护整个社会利益的重要意义。人生的意义，正如张海迪所言，在于奉献而不是索取。中国共产党正是这样一个为全体人民谋福利的政党，所以我向往加入中国共产党。

我十分明确自己要加入中国共产党组织的动机。首先是要从思想上入党，树立起正确的世界观、人生观和价值观，要有共产主义理想信念，必须树立全心全意为人民服务的思想，确立为共产主义奋斗终生的信念。这一切，还必须落实到行动中，认真学习马克思列宁主义、毛泽东思想、邓小平理论、"三个代表"重要思想、科学发展观、习近平新时代中国特色社会主义思想，学习党的路线、方针、政策及决议，自觉坚持党的基本路线，学习科学、文化和业务知识，努力提高为人民服务的本领，积极带头参加中国特色社会主义建设，在学习、工作、社会生活中起模范带头作用，坚持党和人民的利益高于一切，坚持个人利益服从党和人民的利益，克己奉公。我深知，入党不是一个短暂的行为，必须经过长期不懈的努力。但我坚信，入党是我人生的奋斗目标，加入中国共产党是我不变的梦想和追求。

为了便于党组织对我的了解和考察，我把个人履历、家庭主要成员以及主要社会关系的材料附后，请党组织接受我的申请，并进行审查。

此致

敬礼！

申请人：×××

××××年××月××日

二、思想汇报

入党积极分子应当每季度向党组织书面汇报一次自己的思想，汇报内容根据个人情况而定。这对入党积极分子来说，是增强组织观念、主动争取党组织的教育和帮助的需要。对党组织来说，则是及时了解入党积极分子的思想、工作等情况，加强对他们培养和教育的需要。

1. 书写格式

(1)标题：第一行正中写"思想汇报"。

(2)称谓：第二行顶格写"×××党支部(党总支)或党委"，并加冒号。

(3)汇报内容：根据个人的实际情况汇报。

①主要是写自己的思想情况，也要涉及工作、学习、生活等情况。重点要谈对党的认识、为什么要入党，以及自己提出申请后的思想变化情况。对自己思想上出现的问题和困惑尤其要写出来，以便得到党组织的及时帮助教育。

②对党的路线、方针、政策或对党在一个时期的中心任务的认识，包括不理解的问题。

③参加一些重大活动，或学习一些重要文章，或观看一些影视片后，所受到的启发教育和体会。如学习党的十八大报告的体会等。

④自己在工作学习生活中遇到的困难、苦恼，也可以向党组织汇报。

⑤自己认为应该向党组织汇报的一些想法，如思想工作中的进步情况、存在的问题以及今后工作的打算等。

⑥在汇报的最后部分可以写上自己对党组织的要求和希望，或请组织提出自己的努力方向等。

(4)汇报人：在结尾的下一行的后半行写上汇报人的姓名。

(5)日期：在汇报人的下面标明汇报日期。

2. 注意事项

(1)一定要汇报自己的真实想法。切忌东抄西摘，空话、套话连篇。

(2)一定要言之有物，不能只写成绩、收获、进步和提高，也要如实反映自己的缺点和不足，以及对某些问题的模糊认识与疑惑，以便得到党组织的教育和帮助。

(3)一定要及时。

(4)一定要反馈。对党组织根据自己汇报反馈给自己的意见一定要认真对待，并在今后的工作学习中很好地落实。

(5)思想汇报要由本人手写，用黑色水性笔书写清楚，字迹工整，便于识别。

例2：

思想汇报

×××党支部：

近期我主要学习了党的纪律和党的宗旨，后者引起了我的思考。宗旨是指组织或个人行为的根本目的和意图，党的宗旨是全心全意为人民服务，可是我们怎样才能全心全意为人民服务呢？要切实做到全心全意为人民服务，我们该如何要求自己呢？其实，我们可以把全心全意为人民服务落实到具体工作上。比如说，在今天，无私奉献就是为人民服务的体现；顾全大局、先公后私、爱岗敬业、办事公道也是为人民服务；同事、同学间的相互关心、相互爱护、相互帮助也是为人民服务，等等。古人云："夫不积跬步无以至千里，不积小流无以成江河"。当我们把这些为人民服务的具体事情做好了，我们就是在践行全心全意为人民服务的宗旨，就是为党的奋斗目标做出努力。

作为一名入党积极分子，应该用党员的标准严格要求自己。我们应该切记：权为民所用，情为民所系，利为民所谋。要把"人民的利益高于一切"作为自己的行为准则，加深为人民服务的思想意识，做好全心全意为人民服务的工作。在思想层面，也要时刻学习党的先进理论、政策和方针，用习近平新时代中国特色社会主义思想武装头脑。

而作为一名大学生，尤其是一名入党积极分子，我该努力做到以下几方面。

第一，自觉加强党性修养，逐步树立为人民服务的人生观和价值观。作为当代大学生，应该明确自己的职责与担当，自觉学习党的先进理论、政策和方针。在工作和学习中树立为人民服务的人生观和价值观。作为当代大学生，有人选择志愿参加西部计划，将自己的青春奉献给祖国的建设；有人选择进入军营，光荣服役，保家卫国；有人选择扶贫攻坚，投身于贫困地区建设，坚持深入群众，了解村情民情，想群众之所想，急群众之所急，"小"村官也有一番大作为。当代大学生应各尽所能，在各行各业中树立为人民服务的思想，情系人民，行为人民，切切实实发挥学生党员的先锋模范作用。

第二，刻苦学习科学文化知识，努力增强为人民服务的本领。我们大学生任重道远，要肩负起时代历史的重任。身处新时代，作为青年一代的我们，是未来祖国发展的中坚力量，我们肩负着实现中华民族伟大复兴的历史使命。中国正处于一个飞速发展的时代，一个继往开来的时代，各行各业都需要优秀的人才，所以，作为当代大学生，要刻苦学习科学文化知识，提高各方面素质，增强为人民服务的本领。在未来的社会主义现代化建设中发光发热，为祖国的发展贡献出自己的力量。

我要时刻把为人民服务记在心里，并且付诸行动，做一个有益于人民的人，为建设共产主义献出自己微薄的力量。只有具备崇高的人生目标，人生才会更加精彩，人生的意义才会更加高尚。

请党组织今后加强对我的帮助教育。

汇报人：×××

××××年××月××日

三、自传

自传是指将自己的经历、思想演变过程等系统地记录下来的文字材料，是将自己的历史和思想、学习、工作经历，通过书面形式向党组织汇报的一种形式，是自述生平和思想演变过程的文章。申请入党同志的自传是党组织全面地、历史地、系统地了解入党申请人的重要材料，也是党组织审查吸收新党员需要具备的材料之一。书写自传的同时，也是自我总结、自我提高的过程。要求入党的同志在提出入党申请以后，应主动将自传交给党组织，对没有交自传的同志，党组织应在其列为入党积极分子之后，最迟在发展之前通知其写自传。

1. 书写格式

(1)标题：第一行正中写"自传"。

(2)自传包括的内容如下。

①申请人的基本情况。包括：姓名、性别、民族、出生日期、籍贯、文化程度、学习或工作经历、工作单位及职务、有何重大成果、有何专长等。

②申请人家庭主要成员和主要社会关系的情况。家庭主要成员是指父母配偶和子女，以及和本人长期在一起生活的亲属的基本情况和政治情况。包括：称谓、姓名、单位、职业、职务、政治情况、与本人的关系、受其影响的程度等。主要社会关系情况，要写清与本人在政治、经济、生活上有直接联系的亲友以及同学、同事等人的基本情况和政治情况，以及对本人的影响情况。

③自己的历史。一般从上小学或7周岁写起。要写明何时到何时，在什么学校读书或在什么单位从事什么工作，担任什么职务。每段时间都要提供证明人。还应写明，参加过什么民主党派、进步团体、反动组织或封建迷信组织，参加过哪些重大活动，任何职务，以及有何其他政治历史问题，有无结论，结论如何，受过何种奖励和处分，需要向党组织说明的其他问题等。

④自己的思想演变过程。这是自传的重要部分，要写得具体、透彻，使党组织能够比较全面地了解自己的思想情况。可根据各个历史时期的中心工作、主要任务以及一些重大政治事件，分阶段、分项地写自己的思想演变过程。

2. 注意事项

(1)要具有针对性。提交自传，是要党组织全面准确地掌握申请人的基本情况和思想状况。因此，要详略得当，对自己入党有关方面，要多写、写清，无关方面可简写。

(2)要具有真实性。

(3)要具有实效性。

例3：

自　传

我叫××，男，汉族，1999年9月3日出生，××省××市人，高中文化，现任××学院学生会生活部部长职务。

我的学习、工作经历是：

2006年9月至2012年7月，在××小学读书，证明人×××；

2012年9月至2015年7月，在××中学读书，证明人×××；

2015年9月至2018年7月，在××中学读书，证明人×××；

2018年9月至今，在××大学读书，证明人×××；

我的家庭主要成员是：

父亲，×××，汉族，1974年3月出生，政治面貌中共党员，现任××公司××职务；

母亲，×××，汉族，1975年10月出生，政治面貌群众，现任××中学教师职务；

主要社会关系是：

大伯，×××，汉族，1972年6月出生，政治面貌中共党员，现任××公司××职务；

舅舅，×××，汉族，1977年4月出生，政治面貌群众，现任××公司部门××职务。

我于1999年9月3日出生在一个普通工人家庭。我是在党的教育下成长起来的。爷爷就是共产党员，影响了我的父亲和我。父亲谦虚严谨，细致谨慎的工作作风从小就深深地影响着我。2006年9月我进入××小学，临上学前父亲教育我，鲜艳的红领巾是用革命先辈的鲜血染红的，是少年先锋队的标志，要像解放军战士那样不怕苦，只有最勇敢的人才配戴上它。我牢记父亲的话。学习上，努力刻苦，争当先进；劳动中，不怕脏，不怕累。小学二年级时，我就光荣地加入了中国少年先锋队。

2012年9月，我进入××中学读初中。随着知识的积累和年龄的增长，我逐渐懂得了，青年人要成长进步必须靠近团组织，主动接受团组织的教育和培养。通过团组织的帮助和自己的努力，2013年10月，我光荣地加入中国共产主义青年团。共青团是中国先进青年的群众组织，是中国共产党的得力助手和后备军。当我在团旗下举起右手庄严地宣誓时，心潮澎湃！我下定决心：一定好好学习，全面发展，在各方面都要起模范带头作用，把自己培养成为社会主义合格建设者和可靠接班人，为我国的社会主义现代化建设贡献自己的力量。

2015年9月，我考入××高中就读。我刻苦学习科学文化知识，积极参加社会实践活动，热情服务同学。同时，认真学习党的历史和基本知识，增进了对党的了解和认识。在电视上，看到许多共产党员在抢险救灾等危难时刻挺身而出，在日常工作中发挥先锋模范作用，我感到共产党员是全心全意为人民服务的先进代表，加入中国共产党的想法开始在我的心中生根发芽。

2018年9月，我考入××大学。在大一时，我郑重向学校党组织递交了入党申请书。2019年4月10日，我经班级团支部推荐，被党支部确定为入党积极分子并参加了入党积极分子培训班。通过学习培训，我对党的性质、纲领、宗旨、组织原则和纪律、党员条件等有了比较系统的了解，提高了对党的认识，懂得了怎样做一名合格的共产党员。在学校期间，我始终坚持以党员标准严格要求自己，认真学习专业知识，积极参加社会实践，以实际行动接受党组织的考验。2019年10月，我被选聘为院学生会××部长职务，在担任学生干部期间，我认真履行职责，热心帮助同学，用实际行动向党组织靠拢。

回顾走过的路，我深深感到，没有党的教育和培养，就没有今天的我。正是这种思想上、政治上的引导和鼓舞，使我逐步确立起马克思主义的世界观、人生观、价值观，确立起为共产主义事业奋斗终身的政治信仰和为党、为祖国、为人民无私奉献的崇高品格和追求。我决不辜负党对我的培养，今后一定加倍地努力学习、工作，用实际行动接受党组织的考验和群众的监督。

×××

××××年××月××日

四、党支部对发展对象的教育考察综合材料

综合材料是党组织在调查考核的基础上，对拟发展对象较为全面评价的重要材料，也是党委审批党员的主要依据之一。因此，当入党积极分子被列为拟发展对象以后，党组织应及时把他的全面情况综合起来，形成材料，以备讨论其入党时向支部党员大会报告。

1. 基本格式

(1)标题：第一行正中写"关于×××同志的综合材料"。

(2)正文：要写清楚通过什么手段对发展对象进行了政审，政审的主要内容和结论。

(3)落款：写清楚形成综合材料的党组织。

(4)日期：具体到年月日。

2. 主要内容

(1)申请人的基本情况以及社会关系情况。这一部分材料可依据本人的档案或组织上掌握的情况来写。

(2)政审情况重点写清楚其关键时期的表现。所谓关键时期，是指对全国和全党有深远影响的重要历史时期及重大政治事件等，对这些方面问题的审查，事实要清楚，证据要充分，结论要准确。

(3)本人要求入党和组织上培养教育的过程。这一部分主要写其什么时候申请入党，党组织何时将其列为入党积极分子，采取了哪些培养教育措施，入党积极分子思想觉悟有哪些提高，对党的基本知识了解、掌握情况，入党动机是否端正等。

(4)现实表现。主要写其在政治、思想、工作、学习、作风等方面的主要表现，有哪些优点，做出了哪些成绩，群众基础如何。重点写清楚本人政治立场以及是否树立了共产主义信念和全心全意为人民服务的思想。根据党员标准衡量，还有哪些差距，工作中还存在哪些缺点和不足，今后注意解决什么问题。是共青团员的，一般应写明团组织的"推优"意见。

(5)结论意见。对审查结果综合分析后，认定其是否具备党员条件，是否决定提交支部大会讨论其入党问题。

3. 撰写综合材料注意问题

(1)要注意平时材料的积累和保存。客观正确地评价来源于日常的考察了解。党组织一定要坚持对入党积极分子的考核制度并注意积累有关材料。如入党积极分子的思想汇报、培养人考察材料、各时期的考评鉴定材料、《入党积极分子考察表》、对入党积极分子培训情况的记载、团组织的"推优"意见，以及组织上对他的分析和鉴定等。

(2)要坚持实事求是、客观全面的原则。综合材料不能只写优点、成绩，不写缺点、错误。材料中多用事实说话，少用抽象概括的语言。

(3)不要只写工作表现，不写思想活动。综合材料既要反映发展对象在改革开放和经济建设中的成绩，又要反映他们的思想觉悟的提高过程。

(4)综合材料所做的结论要有证据，特别是关于个人政治历史问题结论情况，以及在几个关键时期的表现，都要与调查证实材料吻合。

五、证实材料

证实材料是以组织或个人名义，证明某人的身份、经历、表现或有关事件的真实情况的专用材料。

1. 书写格式及主要内容

(1)标题：第一行正中写"证实材料"四个字。

(2)正文：首先顶格写上送达单位的党组织的名称。另起一段，简明扼要的写清楚需要证明的有关情况。

(3)结尾：另起一行，顶格写"特此证明"。

(4)署名和日期。出具证明的单位要写全称，并加盖公章。

2. 出具证实材料应注意的问题

(1)用中性笔或钢笔书写，字迹清晰，不能涂改。

(2)一份证实材料如有两页以上，要加盖骑缝章。

(3)不要在证实材料上注明"仅供参考"等词句。

(4)出具证实材料的单位要加盖党委或党委组织部门公章，支部建制的单位则由其上级党委加盖公章。

六、函调手续

为了解某人的某方面情况，用信函的形式索取调查证明资料，称之为函调。

函调的手续包括以下内容。

1. 函调要有专门函调证明材料信

县委、中央直辖市和省辖市的区委，或相当于县级以上机关、学校、企事业单位党委及其组织部门，军队团或相当于团级以上的政治部门，均可直接互相发函索取调查证明材料。县级以下、军队团级以下的党组织，需要调查或索取证明材料时，必须通过县(团)级以上党委组织部门发函和开具介绍信，并加盖公章。

2. 函调要有提纲，使调查有针对性

例如：①被调查人的基本情况(包括：姓名、性别、年龄、家庭出身、本人成分、民族、政治面貌、工作单位和职务)；②现实表现；③有无政治历史问题，结论如何；④改革开放以来有无经济问题，结论如何；等等。

七、入党积极分子写实材料

1. 考察写实材料主要内容

(1)考察政治立场：着重考察他们的政治态度，特别是在重大斗争中的表现。

(2)考察思想觉悟：主要看他们入党动机是否端正，是否坚信共产主义，是否树立了全心全意为人民服务的思想，是否有为社会主义现代化建设献身的精神，是否能做到个人利益服从党的利益，是否对党忠诚老实。

(3)考察工作表现：看他们是否认真负责地做好本职工作，努力钻研技术、业务知识，不断提高知识水平和工作能力。

(4)考察组织纪律观念：看他们能否自觉遵守政纪国法和各项规章制度，以及社会秩序、社会公德。

(5)考察群众观念：能否广泛联系群众，维护群众的正当权益，是否坚持原则，敢于向坏人、坏事和不良倾向做斗争。

(6)考察几个重要历史时期的表现。

2. 写入党积极分子考察材料应注意的问题

(1)应根据本人的实际表现，内容要具体，要实话实说，避免说空话套话。

(2)抓住重点，有所侧重，不要面面俱到，要体现本人的特点，反映考察对象的工作和思想特征。

(3)要坚持一分为二地看问题，不要只写优点不写缺点，或对缺点避重就轻，只提希望。

八、团组织推荐意见

推荐优秀团员做党的发展对象，是党赋予共青团组织的一项光荣职责。团组织推荐意见包括以下内容。

(1)团员大会民主评议情况。

(2)团支部委员会审核意见。

(3)上级团组织考核审查意见。

九、入党前公示材料

公示的格式如下。

(1)标题：居中写"公示"二字。

(2)正文。①接收预备党员公示的内容主要包括：公示对象的自然情况、工作简历、党支部确定为入党积极分子的时间、培养教育和考察情况等；②预备党员转正公示的内容主要包括：公示对象的自然情况、工作简历、接收为预备党员的时间、预备期间教育考察情况等。公示中除上述内容外，还要公布公示的起止日期以及基层党组织专门受理党员群众意见的电话号码、详细地址、联系人等。接收意见的单位、联系电话及联系人。

（3）落款。

（4）日期。

例 4：

公　示

××同志，男，汉族，1990 年 3 月出生，2012 年 9 月参加工作。2018 年 9 月 3 日申请加入中国共产党。2019 年 9 月被列为入党积极分子，经党组织培养、教育，近期××学院党委将对其进行考核，特向广大党员、群众公示。

××学院党委电话：××××××××

学校组织部电话：××××××××

×××党支部

××××年××月××日

例 5：

公　示

×××同志，男，汉族，1990 年 5 月 1 日生，2012 年 9 月参加工作，2018 年 1 月 10 日被接收为中共预备党员，现预备期已满。本人已向党组织递交了转正申请。特向广大党员、群众公示。

区直机关工委电话：××××××××

区委组织部电话：××××××××

×××党支部

××××年××月××日

十、支部大会讨论接收预备党员的记录

支部大会讨论接收预备党员的记录是发展党员的原始凭据，要认真记录和保存。开会时，支部要指定专人认真做好会议记录。要记清会议时间、地点、议题、记录人、主持人；在册党员人数、实际参加人数、缺席党员人数、姓名、缺席原因；会议讨论情况；表决形式和表决结果；会议形成的决议。需要

指出的是，对会议上每个人对接收对象所提出的主要表现和评价性意见要详细记录。

例6：

支部大会讨论接收预备党员的记录

时间：　　　年　　月　　日　　　　地点：

会议（活动）名称：

参加人员：

主持人：　　　　　　　　　　记录人签字：

内容：

主持人：今天会议的主要内容是讨论接收×××同志为预备党员问题。本支部共有党员16人，正式党员14人，预备党员2人。今天到会的正式党员13人：×××、×××……；预备党员2人：×××、×××；×××同志因公出差在外地缺席，实到会的党员13人，符合规定人数，可以开会。下面请×××同志汇报自己对党的认识及有关问题。

×××同志：汇报有关情况（略）。

主持人：下面请介绍人介绍×××同志的情况。

入党介绍人：介绍情况（略）。

主持人：下面请×××同志代表支委会向党员大会汇报审查情况。

×××同志：代表支委会汇报审查情况（略）。

主持人：下面对×××同志为预备党员问题进行讨论，请党员同志充分发表意见。

讨论情况：

×××同志发言：×××同志思想上积极要求进步，靠近党组织，多次找党员谈心，征求意见，努力改正自身的不足。经过党组织多年的培养，现在已基本具备党员条件，我同意接收他入党。希望×××同志今后在工作上更大胆些，为组织多做一些培养入党积极分子的工作，帮助其他人共同进步。

×××同志发言：×××同志是本职工作岗位上的骨干和带头人，先锋模范作用比较突出。我认为他已经具备了成为共产党员的条件，我同意吸收他入党。×××同志的缺点是开展批评不够大胆，有怕得罪人的思想，今后应注意克服。

×××同志发言：×××同志为人民服务的思想观念树立得比较牢固。他的邻居家有一位老人，生活很困难，他经常为老人买米买菜，帮助老人打扫卫生、洗衣服、倒垃圾等，多年来如一日，受到群众的好评。该同志在思想方面、政治理论学习方面的优点很多,有的同志已经谈了,这里我不多说了,我同意×××同志加入中国共产党。

×××同志发言:×××同志对自己要求非常严格,对待工作勤勤恳恳,任劳任怨,每天起早贪黑,努力工作,敬业精神非常强,是本职工作岗位上的骨干和带头人,先锋模范作用比较突出。我认为他已经具备了党员的条件,我同意吸收他入党。×××同志的缺点是看到一些不好的表现,不敢大胆提出批评,这是不应该的,今后应注意克服。

在党员发言结束后,×××同志自己表示,一定会牢记同志们指出的缺点和提出的希望,尽快改正自身存在的不足。在学习工作等方面,再接再厉,创造新的成绩,争取早日成为名副其实的共产党员。同时,不但要在组织上入党,而且更重要的是要在思想上入党。请组织和每位党员同志看自己今后的实际行动。

最后,会议以举手形式进行表决,有表决权的××名正式党员中有××名同志同意×××同志加入中国共产党。×××同志提出应考察一段时间。按照少数服从多数的原则,支部大会同意接收×××同志为预备党员。

十一、党委讨论接收预备党员的记录

党委讨论接收预备党员的会议要指定专人认真做好会议记录。要记清会议时间、地点、内容、记录人、主持人、汇报人、参加会议的党委成员和缺席委员及原因。详细记录每个党委成员讨论、发表意见的情况,表决形式,表决结果。如果一次会议讨论研究多个发展对象,要逐一记录每个人的讨论情况和表决情况。

例7:

党委讨论接收预备党员的记录

时间:　　　年　　月　　日　　　　地点:

会议(活动)名称:

参加人员:

主持人:　　　　　　　　　　　　记录人签字:

内容:

讨论接受×××同志为预备党员问题。参加会议的党委成员有5人:×××、×××……

汇报人:×××

主持人：今天党委会议的内容是讨论接收×××同志入党问题。下面请××
×同志汇报考察情况，然后大家讨论，对×××同志能否入党充分发表
意见。

讨论情况：

×××同志发言：根据×××同志的汇报，×××同志积极要求加入党组
织，思想上、政治上、行动上和党中央保持一致，工作成绩比较突出，群众威
信较高。按照党员标准衡量自己，基本符合党员条件，支部履行手续完备，根
据本人表现和支部、总支意见，我同意×××同志加入党组织。对×××同志
尚存在的一些不足，支部要多做工作，使其尽快改正。

×××同志发言：根据×××同志的汇报和我平时掌握的情况，我认为××
×同志在思想政治方面是比较成熟的，共产主义的信念比较坚定，坚信党的
领导；在工作中能起骨干作用，政绩突出，群众比较服气，为群众做出了榜
样；为人襟怀坦白，能够开展批评与自我批评，敢于同不良倾向做斗争；严格
用党员标准衡量自己。该同志已经具备党员条件，我同意接收他为中共预备
党员。

主持人：根据刚才大家讨论的情况，请党委委员举手表决。同意×××同
志入党的5人，到会的党委委员一致同意×××同志入党。党委会后通知×××
支部，×××同志已经被批准为预备党员，预备期为从××年××月××日
算起。

十二、党支部考察预备党员写实

考察的主要内容包括：通过参加组织生活和系统教育，对党的认识有哪些
提高；履行党员权利和义务的情况，在实际行动中是否坚决拥护和执行党的路
线、方针、政策、决议，是否遵守党的纪律，在工作、学习和社会生活中是否
起到了模范带头作用；能否牢记党的宗旨，当个人利益同党和人民的利益发生
矛盾时服从党和人民的利益；预备党员在被接收入党时，存在的缺点和不足的
改正情况；还有什么需要预备党员改正和加强的。对预备党员的考察写实一般
每半年进行一次。

例8：

党支部考察预备党员写实

×××同志在这半年里，能够认真学习党的基本理论，对党又有了进一步
认识。在思想汇报中写道："我虽然已经成为一名预备党员了，但对照党员标

准，还有很多不足。同志们在讨论我入党时的忠告我时时记在心中，我一定要很好地反思，尽快改正自己的不足，早日成为一名名副其实的共产党员。"在平时，他及时征求同志们的意见，求得同志们的帮助。积极参加组织生活，响应党支部的号召。在献血活动中，他第一个报了名，无偿献血，起了党员的先锋模范作用。

对于自身存在的性格急躁、与同志的关系不融洽问题，有一定的改进，但还需要做进一步的努力。

×××（党支部书记签名盖章）

××××年××月××日

十三、预备党员转正申请

预备党员预备期满，应当主动向党组织提出转为正式党员的申请。预备党员本人主动向党组织提出转正申请，是郑重向党表明愿意承担一名正式党员必须承担的义务，为共产主义事业奋斗终生，随时准备为了党和人民的利益而贡献自己的一切。这必须是真心实意、自觉自愿的，不能有半点虚伪和强迫。同时，也是党组织对预备党员进行党的观念和组织观念教育和考察的重要内容。预备党员在转正申请中，应当通过回顾总结在预备期间的表现，对照党员标准检查自己，肯定成绩和进步，找出差距和今后的努力方向。

转正申请书的写法如下。

（1）标题："转正申请书"列一行，居中。

（2）称呼：顶格写自己所在的党支部。

（3）正文：主要包括四个方面的内容：①说明自己是何时被批准入党的，何时预备期满，并正式向党组织提出转正申请；②自成为预备党员以来，自己在政治上、思想上、工作上以及其他方面有哪些进步和提高，按照党员标准和必须履行的义务衡量，哪些方面基本达到，哪些方面还做得不够，尚存在哪些缺点和不足；③针对自己在预备期期间存在的缺点和不足之处，提出切实可行的改正措施和努力方向；④如果还不具备条件，不能按期转正时，自己应该持有的态度。

（4）结束语：用"此致敬礼"等表示敬意的话。注明日期，签署自己姓名。

例9：

转正申请书

××××党支部：

我是 2018 年 6 月 10 日被批准为预备党员的，到 2019 年 6 月 10 日预备期已满。现在我向党组织提出转正申请。为便于党组织讨论我的转正问题，将我在预备期间的表现向党组织汇报如下，请审查。

自从党组织批准我为预备党员之后，在党组织的严格要求下，在支部党员帮助下，在自己的积极努力下，无论是在政治方面，还是在思想方面，我都有了较大提高。特别是通过参加党内的一系列活动，我学到了党的光荣传统和作风，加深了对党的宗旨的认识，增强了自己的党性，进一步认识到做一个合格的共产党员，不仅要解决组织上入党的问题，更重要的是要解决思想上入党的问题。一年来我的收获是很大的，归纳起来有以下几点。

第一，明确了共产党员必须把共产主义远大理想与实干精神统一起来。在入党以前，自己认识到共产党员要有远大理想，要有为共产主义奋斗终生的精神，但这种"远大理想""奋斗终生"精神如何在现实生活中体现出来，并不十分清楚，特别是作为一个正在大学里学习的学生感到更难。入党一年来，经过党的教育，我认识到"远大理想""奋斗终生"的精神，一定要与自己的现实生活紧密结合起来。为实现远大的理想和奋斗目标，对学生来说，就是要端正学习态度，学好本领，等到将来毕业时，组织上分配我到哪里，就毫不犹豫走向新的工作岗位，并加倍努力工作，做出成绩来。

第二，明确了共产党员必须在政治上、行动上与党中央保持一致，坚决贯彻执行党的路线、方针和政策。作为一名学生，要做到自觉地与党中央保持一致，就要响应党中央的号召，关心国家大事，自觉学习科学文化知识，努力参加各项社会活动，不断培养自己的思想品德，做四有新人，将来为祖国服务。

第三，明确了当一名合格党员，必须不断提高自己为人民服务的本领。作为一名学生，要端正学习态度，刻苦学习，更好地掌握科学文化知识，为将来投身社会主义现代化建设做好准备，除了努力学好学校规定的各科知识外，还要从个人实际出发，紧密结合所学专业选修有关方面的课程，争取获得优异的成绩。在这一年的预备期里，自己按照上述的要求做了一些工作，较好地发挥了一个党员应该发挥的作用。但是，按照党员的标准对照检查，还有做得不够的地方，主要是团结同学不够普遍；只注重学习，参加文体活动差。今后，我一定要在党组织和本支部党员的帮助下多和同学接触，有事多同大家商量，在同学中做表率，积极参加学校组织的各项活动，包括文体活动，在同学中多做思想政治工作，把学习理论小组坚持下来。尽快克服自身存在的不足，成为一名合格的共产党员。

　　此致

敬礼！

申请转正人：×××

××××年××月××日

十四、支部大会讨论预备党员转正记录

　　支部大会讨论预备党员转正记录与支部大会讨论接收预备党员的记录要求相同。

十五、党委讨论预备党员转正记录

　　党委讨论预备党员转正记录与党委讨论接收预备党员的记录要求相同。

> ## 思考题

　　1. 加强高校学生党团组织建设的意义主要体现在哪几个方面？

　　2. 高校学生共青团组织有何特征？

　　3. 为什么说在青年中发展党员和团员推优入党工作是党的事业兴旺发达的重要组织保证？

　　4. 大学生入党需要历经哪些程序？履行哪些手续？

　　5. 如何进一步加强对大学生党员的教育和培养？

第八章　高校学风建设概述

本章提要：本章分为三节。第一节主要介绍了高校学风建设的理论，系统分析了高校学风建设的实质及内容体系，高校学风建设的特点和高校建设优良学风的意义；第二节分析了高校学风建设中存在的传统问题和现行问题，结合我国当代高等教育的模式、新型学生关系、学生本人及家庭、社会、教师队伍自身的局限性等多方面剖析了影响高校学风建设的因素；最后一节系统地阐述了高校学风建设的主要途径，即改革教育模式，树立以学生全面发展为本的育人理念；深化教学改革，构建新型教学管理体制和考核机制；加强教育管理，形成以学风建设为中心的工作格局；改善学习环境，营造和谐健康的校内外育人氛围；建立家校反馈机制，实现学校教育与家庭教育的有机结合；落实工作责任，切实加强对学风建设的领导六大途径。另外，阐释了学风建设中应秉承的六大原则，即学生主体原则、系统工程原则、长期治理原则、全员参与原则、时效性原则、全面性原则。最后进行了简明的小结，分享了知名高校学风建设的案例。

第一节　高校学风建设的理论分析

高校学风是大学精神的集中体现，是教书育人的本质要求，是高等学校的立校之本、发展之魂。优良的学风建设是提高教育教学质量的根本保证，关系到高等教育的科学发展和教育事业的兴衰成败。而深入地分析高校学风建设理论，有利于做到高效地、有针对性地开展各类高校学风建设活动，使高校学风建设具有方向性、目的性。

一、高校学风及其建设的实质

所谓"学风"，最早来源于《礼记·中庸》，意思是广泛地加以求学，详细地加以求教，谨慎地加以思考，踏实地加以实践。高校学风是指高等学校全体学生在求知目的、治学态度、认识方法上长期形成的具有一定的稳定性和持续性的精神倾向、心理特征及外在表现，包括学生的学习习惯、学习态度，教师的治学精神，高校的学术风气等方面。

　　"建设"在《现代汉语词典》(第7版)中解释为"创立新事业；增加新设施"。学风建设也就是建设学风，主要指通过创新和改革形成新的机制来促进学生形成正确的与学校和资深专业相适应的学习目的、态度、能力和品质等。从广义上来讲，高校学风是一个融高校管理之风、自然之风、办学之风、教师的教学和治学之风、教辅和后勤人员的助学之风和服务之风，以及学生求学之风、尚学之风、探索之风、创新之风等于一体的综合性高校风气。它集中反映高校在育人过程中体现出的精神风貌、工作态度、治学作风、管理能力、服务水平和教育环境的优劣，是高校特有的教育文化氛围，是高校全体成员秉承的意志与实际行动结合的产物，并逐渐形成和固化的一种优良的传统和风格。从狭义上来讲，高校学风主要是指学生的求学之风、乐学之风、创新之风，是学生在一定的世界观、价值观、学习动机和追求目标的共同支配下，在学习热情、努力程度、意志品格以及创新、探究能力等方面的综合体现。

　　良好的高校学风是学校赖以生存与发展的基础，是一种强大的、无形的精神力量，是一个学校的声誉之本，是学校的无形资产。它在育人过程中具有特殊的作用，能够起到激情励志、调整心态和规范行为的作用，是任何规章制度和管理机构所不能替代的。同时，良好的高校学风对于彰显和保持大学的形象、品质、特色和水平有着重要的作用[①]。

　　高校学风建设的实质就是通过思想教育、教学与管理各种举措，使大学生树立科学的人生观、价值观，并在科学价值观的引导下，通过长期实践磨砺形成反映一定社会要求的，具有相对稳定性和持续性的学习心理倾向及其行为特征。[②] 此外，优良的学风还包括教导学生学会做人。

二、高校学风建设的内容体系

　　高校学风建设是全体学生、职工齐心协力共同打造的一系列能够提升高校强劲感召力、持久推动力和独具自身特色的学风建设活动。优良学风的形成是多种因素共同作用的结果。因此，高校的学风建设必须从多方位、多角度考虑问题。

　　1. 校园氛围

　　这里所说的校园氛围包括校园的制度文化、物质文化、精神文化、自然文

---

① 惠娟：《基于因材施教思想的高校学风建设研究》，硕士学文论文，西安工业大学，2008。

② 韩亚梅：《激发"学习动机"，推动高校学风建设》，载《才智》，2011(7)。

化、人文景观、学术气氛、学生安全等，同时也包括教师的风范。校园氛围是学生成才的客观环境影响因素，良好的校园氛围是教师传道、授业、解惑的基石，是学生汲取知识、提升修养的催化剂，能激发学生对美好事物的憧憬和追求，激发对科学文化积极探索的钻研精神。不良的校园氛围对高校学风建设的影响是恶劣的，会禁锢教师教学的"创新性""变革性"思维，滋生教职工对工作不认真、得过且过、止于应付的心态；会扼杀学生对优良学风的向往和热情，混淆学生对美丑的定义；促使拜金主义、功利主义、享乐主义、浮夸暴躁、麻木冷漠等社会不良风气在高校大行其道，玷污教师传道授业的崇高性、纯洁性和学生求知的积极性、主动性。其结果就是教师因循于"填鸭式"僵尸化教育或"应付式"懒散型教育，失去开展高等教育的意义；学生上行下效，懒散放纵，最终一无所获，一事无成，失去接受高等教育的意义。

2. 学生管理

学生管理的好坏对能否形成优良学风具有重要的影响。管理学生要求高校制定完善的规章制度和行为准则，对全体教职工和学生进行约束和规范。这是因为教职员工作为管理工作的规划者与执行者，他们所缔造的科学的管理体系和高素质、高水平的管理队伍是管理工作着手实行的先决条件，教职人员工作水平的高低，能否以身作则和起到榜样作用对学生有很大的影响。另外，学生作为管理工作的接受者，需要受到严格的约束与规范，这是管理工作顺利实施取得成效的重要保证。近年来，随着教师政策的优化，部分教职员工思想退化，贪图享乐，得过且过地对待学生管理工作，导致工作进展缓慢甚至退化；同时，随着全国高等教育普及化的迅速蔓延，高校招生规模扩大，生源综合素质相对降低。二者极大地影响了高校管理工作的有效进行，进而影响了高校学风建设的开展。因此，高校必须建设一支高素质、高水平的学生管理队伍，通过创造科学的管理机制管理良莠不齐的学生群体，提高学生素质，促进学风建设的顺利开展。

3. 教育载体

高等教育中优良学风的形成是通过利用某些有益的活动载体而实现的。这些活动载体包括学校的文体活动、社团活动，特别是以素质教育、创新创业教育和社会实践为核心的科技创新活动、社会公益活动等。学生通过这些教育载体能够激发自身潜能，培养求知欲望，增强创新能力，拥有高尚的人格品质，有利于成长为德才兼备的人才。而对于高校，这些活动的开展能带动校园文化知识的传播交流，展现高校的风采，对学风建设的开展起到一定的辅助作用。

4. 形象表现

学生群体的形象表现体现在学生对学习的热情、对学业认识的态度和对自我行为举止的约束等诸多方面。当今高校校园，学生的不良表现着实让人担忧，主要体现在以下三个方面。第一，求知方面。许多学生缺乏学习目标或存在不纯的学习动机，失去了年轻人该有的斗志和纯真；每天自暴自弃，无视组织纪律，出现迟到、早退、无故旷课等现象；考试中以作弊为手段，自欺欺人，自以为是；还有一部分学生功利主义色彩严重，只重视业务知识学习，忽视道德品质和实践动手能力的培养，以攫取金钱为目的，让学习知识这项纯洁的活动沾染了享乐铜臭之气。第二，生活方面。许多同学生活问题处理得一塌糊涂。宿舍卫生脏乱，人际交往匮乏，金钱处理不得当，挥霍无度，享乐主义当头；每天沉迷于谈情说爱、电子游戏、网上聊天、色情小说……如同酒囊饭袋、行尸走肉。第三，集体方面。许多同学自我观念过强，我行我素，没有集体观念，刻意逃避班级大小事务，事不关己，高高挂起……以上三个方面显现出了学生素质水平的不足，也说明了综合素质教育的重要性。

5. 监督和反馈系统

学风建设的监督和反馈系统是学风建设长效机制的重要保障。通过监督落实学风建设的有关设施，通过信息反馈使学风建设的决策系统和实施系统能及时了解学风建设的动态和存在的问题，以便及时采取有效措施进行整改。一方面，结合全国的本科教学评估工作，进一步健全教学质量监控体系，成立教学质量保障或监控机制，对教学质量实施全面监控，保障教学教育质量的稳步提高。另一方面，建立健全信息反馈系统，包括"学评教"和"教评学"两方面措施。可以建立学生信息员队伍，对教师进行课堂教学质量"学评教"，收集学生对教师的上课质量和教风的评价和反馈意见；通过任课教师对学生进行"教评学"，对学生出勤率、交作业率、质疑次数、课后学习状态等做出总体和个体的评价，并将评价结果与学生的平时成绩、课程成绩评定、德育考核等挂钩。学风建设相关部门在收集到信息后及时反馈给教师或学生所在单位，并及时反馈给相关教师或学生。"互评共进"是其意义所在。

三、高校学风建设的特点

良好的学风建设对高校建设特色教育、提高教育质量、培养全面人才、输送社会人才等起着至关重要的作用。抓住高校学风建设的特点，才能行之有效地开展相应的建设措施，做到有的放矢、事半功倍。高校学风建设有系统性、层次性、阶段性、复杂性、两极化五大特点。

1. 系统性

高校学风建设是一项系统工程，建设优良的学风需要多方面共同协作、共同作用。学校对学风建设要制定总体规划；各职能部门要明确各自在学风建设中的任务、职责及学风建设的实施方法；干部、教师和学生也应该认真履行学风建设中所承担的职责及应享受的权利等。各职能部门学生和员工要明确各自在学风建设中的工作职责，确定各自的工作重点，各司其职，才能增强学风建设的时效性。只有掌握了学风建设的系统性这一特点，才能让全体人员各得其所，共创学风建设的新面貌。

2. 层次性

高校学风是教师及学生群体意识的体现，而教师和学生组成的群体又是分层次的，上层决策水平影响下级实施效果，上层工作风气影响下级学习态度。例如：领导层的统筹能力决定下级教职员工工作的开展，教师的教学之风、学术之风引导学生的求学之风、尚学之风；学校、学院的完善的规章制度促进学生个体的自我要求；由高及低，由大及小，层层递进和深入。

3. 阶段性

学风建设不是一个操之过急的事情，它是一个循序渐进的过程。它有其客观的发展规律，需要我们不懈地探寻。掌握规律后，需要全体学生遵循这个规律并脚踏实地，坚定地进行下去。实践证明，一步登天的心态是不可能成功完成学风建设的，量变到质变的积累才是成功的不二法门。高校应在统筹规划下进行阶段性的安排，规划某一阶段的建设目标并努力实现，做到步步为营，有条不紊。

4. 复杂性

加强学风建设，必须真正把学风建设作为一项齐抓共管、常抓不懈的系统的综合治理工程。学生是学风建设的主体，学风建设的复杂性源于大学生身心发展既受到自身的生理特征、主观努力等因素影响，又受到学校、社会等因素制约。从高校内部来看，影响学风建设的主要有大学的教育理念、管理制度、文化氛围、师资力量、教师教学风气、学生学习态度、学生综合素质等。从社会因素来看，社会上的功利思想、拜金主义、弄虚作假、暴力色情等不正之风时刻侵蚀着大学生淳朴的心灵。正是由于高校学风建设是由大学里的人、大学环境，以及社会风气等共同制约的，这就大大加深了高校学风建设的复杂性。我们必须正视学风建设的复杂性这一特点，不慌不乱，有条不紊地开展学风建设。

5. 两极化

一是名牌高校综合优势明显、笃学之风盛行，而一般高校只能维持，很难有能力进行巨大改革；二是专业紧俏、就业走俏的高校以就业为杠杆，带动学风建设，学生的专业思想较牢固，而专业饱和、毕业生就业困难的高校学风建设较差；三是一般高校好学和好玩的学生都占一定的比例。名牌高校与普通高校之间的实力相差巨大的两极化格局，是当今高校学风建设中不可忽视的问题。

四、高校学风建设的意义

中共中央、国务院《关于进一步加强和改进大学生思想政治教育的意见》指出，大学生思想政治教育要坚持以人为本，贴近实际、贴近生活、贴近学生，努力提高思想政治教育的针对性、实效性和吸引力、感染力，培养德、智、体、美全面发展的社会主义合格建设者和可靠接班人。我们认为，抓好大学生的学风建设，有助于提高大学生思想政治教育的针对性、实效性，对实现大学生全面成才，对培养和造就政治素质高、业务能力强的社会主义事业建设者和接班人具有重要的意义。

当代大学主要有三大职能，即人才培养、科学研究和社会服务，而培养高水平的人才又是大学的根本任务，全国高校学风建设会议强调：高校要加强学风建设，塑造大学精神。时任教育部副部长的赵沁平指出："学科建设是学校的龙头，学风建设是学校的根本。学风不正，学校声誉难以维持。大学要有深厚、宽松的学术氛围，健康、向上的校园文化和科学、民主、创新的大学精神。大学是拉动社会进步的源头。如何创设既宽松又严谨的学术氛围，塑造各具特色的校园文化和大学精神，各大学要认真研究、积极探索。"[1]

加强学风建设，对弘扬科学精神、繁荣发展学术事业、净化校园环境、提高人才培养质量、践行社会主义荣辱观、引领社会风尚，具有非常重要的意义。[2] 优良的学风既有育人、促进高校改革发展的功能，也有辐射社会和间接影响社会风气的作用。具体表现在以下诸多方面。

第一，学风建设直接关乎大学生的知识文化素养和思想道德素质，关乎高校所培养的人才质量，并最终关乎整个学校的综合竞争力。学风建设的成效是

---

① 赵治：《试论当前高校学风建设的现状、原因及对策》，载《中国电力教育》，2010(18)。

② 李宇飞：《大学生学风建设的再思考》，载《江苏高教》，2005(1)。

衡量和评价一所高校办学品位、育人环境和社会声誉的重要标志,反映出高校人才培养的能力和学校未来发展的走向。学风倘若不正,学校声誉势必将难以维持,学校发展也难以有所突破。

第二,学风建设与大学精神息息相关,它不仅是高等教育改革和发展的永恒主题,也是一项极具战略意义的系统工程。培养优良学风,既是推进素质教育的客观要求,又是保证教育质量的重要前提。切实抓好学风建设,创建优良校风、班风,对于提高教学质量和办学水平有着十分重要的作用。

第三,学风建设对营造健康向上的校园文化,弘扬刻苦学习、顽强拼搏精神和求真务实、明理诚信的道德风尚,引导学生树立正确的成才观、价值观,以及学会为人处世都有积极而又深远的影响。严谨的学风是学生学好专业知识和技能,自觉培养自身各方面能力的保证,大学生只有勤奋学习、刻苦学习、善于学习,才能更好、更快地成长成才。以优良的学风保障和促进大学生综合素质的全面提高,正是高等学校履行大学职能、实现大学使命、塑造大学精神的目标。

第二节　高校学风中存在的问题及影响高校学风建设的因素

一、高校学风中存在的问题

我国当前,从重点高校到普通高校的学风主流都很好,许多大学生能够充分利用各种先决条件,积累知识,充实自己。多数大学生都能够做到自觉培养学习的创造性及创新能力,并保证自己身心健康,思想积极向上。大部分大学生都能够胸怀远大的理想与崇高的信念,有明确的学习目的,学习过程中能够端正自己的学习态度,思想积极向上,具有强烈的时代紧迫感和历史责任感。但是,确有一小部分大学生进入大学后,受各种因素影响,高校学风也不同程度地存在一些问题。从传统上来讲,大学生的问题主要体现在以下几方面。

1. 学习目的不明确,态度不端正

一些学生缺乏远大的理想,在“读书无用论”思想的影响下,没有明确的学习目标,认为读书只是为了“混日子”,混一张文凭“装门面”。个别学生甚至抱着“人生在世,享乐为主”的生活态度。有的学生则是看重学习成绩,把学习成绩与能否找到好的工作联系起来,重应用学科、轻基础学科,重专业知识、轻政治理论,重专业证书、轻基础知识;对为什么学习和怎样学习茫然不知,只是机械应付以图蒙混过关。

2. 学习动力不足，纪律松散

大学生刚刚经过紧张的高考冲刺，进入大学校门后开始产生放松的想法，认为自己到了"终点站"，对自己今后的发展茫然无知。有些同学甚至听闻一些对大学学习生活错误的描述，认为"60分万岁"。有些学生没有树立远大的人生目标，对自我期望低，缺少努力学习、奋发向上的原动力。有些学生沉迷于网络，或谈情说爱，虚度光阴。迟到、早退、旷课，甚至考试舞弊等现象频频出现。

3. 关系至上的"等靠"心态

在少数学生中，存在着不思进取，学习不认真、不刻苦、不努力，热衷于钻研"关系学"的现象，实际上是缺乏勇于探索、刻苦钻研的精神。究其原因，表象上看，少数作为独生子女且家庭条件优越的大学生过惯了"衣来伸手，饭来张口"的优越生活，以至于依赖思想严重所致。从深层次看，缺乏勤奋好学、刻苦钻研的作风和不畏艰难、勇于拼搏的精神，认为将来能否成功，学习成绩的好坏不起决定性作用，个别学生崇信的是"金钱铺路，关系搭桥"，这种心态将严重影响教育质量，必须从"百年大计"的战略高度加以重视并力避之。

4. 专业思想不稳定，对所学专业有偏见

一些学生在进入大学前，对自己所选择的专业并不十分了解，只是听从父母的安排、老师的推荐，或仅仅是为了考虑市场需求而随大流，并不能正确认识和对待所学的专业，或朝三暮四，今天觉得这个专业有意思，明天觉得那个专业好就业，结果什么也没学成。还有学生认为"学校开的课对将来的工作没什么用"，片面地认为锻炼社会实践能力最重要。于是，整天热衷于各种社会活动，忙于外出打工，结果真正的社会能力没有增强，反而荒废了学业。

新时期、新教育下的当代大学生，除了以上诸如学习目标缺失、学习动力不足、学习纪律松懈、学习经历旁移等问题外，还表现并滋生了一些新的现行问题。

(1)涉及面比较宽

不同于以往学风问题多表现在学习习惯不好、学习成绩差的学生身上，现在学习懈怠的面更宽，一些成绩较好的学生也会不遵守课堂纪律，上课迟到甚至逃课、抄作业，平时不努力，考前靠突击甚至考试作弊。

(2)学业失败现象较为普遍

高校大学生不及格率有所提高，一些入学分数很高的学生也会留级甚至退学。

（3）干扰热点转移

以往学业失败多发生在热衷于早恋、校外赚钱等学生的身上，现在留级、退学的原因大都是热衷于游戏、沉溺于网吧，沉迷于智能手机。

（4）干扰热点前移

以往四年级受就业影响整体学习纪律下降，现在不少低年级学生就因担心就业前景而影响学习热情，有的甚至无心向学。

（5）师生双向不满

以往多是教师不满于学生的学习态度，现在是一方面教师常常抱怨学生学习不努力，同时学生也在抱怨教师教学不尽心。

（6）矛盾心态加剧

感到竞争压力很大，又不愿刻苦学习；希望学校少管，自控能力又差；主张自己学习，自学能力又弱。这些都是学风建设面临的新问题。

二、影响高校学风建设的因素

高校学风建设产生问题的原因是多方面的，既有社会影响，也有学校原因；既有常规因素，也有社会转型和教育改革进程中的不利影响。这里从下面三个方面思考。

1. 高等教育大众化进程中学业水准下降

美国教育大众化、普及化进程中出现过物理和英语等学科考试成绩一年不如一年的情况；从1975年到1980年，公立高等学校上数学补习课的学生增加了72％；1984年10月，美国高质量高等教育研究小组的报告指出："为攻取学士学位而进入高等学校学习的学生，实际上只有一半人如愿以偿。"联合国教科文组织调查发现：随着高等教育大众化与普及化进程的加快，反复留级、中途退学、改学没有实际前途的科目，以及学生在结束学业时既没有获得公认的资格，也没有公认的技能就离开学校等学业失败的现象也变得越来越普遍。中国高等教育正在快速进入大众化阶段，资源紧张，学生学习、生活方面的困难及由此带来的思想问题比较突出；由于结构失衡，一些与新的社会形态明显不相适应的专业未经改造，却仍年复一年地招生，使很多学生面临毕业即失业的危险；由于生源差异增大，不仅教学难度增加、效率降低，总体成绩水平下降，而且低分考生的不良习惯和风气对整个学风产生了负面影响；由于改革滞后、专业口径偏窄、教学内容陈旧、制度激励不力等，无法满足学生自主学习的需求，这些都对学风产生了显性或潜在的影响。

2. 教学与管理中学生关系的变化

从终身教育的立场和人类知识的发展来看，教师的职责将越来越少地传递知识，而是越来越多地激励思考；教师将越来越成为一位顾问，一位交换意见的参加者，一位帮助发现矛盾观点而不是拿出现成真理的人，必须集中更多的时间和精力去从事那些有效果和有创造性的活动，互相影响、讨论、激励，同时注重培养学生的判断力和责任感。然而，在当前高校中，辅导员、班主任往往忙于教学和行政事务，投入学生思想工作中的时间少，忙于应付面上的活动多，主动关心学生学习和思想的少；业务教师承受的科研、教学与进修压力都比较大，课后无暇与学生多交流指导，甚至顾不上仔细批阅学生的小论文、大作业，抄袭的作业也能蒙混过关；不少教师仍因循于"满堂灌""填鸭式"的教学方式，不能激发学生的学习兴趣和求知热情，有的甚至挫伤了学生的学习积极性；不少学校教学和科研脱节，高水平教师难以走到教学与学生管理的前台，学生得不到有力的学业指导和志向激励，内在学习动力得不到升华；更有极少数教师存在责任心淡薄、履行职责不到位的情况，对学生到课情况不闻不问，对学生作业不认真批改，对考场纪律管理不严，助长了不良学风的蔓延。

3. 社会不良风气与应试性基础教育局限性的显现

在计划经济向市场经济转变的过程中，社会上拜金主义、享乐主义、功利主义、个人主义、诚信不足、情绪浮躁等不良风气流行甚广，在大学生的道德观念、价值取向方面也留下了深深的烙印。应试性基础教育使学生进入大学后表现出如下问题。

(1)学习动机水平低

他们从小到大，考上大学就是奋斗目标，目标一旦实现，便在理想的真空中迷失了自己，由于成长的每一个阶梯都是由老师或家长为他们做选择的，因此他们缺乏自我设计能力、自我规划能力，大学学习失去了新的动力。

(2)学习方式不适应

当今许多大学生无论在生活上还是在学习上都是"抱大的"。进入大学后，不仅在生活上有个适应过程，在教学上从老师"嚼烂了喂"到现在"师傅领进门，修行在个人"，不少学生不适应，有的甚至感到十分困难。

(3)自控能力弱

中小学教育中"他律"重于"自律"，学生的自制能力没有得到很好的发展，在大学宽松的教育模式下，不少学生明知不好好学习不行，但就是管不住自己，结果嬉戏无度，荒废了学业。

(4)心理素质差

当代大学生在成长过程中，大都是一帆风顺的船，他们或很少遭遇失败，或在经历挫折时形成了不良的心理习惯，如逃避、推诿、自弃等，有的甚至在巨大的升学压力下已经有一些心理畸形，如封闭、抑郁、睡眠障碍等，因此一旦在学习上受挫有时甚至是很小的挫折，也会一蹶不振，自暴自弃。这些问题是应试性基础教育的一种滞后反应。

另外，家庭环境因素和社会不良风气对高校学风建设也有着极大的影响。家庭溺爱阻碍了学生自立能力的发展。这从每年新生入学报到护送者由"小分队"变成"大部队"便知。但是，作为从小就受到"重点保护"的大学生，丧失了最基本的生活自立自理能力，在生活中遇到点小事便无所适从，在学习上遇到困难和挫折更是"病急乱投医"，甚至对学校产生了强烈的逆反心理；而社会负面影响动摇了学生学习的信心。市场经济的发展对高校体制，尤其是对国家统包统分的管理体制和运行机制产生了强有力的冲击，加上一些社会不正之风，模糊了大学生对社会正常现象的辨别与思考。新形势下的"读书无用论"等不良倾向给学风带来巨大的消极影响，大学生求职的困难、人情就业的不公，则加剧了他们思想深处"天平"的倾斜，动摇了他们对学习的信心。

除此之外，教师队伍自身的局限性也是影响高校学风建设的重要因素。

高校应重视教风建设，遵循"师德为先，育人为本"的理念。我国高等教育中的教风与学风日益成为高等教育发展中的重要因素。由于目前尚未建成完善的教师评价体系，很多教师为了晋升职称，花费大量时间搞科研和写论文，在教学方面投入的精力甚少，教学不认真。结果是职称上去了，而教学能力没有提高，有的甚至出现学术腐败现象，对学生造成极坏的影响。在多元利益的驱动下，部分教师除了教学以外还身兼数职，以此来增加额外收入，严重影响了自身的教学水平。此外，教师管教不管学，即只教书不育人的情况比较严重，甚至对学生的学习状况不管不问。有的辅导员或班主任甚至从未深入学生课堂主动积极与专业课教师进行沟通，及时了解学生在学习中的问题，间接地影响了学生的学习积极性。以上因素制约了高校学风建设的发展。

第三节　高校学风建设的主要途径

学风是大学精神的集中体现，是教书育人的本质要求，是高等学校的立校之本、发展之魂。优良学风是提高教育教学质量的根本保证。能否营造一个优良学风环境，关系到高等教育的科学发展和教育事业的兴衰成败。高校学风建设的主要途径分为以下几点。

一、改革教育模式，树立以学生全面发展为本的育人理念

"以学生全面发展为本"就是要把学生作为学校的生存之本，做到充分尊重学生，把"以教育为中心"的教育模式转变为"以学习者为中心"的教育模式，树立以学生为中心的观念，使学校的一切工作都围绕育人这一中心来开展，真正做到教书育人、管理育人、服务育人，促使青年学生健康成长和全面发展。同时，高校必须强化质量管理意识，增加教学投入，改善办学条件，严格教学管理，提高办学质量，不断强化为学生负责、为学生家庭负责、为社会负责的观念，满足新时期人民群众对高等教育的需求。

二、深化教学改革，构建新型教学管理体制和考核机制

深化教学改革是加强学风建设的核心。一要根据新形势下对人才知识、能力、素质的要求，及时调整教学计划和课程结构，研究建立能够充分促进学生个性发展，有利于提高学生学习主动性的教学管理机制，大力推进学分制改革，增大学生学习的自由度，鼓励支持学生参与科研活动，着力培养学生的学习能力、自学习惯、创造性思维；二要加强教师教风建设，努力提高教师的教学和科研水平，切实抓好师德建设，强化教师教学工作考核和激励机制，整顿教学秩序，进一步加大学生评教评学的力度，促使教师用心治学治教，提高教学效果，激发学生的学习主动性和创造性；三要加强考风建设，考风建设是高等学校学风的重要内容，也是进一步优化学风的重要催化剂和净化剂。有调查数据表明，承认自己作过弊的学生占 21％，而被缉获的仅占 1％。作弊被抓的比率是如此之低，于是导致了公平的杠杆向作弊的一方倾斜，这极大地挫伤了学生学习的积极性。所以亟须建立完善的考试制度和行之有效的监控体系，加强考试制度改革，坚决杜绝考试作弊现象，发挥考风在学风建设中的杠杆作用。

三、加强教育管理，形成以学风建设为中心的工作格局

学风建设是学生教育管理工作的主要内容。在教育层面，通过强有力的思想政治工作，解决学生的人生观、价值观、学习观等深层次问题，帮助学生树立远大理想和奋斗目标，增强学生学习兴趣，调动学习热情，强化学习内在动力。在管理层面，建立健全适应新形势下的各项规章制度，使学生的学习活动按照一定的行为标准来进行；学生工作部门与教学部门要密切配合，制定切实可行的目标体系，分层次、分阶段地对不同年级的学生进行学风指导和管理；定期召开教师和学生座谈会，开展学风状况调研，听取意见和建议，制定切实

可行的改进措施；通过开展专题活动，如学生报告会、优良学风创建活动等，调动学生学习积极性，激发学生学习热情，有效推进学风建设。另外，高校要改革学生干部任用机制，在学生干部选拔和使用上尝试实行"轮岗制""学习成绩一票否决制"，引导作为学风建设的积极倡导者和组织者的学生干部切实把主要精力用在学习上，成为学习的"标杆"、学风建设的楷模。

四、改善学习环境，营造和谐健康的校内外育人氛围

环境是人才成长的重要条件。一方面，要打造高品位的校园文化和学习求知环境。校园文化环境建设是学风建设的重要物质载体，发挥校园文化的育人功能必然要求营造高品位的校园文化和学习创新环境，净化校园风气，改善学生学习、生活环境和设施建设，开展丰富多彩的课外活动，使学校的每一个空间、每一个地方都有引导学生向上的教育因素，实现学风与环境相得益彰。另一方面，要营造"尊知重教"的社会舆论氛围。竞争是市场经济的本质，机会是等不来的，唯有靠自己主动争取才能把握自己的现在和未来。社会应给大学生提供良好的公平竞争机制，让尊知重教、知识经济的观念深入人心，使科教兴国成为全民族的实际行动。我们欣喜地看到，党和国家领导人近年来对教育给予了前所未有的重视，极力倡导尊重知识、尊重人才的舆论氛围，这为高校学风建设奠定了坚实的社会基础。

五、建立家校反馈机制，实现学校教育与家庭教育的有机结合

家庭教育对学生成长有很大的影响，家庭的教育作用通过影响学生的思想和行为进而影响学校的学风。目前，不少高校通过多种途径与学生家长建立了联系沟通制度，如坚持每学年给家长寄送学生成绩单，实行学生在校表现定期告知制度等。这样通过学校与家长的密切联系和定期或随时沟通，把学生的学习情况尤其是那些经常违反纪律、学习较差的学生的情况及时反馈给家长，让家长及时掌握学生的在校表现，并做好学生的引导和监督工作，配合学校商讨具体的改进措施。

六、落实工作责任，切实加强对学风建设的领导

学风建设是关系到学校生存与发展的大事，同时又是一项系统工程，必须受到学校领导和各个部门、院系的高度重视，齐抓共管。学校党政领导都要认真研究和总结学校办学中长期形成的学风特色和优良传统，构建完善的学风建设体系，加大对学风建设工作的关注和投入。建立和健全目标管理责任制，充分发挥院系在学风建设中的主导地位，建立"学风"监督机构，营造学风建设氛

围，形成良性的运行机制，扎扎实实地开展工作，确保抓出成效，真正把学风建设工作提高到一个新水平。[①]

此外，学风建设工作开展过程中还应秉承以下六大原则。

1. 学生主体原则

学风建设归根结底是培养学生学习方面的风气，无论是学习态度、学习风格、学习精神、学习规律、学习方法，还是意志品质，其主体都是指学生自己。因此，在学风建设中要尽可能地发挥学生的主体作用，充分调动学生在学风建设方面的主观能动性，通过各种方法和途径，在学风建设中实现学生的自我评价、自我教育、自我完善和自我发展。

2. 系统工程原则

影响学风的因素很多，包含学生自身认知状况、社会环境、家庭环境、教育教学改革、人才培养模式和学校软硬件环境等方方面面，因此，学风建设是一项系统工程。在优良学风建设工作中，既要考虑学生自身内在因素及所处外部环境的影响，注意整体与个体、个性与共性的差异；又要从人才培养模式、学生思想工作、软硬件环境建设、教育教学改革等各个环节，进行多角度、全方位的研究和调查，运用系统分析的方法，寻求切合自身特色的优良学风建设方法和途径。

3. 长期治理原则

优良学风，是在各种因素长期作用下，经过不断整改、不断完善、不断深入而形成的。优良学风的形成，是一个长期、动态的过程。这就需要我们在优良学风建设过程中树立长期治理的意识，做到学风建设常抓不懈。

4. 全员参与原则

一方面，学风是校风、院风、系风的重要组成部分，大学生优良学风建设，绝不仅仅是高校学生思想政治工作人员、院系学生辅导员或班主任的工作，它需要高校全体教职工的共同努力和参与，从学生日常管理、课堂学习、课外辅导、纪律要求、考风考纪到论文写作等各个环节，都要进行必要的引导和监督。另一方面，学风有赖于教风，有赖于教师的师德风尚、教学水平和治学态度。优良学风建设，需要高校不断更新教育观念、转变教育思想，加快教育教学改革，积极探索有利于人才培养和知识传授的教育教学模式，从教与学

---

① 谭斌：《体育专业学生学风调查与分析》，载《科学大众(科学教育)》，2009(1)。

的各个环节做好工作，加强教与学的交流与合作。①

5. 实效性原则

精心设计学风建设方案，真诚倾听学生的声音，切实找准问题的焦点，切实宣扬优良学风，解决学风中易出现的问题，通过一系列措施，使学生真正感觉到学风建设带来的新变化。

6. 全面性原则

学风建设也不仅仅是学习的问题，要通过解决学习态度、方法、效果等问题带动学生人际交往、创新创业等关系学生身心健康、素质拓展及人生发展的所有相关问题。

➤本章小结

学风是凝聚在教与学过程中的精神动力、态度作风、方法措施等，它依不同学校的不同特点，表现出独有的特色和丰富的内涵，并通过学校全体成员的意志与行动，逐步地形成和固化，成为一种传统和风格。这种传统和风格对学生的成长起着重要的作用，对学校的发展和建设产生着深远的影响。

良好的学风，是学校的宝贵财富，是高等学校提高教学质量、培养合格人才的重要保证。学风建设是一个体系，是在多种因素、条件下综合而成的。本章首先从理论的角度介绍了高校学风建设理论，系统分析了高校学风及其建设的实质、内容体系，高校学风建设的特点和高校建设优良学风的意义；其次分析了高校学风建设中存在的传统问题和现行问题，结合我国当代高等教育的模式、新型学生关系、学生本人及家庭、社会多方面剖析了影响高校学风建设的因素；最后系统地阐述了构建高校优良学风的主要途径与原则。良好的学风建设不仅要通过着力创新思想政治教育和营造浓厚的文化、尚学氛围，同时还应该需要深化教学改革，提高教学质量，并且加强学生的主体地位，建立健全学生管理机制，家、校、师、生共同努力，建设良好的学风。

➤案例：北大软硬并举，建设良好学风

"良好的学术道德和学术风气是学校健康发展的保证。加强学术道德和学

---

① 李炜：《关于大学生优良学风建设的思考》，载《江苏高教》，2006(4)。

风建设是高校提高科研水平、提高人才培养质量的必然要求，也是引领社会风尚的必然要求。"在北京大学(以下简称北大)，谈起学校的学风建设，不论是教师还是学生，都有着很深的体会与见解。从宣传教育、引导规范到制度保障，北京大学营造良好学术氛围，建设良好学风，校园学术风清气正。

已提交的作业、论文、实验报告和科研论文中，引用他人资料、数据和观点等，未做直接标注5处以下，或此类不规范写作的篇幅不超过总篇幅的10%者，给予严重警告处分，该门课程总成绩以零分计；未做直接标注5～10处，或累计篇幅在10%～50%者，以考试作弊或严重违反学术规范行为认定。在北京大学，关于论文抄袭的明确规定，让学子们警钟长鸣。

北大对学生的学术规范有明确要求，并通过设立学术道德委员会等专门机构负责有关学术不端行为的举报、认定与处罚。对伪造、剽窃、抄袭、不当署名、滥用学术信誉等学术不端行为，学校给予的处分从记过直至开除。北大明确了导师在学生论文指导、评审等环节的责任，要求导师给研究生全面系统的学术规范指导和专业训练，以保证研究生学位论文的规范审查与学位授予的质量。

北大特别加强研究生学术规范教育，对学术道德、学术规范等概念做出了科学界定，在引导学生遵循本学科学术研究规范的同时，对导师恪守学术研究规范的要求更为严格。

对于多数高校研究生而言，有关学术道德和论文写作的相关知识，主要是在与导师的接触中获得的。在北京大学，学术道德规范与科技论文写作是研究生的必修课。"身为成年人，对道德问题有一定的理解与认识，而这门课程的学习，会让我们更加重视这个问题。"该校研究生李文如是说。

北大每年划拨专项经费，重点建设研究生专业基础课程、学术规范和研究方法类课程。生命科学学院学生王娟告诉记者，生命科学文献导读课让她受益匪浅。每周的精读文献、课堂的讲演述评、相互的深入讨论和提交综述性论文，锻炼了学生的学术交流和表达能力，对于提高学位论文的写作质量帮助很大。

北大还把学术规范作为学校全体学生必须遵守的基本准则，制定了一系列学术规范文件。学校高度重视对研究生科研能力提升和论文写作的指导；倡导不同学科的资深教授和热心学术道德教育的教师，主持本学科的研究生学术规范和学术道德类课程。在师资队伍建设方面，学校注重发挥老教授传、帮、带的作用，将教学中抽象的教育理论变成青年教师可以看到和学习的先进教学行为，加强优良教风与学风的建设。①

➤思考题

1. 高校学风建设有哪些特点？加强高校学风建设的意义体现在哪些方面？

2. 高校学风建设存在的问题是什么？影响因素有哪些？

3. 简要说明高校学风建设的主要途径。

---

① ［案例来源］江乃强：《中国教育报》，2010-04-15。

第九章 班集体建设

内容提要：班级作为高校组成的基本单位和基层组织，在高校教学、教育体系中扮演着重要角色，高校开展的各项工作都是以班级为基本单位展开的。教师以班级为基本单位进行日常管理和思想政治教育，学生以班级为基本单位开展文化、体育活动，国家教委和高校的文件精神通过以班级为基本单位进行传达和落实。班集体建设对提高人才培养质量，输出合格人才，增强社会服务能力有着重要意义。本章针对如何进行班集体建设展开编写，分为三节。第一节介绍了班级与班集体的区别、班集体建设的内容以及班集体建设的现实意义，班集体建设的内容分为班级思想的建设、班级学风的建设、班级管理队伍的建设、班级制度的建设、班级文化的建设五方面；第二节深入剖析了当今高校班级建设中存在的问题，提出了解决问题的对策；第三节就如何建设班集体进行了深入分析，提出建设方法，即充分发挥班委、团支部、学生党员、学生群众及新媒体在班级建设中的作用。

第一节 班集体建设的内容及其现实意义

班级作为高等学校进行教学活动的基层组织和单位，是大学生日常思想政治教育的主阵地，是促进大学生全面发展的重要组织载体。高等学校做好班级建设工作，是切实推动大学生素质教育的重要手段。[①] 大学班集体建设的主要内容包括：班级思想的建设、班级学风的建设、班级管理队伍的建设、班级制度的建设及班级文化的建设。

一、班级与班集体的区别

班集体不同于班级。班级是校内行政部门依据一定的编班原则把几十个年龄和学龄相当、程度相近的学生编成的正式群体。班集体是按照班级授课制的培养目标和教育规范组织起来的，以共同学习活动和直接性人际交往为特征的社会心理共同体。二者的区别主要体现在以下几个方面。

---

① 安玉红、徐芳、贾博：《大学新生班风建设研究》，载《职业时空》，2009(10)。

第一，班集体是一个以学生亚文化为特征的社会群体，它传导和积淀着班级制度的社会文化基因（教育目标、规范和组织模式）；第二，班集体又是一个以教学为中介的共同活动体系，它以课堂教学为中介，整合学校、社会、家庭的教育影响，社会化的共同学习活动是班集体形成和发展的主要整合因素；第三，班集体还是一个以直接交往为特征的人际关系系统，正是交往和人际关系，动态地反映了集体与个体、个体与个体、集体与环境的相互作用，标志着集体形成的过程；第四，班集体是一个以集体主义价值为导向的社会心理共同体，集体心理的统一性和社会成熟度综合反映了集体主体性的水平。

通俗地讲，一个班级要成为一个班集体，必须具备以下特征：具有共同的奋斗目标、具有坚强的领导核心、具有严明的组织纪律、具有健康的集体舆论、具有优良的班风学风。

二、班集体建设的内容

1. 班级思想的建设

学生思想是主导学生行动的重要因素，其建设是辅导员日常工作的重点。当代大学生思想出现两个"极端"：一是趋向绝对的务实、理性，功利性较强；二是自我意识明显，角色认识复杂，认识和行为相对脱节，心理素质较差。这要求辅导员要充分把握学生思想特点，全面加强学生思想建设工作。可以从思想政治、道德和心理健康三方面着手，对学生进行思想教育。

（1）思想政治教育

中共中央、国务院发出的《关于进一步加强和改进大学生思想政治教育的意见》指出："大学生是十分宝贵的人才资源，是民族的希望，是祖国的未来。加强和改进大学生思想政治教育，提高他们的思想政治素质，把他们培养成中国特色社会主义事业的建设者和接班人，对于全面实施科教兴国和人才强国战略，确保我国在激烈的国际竞争中始终立于不败之地，确保实现全面建设小康社会、加快推进社会主义现代化的宏伟目标，确保中国特色社会主义事业兴旺发达、后继有人，具有重大而深远的战略意义。"[1]

班级作为学生管理的最基本的单位，负责学生思想政治教育，责任重大。辅导员在对学生进行思想政治教育时要做到以下几点。

第一，班级要积极开展学生思想政治教育课程教学和各类活动，充分体现

---

[1] 杨宾：《中共中央国务院发出〈关于进一步加强和改进大学生思想政治教育的意见〉》，载《中国高等教育》，2004(20)。

当代马克思主义最新成果的要求，进一步推动马克思列宁主义、毛泽东思想、邓小平理论、"三个代表"重要思想、科学发展观、习近平新时代中国特色社会主义思想等重要思想走进课堂，走进学生的大脑。

第二，教师要以高度负责的态度，率先垂范、言传身教，以良好的思想、道德、品质和人格给学生以潜移默化的影响，并时常主动和同学交流，召开班会、例会，或单独和学生谈心。

第三，各类活动要将思想政治教育深入教学、科研和社会服务各个层面，深入发掘各类教育资源，在传道、授业、解惑中加强思想政治教育，使学生在学习本领的同时自觉加强思想道德修养，提高政治觉悟。

第四，发挥党员、团支部的带头作用，激发身边群众的学习热情。通过班级党团支部工作的开展，广泛宣传、普及，使班级学生积极学习党的理论、政策及各类文件精神，增强思想意识、政治修养。让党员的人格魅力感染全班学生，团支部的组织力量带动整体，增强班级政治关注氛围，增强班级的凝聚力和向心力。

第五，动用新媒体在班级宣传的力量，利用博客、论坛、微博、微信公众平台等媒介进行党团建设交流、党的政策学习、党的工作评价和贡献计策等活动。

（2）道德教育

道德教育是道德活动的重要形式之一，它是指社会或集体为使人们自觉遵循其道德行为准则，履行对社会和他人应尽的义务，而有组织、有计划地施加系统的道德影响。同时它又是一定社会或集体的道德要求转化为人们内在的品质的重要条件之一。道德教育包括三个方面，分别为：发展学生的道德认识、陶冶学生的道德情感、培养学生的道德行为习惯。三者循序渐进且相互融合，相互贯通，是一个联系的过程。

第一，发展学生的道德认识。思想道德教育，是为了培养人的思想道德素质，使其成为德、智、体、美等方面全面发展的人。让学生明了，思想道德教育是实实在在的实践活动，不是抽象的概念。首先应着重培养学生的道德判断力和道德敏感性，这是培养学生道德认识的前提。道德判断力即运用一定的道德标准对一定的事件或行为进行对与错、当与不当的判断能力；道德敏感性即敏锐的感知、理解和体察自己、他人及社群的情感、需要和利益的能力。有了这些最基本的辨识能力，才能在道德情感上得到一定的升华。

第二，陶冶学生的道德情感。道德情感是个人道德意识的构成因素，指人们依据一定的道德标准，对现实的道德关系和自己或他人的道德行为所产生的爱憎好恶等心理体验，包括公正感、责任感、集体荣誉感和爱国主义情感等。陶冶学生的道德情感需要做到以理育情、以情育情以及以境育情。具体表现在培养道德情感时做到晓之以理，动之以情，结合社会现状和实例，以理论指导行动，以行动印证理论，知行合一，让学生感受和获得高尚的道德情感。学生在正确道德情感的支配下，进行正确的道德行动，进而培养出良好的道德习惯。

第三，培养学生的道德行为习惯。习惯是频繁进行一项活动所产生的惯性，是积久养成的生活方式。学生在高尚道德情感的引导下，进行正确的道德活动，通过培养学生的道德习惯，让这种活动成为学生的行为习惯，成为学生为人处世的自然法则，当道德行为成为学生的一种常态化、自动化的活动及意识形态，道德习惯才算真正的养成，道德教育也达到了最终的目的。

中华民族文化博大浩瀚，伦理道德思想和伦理道德教育所累积的理论亦丰富精深。继承和弘扬传统优秀文化，关键在于汲取传统文化、道德的精髓，这是思想道德教育的重要实施途径和方法。班级建设要求将它们放到重要的位置，因为它们决定了一个班级的战斗力、凝聚力以及发展前景。这就需要我们落实到行动中去，积极组织大学生参加各类社会扶贫活动、社区服务活动、残疾人关爱活动等各类公益、社会服务活动，让大学生在理论和实践中加强道德认识、培养道德情感、养成良好的道德习惯。

（3）心理健康教育

加强和改进大学生心理健康教育是促进大学生健康成长、培养造就高级专门人才的重要途径，是全面贯彻党的教育方针、建设人力资源强国的重要举措，是全面提高高等教育质量、加强和改进大学生思想政治教育的重要任务。[①] 班级作为学生组成的最基本的单位，班级学习、文体等各项活动的顺利开展，都需要以学生健康的心理作为后盾。

班级开展心理健康教育，要做到以下几点。

第一，要注重发挥三支队伍的作用。

高校班级心理健康教育工作的三支队伍是专职心理辅导教师、辅导员和班主任、班级心理委员。通过建立校内辅导主任、专业辅导人员、教师、学生辅

---

① 何朝峰：《高校心理健康教育课程教学基本要求的不足与完善——基于积极心理学的视角》，载《河池学院学报》，2014（2）。

导干部相结合的辅导网络，形成"辅导学生，人人有责"的局面。班级增设了班级心理委员，经过系统的培训和辅导，班级心理委员正式上岗后成了高校班级心理健康教育队伍中的一支重要力量。专兼职心理辅导教师负责大学生心理活动特点与规律的立项研究工作。辅导员和班主任负责及时了解、掌握本学院、本班学生的心理动态，解决学生一般性的心理问题；遇到不能解决的问题，及时转交给专职心理辅导教师；关注本学院、本班心理弱势群体，做到早发现、早干预；积极开展本院的大学生心理健康教育宣传工作。班级心理委员负责及时发现存在心理困惑、心理问题的同学，并向辅导员和班主任汇报；营造一个和谐、温馨的班级气氛，为心理弱势群体提供强大的支持系统；配合学院、班级做好宣传教育工作。班级心理委员是新兴起的一支队伍，对班级心理健康教育乃至全校的心理健康教育起到了推动的作用。做好班级心理委员这支队伍的培训与辅导工作，也是心理健康教育队伍建设的重点，必须指出的是，这三支队伍是层次分明、互相衔接、不能掉链和断层的。只有三支队伍通力合作，才能将高校班级心理辅导推向更高的层面。

第二，避免班级心理健康教育的四个误区。

①避免出现德育化倾向。当前许多高校专职心理辅导教师匮乏，不能准确了解和把握学生的心理特点，致使其在教育过程中往往把本属于心理障碍范畴的心理问题当作思想意识、道德品质问题和违法乱纪行为来处理，损害学生的利益，挫伤学生的积极性，使其产生逆反心理。

②避免出现夸大化倾向。现代人普遍面临着激烈的竞争、频繁的应激，前所未有的巨大心理压力使人不堪重负。对于大学生来说，情况更加严重。大学生的心理健康问题是客观存在的，心理健康教育势在必行。但尽管如此，也不能因此夸大大学生的心理健康问题。事实上，很长一段时间，有关大学生心理障碍的检出率呈直线上升或逐年递增的话语屡见报端。但在心理健康评定过程中，存在多方面的误差，从而导致了对当前心理健康问题在数量上估计偏高的倾向，这不仅影响了学术研究的科学性，而且也误导了人们对大学生身心全面发展的评价，造成大学生人人自危的负面效果，阻碍班级心理健康教育的正常开展。

③避免出现学科化或完全游戏化倾向。不能把班级心理健康教育搞成心理学知识的传授和心理学理论的教育，甚至在班级心理健康教育中进行考试，完全忽视了班级心理健康教育的活动性、实践性、实效性。谨慎的选择采用游戏活动的方法，不要使班级心理健康教育流于形式，浪费了时间和精力，却收效甚微。

④避免出现简单化倾向。心理健康教育工作是一项科学性、规范性和操作性均很强的工作，对从业人员的专业要求很高，只有经过专业培训和专门训练的人才能胜任。从我国的情况看，尽管不少高校已开展了形式多样的心理健康教育活动，但从总体上看，从业人员的杂拼现象比较严重。很显然，如果班级心理健康教育工作者既不通晓心理学专业知识，又不具备心理辅导与咨询的技能，在开展班级心理健康教育过程中就极易出现用简单、粗暴、违背心理规律和教育规律的方法对待学生的现象，对班级心理健康教育的开展很不利。

第三，遵循班级心理健康教育工作的三条有效的途径。

①合理组建队伍。高校班级心理健康教育要有专兼职心理辅导和心理咨询教师、辅导员和班主任、班级心理委员这三支队伍的有力支撑。这三支队伍素质水平的高低也决定了高校班级心理健康教育工作的开展是否顺利，是否高质有效。而当今高校班级中这三支队伍出现心理健康教育队伍师资短缺、素质良莠不齐的情况，应按照长期培养、短期培训、全员参与这三条措施有序进行。

②实施班级心理健康教育课程。班级心理健康教育课程分为两种：一种是专门课程，即纳入学校正式课程计划，为完成班级心理健康教育目标而对学生进行的专门的心理知识传授、心理品质培养和心理问题辅导的课程，它主要由班主任来实施。就心理知识传授而言，主要是根据大学生的年龄特点和心理实际需要，适当介绍与心理健康发展密切相关的常识、自我进行心理训练的方法和自我保健的知识。就心理品质培养和心理问题辅导而言，主要是指运用有关心理科学知识，有意识、有计划地开展相关活动，使个体心理受到训练，心理问题得以解决。另一种是渗透课程，即在学校的学科教学中，通过自觉的、有意识的方式对学生心理施加影响，以实现其心理健康发展的课程，此种课程由包括辅导员和班主任在内的所有班级任课教师的实施。

③优化班级环境。在班级心理健康教育模式构建中必须充分利用班集体在学生个体心理素质形成和发展中的作用，用集体的方式实现其心理素质的不断提升和优化。优化班级学习氛围、文体积极性、竞争气氛以及团结合作能力，使班级成为一片充满积极色彩的乐土。

培养在校大学生良好的心理素质，促进大学生身心健康发展和综合素质全面提高的教育活动，是大学生素质教育的重要组成部分，也是落实跨世纪素质教育工程、培养跨世纪高素质人才的重要途径。高校辅导员作为班级的管理者、经营者，应当将学生心理健康教育作为一项常抓不懈的工作，将学生可能因心理问题造成的一切安全隐患扼杀在萌芽之中。

2. 班级学风的建设

加强班级学风建设工作，营造良好的班级学习风气，是形成优良校风的基础，是保证教育质量、培养高素质人才的重要前提，班级学风建设也是高校辅导员工作的核心内容之一。《国家中长期教育改革和发展规划纲要(2010—2020年)》中指出："充分调动学生学习积极性和主动性，激励学生刻苦学习，增强诚信意识，养成良好学风。"由此可见，班级学风建设在大学生日常事务管理中有举足轻重的作用。班级学风建设内容主要体现在以下几个方面。

(1)明确学习目标

良好的目标是成功的一半。高中阶段以考上大学为目标，而上了大学之后，很多学生却失去了目标，失去了前进的动力。他们没有远大的理想和抱负，没有树立正确的人生观、价值观，不知为何而学。他们在大学里，没有了家长的约束，班主任的监督；很多新鲜好玩的事情，目不暇接，占据了他们放松的思想。因此，班级学风建设首先要从新生入学教育开始抓起，引导学生树立远大的目标，在新生入学阶段，最重要的是让学生明白为什么要学习、如何学习，加强学生的主动学习意识。

(2)提高学习能力

在大学生活和学习中，学习能力不仅仅指对于专业和课程知识学习的认知和使用的能力，同时也包含对人生生活态度、职业发展、人际关系、自我情绪控制等感知思考能力，对信息获取、资源利用等判断思维能力。培养学生的学习能力，最终是为了学生能自觉利用和发展这种学习能力。辅导员一方面应对学生进行普遍的培养，引导每一位学生形成良好的学习习惯；另一方面要加强对少数同学的引导和约束，帮助他们认识学习的重要性，让他们主动、自主地学习。

(3)激发学习动力

学生学习的动力有很多种，有的是因为家庭压力，有的是因为专业兴趣，有的是因为就业前景，还有的是因为爱情等。辅导员要善于寻找原因，对不同的学生采取不同的方法，调动他们的学习积极性。

(4)遵守学习纪律

"没有规矩，不成方圆。"大学军训带给学生最大的收获就是提高了自己的纪律性。遵守学习纪律是建设优良班级学风的重要保障。可是在目前大学生中，漠视学习纪律的现象普遍存在。上课迟到、旷课，课堂上做与课堂无关的事情，抄袭作业，考试作弊等，一方面是有些规章制度执行不严，导致制度形同虚设；另一方面学生自由散漫、沉迷网络、弄虚作假等行为作风也助长了这种风气。这样的学生，一旦走上工作岗位后，必然也会缺乏诚信，缺乏团队精神，缺乏社会责任感。

（5）营造学习氛围

学风优良的班级对于学生的学习、成长都起着不可估量的作用，班级要加强对学习重要性认识的宣传，通过多种方法营造学习氛围。同时，还要加强对少数学生的引导和约束，帮助他们认识学习的重要性，督促他们积极投身于班级的学风建设上来。

（6）培养学生就业观念

辅导员在指导学生做好职业规划的同时还需要将就业指导工作贯穿在整个学风建设中。平时要多注意关注新闻、网络上相关的就业信息，总结大学生尤其是本院系的毕业生在求职、就业方面的相关经验，让学生比较全面地了解当前社会就业的新形势，使学生有针对性地加强锻炼和学习。针对严峻的就业形势，大学生一方面要精益求精，在专业学习中努力提升专业技能；另一方面还要不断锻炼和提高自己的实践能力、语言表达能力和交往能力，全面提升自己的综合素质。

3. 班级管理队伍的建设

在学校管理工作中，班级管理是一项非常具有挑战性的工作，它的成败直接关系着一个班的学生前途和命运，而班干部队伍的素质的高低又决定了一个班级管理的成败。班干部是班级的中坚力量，是做好班级工作的基础。因此，对于辅导员来讲，培养一支素质高、能力强、作风过硬的班级管理队伍，是班级管理的一项极其重要的工作。在建设班干部队伍的过程中，辅导员应秉承以下几个原则进行。

（1）善于发现和使用班干部

毛泽东说："必须善于使用干部。领导者的责任，归结起来主要是出主意和用干部两件事。"作为班级领导者的辅导员，必须有一个统一的、正确的、符合班情的用人计划和用人准则。单纯的学习好抑或单纯的工作能力强都不是选择班干部的唯一标准。选择班干部应该综合学生的品德、学习、工作能力三方面来考虑。辅导员要在平时善于用敏锐的眼光发现此类人才，并凭借多年的工作经验为其拟定相应的职位，做一个慧眼识人的"伯乐"。让有能力、有实力的学生得到管理班级的机会，做到各得其所。

（2）善于培养和帮助班干部

一个睿智的辅导员既要当好"伯乐"，更要当好"牧马人"，在班级日常管理工作中注重对班干部工作的指导和工作能力的培养。老马识途，人老识理。在班级管理的工作中，辅导员是绝对的师者和领头羊，相较而言，学生正处于学习和成长阶段，犯错误、走弯路是必不可免的。辅导员应耐心、刚柔并济地培养学生干部，一方面不要急功近利，脚踏实地地教授学生管理经验，并分阶段、合理地分配工作任务；另一方面应奖惩分明，不得过且过，同时注意不应锱铢必较，不对学生过分求全责备，让班级领导团队在温馨、相对严谨的环境下成长起来。

（3）不断优化干部队伍

优化学生干部队伍体现在以下三个方面。第一，干部选拔。班级管理队伍的一切人员都必须经过认真的民主选举产生，不能由教师包办代替或操纵。民主选举，让有意者讲述自己竞选某一职位的优势和工作承诺，由全体成员投票决定职位的归属，这能激发竞选者的责任心和使命感，让他们在今后的工作中珍视自己的职位，注重自己的言行，切实为班级付出奉献。第二，优胜劣汰。当代的学生做事常常出现"三分钟热血，两分钟激情"的状态，在班级某一职位太久就会产生厌倦心理，出现玩忽职守、敷衍应付的情况，辅导员应注意发现和观察学生干部是否出现这种情况，及时劝告和疏导，必要时应考虑将其撤职，让更有实力的人接替。严格的选拔和周密的监督，让学生干部时刻起到模范带头作用，班级的各项工作的开展也必将取得显著的成果。第三，奖惩严明。要适当地对学生干部进行奖励和处罚，对于成绩显著、尽心尽责的学生干部，应在年末总结大会中给予相应的奖励，鼓励其再接再厉；对于表现较差或不认真对待班级工作的干部，应给予告诫，必要时给予撤职处分。

4. 班级制度的建设

建立一套合理、健全的规章制度并认真地贯彻落实，对于培养学生的良好习惯，确保学生班级工作的正常运转，提高班级管理效率，增强班级的凝聚力和战斗力，完成学生的各项学习任务，促进良好班级的形成与发展，具有十分重要的意义。

班级制度建设要求拥有一套健全的班级制度体系，一般包括：党团支部工作制度（如党团员发展规定、联系人工作职责、党团员理论学习要求、思想汇报上交制度、支部各种表格的填写规范等）、班级队伍建设相关制度（班委职责、班委考评制度、班干部培训制度、班干部改选制度等）、文明寝室建设制度(如规定文明寝室标准、作息公约、安全制度等)、学习考试制度(如学生自习、作业要求、课堂纪律、考试纪律等)、班级活动制度(班级活动场地申请制度、班级文体活动规定、班级活动经费管理制度、社会实践参与活动等)、会议制度(如党团支部、班干部会议、班会、大型集会制度等)、各类请假制度、奖惩制度、班级财务制度(如经费收缴制度、经费公示制度等)、评奖评优制度、贫困资助制度等。班级规章制度是为了实现班级管理目标而要求全体学生共同遵守的行为准则,是班级管理按一定程序办事的规程。它是班级制度建设的一个重要方面。

建立班级制度的重要原因就是当代大学生自我意识比较强,对很多责任和义务没有承担的意识,过分地追求自由而降低了法纪与班规的约束力。就目前来看,我国高校班级建设的规章制度的制定与落实现状并不乐观,制定的一系列有利于班级建设的方针、制度、政策仍难以实施,班级制度的顺利实施,一般要经过"创建—服从—同化—内化"的过程。

(1)紧抓班级制度的"创建"

在制度创建过程中,首先要坚持在学校各项工作及法规的指导下,在辅导员或班主任的引导下,在班委修订班级制度的前提下展开。其次要充分考虑全体学生的需要,要结合学生年龄特点,充分发挥学生的主体作用,让学生自主讨论,制定出相应的切合实际的制度。最后通过班级全体充分公开讨论、民主决议而产生。

(2)紧抓班级建设的"服从"

在这个阶段,各个成员表现为在班级舆论的压力下,转变自己的思想与态度,服从群体的规范准则。这种服从并非自愿,要采取细致、具体、全面、客观的配套措施。一是发挥班级榜样的示范作用与班级舆论压力,使个体逐步出现制度所要求的行为。二是组织学生进行评比与自我检查,增强制度执行的自觉性。三是发动学生党员、班干部进行监督,以保障制度的有效实施。尤其是首先试规的学生,一定要慎重对待,严格处理。

(3)紧抓班级制度的"同化"

在这个阶段,个体把群体规范、舆论吸收过来,在心理上与之趋向一致。一是教师要严惩分明,保持对学生行为评价的公正性,促进学生的认同感。二是学生个人的奋斗目标同集体的奋斗目标相结合,使学生在集体荣誉感的感召下,变自觉为自发,去遵守班级制度。

（4）紧抓班级制度的"内化"

这时，个体已经开始把自己认同的东西与自己的心理结构有机地结合起来，变为自己的价值而并入价值体系当中。一是提高班级成员认知和评价的标准，促进个体发展。二是加强对班级制度的评价和调整。

在班级制度制定与贯彻实施的过程中，应注意以下几点：第一，制度建设和实施要充分体现"以人为本"，要考虑对人的本性的尊重，促进学生良好行为习惯和道德品质的培养塑造；实施过程中也要体现"人性化"，坚决杜绝简单粗暴的惩办主义，不教而诛，激发学生的对抗心理。第二，指导思想上杜绝存有怕"家丑外扬"而影响业绩的观念，奖惩公开透明。第三，严于律己，以身示教，公平公正地处理纠纷事件，坚决维护班级制度的纯洁与庄严。

5. 班级文化的建设

班级文化有广义和狭义之分。广义班级文化是指全体班级成员创造出来的所有物质文化和精神文化的总和。狭义班级文化则指班级所表现出来的被所有成员认同并执行的目标、规范、信念、价值观等。班级文化是一个班级存在和取得进步的灵魂，其重要性不言而喻。班级文化建设主要体现在精神文化、制度文化、物质文化和"家"文化四个方面。

（1）班级精神文化

①班级精神文化的基石——目标的建设。班级奋斗目标是班级建设的整体发展规划，根据规划的时间可分为长期学年目标、学期目标、季度目标等。确定班级奋斗目标的方法有许多种，但最重要的方法有两点。第一，发挥全班所有成员的积极性，召开研讨会共同商议根据学校及学院的本学年的工作重点和以往的经验将班级的学年目标制定出来，并与辅导员或者班主任协商后做出决议。这样做的好处是集思广益，由实施主体商议出的决策更符合实际，可操作性强。协商的过程可以增进个体之间的情谊，增进学生友谊和联系，提高个体的综合素养，达到教育的目的。第二，由班主任或者辅导员根据班级情况直接制定出目标和决议。但是第二种方法具有较强的局限性，现有情况下，辅导员或者班主任所管辖的班级数目众多，辅导员或者班主任很难摸清每一个班级的情况，因此制定出的目标可操作性较差。

②班级精神文化的核心——价值观的建设。作为班级隐性文化之一的班级精神文化，最重要的是班级核心价值观、信念的建立。班级核心价值观的建立目的是形成全体成员共同认可并遵从的统一价值观，这也是班级文化建设得以实施和发挥作用的原动力。统一的价值观得到认可的程度越大，它所形成的班

级文化氛围就越能化作无形的教育力量和精神力量，成为班级所有成员认可并主动维护的行为准则和思想原则。马斯洛的"需要层次理论"告诉我们，在生存和安全需要得到满足以后，归属和自我尊重成了最主要的需要。班级只有建立起符合大多数成员需求的价值观，才能达到获得尊重和育人的目的，这些核心价值观包括如下一些方面：集体荣誉感的建立、毕业后去向的需求、有价值的大学生活范本、考试作弊的看法等。

③班级精神文化的载体——班刊的建立。大学是人生中最美好的时光，青春年少，风华正茂。许多理想之花在这里绽放，成功之路在这里开启。每一个人成年后都渴望能不断回顾自己从前的时光，当作怀念也当作审视自己。大学四年对于大多数人来说都是难以忘怀并且不可磨灭的美好时光，通过班刊这样一种形式，记载每一位同学的大学生活，可谓班级文化建设中最重要的一个环节。班刊作为班级文化建设的载体，对于班级文化建设有诸多好处：第一，能够记载班级成员每一个阶段的变化，增进同学之间的联系和友谊。第二，记载班级在这四年中的变化和成就，增强集体荣誉感，加强班级与个体之间的联系。第三，在创办班刊的过程中发挥个体的特长，如写作、摄影等，锻炼了个人的能力，增强了个体的综合素养。第四，加强班级对外宣传效果，增加班级与外界的联系，可以将班刊广泛传播于学院内部甚至其他院系。第五，为班级个体成员留下珍贵的记忆，在毕业以后甚至很多年后成为加强彼此联系的纽带，让集体的光辉闪耀得更加长远。

（2）班级制度文化

在班级中，他们把那些以规章制度、公约、纪律等为内容的，班级全体成员共同认可并自觉遵守的行为准则称为班级制度文化。班级制度文化的建设，不仅为学生提供了评定品格行为的内在尺度，而且使每个学生时时都在一定的准则规范下自觉地约束自己的言行，使之朝着符合班级群体利益、符合教育培养目标的方向发展。班级制度文化建设如下。

①革除传统班级管理模式的弊端。传统班级管理下，班级分为两个委员会，一个为班长带领的班委会，一个为团支书带领的团委会，每个委员会下最多设置四名班委，共 10 名班级管理者。班委会负责班级总体事务，团委会则负责团支部相关事务，两个委员会相互协作。以一般高等学校班级人数为例，大多数院系班级基本人数为 30 人，此类模式最多能发挥 10 个人的管理和创造能力，如果加上该班级有寝室长 8 名，则剩余 12 人完全没有参与班级事务的决策和执行的权利，只能听从指挥、任人摆布。这部分同学的自我创造能力和

自我意识的觉醒则相对于其他同学来说落后许多，更别提被他人尊重和自尊了。然而大多数班级由于班委分工不明确，许多班级的班长将班级除了有明确管理者以外的事务大包大揽，或者权责不分明导致的赏罚不分明让其他班委对于分配的任务拖拖拉拉，无法保质保量地完成。班长则成了这个班的"保姆"，长期按照这种模式管理，班级管理建设形同虚设，除了班长以外的大多数同学没有感受到班级存在，没有能够得到他人的尊重，更没有机会挖掘自身潜在的能力。

②开创"人本主义"理论下的新模式。以人为本的理论倡导班级每一个成员都是班级管理中的主体，因此必须尽可能地发挥班级每一个成员的作用，将班级成员设立在一定职位上，让每一位同学得到尊重并发挥自己的潜能，将合适的人安排在合适的位置上，理想状态是班级成员每一个人都最大限度地发挥自己的潜能，班级文化建设才能最大限度地发挥作用。

(3)班级物质文化

①寝室文化。各类高等教育学生管理中关于寝室卫生的管理层出不穷，大多数学校采取四人一间寝室为一个基本单位，出台了繁多的寝室规章制度，如晚归制度、不得违章使用电器等。各类文明寝室的评选工作也进行得轰轰烈烈，但一个班级如果没能很好地理解寝室卫生、寝室文化在班级建设中的作用，则很难对班级起到一个良性循环的促进作用。这就特别需要班级管理者针对寝室卫生、寝室文化出台一系列相关制度管理，加强寝室管理，营造多种多样的寝室文化氛围，使得大多数同学从寝室文化中受到关于个人的卫生和文化教育。

②走廊文化。走廊是班级建设最容易忽略的地方，走廊包括楼道的墙壁、寝室的门框、门头贴画和寝室命名等。一个良好的班级管理者会运用多种手段来建立走廊文化，如带领宣传委员对班级宣传栏进行设计和更新，带领生活委员为每个寝室门框上题上关于班级名称的特色对联等。这些都是凸显走廊文化的意义所在，班级成员每一次路过这样的走廊自然有了一种进入"文人世界"的感觉，对于班级的认识和凝聚力自然增强不少。

(4)班级"家"文化

班级"家"文化即班级"和"文化，是一种冰冷制度外的"软"文化和"暖"文化，是指在班级管理中，把一个班级的全体同学团结在一起的行为方式、价值观念和道德规范的总和。这种文化是在班级的共同生活和学习中逐渐形成的。积极良好的班级文化可以让一个班级的同学感到心情愉快，积极向上，产生战斗力；良好的班级文化的形成是一个长期的过程，需要在班主任以及全体同学的共同努力下，经过实践的检验而最终形成。可以说，班级文化是一门隐性课程，具有一种无形的教育力量，它有利于德育工作的顺利开展。

①宣扬"爱"文化。家的意义在于它是爱的港湾。教师及班级干部以身作则，建立班级"家人"困难应急小组，在经济和精神上及时帮助有困难的学生，并建立班级捐助小队，历届传承，为贫困山区的学生定期捐赠学习用品等物资，让每一位学生感受到帮助别人的快乐。

②定期开展"班级恳谈会"活动，在这里没有师生，没有陌生，大家促膝长谈，解开误解和矛盾，用心灵去沟通，用真诚去感化彼此。像家人一样，没有隔阂，没有距离。

三、班集体建设的现实意义

班级是学校系统的细胞，是学校教育教学工作开展的基本单位，是与学生学习和发展息息相关的微观环境。本质上说，班集体是一种教育载体，同时又是教育主题，具有巨大的教育力量。建设优秀的班集体，不仅能使其成为真正教育载体，为学生提供个性化塑造的机会，还能够满足学生归属感的需要、活动的需要、交往的需要、社会承认的需要和自我发展的需要等，促进学生个性的健康发展。同时，建设优秀的班集体又能发挥班级作为教育主体的作用，使其具有健全的组织机构和班级核心，能够开展自主教育。"蓬生麻中，不扶而直。"由此可见，建设优秀班集体是建设大学生学习生活的直接环境，对他们的成长成才起着至关重要的作用。

进一步说，班集体稳定和发展的程度，不仅直接影响到学校的教育教学质量，更是直接影响到学生个体的学习生活。因此，作为大学教育体系的基本构成单位，班集体建设是否完善，直接关系到国家科教兴国、人才强国战略的实现和学生自身的健康发展。

第二节 班级建设常见问题及对策

一个真正的班集体，是指那些有明确的奋斗目标、健全的组织系统、严格的规章制度、强有力的领导核心、正确的舆论和优良班风、能正常发挥其整体功能和不断自我完善的班级，是一个充满凝聚力和创造性的集体。[1] 随着时代

---

① 刘德宇：《关于加强大学生实践能力建设的思考》，载《教育理论与实践（学科版）》，2009(11)。

发展,高等教育的改革和现在高校专业班级设置的改进,大学生群体的人生观、价值观以及集体观念在不断地发展转变,体现出新时代大学生的个性特征。同时,由于高校不断扩招,学生人数增多,班级建设与管理逐渐出现诸多变化和问题,大学辅导员要及时发现班级中出现的问题,认真分析导致该问题的原因,更好地促进良好班集体建设。

一、目前大学班级管理存在的问题

班级是大学生组织的基本形式,班级建设的水平对学生发展和学校教育的开展有着直接影响。对大学班级建设中面临的主要问题、如何进行大学生的班级建设进行探讨,有着重要的理论和实践意义。由于高校改革等因素的影响,当代大学生心理的变化和自身问题的出现,导致了诸如高校班级概念的淡化、班级建设目标和思路模糊、班级管理制度缺乏规范、班级凝聚力下降、学生不积极参加班级活动等各种大学班级管理的问题。

1. 高校学分制改革淡化了班级的概念

随着高等学校学分制的全面实施,学生不仅具有了较强的课程选择权利,而且可以根据自己的兴趣爱好选择自己喜欢的教师和课程。如此一来,就导致了同一专业、同一班级的同学完全在一起上课的机会减少,学生分散在不同的教室,共同在一起交流的机会也随之减少,传统意义上的班级概念逐步被非正式群体以及独立的学生个体所取代。

2. 班级建设目标和思路模糊

目前,一些高校班级存在着建设目标和思路不明确、不清晰的情况。对于辅导员来说,部分人只重视完成学校布置的各项事务性工作,或者只将学生安全不出事当成工作目标,这样的工作思路将学生的心理发展和个性成长弃之不顾,将班级管理建设工作置于死板、机械化的境地,不利于新时期大学生个性发展和成长,压抑了班级的创造性。班干部和学生,由于缺少班级管理经验,大部分学生对班级建设的概念模糊不清,在班级建设的目标和班级建设方式上也不甚明确,多数只是配合辅导员完成学校、学院下达的工作任务,工作和活动缺乏主动性和创造性,对班级建设的方向没有创造性的意见,无法以班级建设为目标开展有创造性的班级活动,不利于形成班集体凝聚力。

3. 缺乏规范的班级管理制度

班级的规章制度分为两种:成文的制度和非成文的制度。成文的制度包括学校的各项规章制度和班级自己制定的管理制度等。为保证共同活动目标的实现以及个体在其中所获得的发展,这些规章制度一方面调节了团体和个人的行为，另一方面也维护了个人在团体中的权益。在成文的班级制度中有一种倾向是要引起注意的，即辅导员或班主任按照学校领导的要求，直接或间接地通过班干部，借助一定的规章制度去约束学生，从而实现对学生的思想和行为的控制。这种方式导致一些不良局面，如辅导员或教师只关心如何矫正学生表现出来的形形色色的错误行为与利己意识；学生只关心如何表面地、形式地维护规章制度；班干部只从事监视的活动，监视同学不违纪、不犯错等。该管理方式错误地把集体和个人对立起来，使学生的主动性、积极性以及情感、态度、兴趣等被群体所要求的整齐划为扭曲，不利于学生的发展。班级中非成文的制度是班级中约定俗成的规范，主要指班级的传统、舆论、风气、习惯等。由于多数同学认为班级的制度既不是由班级同学自己讨论制定的，也不会根据班级情况的变化修订班规，所以导致了规范全班学生行为的班级制度在某种程度上形同虚设。班级的制度建设在班级的建设中起着至关重要的作用，对于大学生来说也是其学习如何适应社会集体生活，实现自我管理、自我负责的重要手段。但目前大多数学校的班级制度建设尚且落后，其中部分制度反映的只是学校管理者的意志。这类的班级制度剥夺了学生实际自我管理的机会，影响了学生的身心发展。

4. 辅导员与学生缺乏交流

根据相关文件规定，高校应按照不低于 1∶200 的比例设置一线专职辅导员岗位，但现实情况中，部分高校的辅导员配备标准却没有达到这一标准，实行兼职辅导员制度。这些非专职辅导员身兼数职，除了辅导员工作以外，可能同时担任教学科研或学习任务。面对需要和学生多沟通、对学生生活多关心的巨大工作量，身兼数职的辅导员往往力不从心，与学生的交流较少，对学生的关心也不足。

5. 学生干部队伍建设滞后

除了辅导员应当担负起班级建设任务外，学生干部队伍对班级情况和班级同学更加了解，对班级建设应该有更明确的方向和创意。但在实际学生干部队伍建设中，由于缺乏经验，没有经过辅导员系统性的培养、领导和监督，学生干部的工作能力提高缓慢，对班级工作的目标止步于协助学校、学院完成工作性事务，仅仅追求监督班级卫生、班级学生学习等目标，对组织班级创新性活动、加强班级凝聚力等方面没有起到应有的作用，导致班干部自身工作能力得不到有效成长，对班级同学不能形成应有的影响力，同时造成班级自我建设的松散。

6. 学生个性增强导致班级凝聚力下降

一个优良的班集体，成员之间应该有较高的心理互依性。集体应该有确定的被成员所接受的共同目标，成员要有能为集体目标的实现贡献自己的力量的精神。当今大学生多为"90后"，这一群体具有思想解放、知识接受面广、个性鲜明、追求独立等特点，同时也有性格叛逆、缺乏阅历经验、容易以自我为中心的倾向。加之传统意义上的班级活动难以有效地激发学生的积极性，导致学生在班级中展示的机会越来越少，学生参与班级活动的兴趣降低，从而使现在学生班级凝聚力下降。

7. 学生不积极参加班级活动

作为学生学习和生活的场所，作为学生教育的主体，班级是否能够为学生提供有趣、有意义的经历，对学生的成长也很重要。学校或班级能否为学生组织有吸引力的活动，将直接影响学生对学校的生活质量的评价。对于大学来讲，学校需要努力的是如何寻找具有教育意义以及能够真正产生教育影响的课外活动。学生本该对使大学生活更加绚丽多姿的各类社团活动寄予厚望，但希望如果得不到满足，学生的怨气就会非常大，学生无法通过正常的渠道释放多余的精力，因此谈恋爱的现象就较为普遍。大部分学生表示，对目前的班级生活不满意，其理由主要表现在"大学生活没有想象中的有趣、丰富多彩""离社会距离太远""管理制度不够人性化"等方面。

二、改进大学班级管理的建议及对策

班级建设的目标是使每一位学生都得以充分展现自己的精神世界，形成主动发展的动力和能力，并在学生、师生之间的充分交往中，创造一个互相欣赏并共同开拓精神世界、提高生命质量的民主集体。① 改善大学班级管理，首先要改变高校教育思想和教育理念，通过情感育人、尊重个性、文化熏陶等感化学生，其次就是加强班级干部建设、建立健全班级管理制度，这样对于解决以上种种班级管理问题会有很好的帮助。

1. 确立"三位一体"的班级管理模式

所谓"三位一体"的管理模式，即系级管理者、辅导员或班主任、学生干部共同进行班级管理的模式。系级管理者是所在系各班级的总负责人，负责把握班级管理建设的方向，负责加强班级管理工作的指导、检查，制定和完善班级

---

① 于冠华：《浅论社会实践对大学生创新和实践能力的培养》，载《当代经济》，2009 (23)。

管理目标。辅导员或班主任是班级管理的指导者、管理者和组织者，也是完成班级管理工作目标的责任者。而学生干部是联系辅导员或班主任，进行班级管理的桥梁。三者缺一不可。因此，要不断提高系级管理者、辅导员或班主任、学生干部的业务素质，强化思想政治工作、教育管理工作，做到内强素质、外树形象，完善辅导员或班主任工作考核机制，建立学生干部自我评价、学生评价机制。采取"系级管理者、辅导员或班主任、学生干部"三位一体的班级管理模式，以学生为本，和谐共建良好学风班风，促进班级管理工作科学化、民主化、规范化、制度化、系统化。班级管理工作是一项十分烦琐和艰巨的工作，只有在实践中不断摸索、总结经验，才能达到理想的效果。其中加强与学生的情感沟通，遵循大学生的心理特点和规律，做到以"生"为本是基本原则。

2. 情感育人，逐渐由刚性管理向柔性管理过渡

情感交流从柔性管理教育的角度讲就是"感情投资"，它是协调人际关系的最佳方式，大学班级的辅导员和教师只有与学生在情感和人格上产生共鸣，才能使学生在心理上产生敬重感和信任感，心悦诚服地为班级的建设而努力。

做好学生的柔性管理工作，主要包括以下四个方面：一是尊重学生，使学生得到平等的主体地位，平时工作中以表扬为主，避免直接的训导；二是相信学生，使学生在大学生活中树立充足的信心；三是给学生更多爱心，辅导员要沉下心到学生中，关心学生，特别是有困难的学生；四是给学生树立榜样，用自己的人格和魅力影响学生。

3. 鼓励、尊重学生发挥创新精神，全面调动学生参与班级建设

新时代的学生个性鲜明，富有创造性，他们在班级建设中更了解班级同学的情况和个性，对班级建设具有更多的创意。在新时期班级建设中，应当以辅导员和导师作为引导者、协调者，为班级建设的正确方向保驾护航。打破传统的"专制式""权威式"管理方式，应当充分调动学生的积极性，将班级民主交还到学生手中，给予他们创造自己班集体的机会和指导。在学生中组织班级建设参与会，广泛听取学生的声音，让班级中所有的普通同学参与到班级建设中，让他们在自己的班级生活、学习和工作中发挥他们的创造性和活力。同时，尊重学生个性，可以使学生班级主体性得到充分发挥，提高班级的管理水平。学生是教育的主体，也是班级建设的主体，充分彰显学生在班级建设中的个性，是增强班级活力的重要前提。

4. 文化熏陶，坚持不懈开展班级文化建设

建设具有生命力和创造力的班级文化是班级活动能够持续开展的动力和源

泉，不管什么措施和活动，都只能促使学生短暂的参与，要真正形成具有较强竞争力的班级，必须形成强大的班级文化，才能够凝心聚力，才能把学生的思想统一到班级中来。

在班级形成初期，就要引导学生通过共同努力和策划，形成自己的班徽、班歌、班风与班训等班级文化符号，使其成为学生乐于接受的班级文化标志，并在此号召下形成班级精神，为建设班级管理提供文化抓手。

5. 实行开放式的学生干部选拔模式，培养学生干部的工作能力，发挥班干部在班级建设中的作用

班干部是一个班集体的骨干和核心，是辅导员的得力助手，是班级工作顺利开展的重要保证，是班级建设的生力军。[①] 选择班干部之初，应当采用开放式的学生干部选拔模式，为学生竞选创造一个公平的环境，通过民主选举产生的班干部在班级中才有威信、有说服力，有助于工作的开展。同时，民主的班干部选举方式有利于培养大学生的民主意识，对学生管理和参与班级建设有积极意义。选拔班干部后，辅导员应当组织进行班干部培训，可以组织高年级干部对低年级新生干部进行经验传授，教授班干部工作方法。对班干部的任用应当依据干部不同方面的特点进行不同任务的分派，发挥不同干部的不同特长。建立班干部监督考评机制，对班干部的工作进行连续的监督和考评，促进干部成长，同时保证班干部在班级建设中贡献的力量。充分发挥班干部在班级建设中的作用，要求班干部能够调动班级同学的参与积极性，了解班级同学的现状和动向，从思想上、学习生活上、行为习惯上发挥模范带头作用，引领班级同学团结一致，共同发展。

6. 建立健全班级管理制度

建立健全班级管理制度是改善班级管理的重要途径，是班集体得以形成并向优秀班集体发展的有力保证。建立制度，可以引导学生树立"班兴我荣，班衰我耻"的思想，使学生在日常行为中经常性地考虑其对本班级的影响，从而调动学生参加班级建设的积极性，提高班级建设的水平。在建立制度的同时，还要注意以下几个方面：一是制度跟着学生走，学生到哪里，制度就跟到哪里，让班级在制度控制下，做到有章可循、有规可依，借助规章制度的约束力，使班级目标管理工作规范化、制度化；二是制定制度时，要广泛征求学生的意见，反复论证，权衡利弊，要符合学校的要求，要从班级出发，遵循教育

① 刘铮：《大学新生班级建设的探索与实践》，载《中国科教创新导刊》，2008(8)。

规律，符合大学生身心发展的特点，符合学校管理的特点；三是班级制度要有教育性，要从管理需要出发，明确教育目标，发挥教育功能；四是制度要有相对的稳定性，在执行过程中要不断完善制度，不能半途而废，更不能朝令夕改。

班级管理工作是一项烦琐和艰巨的工作，只有在学生班级管理中不断摸索、总结经验，才能达到理想的效果。其中，加强与学生的情感沟通，遵循大学生的心理特点和规律，做到以"人"为本是关键。

7. 开展丰富的班级活动，增强班级凝聚力，打造特色班级文化活动室

大学校园生活的基本形式是通过班级活动，使学生融入班集体，产生集体归属感，并且在班级活动中锻炼学生的能力，发展学生的兴趣特长，对学生的成长发展有着重要作用。开展创新性的班级活动，发挥当代大学生具有个性、追求新鲜感、富有创造性的特点，并且结合班级特点，形成独一无二的班级特色和文化。组织班级活动时，应当打破常规，尽量听取学生的意见，发现他们希望参加的班级活动，最大限度地调动学生参与活动的积极性，结合当代学生的特点给予他们最大的成长启迪。例如，可以设计贴近学生生活的班级活动，让学生在班级活动中感受到家庭的温暖和自我能力的实现。

第三节　如何进行班集体建设

良好的班集体建设，需要充分发挥好班委、团支部、学生党员在班级建设中的作用，充分利用网络平台，以达到良好的效果。

一、充分发挥班委在班级建设中的作用

班干部是班级生活学习的重要部分。一般情况下，班干部是从普通学生中选拔出来的，由于班干部的特殊身份，其一言一行较普通学生更受关注，更是其他同学效仿和自我比较的对象。同时，由于他们的年龄、经历、知识相近，又与同学朝夕相处，心理距离小，更容易接纳其作为榜样。因此，如果在班级中拥有一批能以身作则、团结一致的班干部，就能营造出良好的班级氛围，并且能充分带动广大同学的积极性，大大增强集体的凝聚力，形成优秀的班集体。培养一批过硬的班干部，发挥好班委在班级建设中的作用，可以建立健全班干部选举制度、加强班干部培养、做好考核工作等。

1. 健全选拔机制，优化班干部队伍结构

新形势下大学生法制观念、民主意识和平等思想明显增强，班主任指定型

班干部队伍模式已不适应时代要求。班干部队伍的产生可实行自荐与推荐相结合的竞职演说、民主选举并举的班干部选拔机制，由班级全体同学民主选举产生，以便更好地符合广大同学的要求，也能促进班干部队伍结构的优化，对促进班集体建设有积极作用。

2. 注重学习引导，提高班干部理论修养

目前高校班干部的总体理论修养还不高，还需有组织、有计划地进行教育和培养。要通过理论学习研讨班、专家辅导报告、党团校、主题班会、主题团日活动等载体，加强对班干部党的基本纲领、基本路线和政策的教育，引导班干部勤于学习，善于学习，丰富理论知识，完善理论体系，提高理论修养，努力练好内功。

3. 加强培养指导，提升班干部工作能力

培养班干部的工作能力是抓好班集体建设的重要环节。班干部一经产生，班主任或辅导员就要着重培养他们的大局意识、工作意识、服务意识，增强他们的集体荣誉感和责任感，使之清楚地认识到班集体的好坏同广大同学和自身发展的密切关系，明确担任班干部对今后成才的积极作用，懂得带领全体同学共同进步的重要意义。要加强对班干部实践工作的指导，让其在活动过程中历练意志，增长才干。

4. 完善激励机制，激发班干部工作热情

要注重建立健全班主任或辅导员指导下的班干部考核激励机制。在具体实施过程中，辅导员应每个学期结合班干部的工作职责对班干部进行一次全面考核评价，在日常活动或重大活动中也应及时考评，结合班干部自评、教师评价和学生评价，全面了解班干部的工作情况。同时辅导员也应对自己负责的班级尤其是班级主要干部加强工作考核。考核中要让班干部知道好在哪里、不足在哪里，这样有利于班干部自身素质的提升，从而更好地发挥班干部的作用。对考核优秀者应适当奖励，对考核较差者也要加以正确引导，以全面激发班干部的工作热情。

5. 完善制度，做好考核工作

经过一段时间工作后，培养优秀学生干部的一个关键是如何端正学生干部的工作态度和政治立场，使学生干部能够树立正确的人生观、价值观。辅导员应着眼于建立一套有效且易于操作的考核机制，形成班级干部管理制度，使学生干部管理规范化，以减少学生干部管理、评价工作中的主观人为因素，使之更客观、公正地对学生干部进行综合评价。通过民主化、公开化、公平化的原则来评价学生干部，形成优胜劣汰的竞争模式，增强他们的责任感和危机意识；同时注意对其学习成绩进行考察，可制定最低成绩标准，在学生干部成绩达不到要求时，要及时停止他们的工作，让他们知道学习的重要性。加强学生干部队伍培养，是构建和谐校园、发展高校教育、塑造良好校园环境的一项重要任务。辅导员必须注重学生干部的教育培训工作，把建设一支高素质的学生干部队伍，作为一项重要工作，并在新的形势下，以"十三五"规划为基准，以新形式、新途径，取得学生干部队伍培养工作的新进展。

二、充分发挥团支部在班级建设中的作用

党的十四届六中全会通过的《中共中央关于加强社会主义精神文明建设若干重要问题的决议》中指出："要充分发挥共青团、少先队团结和引导广大青年进步的重要作用。"在班级建设中，团支部作为班级的政治性组织，对班级建设的影响同样不可小觑。因此，加强团支部建设，也将成为辅导员教育工作的重心之一。如何扩大团支部组织在班级建设中的作用，是问题的关键。他们可以从团支部的组织生活、加强团员的教育管理、严格团支部的考核等几个方面加强团的自身建设，从而提高团员的综合素质，进一步发挥团员的先锋模范作用。

1. 丰富多彩的团支部生活

团的组织生活形式多样、丰富多彩、生动活泼，不仅适合班级学生特点，也富有知识性和趣味性，不仅如此，还能够较好地发挥每个团员的主观能动性。团支部要从实际出发，利用各自有利条件，开展多种活动。组织生活内容丰富，不但能开阔团员视野，增长知识和才能，而且能使团的组织生活经常保持旺盛的生机与活力。团的组织生活的活动形式很多，比如：开展党团知识竞答活动，举办读书会，学党史活动，还可以根据最近比较流行的问题展开讨论会。团支部要从实际出发，活动形式要求可根据内容的要求来确定，既要生动活泼，又要讲求实效，还要注意活动的思想性和教育性。

班级团支部召开民主会议和支部大会是健全团内正常的政治生活的重要形式之一。班级团委会可以通过定期召开民主会议，结合本班团员存在的问题，开展批评和自我批评，指出存在的不足，找出改正的方法，从而很好地改进。民主会议的主要内容可以包括团内开展思想交流和批评与自我批评，及时发现并改正团员中的各种错误思想和不良倾向等。例如：针对班级的不良学风开展批评和自我批评，对工作、思想、学习等方面进行及时总结。

政治理论学习也是团支部的组织生活的主要内容之一。团支部可以通过各

种形式组织团员学习,使团员经常了解国际经济和政治形势,了解国内外大事;组织团员学习党的十九大精神,学习先进人物事迹,使团员加深对党的政策、方针的理解,在政治上自觉向党靠拢;组织团员积极以国家的改革和发展建设为前提,联系个人的实际情况学习党的先进思想及政策,掌握并运用正确的观点、方法分析和解决实际问题,要求做到理论联系实际。

认真开展团推优活动。做好这项工作,是加强团的思想政治工作和组织工作、增强团组织战斗力的重要内容,也是新时期党的队伍建设的战略需要。推优工作分两个阶段进行,一是推荐优秀团员作为入党积极分子,二是入党积极分子作为党的发展对象,都要履行自下而上的推优程序。团的组织工作要结合生活才能不脱离实际,才能在班级管理建设中切实发挥团支部的作用。

2. 团组织要加强团员的教育管理

共产主义青年团是中国共产党的预备力量,做好团员的教育管理,为共产党输送大批优秀的共产党员,是保持党的先进性的重要体现,对于先进的团员,应鼓励奖赏,可以通过表彰大会、优秀团员评比、优先发展党员等多种途径进行鼓励。而对于一些后进的团员,也可以透过一些相关文件进行相应的教育,例如:开展团的批评与自我批评活动等。其目的在于提高团员的队伍的政治素养,表彰先进,进一步激励广大团员在思想、学习、遵章守纪和社会活动中更好地发挥先锋模范作用。增强团组织的战斗力,严格团的纪律,通过对极少数不合格团员进行教育,情节严重的要进行必要的组织处理,保持团员队伍政治上的先进性和组织上的纯洁性。此外,对于一些情节较为恶劣的违纪团员,批评教育的同时,团支部可以酌情考虑给予处罚,甚至开除团籍。

3. 严格团组织的考核制度

第一,把那些热爱工作、热心为同学服务、乐于做学生良师益友和有一定经验和能力的学生选拔到团干部队伍中。

第二,提高团干部队伍的素质。定期召开研讨会、定期召开例会、建设业余团校,有计划地组织团干部参加新政策的学习、干部培训、经验交流,让团干部主动接受新思想、吸收新经验、探索新方法。

第三,加强对团干部的检查和监督力度,建立团干部的考评制度,做到优胜劣汰,充分调动和发挥团干部的主动性、积极性和创造性。

第四,加大团委对团支部的评比考核力度,进一步强化团的基础,增强团的活力,充分发挥团支部在班级管理建设中的作用和团员的模范带头作用。

三、充分发挥学生党员在班级建设中的作用

学生党员是学生中的先进分子、积极分子,是在校学生中的精英和骨干,

是学校党组织与青年学生联系最紧密的纽带和桥梁。学生党员是同学们关注的焦点，学生党员的言行也影响着广大同学，他们在学校的班级建设中也有着不可替代的重要作用。发挥学生党员的先锋模范作用，是考察党的先进性的标准之一。每位党员应该努力实践自己对党组织的承诺，积极带动周边同学，在各方面起模范带头作用。充分发挥学生党员在班级建设中的作用，主要表现在以下几个方面。

1. 培养学生党员深入学习实践习近平新时代中国特色社会主义思想

目前，学生党员在入党前的培训力度还不够，更加需要注重入党后的党内教育，高校要组织学生党员学习践行习近平新时代中国特色社会主义思想。习近平新时代中国特色社会主义思想是我们党在实践基础上的重大理论创新，是马克思主义中国化的最新成果，"八个明确"的基本内容、"十四条坚持"的基本方略，构成了系统完整的科学理论体系。作为学生党员，要用先进的思想武器武装头脑，不断提高自己的政治素质和理论修养，并切实在学习生活中付诸实践。学生党员是大学生的重要组成部分，是中国特色社会主义事业的建设者和接班人。学生党员只有真正学习践行习近平新时代中国特色社会主义思想，才能够自觉地发挥先锋模范作用。

2. 发挥学生党员在年级的先锋模范作用

首先，要做好培养和发展工作，在不断增加学生党员的数量的同时努力提高学生党员的质量，尽可能把党支部建在年级上。全国高校党建会议中曾提出："要本着积极而慎重的态度，在保证党员质量的基础上，加大党员发展力度，力争经过几年的努力，使学生党员的比例在现有的基础上，有较大幅度的提高。"所以，学生党员的发展工作既要有针对性又要有实效性，使党员发展"关口前移"，坚持"早选苗、早教育、早培养"的原则，及时把基本具备入党条件的优秀学生吸收到党组织中来，在年级成立党支部。通过年级党支部工作的开展，带动所在班级，联系低年级班级，从而充分发挥基层党组织的战斗堡垒作用。其次，要发挥好学生党员在年级中的作用。年级是大学开展集体活动的重要场所，也是学生党员发挥作用的重要载体，党员作用发挥得如何，会对年级的每个学生产生直接影响。要充分发挥年级党支部的战斗堡垒作用和学生党员的先锋模范作用，建立健全机制，使学生党员明确自己的职责，积极努力工作。每一位学生党员都应在政治意识、同学交往、文化学习、协助老师等方面起到模范带头作用。建立起学生党员联系人制度，每位学生党员要联系两名入党积极分子，做好积极分子的培养考察工作。还可以开展学生党员"一帮一"

"一帮二"等活动,学生党员从思想、学习、生活各方面帮助一两名同学,形成有困难找党员的氛围。

3. 发挥学生党员在学生公寓中的先锋模范作用

学生公寓是大学生学习、生活和休息的重要场所,是进行思想政治教育的重要阵地,也是校园文化建设的重要载体之一。学生公寓的环境对学生在大学阶段的成长会产生很大影响。发挥学生党员在公寓的先锋模范作用,带头创建良好的公寓环境和公寓文化,对形成优良的校风学风,促进在校大学生健康成长具有重要的意义。首先,通过开展"寝室文化节""党员宿舍行"等各种活动,进一步加强公寓这一学生活动阵地的建设,并强化党员在这一阵地中的重要作用,使学生公寓成为党员开展活动的阵地、学习党的知识的园地、帮助身边同学的纽带。同时,进一步发挥"优秀共产党员寝室""党员宣传栏"的作用。一名党员就是一面旗帜,让党员的声音在学生公寓中响起,使党员成为同学学习的榜样,在优秀党员寝室悬挂标牌锦旗等,使其能更好地接受同学的监督、学习。其次,采用学生党员"责任制"管理方法,发挥模范先锋作用。定期到"责任区"走访寝室,了解普通同学生活和学习情况,认真听取同学们对学校院系党政工作及其他各方面工作的意见和建议,并及时反馈给上级组织;主动找已申请入党或已被定为发展对象的同学谈话,实行"一帮一""一帮二"等活动,促进学生党员在日常生活中切实发挥先锋模范作用,带动周围同学以实际行动争做文明大学生,使学生公寓文化建设朝着良性方向去发展。

四、充分发挥网络技术在班级建设中的作用

高校班级管理中普遍性问题日益增多,传统班级管理也存在很多不足,迫切需要一种合适的方法去弥补,实现师生间的交流畅通,更好地解决学生出现的各种问题。而近年来,随着网络的普及,尤其是校园网络的发展,班级管理有了一种便捷有效的新途径——计算机网络技术[①]。大学辅导员要充分利用网络,通过普及班级网络社交软件的应用、设立网上班级主页、利用网上管理系统、利用网上资源、建立班级论坛等各种网络形式进行班集体建设。

1. 普及应用网络社交软件

QQ、微博、微信等社交软件是当代社会风靡的交流、沟通媒介,在高校学生、师生之间起着重要的信息传递作用。通过 QQ 等传输信息,不仅为教师

---

① 易立峰:《论网络环境下高校的班级管理工作》,载《内蒙古师范大学学报(教育科学版)》,2005(7)。

和学生提供了有效的网上交流渠道，还为学生提供了自由交流的可能性。它们不受时间、地域的限制，经济实用，富有趣味。在这个平台上，学生可以尽情地学习、咨询、反映问题；教师可以迅速收集学生反映的信息，并及时进行诊断和评价，给予指导和纠正。管理者可以迅速地掌握学生、各学院教师的情况，使学生、教师、管理者成为一个完整的体系，实现沟通无阻，交流顺畅。

(1)师生沟通的桥梁——群聊

通过群聊，学生可以自由地交流学习、就业、生活、情感等各种问题，教师也可以迅速地传达信息，实现沟通的迅速性；教师还可以通过引导，激发学生的思想碰撞与交流，使学生不断完善自我，不断成长。

(2)传递资料，分享知识的基地——资源共享

QQ等共享功能将资源真实、快速地传递，教师可以将很多资料上传到共享中供学生分享。如教学PPT、表格、评奖评优、毕业论文格式、重要新闻或通知、时事政治等。另外，管理者也可以及时上传重要通知、文件、信息等供大家分享。此外，群成员还可以共享一些实用的软件、作品等供大家使用。

(3)美好回忆的珍藏地——群相册

班级中每位同学可以上传自己珍藏的照片，记录自己大学的成长轨迹，留下与教师、同学、母校在一起的甜蜜瞬间。不论是个人的、集体的，还是开心的、难过的，抑或感动的，都可以共享出来，让大家共用、回味。

2.班级网络管理信息库的建立

班级网络信息系统对辅导员及时了解学生学习及思想情况、分析解决问题起到及时有效的信息咨询功能。班级管理信息系统具有查阅学籍管理、成绩管理、考勤记录和个别教育记录、班级工作计划、班级工作日志、学生个人课程表等功能，辅导员也可以查阅工作计划、课程教案、听课记录、学生通讯录等各种管理信息，这有助于辅导员全面掌握班级的情况，大大提高工作效率。

3.开通网络班级之家

成都大学建立了网络班级之家，其构想就是为体现把个性发挥的空间留给学生，把课堂、班级还给学生的宗旨。在实施这一计划时，把班级建设评比、班级建设经验、班级建设的通知、班级发展的目标都在班级之家的网站上显示出来，学生可以更加直观地了解班级特色，深入体会、积极融入班级生活。同时，学生积极参与班级网络建设，将提升学生的集体荣誉感，增进学生间的了解、信任，使学生感受到自己与班级的进步紧密相关，从而增强班级的凝聚力，有利于形成良好的班级氛围，促进班级的和谐发展。

4. 开设主题班队的网络新平台

传统的主题班队活动课，通常是在黑板上写好主题活动的名称，班主任安排好主持人，活动一个接一个地进行。这样的班队活动往往是由班主任一手策划，学生在活动中的参与率较低，主体性得不到发挥，参与的积极性大打折扣，活动很难达到预期的效果。校园进入了信息时代，网络文化赋予了了班队活动新的意义，信息时代特有的工具给单调的班队活动形式带来了勃勃生机。作为高校辅导员，要采取正确的教育方法，有目的地引导学生最大化地有效使用网络的教育学习功能。充分利用网络的信息优势，培养学生的创造精神和实践能力，开展新型的班队活动，互联网成为主题班队活动的新平台。设计适合学生年龄特征、形式活泼、内容丰富的主题班会，班主任推荐可选择的站点，让学生利用互联网搜集网络资源，进行再处理和加工，形成自己的观点，然后把自己的成果制作成幻灯片、网页、画册等进行交流展示，或者将优秀网页发布到班级或学校主页上，学生在展示中会获得最大的成就感。

主题班队活动课除了采取传统讨论、座谈、报告或演讲等形式外，还可以以网络论坛和视频广播的方式进行，甚至可以远程邀请专家或与其他地区班级远程结对开展。网络主题班队活动课的优点是学生可以畅所欲言，没有时间、空间限制，参与群体可以多样，信息资源可以共享，形式新颖，符合时代发展，学生乐于接受和参与。

5. 提供家校交流的新阵地

传统的家校交流仅局限于家长、班主任和科任教师之间的对话，甚至是家长听班主任、听科任教师在讲话，而把"真正的主角"——学生放在一边。为了激发家长配合的积极性，以全新的思维方式教育自己的子女，召开家长会时可以借助多媒体课件和视频向家长展示教育资讯前沿、学校教育动态、学生的留言和心声、教师的寄语和建议等，让家长从另一个角度认识自己的孩子，同时也增加了他们作为家长的责任感，促使他们寻找更多的教育方法，更加关注自己孩子的成长。

辅导员也可以通过"家校互联"等现代通信系统实时发布学校通知，通过E-mail给家长发送学生成绩通知单或致家长信，通过QQ群聊、网络论坛、班级聊天室等召开"线上"的家长座谈会，与家长交流和探讨学生在校、在家的表现情况，发表有针对性的意见和建议，让孩子时时处于关注之中，让家校之间再也没有盲点，不再缺少沟通。

6. 提供班级文化建设新景致

班级文化可以认为是"充斥班级的一切人为的存在"，核心是多数学生认可的一些价值取向。一个班级的发展取决于这个班级本身存在的文化和这个文化的形成过程。一个好的班级口号，几句好的班级箴言，好的学风和班风，这些都能促成一个班级的合力。但传统的班级文化，仅限于纸面，刻板教条，没有特色，没有交流，大部分学生对此感觉索然无味。基于此，我们让班级文化借助网络多媒体，用声色影像来描述和记忆，比如视频文档、班级博客、班级网页、班级社区、班级相册等，让班级文化建设以一种全新的景致呈现给学生，这符合现在学生的心理特点和心理需求。

网络班级辅助管理是一把双刃剑，在为班级管理带来机遇和效率的同时，也给班级带来了挑战。辅导员作为一名合格的管理者，要承担起净化、维护班级网络体系的重任，切实将网络辅助管理运用得尽善尽美、至纯至净，为班级打造一张亮丽的名片。

▶本章小结

李镇西说："班集体不仅仅是教学单位，也不单纯是德育组织。而是集教育、教学和个性发展于一身的有机统一体。它以对学生的尊重和研究为出发点，以对学生的教育和学生自身的发展为目的，教育与教学相协调，知识传授与能力培养互为依存，个性的全面发展与群体的共同进步互为条件，是德、智、体、美、劳五育和谐统一的教育组织和教育系统。"班集体的建设至关重要，是高校为国家各项建设输送人才的基石。

由于高校改革等因素的影响，当代学生心理的变化和自身问题的出现，导致了诸如高校班级概念的淡化、班级建设目标和思路模糊、班级管理制度缺乏规范、班级凝聚力下降、学生不积极参加班级活动等各种大学班级管理的问题。这些是亟待高校班级辅导员认真思考、妥善解决的问题。

高校辅导员要充分认识到班集体建设的重要性，明确班集体建设的任务，从班委、团支部、学生党员、网络教育等各个方面来抓班集体建设，针对班集体建设中出现的种种问题，我们要采取不同的对策并及时处理解决。只有这样，才能更好地管理学生，更好地服务学生，更好地对学生进行思想政治教育，促进大学生综合素质的全面提高。

▶案例：清华大学计研四班班集体建设

清华大学计研四班成立于 1999 年，是全国第一个纵向分班的大班试点，也是清华大学第一个研究生科研群体纵向班级建设的尝试，由信息科学与技术国家实验室人工智能与计算机科学研究部的200余名硕士生、博士生组成。计研四班团支部是基于信息科学与技术国家实验室人工智能与计算机科学研究部的研究生团支部，现有团员157名，约占整个计研四班研究生人数的75%。计研四班党支部、团支部、班委会作为班级工作的核心，分工明确，在开展各项活动时又需要相互配合，党支部为他们思想导航，团支部是他们理想与责任结合的桥梁，班委会带领他们共筑温馨的家。

1. 班训

开智慧做一流学问，聚人心绘万里宏图。

2. 班级概述：心怀祖国励志，脚踏实地为学

计研四班以其富有新时代研究生特色的突出表现，多次荣获"全国优秀班集体""北京市先进班集体""北京市'先锋杯'红旗团支部""北京市思想政治工作先进单位""清华大学工作突出党支部""清华大学优秀团支部""清华大学先进班集体"等众多荣誉称号。现在，全班同学正在"心怀祖国励志，脚踏实地为学"的思想引导下进行着不懈的努力，争取再创佳绩、勇攀高峰。

3. 思想建设：情系祖国未来，肩负社会责任

计研四班始终以实际行动践行班级的建设思想，2006年开展了"启航，到祖国需要的地方去"活动。他们以暑期无锡五十六所社会实践的成果展示为契机，以"投身主战场，成就大事业"为主题，开展了研究生如何成就个人事业的大讨论。同时竭力培养国家技术人才，其中"爱国者"品牌创立者冯军，积极践行爱国者精神，始终严格以"自强不息、厚德载物"的清华校训要求自己，背负着民族企业家的使命感，致力将民族企业打造成成功的国际企业集团。

4. 组织建设：兢兢业业做事，勤勤恳恳服务

计研四班组织部工作人员在平时的基础团务工作中，能够做到准时、没有遗漏。为了增强团员同学的团员意识，收缴团费工作做到下达到个人，积极配合上级组织做好团籍注册及补办团员证等工作，该支部有6名同学在校级各类党团组织中担任学生干部。团支部手册填写认真准确，实事求是。

5. 学术工作：扎实严谨为学，勇创世界一流

学术工作是研究生纵向班集体的优势所在，也是计研四班的最重要的工作之一。老师、同学心连心，国际知名学者的精彩演讲、著名IT公司的零距离接触、小组会上的热烈讨论，都成为计研四班富有成效的学术工作的最好见证。2006年，计研四班共计召开高水平学术讲座32场，学术沙龙和座谈5

次，姚期智先生、马少平、孙富春等老师先后邀请了多位在信息复杂度、量子计算、算法优化、密码学、自动控制等领域有突出贡献的知名学者前来讲学，开阔了学生的视野，引导了学生的思维，激发了学生的创造力。如 RSA 实验室首席科学家 Burt Kaliski 教授介绍了 OTP 的生成和使用原理及应用；图灵奖获得者 Adi Shamir 教授讲述了一种新的 TMT 模型及其应用；UIUC 的刘德荣教授讲述的在自适应动态规划中使用神经网络进行优化的思想。这一系列的高水平学术活动，对提高计研四班的整体科研氛围和学术水平具有很大的促进作用。

6. 文体工作：陶冶高尚情操，奉献无悔青春

(1)良好的锻炼习惯

"不管你有什么样的特长爱好，只要你愿意离开电脑、走出实验室和宿舍，你就会在计研四班养成良好的锻炼习惯。"每个工作日上午十点的课间操除因天气原因外从未间断；周末体育活动继续保持原有的羽毛球、乒乓球和游泳活动，同时他们的足球队和篮球队也不定期组织训练和比赛，使活动更加丰富多彩。体育活动的开展，不仅起到了学生强身健体的作用，而且增强了同学之间的交流，为造就实验室内部融洽的气氛起到了不可忽视的促进作用。

(2)歌咏比赛

文艺活动是开展班级感情建设的一项重要手段，也是集体活力的源泉。"一二·九"歌咏比赛一直是表现计研四班极佳精神风貌的舞台，在某年度"一二·九"歌咏比赛中，该班参加计算机系合唱队的30多名同学签到，展现了良好的精神风貌，并再次取得团体一等奖的好成绩。

7. 感情建设：陶冶高尚情操，奉献无悔青春

(1)凝聚力和战斗力的基础

感情建设是一个班级产生凝聚力和战斗力的基础，构成了一个班集体的班级文化的重要组成部分。面对分属11个课题组的纵向研究生大班，尽管存在很多客观困难，但他们还是将班集体活动开展得有声有色。通过举办众多丰富多彩的活动，为同学们相互熟悉和交流提供充分广阔的平台。中秋节，班级所有同学为老师们送上节日的祝福。国庆节之后，班委会组织了为期两天的坝上秋游活动，提供新生之间相互认识的机会，也提供了新老生之间相互交流的机会，大家围坐在篝火旁露天歌唱的场景，温馨而感人。班委会还充分利用清华的男生节、女生节来增进班级学生的感情，男生节寻宝活动新奇而有趣，女生节的小礼物实用而贴心。

（2）智在人为

为了激励广大同学积极参与班级信息交流平台的建设，班委会一致讨论决定建设一个开放、互动和有针对性的信息交流平台，经过全班同学投票，取名为"智在人为"，取智能技术与系统国家重点实验室人工智能之研究背景，寓他们实验室将为人工智能科学贡献力量之意。现在"智在人为"站正在成为计研四班每一位同学必不可少的生活之一。

▶ **思考题**

1. 高校班集体建设的内容包括哪些方面？

2. 大学班级建设存在的问题是什么？有哪些改进建议？

3. 如何进行大学班集体建设？

第十章　大学生职业生涯规划与就业创业指导

内容提要： 本章简要介绍了职业生涯规划的相关概念，分析了职业生涯规划的内容和步骤等；阐述了大学生就业指导的意义、特征，并且对就业指导的内容进行了较详细的分析；重点分析了大学生自主创业需具备的条件以及创业者所具备的素质和能力，并分析了大学生自主创业的机遇与挑战。因此，希望本章能够对大学生的职业生涯规划有所帮助。

第一节　职业生涯规划概述

职业生涯规划能使学生科学地规划人生，实现人生价值，并有利于个人职业生涯的顺利发展。

一、大学生职业生涯规划的相关概念

求职是人生必经的一个门槛，因此，认识职业、了解职业有利于帮助学生在职业选择的道路上找准方向。

1. 职业

职业是指人们为维持在经济上的生计，而在社会中承担某一分工角色，同时实现社会联系和自我价值，并发挥个性才能的一种持续性的活动方式。它是对人们的生活方式、经济状况、文化水平、行为模式、思想情操的综合性反映，也是一个人的权利、义务、职责，还是一个人社会地位的一般性表征。职业的产生与发展是人类文明的标志之一，是人类社会发展与进步的客观反映。随着经济的飞速发展，职业也在不断地变化。

《中华人民共和国职业分类大典》总结出职业具备以下特征：目的性，即职业活动以获取现金或实物等报酬为目的；社会性，即职业是从业人员在特定社会生活环境中所从事的一种与其他社会成员相互关联、相互服务的社会活动；稳定性，即职业在一定历史时期内形成，并具有较长的生命周期；规范性，即职业活动必须符合国家法律和社会道德规范；群体性，即职业必须有一定的从业人数。

2.职业生涯

职业生涯是指一个人在一生中所经历的所有职业和与职业相关的活动或行为,以及对待职业的心理需求、人生价值观念等连续性的职业经历的过程。也就是说,职业生涯,即一个人在其一生中所承担职务的相继历程,并且要受到社会、个人、家庭等因素的制约。①

3.职业生涯规划

职业生涯规划这一概念由著名管理学家诺斯威尔最先提出。职业生涯规划是指一个人对其一生所有与职业相关的活动与任务的计划或预期安排,它涉及两个方面的内容:第一,个人对于人生理想、职业价值观、兴趣爱好、个性特征、能力状况等主体方面的认识;第二,个人对其一生中的职业发展、职位变迁及工作理想的实现过程的设计。

职业生涯规划是一个人结合自己的兴趣、专长,并考虑外在条件影响的情况下,为了发挥自身优势,追求最符合自身综合素质因素的事业。职业生涯规划是一个系统工程,主要取决于两个方面:一是社会发展的客观需要,特别是社会职业的现实要求;二是大学生自身的实际情况。职业生涯规划是一种个性化的职业设计方案,是在个人职业目标的统领下,结合自己专业、社会职业岗位要求和就业形势等,根据自身综合能力、职业技能制订的个性化的实施方案。②

4.大学生职业生涯规划

大学生职业生涯规划就是指大学生在对主、客观因素与环境等条件进行分析的基础上,进行自我定位,设定自己的职业生涯发展目标,选择实现既定目标的职业,制订相应的教育、培训、工作开发计划,并按照一定的时间安排,采取各种积极的行动去达到职业生涯目标的过程。大学生做好职业生涯规划,需做到以下几点:第一,全面客观地认识自身和外在环境;第二,确定个人的职业生涯发展目标;第三,做好理想职业目标的确定、自我评估和环境分析、选择职业生涯路线、制订行动计划以及反馈调整五个步骤;第四,必须遵守循序渐进的时间安排;第五,最终目的是要实现最初的职业目标。

二、大学生职业生涯规划的要素

每个人的个人经历不同,在做职业生涯规划的构成中所考虑的因素也就不

---

① 丁宏悦:《大学生职业生涯规划探析》,硕士学位论文,大连理工大学,2009。

② 邬守景:《大学生职业生涯规划中实践教育研究》,硕士学位论文,华东师范大学,2009。

同。我国人事科学研究者罗双平用一个精辟的公式总结出了职业生涯规划的三大要素(如图 10-1),即:

$$职业生涯规划 = 知己 + 知彼 + 抉择$$

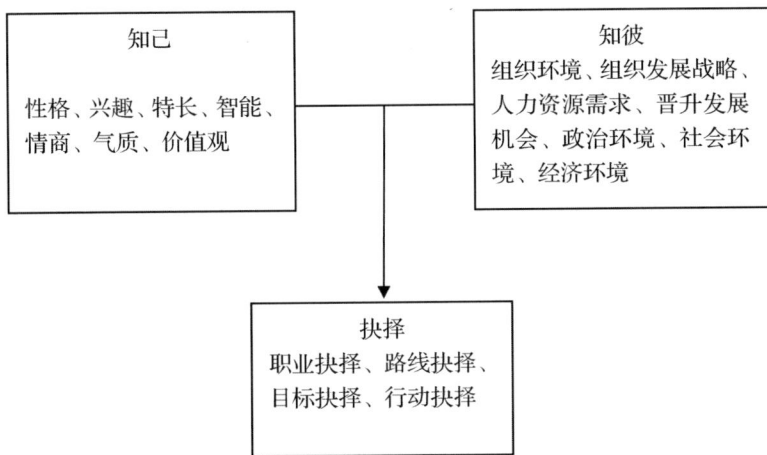

图 10-1　职业生涯规划三大要素的关系

在职业生涯中,所谓"知己"就是自我认识与自我了解。"知彼"就是熟悉周围的环境,特别是与生涯目标发展有关的工作世界。知己、知彼相互关联,确定的个人生涯目标要符合现实,而不是一厢情愿对从事的工作发挥专长;能够利用个人的强项对工作的环境进行适应,而不是感到处处困难,难以生存。这就说明,生涯规划不仅做到了"知己""知彼",而且还做出了正确的"抉择"。①

三、影响大学生职业生涯发展的主要因素

职业发展是一个极其复杂的过程,影响它的因素有很多,主要包括以下几点。

第一,受教育程度。教育能够赋予个人才能、塑造个人人格。一个人的知识结构、能力、才干是接受教育的结果,某人所受到的教育程度和水平,直接影响他的职业选择方向和取得他喜欢的职业的概率。

第二,身心健康状况。身体是革命的本钱。身心健康是工作的最基本前

---

①　李林:《基于企业需求的独立学院学生职业规划指导体系研究》,硕士学位论文,浙江工业大学,2009。

提，直接影响到个人的职业生涯发展，几乎每个职业都需要健康的身心，这是走向职业成功的一个基本条件。当然，也有如霍金、张海迪、海伦·凯勒等人因为克服先天残疾而变得更加坚强的人。

第三，价值观。个人的价值观直接影响着职业生涯的发展。每个人在面对同样的工作都会存在不同的态度与看法，即价值观，进而决定是否选择。在择业时，不同年龄段和阅历的人，会针对自己的主客观条件进行选择和调整，每个人都不尽相同。

第四，性格。性格与一个人的成长、发展以及职业生涯息息相关。每个人只有从事与自己性格相符的工作，才能充分展现自己的才华，全心全意地投入工作之中，进而实现自我价值。

第五，性别。虽然男女平等，并且这种观念已普遍被现代社会所接受，但"性别因素"仍然影响着个人的职业生涯，这是一个不可回避的问题。因此，每个人都应该合理地考虑并确定符合自己的职业生涯目标，以便获得成功。

第六，社会环境。社会环境也是影响职业生涯的主要因素。社会的经济形势、就业形势、文化与习俗等决定了社会岗位的数量与结构，直接影响到人们的价值观以及对职业的基本看法。

第七，家庭。家庭是人生的第一课堂，是造就一个人的能力和素质以及影响职业生涯的一个重要因素。一个人从幼年开始便受到家庭潜移默化的影响，进而会形成一定的价值观和行为模式。特别是在某些家庭中，会不知不觉地获得一些职业知识与技能。此外，家庭成员的态度和看法往往也对人的职业生涯产生很大的影响。

第八，机遇。在个人职业发展的过程中，机遇作为一个偶然性因素的出现，有时候却能起到至关重要的作用，很有可能改变人的一生。然而，机会总是留给有准备的人，也就是说，机会出现时，有准备的人更容易掌握主动权。

四、大学生职业生涯规划的原则

正确的职业生涯规划能够使一个人迈向成功之路，相反，不正确的职业生涯规划也可能使一个人误入歧途。为了正确制定职业生涯规划，应遵循下列原则。

第一，目标性原则。目标是指在一定时间内达到具有一定规模的期望值。正确的职业生涯必须以职业目标作为导向，以目标来促进行动、引领未来。

第二，可行性原则。职业生涯规划要以客观事实为依据，综合考虑个人特点、企业和社会发展的需要来制定，从而是能够实现和落实的计划方案，而不是没有依据或不着边际的幻想。

第三，具体性原则。由于每个人所处的职业发展阶段不同，在能力、职业发展愿望等特点上存在差异，因此，每个人都应该制定符合自身职业发展的规划，具体可行，而不是照搬他人。

第四，阶段性原则。个人进行职业生涯设计时，要充分考虑自身所处的不同阶段，有计划、有目的、有步骤地时刻结合自身状况以及外界因素来调整安排各个阶段的职业生涯规划。

第五，长期性原则。职业生涯发展目标是人生追求的重要目标，职业生涯规划应贯穿人生发展的每一个阶段，通过不断的调整与持续的职业活动安排，最终实现职业生涯发展的目标。

第六，现实性原则。职业生涯规划目标的确立和实现必须要考虑到个人自身的特征、社会环境、组织环境等其他相关因素，进而提高成功率。

第七，清晰性原则。职业生涯规划一定要清晰、明确、具体可行。

五、大学生职业生涯规划的步骤和方法

一个完整有效的职业生涯规划应包括自我评估、外部环境分析、目标确立、实施策略和反馈评估五个环节。

第一，自我评估。每个人在制定职业生涯规划前，要对自己进行全面的分析，通过各种方式认识和了解自己，并以此来做出最佳的抉择和正确的判断。

第二，外部环境分析。外部环境对个人职业生涯发展有着巨大影响，有效的职业生涯规划需要对社会政治环境、经济发展环境和组织企业等外部环境进行分析，认清职业在社会大环境中的发展状况，进而时刻调整自己，以适应环境的要求。

第三，目标确立。职业生涯目标的确定是职业生涯规划的核心，是在完成自我评估和环境分析后进行的，即确立能够实现的最长远目标，包括人生目标、长期目标、中期目标和短期目标。

第四，实施策略。确定职业生涯目标后，就要制订相应的行动计划，具体可行，容易评价，包括职业生涯发展路线、教育培训安排、实践计划等方面的措施。

第五，反馈评估。职业生涯规划是一个长期的、动态的过程，因此，一个有效的职业生涯规划要求不断反省和修正目标及策略方案。由于受到外界种种不确定因素的影响，职业生涯的目标有所偏差无可避免，所以反馈评估是一个再认识、再发现的过程，通过对规划的目标和方案做出调整，进而保证实现人

生最高理想。[①]

六、大学生职业生涯规划的意义

1. 大学生职业生涯规划对个体成长的意义

第一，有助于激发大学生追求高层次的人生需要，成功实现自我。只有了解自己的人生需求与追求，才会确定自己的人生目的，进而将目的具体化为目标，而有了目标自然会有健康向上的人生态度。为了实现自己的人生目标，就要对自己的职业生涯进行科学合理的规划，并通过规划采取实际的具体行动。因此，大学生应以职业发展为切入点，通过追求职业与事业的成功实现高层次的人生需要，形成积极向上的人生观。

第二，帮助大学生明确职业生涯发展目标，提高其努力学习的自主性。职业生涯规划是大学生为自己的成才和发展订立的心理契约，是自己对未来美好的承诺。没有明确目标的职业生涯规划是很难成功的。确定目标，就会积极主动地充实自己、完善自己，大学阶段的学习生活就会由被动变为主动。

第三，有助于为未来的职业成功打好基础。制定科学有效的职业生涯规划，有助于提升大学生的主体意识，帮助大学生重新对自己的价值进行定位并使其持续增值，引导大学生学会如何运用科学的方法，不断增强职业竞争力，实现个体与职业的合理匹配，最终实现其职业目标和理想。[②]

2. 大学生职业生涯规划对高等教育发展的意义

第一，大学生职业生涯规划教育是高等教育成效的试金石。培养对社会、国家有益，对个体发展有益的人才是高等教育的目标。高校毕业生的顺利就业并乐业是检验这一目标的有效方式。

第二，大学生职业生涯规划是思想政治教育的有效载体。创造性地开展大学生思想政治教育工作是中共中央、国务院《关于进一步加强和改进大学生思想政治教育的意见》的具体要求，而大学生职业生涯规划教育可以帮助高校有效地开展理想信念教育，借助职业生涯规划这一有效载体，可以有效增强高校思想政治教育的实效性。[③]

[①] 辽宁省教育厅：《大学生职业发展与就业创业概论》，136 页，大连，大连理工大学出版社，2009。

[②] 辽宁省教育厅：《大学生职业生涯规划》，43 页，大连，大连理工大学出版社，2010。

[③] 马胜羽：《大学生职业生涯规划的困境与出路研究》，硕士学位论文，黑龙江科技大学，2013。

3. 大学生职业生涯规划对国家发展和社会稳定的意义

职业生涯规划随着社会的发展运用而生，它的出现使高等人才能更好地满足社会需求，真正做到"人尽其才，才尽其用"。在学习期间，对大学生进行职业生涯规划的指导和教育，能让他们尽早地了解社会的需求，从而能在学校就开始不断地完善自己，为今后的职业生涯打下坚实的基础。同时，能让在校大学生形成积极乐观的就业观，通过自身对不同渠道的了解，让他们能更加成熟自信。优秀的莘莘学子是推动社会发展进步的生力军，对这部分人群开展卓有成效的职业生涯规划教育，从整体上有利于国家的发展进步和社会的繁荣稳定。①

第二节　大学生就业指导

近几年来，大学生就业问题成为国家、各大高校、全社会普遍关注的热点话题之一。国家"十三五"规划纲要中明确提出：把促进充分就业作为经济社会发展优先目标，放在更加突出位置，坚持分类施策，提高劳动参与率，稳定并扩大城镇就业规模。落实高校毕业生就业促进和创业引领计划，搭建创新创业平台，健全高校毕业生自主创业、到基层就业的激励政策。大学生就业指导能够帮助大学生用正确的价值观念、道德标准和行为规范参与求职活动，增强其适应新就业形势的能力，为其提供准确的社会需求信息和求职技巧，为实现其顺利就业铺平道路。

一、大学生就业心理指导

在大学生求职择业的过程中，心理素质占据着相当重要的位置。大学生在择业准备、择业期间和择业以后的职业适应中，经常会遇到许多复杂的矛盾和问题，具有良好心理素质的毕业生就会保持健康的心态，适时调整自己的行为，坦然面对困难和挫折，促进顺利就业，并在就业后很快适应新的职业环境，在新的岗位上迅速成长起来。

培养良好的就业心理素质，首先要努力学习，开发智力，提高心理素质水平。丰富的知识和健全的智力能力有助于心理素质水平的提高。所以，大学生在读书期间，不仅不能把学习当成负担，而且还要利用宝贵的机会好好学习，在学好专业技能的同时，加强系统和综合知识的学习。扎实的知识基础，善于

---

① 史纪宁：《浅谈大学生职业生涯规划的概念与意义》，载《文史月刊》，2012(11)。

创造的治理能力，开阔的眼界，科学的管理，健全的理智，必然培育出良好的心理素质，对大学生的职业选择产生良好的影响。

其次要培养良好的情绪情感，保持健康的求职心态。情绪是人的自然需要是否得到满足而产生的一种体验，具有较大的暂时性和情境性。情感是人的社会需要是否达到满足而产生的一种心理体验，它比较稳定持久。大学生培养良好的情绪情感，有利于在求职作业过程中发挥自己的特长和优势。要把握自身情绪情感的特点，克服不良情绪情感发生。大学生正处于青春期，是活力勃发的年龄，其特点是情绪不稳定，容易激动，心境明显。与中学生相比，大学生已经具有一定的调节和克制自己的情绪情感能力，但较之成年人还显得动荡多变，不稳定性这种状态，对大学生求职者也是不利的因素。人只有在良好的情绪下才能有效地进行思考和行动，充分发挥自己的才智，表现出个人的能力和优势，使考核者得以全面了解毕业生的能力素质。反之，情绪波动、心境不稳，就会在求职过程中过于情绪化，思维混乱，把握不住自己，出现不应有的失误。所以，毕业生要了解自己的情绪情感特点，控制自己的不良情绪。一般情况下，不良情绪心理主要有以下三种。

第一，悲观情绪心理。此种不良情绪状况主要出现在因择业不理想而不得已回生源所在地工作的大学生；或因身高、容貌、经济条件等客观原因影响就业的大学生；或一些在学校因学习成绩不理想而未获学位和受处分的学生身上。

第二，不满情绪心理。不满的对象可以是其周围的任何事物和人群。如对所在学校、省、市不满(包括就业管理政策、户籍限制等)，对家庭成员的不满(包含对其的指导、干涉，对家庭的经济条件限制等)，对周围同学不满(如嫉妒)等。不满情绪视具体的个人的关注点及实际情况而不同。

第三，焦虑情绪心理。面对纷繁复杂的社会、严峻的就业形势，以及日趋激烈的就业竞争，面临种种剧烈的心理冲突，该如何做出正确的抉择，使这些缺乏社会经验的大学生深感困惑，出现焦虑不安的心理。

调整情绪的方法有三种：一是转化控制，即充分利用兴奋与意志的诱导规律，将一时产生的消极情绪，转化到积极情绪中去；二是冷化控制，使爆发出来的消极情绪处于抑制状态，即冷静下来；三是环境控制，强迫自己找一个好的环境，利用环境使强烈的情绪平静下来。平时要培养理智感，所谓理智感是在认识和探求真理的过程中产生的情感体验，它是与人的求知欲、好奇心、创造欲联系着的。毕业生在求职择业的过程中，对求职的知识要进行充分的了解和学习，对期望的职业特点和本质进行研究，深化对整个求职各方面的认识。

这样才能理智地对待择业过程中出现的问题，冷静地处理遇到的各种矛盾。

最后要锻炼良好的意志，努力克服求职择业中的困难。意志是人出于一定的动机，自觉确定目的并支配和调节自己的行动，克服困难达到目的的心理过程。意志是人成才的重要心理条件，也是求职择业中必须具备的心理素质，顽强的意志是通向成功大门的钥匙。在毕业生就业的过程中，不论是在主观上还是在客观上，都会遇到各种意想不到的矛盾和困难，如果没有坚强的意志，就会产生心理压力，造成灰心丧气、彷徨摇摆、优柔寡断的情况出现，结果是丧失机遇，半途而废。大学生培养自己的意志，要做到学会在活动中清楚地认识自己的行为目的和社会意义，自觉克服困难，排除干扰，勇往直前；学会在活动中适时果断地下决心，提高对事物的判断性和敏感性；学会在意志行动中，正确支配和控制自己的行为和情绪，面对多种动机时，能够分清轻重缓急、主要矛盾和次要矛盾，主动排除干扰，保证达到预期目的；要在行动中不怕任何困难，建立不达目的绝不罢休的意志品质。

二、大学生就业技巧提升与培养

1. 就业信息的收集整理

现代社会是一个信息社会，信息已经可以直接影响人们生活中衣、食、住、行等各个方面，对于广大毕业生而言，就业信息更是指导就业的一个至关重要的因素。信息的价值在于会用则有，不会用则无。因此，要学会综合分析，深入思考，善于发现并利用信息的价值。信息是一种重要资源，一个人拥有的信息量的多少，往往成为决定事业成功与否的关键。毕业生在择业过程中通过各种渠道，采用各种方式获取到大量的就业信息，但这些信息是否有用，还需要对获得的信息加以整理。只有真实有效的信息，才能帮助毕业生在择业中做出正确的选择，只有经过科学整理之后的就业信息才可作为择业的依据。大学毕业生在对就业信息进行整理之后，还应该尽快使用信息，即向用人单位提交个人简历，及时与用人单位联系，到用人单位去面试等。这不仅因为求职信息具有时效性的特点，还由于信息对全国高校的毕业生都是公开的，一旦你的动作慢了，别的毕业生往往就会捷足先登，用人单位完成招聘计划后，就不会再招聘人员了。尤其是在企业定岗、定员的今天，更不会轻易多用人。所以，毕业生在使用信息时，既不能盲目，也不能拖拉。

2. 求职简历的撰写

（1）求职简历的基本内容

求职简历的撰写一般应包括以下几个方面的内容。

①个人基本情况。包括姓名、年龄(出生年月)、性别、籍贯、民族、最高学历、政治面貌、毕业学校、专业、E-mail地址、通信地址(含邮政编码)以及电话号码(含区号)和手机号码等。至于个人其他信息,如婚姻状况、血型、身高、健康状况等,除非招聘单位在招聘信息上有特殊要求,否则不是必须写上的,不用留下家庭电话号码和联系方式,防止个人的信息被盗用。你个人的联系方式是为了用人单位在他们认为需要时能顺利地找到你,因此,大学生在求职期间尽量不要更换电话号码,否则可能错失就业良机,到时悔之晚矣。

②求职意向。也就是围绕一个求职目标,明确提出你愿意从事的职业,主要表明本人对哪些岗位、行业感兴趣及相关要求,一定要简短清晰。这一部分定下了简历的基调,并且将你的才干、能力与未来雇主和职位的需要迅速联系在一起。简历的主要目的在于推销你自己,一篇简历看下来,要让对方知道你究竟适合做什么工作和想要做什么工作。所以,在简历上必须写清楚,你应聘什么岗位,为什么你合格,必须能够明确回答"你想做什么"或者"你能给对方做什么、带来什么"这样的问题,当然,最直接的方式就是写出职位的名称。含糊的、笼统的、毫无针对性的简历会让对方感到你的目标不明确,对自己缺乏了解,使你失去很多机会。在这里需要说明的是,每份简历都是根据你所申请的职位来设计的,突出你在这方面的优点,不能把自己说成是一个全才,任何职位都适合。并且建议毕业生不要只准备一份简历,要根据工作性质来有侧重地表现自己,不同的职位所投的简历应该是有所不同的。

③教育背景。对于缺乏实际工作经验的应届毕业生,就应该把重点放在"教育背景"这一栏上。同时,不要忘了写上你的实习,它往往可以给你带来与之相关的第一份工作。首先,要列出你的学习经历,包括最高的学历、学位,个人从高中阶段至就业前所获最高学历阶段之间的经历:就读的学校、所学的专业,将最近的学习经历写在最上面,然后再回溯,时间要接续上;其次,教育背景中要有针对性地罗列一些学过的科目,如大学阶段的主修、辅修与选修课科目及成绩,但是不必面面俱到,把所有的课程一股脑儿地都写上,如果用人单位对你的大学的学习成绩感兴趣,可以提供给他全面的成绩单,而用不着在求职简历中过多描述这些东西,所列的科目和成绩一定要与你所谋求的职位相关,要突出重点,有针对性,体现出你的知识结构和专业素养;最后,列出你所参加的各种专业知识和技能培训。所有这些,目的都是让用人单位感到与其招聘条件相吻合,对你产生好感和兴趣。

④工作经历和经验。这是个人简历中很重要的一部分内容。由于目前用人

单位越来越看重个人能力与工作经验。这方面，一定要多用心研究填写，对于未来的雇主决定是否给予你面试的机会，以及最终的工作职位的影响是最显著的。这一部分内容应突出你的职业生涯和经历，强调经验、资质以及成就。大部分的毕业生并没有很多实际工作经验，因此尽可能地列上你所有的工作经历，重点要突出在校期间的实习、参加过的活动、志愿工作，所担任的社会工作、职务及获得何种奖励，从事的各种兼职工作、社会实践内容、成果等，这将是用人单位评估你是否有潜力的重要参考因素，如果你兼职的单位是比较大或优秀的企业，一定要在简历中指明，因为在一个大企业里工作，你有很多收获，得到许多锻炼，这也是用人单位最看重的，因此，在简历中，千万不要简单地列举你所干过的职务，而要强调你都干了些什么。一定要重点强调你能干某项工作的特别技能以及你所取得的成就和证书，当然，这些工作经历和经验与所谋求的职位的关联性越大越好。

⑤其他专长。其他专长是最能反映出个人的发展潜力的，但你所陈述的专长要能真实反映出你的水准。这里有一个非常好的测试可以帮助你决定是否在简历中列出其他专长信息，问问自己："这种信息能显著增加获得面试的机会吗？"如果答案是肯定的，那么就包括进去。如果答案是否定的，或者是不知道，那么就忽略它。专长应包括你的计算机等级能力、外语能力和等级，以及诸如驾驶等专门技能。

(2)撰写求职简历的注意事项

撰写求职简历应注意以下几点。

①简历要精练，使看的人一目了然，印象深刻，切不可篇幅过长。招聘者一般都有很多事务要处理，工作繁忙的人事经理们没有时间阅读长篇累牍的个人陈述。所以千万不要指望他们有足够耐心读完一份冗长的简历。对于那些时间有限的人来说，厚厚的简历只会使他们心生厌烦。简历一般一页为宜，如果要强调相关的工作经历，最好也不要超过两页，而且重要的内容应尽量安排在首页。当然，简历也不能过于简单，太短或过于粗略就不会对求职者的资历和能力进行完整、充分的评价，必要信息的缺乏，使得对方对你的认识不明确或者不清楚，从而影响面试机会的获得；也不要为了压缩版面，把字体缩小到别人难以阅读的程度。

②简历中不要对薪水提出要求，这样做很冒险。如果薪水要求太高，会让企业感觉雇不起你；如果要求太低，会让企业觉得你无足轻重。对于刚出校门的大学生来说，第一份工作的薪水并不重要，不宜太过计较薪资，宜多考虑工

作之学习与发展机会。不要在这方面费太多脑筋,略去薪金要求。若应征较具规模的企业,不妨填上"依公司规定叙薪"字样。因为你得到这份工作就会得到这个位置规定的报酬,对方会应告诉你薪资水平,工资可以讨论,但它的确定基于职位本身的性质和你预期将做出的贡献。简历中讨论工资是不明智的,如果确实需要讨论,应在面试中进行。

③个人照片要朴实大方。现在,人们经常谈论大学生的求职成本越来越高的问题,由于就业形势的严峻,很多大学生,特别是女大学生,在求职中非常注重自己的个人照片,有的甚至花"巨资"照艺术照,想以此给用人单位一个良好的印象,但事实是,这种照片一般对大学生求职不会有什么帮助,相反,如果求职者过分看重这些"名片"的作用,难免有本末倒置之嫌,适得其反。有的单位的人事负责人甚至提出,他们在招聘中最忌讳的,就是学生提供过分妖艳、浓妆艳抹的照片,每次看到这样的照片,都会毫不犹豫地筛掉,他们认为,学生应把主要精力放在展示个人能力和素质上,简历上的照片以朴实、大方、庄重为好,一定要和大学生的身份相符。

④在个人简历上应该消灭错别字和不通顺语句。撰写简历是很严肃、很重要的一项工作,一份高质量的简历是成功就业的前提,撰写简历切不可轻率行事、信手拈来,应再三斟酌、反复推敲,在应聘前就要做好充分的准备,简历上的错别字或语句的不通顺,对于求职者来说都是致命的错误,如果用人单位发现你的简历上有上述问题,至少说明你做事缺乏严谨认真的态度,你就会面临着被淘汰的危险,失去面试的机会。因为粗心大意而痛失良机那真是太不合算了。还有的求职者为了使自己的简历生辉增色,愿意在简历中使用华丽的辞藻,或大量使用成语、俗语,有的人甚至于自己去创造成语,却不知有时会弄巧成拙,有画蛇添足之嫌。

⑤个人简历里所有的信息必须真实、前后一致。撰写简历必须坚持实事求是的原则,任何虚假和夸张都是要不得的。简历的功能中重要的一个就是要赢得面试机会,如果通过弄虚作假的方式欺骗用人单位,即便你获得了面试的机会,在面试时也可能露馅,到那时,不仅求职失败,而且人品和诚信也打了折扣,这绝对是得不偿失的。另外,在同一份简历中,对个人的描述和表述也要一致,不能前后矛盾,否则就容易让对方对你的材料的真实性产生怀疑。

⑥简历中不要夹带太多的背景资料,不要随简历邮寄附件。当给用人单位邮寄简历时,如果对方没有特殊要求,就没有必要把你学习成绩单复印件、奖励证明复印件等有关的背景资料一并寄出,如果你被通知面试,获得面试机会

后，你可带上这些材料，以备出示。

⑦简历中一般不要罗列私人信息或与所求职位不相干的信息。个人简历的主要作用是让用人单位了解你具有胜任某项工作的能力，所以，与所求职位无关的甚至对自己不利的内容完全可以不在简历上出现，许多人愿意在简历中概括他们的兴趣、爱好等，其实这些只有在与应聘的职位有关的时候才加入。

⑧简历不要千篇一律。大学生在求职过程中，很少有一次投递简历就获得成功的，往往要向很多用人单位提供简历，有的大学生面对不同的公司、不同的岗位，以不变应万变，"一份简历走遍天下"，不论是什么单位、什么职位，都投递同一份简历，这种缺乏针对性的简历是最不受招聘单位欢迎的。

3. **面试技巧和面试礼仪**

(1)面试应答的基本原则

①实事求是的原则。大千世界，纷繁复杂，面试中的问题也会五花八门，大学生在面试中遇到自己不懂或以前没有做过深入思考的问题是常有的事，对此，在面试中切不可因为遇到此类问题而手足无措，慌了手脚，乱了方寸，也没有必要为自己的"无知"而无地自容，应该保持镇静，积极思考。如果经过思考还理不出回答问题的头绪，这时绝不能不懂装懂，牵强附会，不着边际的回答还不如坦率地承认自己不知道。当然，对这类问题也不能用沉默来回避，这样容易造成面试现场的冷场和尴尬，面试官也会产生一种被轻视的感觉。因此，对没有把握的问题可以做简略回答或致歉不答。

②热情主动、恭谦有礼的原则。在面试中，作为求职者，应该始终保持旺盛的精力和饱满的热情，用自己的激情去感染和征服面试官，回答问题积极，吐字清晰，语速适当。在面试现场，要对面试官表现出足够的尊重和礼貌，但表达要适度，要自然，不能做作。但是，在面试中的过度谦虚会不利于自我推销，因此，即不能恃才傲物，也不能谦虚过度。

③不卑不亢的原则。求职的过程是通过自己的努力和正常的求职途径，找到自己理想职业的过程，在和用人单位打交道的过程中，既要恭谦有礼，又要不卑不亢，不要因为害怕面试失败而丧失应该坚持的原则。在面试中，要坚持自己人格的独立和完整，不可卑躬屈膝，忍气吞声，阿谀奉承，唯唯诺诺，缺乏主见。当然，在面试中也不能和面试官抬杠，甚至以发现和指出面试官的错误为荣，以此来显示自己的才能，这只能使你的面试成功率大大下降。不卑不亢，适时适度地表达自己的主见，这才是正确和理智的做法。

（2）面试应答中的注意事项

①不要急于回答问题。有的学生在面试中，面试官提问题的话音未落，就急于做出回答，甚至有的问题还没有听清楚，就开始回答，这样不会有好的效果。应该是听完全部问题后稍加思考，整理思路，再加以回答。有的时候面试官提的问题过大，或题意不是很清楚，这时最好不要"想当然"地回答，一定要采取恰当的方式弄清楚，比如，请对方再重复一遍，或请对方对问题稍加展开或提示，这样效果会更好。

②可以适当提出问题。有的大学生在面试过程中，只是被动地接受对方的提问，然后回答，很少向对方提出问题。事实上，在合适的情况下，应聘者应该大胆地向面试者提问，这样能显示出应聘者对对方及面试的关注和主动性。当然，提出的问题的范围和数量要适当。问题最好限制在招聘所涉及的问题之内，不能天马行空、漫无目的，问题要有一定的深度和质量，反映出应聘者的水平。数量不可太多，因为面试毕竟是以面试者提问为主，提的问题太多，容易喧宾夺主。

③不要向面试官提熟人，套近乎。有的学生在面试现场为了缓解紧张气氛，或为了增加面试的成功率，往往与面试官提自己在这个单位有熟人或与面试官是老乡关系等，但事实上，一般面试官是忌讳应试者与自己套近乎的，因为面试中双方关系过于随便，同过于紧张一样，都会影响面试官的准确判断。有熟人也未必就对面试有利，如果熟人是面试官的顶头上司，对方会感到你是在威胁他，如果熟人是对方的下属，也不会起什么作用，如果熟人与对方的关系不好，可能倒霉的就是求职者本人了。

（3）面试礼仪

①行为礼仪。你踏进面试主考人办公室的那一刻要昂首挺胸、面带笑容，精神饱满、表情自然。你留下的最佳印象应该是令人愉快和精力充沛的，因为你绝不会再有重演一次的机会。你一走进面试现场，就应与面试官有眼神的交流，而不能目光游离，如果对方主动与你握手、问好，要积极回应，当对方示意你坐下后，要表示感谢同时落座。坐下时要放松自己，但要坐得挺直，切勿弯腰驼背，不要双腿交叉和叠膝，不要摇摆小腿。就座时以坐满椅子的三分之二为宜，身体可以略向前倾。一方面表明你坐得很稳，充满自信，同时也表现你有倾听的愿望。不要把随身携带的皮包、物品等或压在或放在桌子上，东西应拿在手中，或放在膝上。双手自然放于腿上，不要搓弄衣服、纸片、笔或其他分散注意力的物品。更不能因为紧张而手足无措。让面试官先开口发问，切

勿唐突。回答问题要口齿清晰，声音大小适度，但不要太突然，答句要完整，不要用口头禅或网络语言。说话时目光要与主试人接触。谁问的问题就看着谁回答，切忌目光躲躲闪闪，游离不定，这样会给人猥琐、不自信的印象。当对方做出了面试结束的表示后，要起立，在表示感谢和说再见后，离开面试现场。随手轻轻关上房间的门。

②着装礼仪。面试着装一般以正式得体、大方整洁为好，不要挖空心思穿名牌或奇装异服，那只会引起招聘者的反感。面试的时候，衣服只是一个包装，个人卫生比衣服更重要。很多求职者忙于找工作，很少有时间注意自己的个人卫生。这里提醒大家在面试的前一天晚上最好洗个澡，把全身清理干净，尤其是一些细微之处更应该注意，如你的头发是否油腻了，指甲是否干净，鼻子、脖子是否干净。个人卫生好，不仅面试官看着舒服，自己也感到清爽，而且精力充沛，自信心增强。

着装的指导思想就是大方得体、整洁，那种低调、保守、不过分张扬的穿着给人的第一感觉就是踏实，值得信任。而那种奔放、大方的穿着会给人热情、积极、有朝气的感觉，招聘的公司一般都需要这两种品质。服装上公司都不会有具体的要求，西装或休闲装都是可以的。如果你喜欢穿西装，那么以深色系为主，最好是深蓝色、藏青色。不要在西装外面的口袋放东西，这是基本的常识。西装配的衬衫一般两种颜色，白色和浅蓝色。白色永远是最正式的衬衫颜色，衬衫上不宜有条纹和花纹。衬衫的衫扣要系上，领带颜色以低调的色调为主，不要有大的图案，一般采用斜条纹。衬衫里面需要穿内衣的，可以选择白色吸汗的圆领短袖汗衫。领子切忌太高，高过衬衫领口是很难看的。皮鞋选用黑色为好，最好系带，而不是那种休闲型皮鞋。鞋底不要带铁皮，走起路来很难听。如果你喜欢穿休闲装，也是可以的，但是不要过于休闲，否则，会给人以懒散的感觉。如果穿牛仔裤，不要穿韩式的肥牛仔裤，显得很不庄重。

女性着装的原则是优雅、大方、得体。套装给人的印象是井然有序。面试时如果穿套装，宜选择具有学生气质、整洁简单的款式。颜色以自己喜欢和适合自己及面试这种正式场合的款式。另外，穿着一些具有时尚感，能显示出女性的灵气的服装也是可以的。但要注意，不能穿着"薄、透、露"的服装，否则，会给人留下不好的印象。一些喜欢卡通饰物的女孩要注意，不要携带相关物品，以免给人留下不成熟的印象。

三、大学毕业生就业协议与权益

1. 就业协议

就业协议是明确毕业生、用人单位、学校在毕业生就业工作中权利和义务的书面表现形式。这三方的权利、义务关系应受到国家法律的确认和保护，任何一方不履行协议规定的义务，而单方面提出违约，则必须承担相应的法律责任。就业协议是由教育部制定，由地方毕业主管部门或高等学校负责印制的。毕业生与用人单位通过一定时间内的供需见面，双向选择，最终达成一致意见后，需签订就业协议，以协议的形式将这种关系确定下来，并由毕业生、用人单位和学校在就业协议书上签字盖章，各自履行权利和义务，保证就业协议的正常执行。因此，就业协议书是高校毕业生与用人单位确定劳动关系的法律依据，是用人单位与毕业生正式确定劳动关系的标志。在毕业协议书的签订过程中，毕业生与用人单位都需共同遵循应有的条款，并按照一定的协议程序和要求操作。

（1）就业协议的主要内容

就业协议书的主要内容包括以下几点。

①毕业生的基本情况及应聘意见。此项包括：毕业生的姓名、性别、年龄、民族、政治面貌、培养方式、健康状况、专业、学制、学历、家庭地址、联系方式、应聘方式、应聘时间、应聘地点及意见。毕业生应如实向用人单位介绍自己的实际情况，不得弄虚作假。在签订就业协议书前，毕业生应了解用人单位的使用意图和拟提供的工作岗位，表明自己的就业意见。

②学校意见。此项包括学校联系人、联系电话、邮政编码、学校通信地址、网址、电子信箱、院系意见、学校毕业生就业部门意见。此条款一是要求学校作为签约的一方要实事求是地向用人单位介绍毕业生的情况，做好推荐工作，二是学校要对毕业生与用人单位签订的就业协议书进行审查，并为毕业生办理派遣手续。

③用人单位情况及接收意见。此项包括用人单位的名称、单位隶属、经办人、联系电话、邮政编码、通信地址、所有制性质、单位性质、档案接收单位及部门、网址、电子信箱、用人单位意见、用人单位上级主管部门意见等。用人单位要如实介绍单位的情况，明确对毕业生的要求和使用意图，做好各项接收工作。

④其他约定。毕业生、用人单位、学校三方如有其他明确约定（如升学的处理、外语及计算机等级的要求、履行合同年限、工资待遇等），必须在备注

栏内说明并签字盖章。

⑤各方签字盖章。协议书经各方签字盖章后方能生效。三方都应严格履行本协议，若有一方提出更改，须征得另两方同意。

（2）就业协议签订的原则

就业协议书订立应遵循以下两个原则。

①主体合法原则。这里所说的主体是指具有权利能力和行为能力，依法享有权利和承担义务的当事人，主体合法，是指签订就业协议的当事人必须具备合法的主体资格。对毕业生而言，就是必须取得毕业资格，如果学生在报到时未取得毕业资格，用人单位可以不予接收而无须承担法律责任。对用人单位而言，用人单位必须具有从事各项经营和管理活动的能力，单位应有录用指标和录用自主权，否则毕业生可解除协议而无须承担违约责任。对高校而言，高校应根据用人单位的要求如实介绍毕业生的在校表现，也应如实将所掌握的用人单位的信息发布给学生。高等学校在毕业生签订就业协议书过程中应进行监督和指导。

②平等协商原则。就业协议的当事人在签订就业协议时的法律地位是平等的，一方不得将自己的意志强加给另一方。学校也不得采用行政手段要求毕业生到指定单位就业（不包括有特殊情况的毕业生），用人单位亦不应在签订协议时要求学生缴纳高额的风险金、保证金。当事人的权利与义务应是一致的。除协议书规定内容外，当事人如有其他约定事项可在协议书"备注"栏中加以补充说明。

（3）就业协议的解除与改签

就业协议签订后，若情况有变，经双方当事人协商，可以解除。就业协议解除可分为单方解除和双方解除。单方解除包括单方擅自解除和单方依法或依协议解除。单方擅自解除协议，属违约行为，解除方应对另一方承担违约责任。单方依法或依协议解除，是指一方解除就业协议有法律上或协议上的依据，如学生未取得毕业资格，用人单位有权单方解除就业协议。此类单方解除，解除方无需对另一方承担法律责任。双方解除是指毕业生、用人单位经协商一致，取消原订立的协议，使协议不发生法律效力。此类解除应是双方当事人真实意思的表示，且协商一致，认为原协议的履行没有必要，故双方解除协议，应签署解除协议文件，并及时通知校方。

有关解约或违约手续完备后，学生可重新择业。学生在与新的用人单位达成就业意向后，凭新用人单位的接收函以及原用人单位的解除协议文件或违约手续完备材料，到学校就业部门重新领取就业协议书，再按程序签订就业协议。

(4)签订就业协议应注意的问题

毕业生经过双向选择找到意向单位后，不要急于签订就业协议书，在签订前要注意以下问题。

①要认真了解和掌握国家就业政策和规定。毕业生在择业签约前，首先，要认真全面地掌握国家关于高等学校毕业生就业政策和规定。高校毕业生就业政策和规定，是指导和规范毕业生求职活动的行为准则，是保障毕业生顺利就业的政策依据。其次，还要了解用人单位的劳动用工政策、各地区吸引人才的政策，了解发达地区和中心城市录用非本地生源高校毕业生的政策(如北京、上海等地都有相关规定，若选择这些城市就业，必须通晓这方面的规定)。这些政策都将对毕业生的择业签约产生导向、调控和制约作用。另外，还要了解对定向培养生以及享受专业奖学金的毕业生的政策规定，这些政策限制了这部分毕业生的就业范围。签约前，毕业生应根据自身情况详细了解有关政策和规定，并在洽谈签约时自觉遵守。

②在签订就业协议书前，要认真研究协议书中的条款内容。毕业生在与用人单位签约前，首先，要认真、仔细阅读就业协议书中的全部条款，力求了解条款的内容和含义，如有不清楚的，应向用人单位询问，切忌不甚了了，草率签约。其次，特别要了解用人单位有无人事权以及用人单位的隶属关系。无人事权的单位，除了用人单位必须在协议书上签字盖章外，还必须加盖用人单位上级主管部门的公章，以示同意录用，否则，学校将无法将该生列入就业派遣方案。另外，若用人单位上级主管部门以没有盖章为由，不予认可的话，该生的就业去向最终将无法落实。

③对约定条款，要注意条款的合理性和本人的承受能力。毕业生在与用人单位签订就业协议书时，由于地区之间、用人单位之间存在差异和各自情况不同，就业协议书的条款不可能规定得很全面、很详细，许多内容要靠毕业生与用人单位经过约定加以补充，所以协议书中有另附约定条款的规定。因此，毕业生在与用人单位进行约定时要注意以下问题：一是约定条款是否合理，如有的单位在协议中写道，毕业生在单位中要服务多少年，如果毕业生违反约定，少服务一年将赔偿多少违约金，但是却没有写明如果单位违反约定，将赔偿给毕业生多少，这是显失公平的条款；二是约定的条款能否承受，例如，对于违约问题，有的用人单位约定的违约金少则几千，多则上万，这时应当考虑能否

承受，因为此时毕业生还没有收入，违约金只能由父母代交，父母有无赔偿巨额违约金的经济实力，必须慎重考虑；三是毕业生与用人单位的约定条款，一般是附后补充，必须要有双方的签字盖章，否则日后发生争议时，由于没有双方签字盖章，会导致约定条款没有法律效力。

④要把握签订就业协议的时机和程序。首先，在就业洽谈会上，通过双向选择，毕业生确定了用人单位，对方也明确表示录用意愿后，就要抓紧与用人单位签订就业协议书。协议书一经签订便视为合同生效，不能随意更改。其次，要避免在自荐洽谈时积极主动，而在签约时犹豫不决而使用人单位心犯疑虑，从而丧失签约的最佳时机。再次，在与某一用人单位签订协议后，应立即停止与其他单位继续洽谈，即使以前洽谈过的，也应及时给对方反馈信息，说明情况，以便对方另觅合适人选。另外，如果毕业生与有意的某一单位在洽谈会上暂时无法签约，可先达成意向，等会后再继续联系洽谈，以便最终签约。总之，毕业生应本着对自己、对用人单位和学校负责的态度，慎重签订就业协议书。

⑤明确毕业生考取研究生或公务员的处理方法。如果毕业生报考了研究生或公务员，考试成绩或录取结果又没有揭晓，毕业生则应如实向用人单位说明，并与用人单位就如果考取后的处理办法达成一致意见，在协议书上明确约定。从实践来看，如果毕业生能够充分尊重用人单位，提前将报考情况向用人单位进行说明，那么通常情况下，大多数用人单位对毕业生考取研究生或公务员会给予谅解并同意解约。不过，毕业生应及早将考取结果通知用人单位，以便他们能够重新招聘和补充毕业生。

⑥查明用人单位的合法资格。按照就业协议订立的原则，签订就业协议的当事人必须具备合法的主体资格，也就是说，用人单位必须具有从事经营或管理活动的能力，应有录用大学生的计划和自主权。由于目前就业招聘形式已经呈现出多元化发展趋势，用人机制比较灵活，在招聘单位中也难免出现一些不具备合法资格的企业，因此，毕业生在与用人单位签订就业协议时应仔细了解用人单位的基本情况，查明用人单位的主体性质，确定好较为满意的单位再签订协议。

2. 毕业生的基本权益

(1)大学毕业生就业的权利

为了维护大学毕业生就业的合法权益，我国在《宪法》《劳动法》《高等教育法》《普通高校毕业生就业工作暂行规定》中，都明确规定了大学毕业生应当享有的权利。这些权利主要有以下几点。

①获取信息权。一是大学毕业生有权了解、获取就业信息，任何单位或个人不得隐瞒或是欺骗。其中包括就业工作的程序，时间安排，政府、学校的政策，用人单位的各种需求信息，还有大学生自己的各种资料、档案等。大学毕业生的获取信息权要求信息公开，即所有用人信息向全体毕业生公开；要求信息及时，毕业生获取的信息必须是及时有效的；要求信息全面，毕业生有权获得准确、全面的就业信息。二是大学毕业生有权知道就业管理机构的工作原则、纪律、程序等。就业管理工作的透明化有助于杜绝工作人员不合法甚至违法的行为，防止暗箱操作，提高工作效率。毕业生也能够根据这些程序调整自己的择业方法，明确自己的就业进度，这对市场的规范化也有很大的帮助。三是大学毕业生有权全面、真实地了解用人单位的使用意图、工作环境、劳动报酬和发展前景等各方面的情况；而用人单位则有义务向毕业生和培养单位如实介绍本单位的情况，并提供有关资料。

②自主选择权。根据国家规定，大学毕业生在国家就业方针、政策指导下享有自主选择职业的权利。在现阶段，高校毕业生只要符合国家的就业方针、政策，就可以自主地选择用人单位（招生时有特殊规定的除外），学校、其他单位和个人均不得干涉。任何将个人意志强加给毕业生的行为都是侵犯毕业生自主择业权的行为。

③公平待遇权。一是大学毕业生享有被学校公正、平等推荐的权利。学校向用人单位推荐毕业生时，应根据毕业生在校的实际表现，应做到公平、公正，每一位毕业生平等地享有被推荐的机会，不能厚此薄彼。二是大学毕业生享有被用人单位公平录用的权利。用人单位在录用毕业生时，应坚持择优标准，真正体现优生先录、学以致用、尊重知识、尊重人才。应做到公开、公正、公平，不得歧视女同学，不得歧视少数民族，男女同学之间、不同民族之间应一视同仁，除国家规定的不适合女同学的工种或者岗位外，不得以性别为由拒绝录用女同学或提高对女同学的录用标准，在工资方面应贯彻同工同酬的原则。三是大学毕业生享有公平竞争的权利。公平竞争是市场体制存在和运行的必要条件，毕业生作为就业主体，都有公平参与竞争的权利。这里的公平是指竞争机会平等、竞争起点平等。竞争主体要自觉遵守毕业生就业的法律、法规和政策，制裁非法竞争和不正当竞争，规范竞争主体的行为。公平竞争是"自主择业"的前提，是大学毕业生在择业过程中的一项基本权利。

④接受就业指导权。《高等教育法》规定，高等学校应当为毕业生提供就业

指导和服务，《普通高等学校毕业生就业工作暂行规定》中明确指出，高等学校的一个主要职责就是对毕业生开展毕业教育和就业指导工作。高校应成立专门机构，安排专职人员对毕业生进行就业指导，引导毕业生根据国家、社会需要，结合个人实际情况进行择业。大学生应该很好地利用自己的这项权利，从学校专门机构接受就业指导，通过接受就业指导，根据自身特点和社会职业需要，准确定位，合理择业，提高自己的择业竞争力。

⑤协商签约权。一是与用人单位平等协商签订就业协议。《中华人民共和国合同法》规定："合同当事人的法律地位平等，一方不得将自己的意志强加给另一方。"因此，一旦用人单位同意接收该毕业生，毕业生就有权利与用人单位平等协商签订就业协议。用人单位必须按照协议接收毕业生，并妥善安排毕业生的工作，提供相应的工作和生活条件。二是与用人单位平等协商签订劳动合同。大学毕业生到用人单位报到后，双方将产生由《中华人民共和国劳动法》调整的劳动法律关系，毕业生应在就业协议的基础上，及时与用人单位订立劳动合同。劳动合同是大学毕业生就业协议的延伸和法律化。《中华人民共和国劳动法》规定："订立和变更劳动合同，应当遵循平等自愿、协商一致的原则，不得违反法律、行政法规的规定。"因此，毕业生一旦到用人单位报到后，就有权与用人单位平等协商签订劳动合同，并有权要求用人单位按照《中华人民共和国劳动法》的规定提供各种劳动保障。

⑥追究违约权。大学毕业生与用人单位签订就业协议，是双方遵循平等自愿、协商一致的原则而达成的，双方均有遵守的义务。如果用人单位不能按照就业协议的约定履行协议，毕业生就有追究用人单位违约责任的权利。

（2）大学毕业生就业的义务

每个毕业生在求职活动中必须以高度负责的精神，对国家、社会、单位、家庭尽到应尽的责任和义务。在就业过程中，大学毕业生在享有法律、法规和有关政策规定的权利的同时，也应当履行自己的义务。这些义务主要有以下几点。

①责任义务。大学毕业生是国家培养的高等专业技术人才，国家和社会乃至家庭为其成才和发展提供了相对于其他青年群体所无法比拟的优越条件，花费了大量的财力、人力。按照"得之于社会，还之于社会，报之于社会"的原则，毕业生理应积极地、有责任地依托自己的职业行为，主动用自己所学的知识报效国家、社会和家庭，承担起自己的责任和义务。在择业过程中，当个人意愿与就业政策发生矛盾时，要从国家的需要出发，服从和服务于国家的需

要，把个人的愿望和祖国的需要有机结合和统一起来。

②诚实义务。大学毕业生应向用人单位提供真实的自荐材料。自荐材料不是一般的应用性材料，是毕业生择业的一种手段，是毕业生为使用人单位了解自己、认识自己、赏识自己、接纳自己而撰写的一种材料。毕业生向用人单位提供的自荐材料应全面和实事求是，不能弄虚作假，要实事求是地向用人单位介绍自己的情况，对优点不要夸大，对缺点不能回避，有过失不可隐瞒。

③守信义务。大学毕业生要认真履行就业协议。毕业生与用人单位签订的就业协议实际上是一种有关就业意向的承诺，表明毕业生愿意在毕业之后到用人单位就业，用人单位愿意接收毕业生，这种协议一旦签订，是具有一定的法律效力的，即在通常情况下，毕业生将不得再选择其他用人单位，用人单位也不会用其他人来取代该毕业生。讲信誉是对毕业生就业道德的基本要求之一。毕业生必须增强信用意识，自觉履行遵守协议的义务。如果违约，必须承担违约所带来的相应责任。

（3）毕业生合法权益的保护

随着毕业生就业体制改革的不断深化，整个就业工作正在向着程序化、规范化、法制化的目标迈进。作为就业活动主体之一的毕业生，如何正确、合理地运用国家有关就业的各项政策、法律、法规来维护自身的合法权益，保证自己顺利就业，就显得十分重要。毕业生在就业过程中，如个人权益受到侵犯，可通过以下途径对自身权益实施保护。

①通过国家、省(市)等各级毕业生就业主管部门保护。毕业生就业主管部门可通过制定规范性文件，对侵犯毕业生权益的行为进行抵制或处理。

②通过高校毕业生就业部门保护。高校毕业生就业部门的重要职责之一，就是维护毕业生的合法权益，保证就业工作的顺利进行。对于用人单位在录用毕业生过程中的不公平、不公正行为，学校有权予以抵制，以维护毕业生的公平受录用权。对于用人单位与毕业生签订的有失公平的就业协议，学校有权不予鉴证登记。未经学校鉴证登记的就业协议不能作为编制就业计划的依据。根据劳动人事部门规定，高校学生就业必须持"全国普通高等学校毕业生就业报到证"到用人单位报到就业。只有经过学校鉴证登记的就业协议才能编制上报就业方案，经省高校毕业生就业办公室审查签发报到证，所以，学校的鉴证登记是对毕业生在就业中有关权益的保护。

③毕业生依据相关政策法规进行自我保护。毕业生要增强自我保护意识。首先应了解目前国家关于毕业生就业的有关方针、政策和法律法规，知晓毕业

生在就业过程中的权利和义务，这是毕业生权益自我保护的前提；其次要自觉遵守有关就业的政策、法律、法规，履行应尽的义务，以免使自己处于被动，在就业过程中，如发生协议争执、合同纠纷或用人单位以种种借口无理拒绝接收等自身权益受到侵犯的行为，毕业生可依据有关政策规定或法律条款向学校就业部门或用人单位的上级主管部门进行申诉，求得他们的帮助；也可提交当地的劳动争议仲裁委员会进行仲裁；必要时可以直接向人民法院起诉，通过法律程序解决争议，保护自身权益。[①]

第三节　大学生创业指导

自主创业是就业的一种形式，所不同的是为自己创造就业岗位，是对所从事的工作不断地超越。创业者需要具备一些特殊的素质和能力，因此，大学生要不断地培养自己的创新意识，为将来的创业之路做好准备。

一、大学生自主创业的必要性和重要性

我国的改革开放和经济快速发展，特别是经济结构的调整和产业升级，为企业家成长提供了良好的平台。巨大的市场潜力和市场空间为新时代有志创业的大学生提供了一个前所未有的机遇，大学生完全可以自主地根据自己的优势和特长选择适合自己理想的创业之路。创业者无论对个人或是对社会都有极其重要的作用和意义。

第一，大学生创业可以为社会带来财富和价值。大学生创业有利于在全社会营造出一种鼓励和科技创新的氛围，充分体现"科学技术是第一生产力"的思想，增强我国企业的国际竞争力。随着大学生创业公司的数量增加和质量提高，它的总价值也大幅度提高。

第二，大学生创业可以促进经济的发展。创业是美国经济增长的秘密武器，美国95％的财富是由创业的一代1980年以后创造的。大学生创业所创办的都是中小企业，中小企业是保持国民经济快速增长的重要力量，尤其是在进出口贸易、抵御经济波动、保持市场活力和技术创新等方面发挥着积极作用。中小企业不仅是我国经济发展的重要支柱，也是地方经济发展、改善和协调区域经济布局的主力军 。

---

① 辽宁省教育厅：《大学生职业发展与就业指导》，234～239页，沈阳，辽宁大学出版社，2011。

第三，大学生创业能促进高校人才培养模式的改革。大学生创业给教育提出的挑战来自两个方面：一是大学生创业出现的问题，暴露出传统教育存在的弊端；二是社会和学生对创业的需求，要求高等教育必须进行及时的改革，转变教育思想，改革人才培养模式，在教学内容、教学方法、课程设置及考试制度等方面进行探索、革新，通过开展创业教育，开发和提高学生的创业基本素质，培养和提高学生的生存能力、竞争能力和创业能力等，使大学生成为复合型人才，由"求职者"转变为"创业者""企业家"。

第四，大学生创业是自身发展、实现人生价值的需要。创业过程是兢兢业业、励精图治的过程，创业者往往要面临许多困难和挫折，历经千辛万苦才能取得成功。所以，创业过程也是一个人的意志锤炼的过程，它会使人更加成熟，更加干练。创业的过程也是大学生学习提高的过程、锻炼的过程、自身发展的过程。创业成功，可以实现回报社会、为国家做贡献的崇高理想，同时个人也可以获得回报，实现人生价值。

第五，大学生创业可以促进科技成果的直接转化。21世纪是知识驱动经济的世纪，我国要在21世纪中叶达到中等发达国家水平，必须大大提高全民的创新意识和创新能力，抓住机遇，实现我国经济的工业化和知识化的协调发展和转化。现阶段大学生以自主创业的方式，通过创办中小企业和研发新产品的途径，将有利于促进科技成果的直接转化。

第六，大学生创业能够激发青年人的创新精神。大学生创业者是公司的中间力量，大学生成为创业者或者转变为创业管理之后，他既是公司技术创新的直接运作者，又是技术创新的激励者、协调者和组织者。借助于生产组织与管理创新以及日常的经营管理行为和自身的素质，来创造一种适宜技术创新的组织氛围和文化氛围，以保证促进公司的技术创新，提高公司技术创新的成功率，并最终使公司得到全面发展。创业者创新精神正是体现在这些生产组织与管理创新以及日常的经营管理行为之中。

二、树立正确的创业观

大学生创业者要树立正确的创业观念，有无正确的创业观，对创业成败十分重要。

第一，要认识就业道路的可选择性。要改变计划经济条件下形成的认为只有到一个单位、一个企业才算就业的旧观念，在市场经济条件下，就业的方式具有多样性。打零工是就业，做自由职业者也是就业，如企业策划、自由撰稿、兼课等；特别是自我创业，自己当管理者不仅自己能就业，还能为他人创造就业机会。

第二，要认识创业道路的多样性。不要盲目认为创业高不可攀，别人从穷光蛋变成亿万富翁，我为什么不行？不要认为有钱才能创业，许多成功的创业者都是从零起步的，创业思维比金钱更重要。财富就在人的头脑之中，你的头脑就是一个金库，关键看你能否开启它。创业的路子很多，有投巨资的创业，也有不花钱的创业；有团队创业，也有独立的创业。关键是思路是否对头。人们的需求是多种多样的，这种需求达到一定数量就构成了市场。所以，创业的路子也是多种多样的，要学会寻找创业机会，要学会开发市场。

第三，要认识创业能力的可塑性。创业者要有一定的能力，一些人认为创业能力是天生的，有的人是老板型，有的人是学者型，有的人是官员型，自己属于老实巴交的百姓型，不属于创业型，没有这份能力。人不是生下来就适合做这个或适合做那个，创业能力是由自我学习和环境条件决定的，创业能力是可塑的。创业能力首先表现为一种动机、一种精神，也表现为一种思维能力、决策能力、沟通能力、运作能力、经营管理能力及学习能力，所有这些能力也不是先天的，是后天教育和培养的结果。因此。创业能力对于每一个人来说，不是有没有的问题，而是能否正确认识和自觉开发这种能力。

第四，要认识创业的风险性。创业具有一定的风险性，创业的过程就是充满风险的过程。经过一系列的市场调研后，原始的创意可能被无情地否定；从技术到产品的过程，小试、中试都可能失败；在无情的市场竞争中，产品的营销、对手的竞争等，任何一个环节的失败都可能使企业受挫。任何一种风险都会造成物质和精神上的损失，很多风险和损失都需要创业者个人来承担。国内的中小企业成立后，在十年之内面临被淘汰命运的高达八成以上。事实上，国内将近六成创业的失败率正说明了创业的艰难程度和风险性。创业成功率之所以如此之低，是因为绝大多数的创业者在初次创业时都没有什么创业经验，严格地讲，他们不是在创业，而是在"闯业"。

因此，大学生创业要树立正确的创业观，要辩证地看待创业。创业者既要看到创业成功后的收获、掌声和荣誉，同时也要充分评估创业的风险，实事求是地分析自己所具备的创业能力，做好承受挫折和失败的心理准备。

三、大学生创业意识的树立与培养

创业意识是指在创业实践活动中对创业者起动力作用的个性意识倾向，它包括创业的需要、动机、兴趣、理想、信念和世界观等要素。创业意识集中表现了创业素质中的社会性质，支配着创业者对创业活动的态度和行为，并规定着态度和行为的方向、力度，具有较强的选择性和能动性，是创业素质的重要组成部分，是人们从事创业活动的强大内驱动力 。

创业意识的形成不是一时的冲动和凭空想象出来的，它源自人的一种强烈的内在需要，即创业需要。创业需要是创业活动的最初诱因和最初动力。当创业需要上升为创业动机时，就形成了心理动力。创业动机对创业行为产生促进、推动作用，有了创业动机标志着创业实践活动即将开始。而创业兴趣可以激发创业者的深厚情感和坚强意志，使创业意识得到进一步升华。一般在创业实践活动取得一定成效时，便引起兴趣的进一步提高。创业理想是属于创业动机范畴，是对奋斗目标的向往和追求，是人生理想的组成部分。有了创业理想，就意味着创业意识已经基本形成。创业者为了实现创业理想，在创业活动中经过艰苦磨炼，又逐渐建立起创业的信念。创业信念是创业者从事商业活动的精神支柱。创业世界观是创业意识的最高层次，是随着创业者创业活动的发展与成功而使创业者思想和心理境界不断升华而形成的，它使创业者的个性发展方向、社会义务感、社会责任感、社会使命感有机地融合在一起，把创业目标视为奋斗目标 。

大凡有成就的人，无不经过艰苦创业。创业的过程也是锻炼的过程，是不断学习提高、不断发展的过程。其实创业过程本身就是一种财富，通过创业，可以使自己的事业得到发展，实现自身价值的最大化，可以激活人才资源和科技资源，使得许多新创意、新科技、新发明、新专利迅速转化为现实的产业和产品，实现对社会贡献的最大化。21 世纪的知识产业化、信息产业化的迅速发展，既给我们带来严峻的挑战，也给我们提供了发展的机遇。树立与培养毕业生的创新意识，指导毕业生走上自主创业之路，不仅能帮助毕业生成长成才，还可以拓宽毕业生的就业渠道，增加社会就业岗位，实现就业渠道的多元化。

四、大学生创业必备的基本素质

创业是极具挑战性的社会活动，是对创业者的自身智慧、能力、气魄、胆识的全方位考验。一个人要想获得创业的成功，必须具备基本的素质。创业基本素质包括创业意识、创业心理品质、创业精神、竞争意识和创业能力。

第一，创业者应具备强烈的创业意识。要想取得创业的成功，创业者必须具备自我实现、追求成功的全面的创业意识。强烈的创业意识帮助创业者克服创业道路上的各种艰难险阻，将创业目标作为自己的人生奋斗目标。创业的成功是思想上长期准备的结果，事业的成功总是属于有思想准备的人，也属于有创业意识的人。

第二，创业者应具备良好的创业心理品质。创业之路充满艰辛与曲折，自主创业就等于一个人去面对变幻莫测的激烈竞争以及随时出现的需要迅速解决的问题和矛盾，这需要创业者具有非常强的心理调控能力，能够保持一种积极沉稳的心态，具有良好的创业心理品质。它是对创业者在创业实践过程中的心理和行为起调节作用的个性心理特征，它与人固有的气质、性格有密切的关系，主要体现在人的独立性、敢为性、坚韧性、克制性、适应性、合作性等方面，它反映了创业者的意志和情感。创业的成功在很大程度上取决于创业者的创业心理品质。正因为创业之路不会一帆风顺，所以如果不具备良好的心理素质、坚忍的意志，一遇挫折就垂头丧气、一蹶不振，那么，在创业的道路上是走不远的。只有具有处变不惊的良好心理素质和越挫越勇的顽强意志，才能在创业的道路上自强不息、积极进取、顽强拼搏，才能从小到大、从无到有，闯出属于自己的一番事业。

第三，创业者应具备自信、自强、自主、自立的创业精神。自信就是对自己充满信心。自信心能赋予人主动积极的人生态度和进取精神，不依赖，不等待。要成为一名成功的创业者，必须拥有使命感和责任感，信念坚定，顽强拼搏，直到成功。信念是生命的力量，是创立事业之本，信念是创业的动力。要相信自己有能力、有条件去开创自己未来的事业，相信自己能够主宰自己的命运，成为创业的成功者。自强就是在自信的基础上，不贪图眼前的利益，不依恋平淡的生活，敢于实践，不断增长自己各方面的能力与才干，勇于使自己成为生活与事业的强者。自主就是具有独立的人格，具有独立性思维能力，不受传统和世俗偏见的束缚，不受舆论和环境的影响，能自己选择自己的道路，善于设计和规划自己的未来，并采取相应的行动。自主还要有远见，有敢为人先的胆略和实事求是的科学态度，能把握住自己的航向，直至达到成功的彼岸。自立就是凭自己的头脑和双手，凭借自己的智慧和才能，凭借自己的奋斗和努力，建立起自己的生活和事业的基础。

第四，创业者应具备竞争意识。竞争是市场经济最重要的特征之一，是企业赖以生存和发展的基础，也是一个人立足社会不可缺的一种精神。随着我国社会主义市场经济从低级向高级发展，竞争越来越激烈。从小规模的分散竞争，发展到大集团集中竞争；从国内竞争发展到国际竞争；从单纯产品竞争，发展到综合实力的竞争。因此，创业者如果缺乏竞争意识，实际上就等于放弃了自己的生存权利。创业者只有敢于竞争、善于竞争，才能取得成功。创业者创业之初面临的是一个充满压力的市场,如果创业者缺乏竞争的心理准备,甚至害怕竞争,就只能一事无成。

第五,创业者应具备全面的创业能力素质。创业能力是一种特殊的能力,这种特殊能力往往影响创业活动的效率和创业的成功。创业能力一般包括决策能力、经营管理能力、专业技术能力、交往协调能力与创新能力。

上述五个方面的创业能力素质中,每一项基本素质均具有其独特的地位与功能,任何一个要素都会影响其他要素的形成和发展,影响其他要素的功能和作用的发挥,乃至影响创业的成功。因此,一个未来的创业者,不仅要注意在环境和教育的双重影响下培养自己的创业素质,而且要重视其整体结构的优化,在创业实践中不断提高自我的创业素质。①

➤本章小结

大学生职业生涯规划与就业指导有利于大学生树立正确的人生观、价值观、世界观和就业观,对当代大学生就业有着积极作用。好的职业生涯规划可以改变一个人的一生。因此,本章重点介绍职业、职业生涯、职业生涯规划的概念,并且重点介绍了影响大学生职业生涯规划要素以及大学生职业生涯的步骤。

高校要加强职业生涯规划和就业指导两者的紧密结合,通过开展职业教育,引导大学生做好职业生涯规划,并且加强就业指导工作,使学生获得大量的就业信息、技巧和经验,做到就业指导与职业生涯规划两者的有机结合。同时,积极培养大学生自主创业意识,使其充分了解掌握创业者具备的才能和个人魅力,进而为祖国培养出更多的杰出人才。

➤案例:大学生创业——微信卖水果

夏末秋初,正是瓜果集中上市的好时节。随着市民生活水平的提高,水果在绝大多数的家庭里已经不可或缺。过去,大家习惯在超市、菜市场、水果店购买水果。如今,在O2O(线上到线下)商业模式的席卷下,"手机、电脑下

① 张智武:《提升大学生就业与创业指导课教学实效的思考》,载《辽宁工业大学学报(社会科学版)》,2005(4)。

单，在家收货"成为越来越多市民购买水果的首选。

大学毕业生小豪也和同伴一起加入到了"O2O卖水果"的创业大军。他们创办的电商平台通过网站和微信公众号接受订单，每天的营业额最高超过千元。

一年的暑假，小豪和同学搬回了位于通州的校本部。陌生的周围环境让他起初颇不适应，不知道哪里可以聚餐、购物。这时他突然意识到商机来临，"我不知道，同学也不知道，何不制作一个APP软件，打造一个吃喝玩乐的平台？"他很快找到了附近北京物资学院软件专业的学生，寻求技术上的支持。

一番讨论下来，对方给小豪泼了一盆冷水。"做一个好的APP软件，前期投入的费用就得好几万，一旦定位不准，很容易血本无归。"这时小豪才意识到市面上那些五花八门的APP软件，其实都是靠风险投资在支撑，"我也得找风投。"他暗下决心。

他给这个吃喝玩乐的平台做了详细的商业计划书，计划书将水果作为销售内容，"我最熟悉我的同学，水果对他们来说比粮食还重要，商机无限。"他们的方案很快获得了投资人的青睐。一位投资人给予了20万元的风险投资，另一位投资人则答应提供网站、微信公众号销售的技术支持。

2014年7月，小豪和伙伴们创立了自己的公司，并入驻中关村创业大厦。公司旗下建立了生鲜电商平台，该平台基于网站、微信公众号，为用户提供鲜果当天下单、当天送达服务。

小豪的电商平台最先进入的高校是对外经济贸易大学。他找到了靠近学生宿舍楼的水果店，和老板谈判后商定：学生下单付账，平台向水果店派单，水果店送货至宿舍楼下，学生收货，水果店获得货款和提成。

这一模式的好处是送货时间飞快，通常学生下单后一个小时内就能收到水果。但问题也很快出现，由于水果是由水果店采购，电商平台无法控制其品质和价格，一些反映水果质量的投诉开始出现。小豪和伙伴意识到这一问题后立即对营销模式进行了纠正，改为自营采购、自主送货。这样一来，虽然学生客户的收货时间从一个小时延长为"当天内"，但水果的品质大大提高。

小豪说，为了保证水果有最低的价格、最优的品质，他和伙伴跑遍了丰台新发地、朝阳来广营等多家水果批发市场，"一样样品尝，从西瓜到榴梿，从苹果到杨桃，从捂着嘴吃完了吐，到最后吃出了经验。"他笑道。

在他们的努力下，电商平台逐渐在高校站稳了脚跟。除了对外经贸大学，电商平台也入驻了中国农业大学、北京航空航天大学等高校，受到师生的普遍好评。生意最好时，平台每天收获超过300份订单，营业收入上千元。

➢**思考题**

1. 什么是职业生涯？影响大学生职业生涯发展的因素有哪些？
2. 大学生应如何培养良好的就业心理素质？
3. 什么是就业协议？就业协议签订的原则是什么？
4. 大学毕业生在就业时享有哪些权利？又需要履行哪些义务？

第十一章 大学生综合素质培养

内容提要：努力促进人的综合能力的提高，是马克思主义关于建设社会主义的根本要求。在社会诱惑日益增多、机遇与挑战并存的今天，我们要加强大学生科学文化素质的培养，并对其进行政治、思想、智力、心理、身体状况等的综合教育，提高其全面素质，适应社会需求，进而使其更好地为祖国建设服务。这里我们将通过对大学生综合素质的基本内容及国内外研究状况分析，深入阐述影响大学生综合素质的各种因素，提出构建学生综合素质培养体系、创建思想政治教育环境等促进大学生综合素质培养的措施，进而构建起大学生综合素质培养体系。

第一节 大学生综合素质的基本内容及国内外研究状况

大学生是我国社会主义事业的继承者和开拓者，其综合素质的高低决定着自身前途与命运，更决定着中国特色社会主义事业的成败。因此，重视培养提高大学生综合素质是 21 世纪民族振兴的时代呼唤，更是事关国家经济社会建设、高校健康和谐发展和大学生成长成才的现实问题。

一、大学生综合素质的基本内容

达尔文在进化论中对"素质"的概述进行了第一次解读，本意指物种在"物竞天择"的生活环境和进化发展中所产生的机能水平。随着近代社会中自然科学的快速发展，遗传学和生理学等学科领域应运而生。人们把遗传学和生理学等学科领域中关于人类生理的共性特征进行有效归纳并得出结论，其称为"遗传素质"。在此之后，"素质"一词便广泛应用于社会的各个领域。综合素质这个概念纷繁复杂，说法不一，总的来说，大学生的综合素质包括四个方面的内容：第一是思想道德素质，即大学生是否具有正确的人生观、价值观、世界观以及诚实勤奋的道德责任感；第二是科学文化素质，即大学毕业生所具有的包括社会知识、历史知识以及文学底蕴在内的人文社科知识，因为这是一个大学生综合素质的体现；第三是专业素质，即大学毕业生在学校中所学到的基本理论、专业知识、基本技能，以及创新能力和自我不断学习充实自己的能力，这反映了一个大学生不断的再学习能力；第四是身体心理素质，即大学毕业生所具有的身体和心理状态，比如其自身的生活习惯以及对待失败的态度等方面的内容。作为大学生综合素质能力而言，文化素质是基础、身心素质是本钱、专业素质是本领，而思想道德素质是核心、根本，对于其他的素质能力具有明显的导向作用。

1. 思想道德素质

思想道德素质是大学生综合素质的精神支柱。它渗透于大学生的科学文化、专业、身体心理之中，起着中流砥柱的作用，是综合素质的灵魂。思想道德素质包括大学生的思想素质、道德素质、政治素质。

思想素质，在通俗意义中指个体的思想对于世界的看法、人生的规划和自身的实现价值。亦指社会存在的个体在思想道德层面树立正确的人生理想和人生态度。从理论层面分析，要紧紧依靠党、围绕党的指导思想和指导方针，紧跟时代步伐和脉络，凝聚民族的力量，铸造伟大的中国梦。从实践方面分析，爱国主义精神和集体主义精神并驾齐驱，无论是在工作还是学习中，要有理论与实际相结合的工作作风。在国内外复杂的形势环境中，认清复杂形势，认清自我，因势利导。

道德素质，是人类最高的道德规范，道德的评判，与一个人的整体素质息息相关，与人的尊严、价值、成就紧密联系，互为一体。道德素质包含个体素质中的道德修养和道德情操。回望人类的整个发展史，道德的光芒伴随着社会发展的每一个脚步。作为一名大学生，他们所具有的道德观念，不仅要遵守社会主义道德规范，而且要树立为人民服务的宗旨，在国家利益和个人利益发生矛盾时，奉行国家利益高于一切的指导原则。坚持和弘扬社会主义道德，积极践行大学生的基本道德规范、职业道德规范，自觉遵守网络道德、环境道德，在实践中形成良好的道德品质。

政治素质，包括个体对于社会的理想、信念、民主意识、法制意识、政治觉悟、政治理念。政治素质培养皆在引导、帮助和教育大学生树立正确的政治态度和政治素养。为实现中华民族的伟大复兴提供精神动力，以振兴中华为己任，肩负起两个百年的目标。发扬崇高的爱国主义精神和自立、自强的民族精神，自觉抵制消极思想的渗透和腐蚀，树立马克思主义的世界观、人生观和价值观，高举中国特色社会主义的伟大旗帜。

思想素质、道德素质、政治素质各有其自己的内容要求，但三者之间存在着相互依存、相互制约的关系。思想素质、道德素质、政治素质分别发挥着各自的作用，最大程度的提高和升华大学生的综合素质，它们塑造着人的灵魂和信念，塑造着人们的精神世界，提供充足的精神食粮，并且贯穿于世界观、人生观、价值观理论体系之中。

2. 科学文化素质

科学文化素质在大学生综合素质中的地位非常重要，它主导着大学生综合素质的培养与提高，同时在大学生综合素质中起基础作用。良好的科学文化素质是大学生成才的核心条件和必要条件。科学文化素质包括科学素质和人文素质。科学文化素质，指个体在科学知识和文学素养方面，形成一种牢固的、平稳的基本素质。

所谓科学素质，是指人们在认识科学和应用科学的实践过程中，把自然知识和科学知识转化为内在能量，并把这种内在的知识能力实际应用到实践过程中所呈现出来的基本素质和能力水平。它主要包括自然知识、科学知识、科学素养、科学理论、科学方法、科学实践等。科学素养是提升科学素质的前提，科学理论是提升科学素质的基础，科学方法是提升科学素质的途径，科学实践是提升科学素质的过程。

所谓人文素质，指人们在法律、宗教、经济、文化、管理、教育等方面所呈现的综合品质的发展程度和发展水平的基本素质，人文素质所体现的机能水平影响着个体的人生轨迹，它制约并牵引着个体的人生选择和人生规划。人文素质主要包括人文领域的知识、精神、思维和方法。人文知识是基础，它所涵盖的知识体系为人文素质的培养提供了理论框架。人文思维是灵魂，具有鲜明的意识形态特征和个性色彩。人文方式是主导，它是人们对事物的认识和实践过程中的指挥棒。人文精神是核心，强调人的主体原则。人文素质是指个体自身所具有的内在气质和外在状态综合体现出来的发展水平，这种水平体现的是一个现代人的文明程度的风向标。

3. 专业素质

专业素质是个体在进行专业知识、专业技能、专业实践的学习过程中理解和适应社会工作能力的一种综合体现，是大学生综合素质培养的关键。其主要表现在专业基础知识、专业实践能力、专业创新能力以及必要的组织管理能力等方面。影响和制约专业素质的因素诸多，主要包括客观的内在因素和主观的外在因素。客观的内在因素是通过基因传递的，包括智商基因、感觉器官等一些生理特点；主观的外在因素包括受教育的水平和环境因素。21世纪的大学生应该具有良好的专业素质。专业基础知识、专业实践能力为专业创新能力提供前提和保障。创新能力标志着时代的进步、知识的飞跃。

4. 身体心理素质

身体心理素质培养是提升大学生综合素质的根本。它渗透于其他三种素质的各个环节。大学生的身体心理素质包括身体素质和心理素质两方面。身体素质指个体体质和健康方面的素质，是个体从事一切活动的前提。大学生身体素质不仅包括健康的体能、良好的体质和饱满的精神，还包括坚强的毅力、持久的耐力和良好的适应能力。心理素质是指个体的情感、意志等方面的素质体现。具体表现为个人对社会、生活、学习等方面的自我塑造程度。新时期的大学生具有坚强的意志力、抗挫折能力、适应能力，是适应新时期快速发展的精神保证。大学生的心理素质具体表现为坚定的意志、抗挫能力、积极乐观的人生态度、较强的自我控制能力和自我平衡能力。面对 21 世纪科技和人才交织而成的激烈竞争，拥有健康的体魄、完善的心理机制、较强的身体素质和心理素质，是大学生成为高素质人才的实力与潜力并重的根本保证。二者相互依存，相互统一，构成了培养大学生综合素质的必备条件。

二、大学生综合素质国内外研究状况

1. 国外研究状况概述

根据马克思在《资本论》及其他著作中的论述，马克思所设想的未来社会的"全面发展"的人，是既有全方位全面发展，又具有共产主义道德品质的人。马克思所设想的共产主义社会是人类社会的最高目标，由原始社会走向共产主义社会，必定要经历蜿蜒崎岖、步履维艰的道路，在这个实践的过程中，维系整个过程的基础就是实现人的全面发展，这反映了人类社会发展的客观规律，进而反映人的发展的基本规律，同时也是大学生综合素质培养的行之有效的方法论。

在西方国家，特别是美国、德国、英国等经济发达的国家，对大学生的综合素质教育的主要内容涵盖道德教育、宗教教育、人格教育和政治教育。他们在学校培养和实践过程中重视学生的道德教育和人格教育。卡耐基题为《大学：美国大学本科教育的经验》的调查报告揭示了美国高校教育的最高宗旨是学生的个人能力上升为社会责任的高度，从而确立了当代美国教育的改革方向，更加明确了美国等西方国家的大学教育注重学生的多维能力的培养和责任意识的灌输。

在新加坡，高校对大学生的素质教育体现为实用性的特点。新加坡的素质教育十分重视人才的培养，在人才培养方面他们重视应用型人才。新加坡对大学生的教育则是实用主义和功利主义的有机结合。他们认为未来社会，还将处于一个日新月异、高速发展的时期，因而对于人才的培养是刻不容缓的。

在韩国，根据社会对人才的要求，其研究成果在于我们为什么要实施素质教育，归纳为"实用性和目的性"。他们认为，教育的最高目标是素质教育，他们重视个体的性格、人格、气质、思维、责任心的培养，重视"自律精神"，引导大学生选修具有人文思想的学科，并增加这些学科在总学科中的比重，加强培养大学生的综合素质和全面发展的新型人才。这种强调个性的全面发展与教育的目的的有效结合，对韩国的大学素质教育以及对学生综合素质的培养具有里程碑的意义。

2. 国内研究状况概述

国内理论界很早就开始了对素质教育的理论和实践的探索，并取得了一定的成果。1987年原国家教委副主任柳斌在《努力提高基础教育的质量》一文中，使用了"素质教育"一词。对其含义的论述，国内各专家学者也是各执己见。毛家瑞、孙孔懿在《素质教育论》一书中认为，素质教育与潜能教育大同小异，不相上下。在社会文化层次中，以这种文化力量塑造社会成员的个性教育，而这种个性教育则加强了社会成员的个性化教育。素质教育在高等教育的教育改革中居于核心位置。《中共中央国务院关于深化教育改革，全面推进素质教育的决定》指出："实施素质教育，就是全面贯彻党的教育方针，以提高国民素质为根本宗旨，以培养学生的创新精神和实践能力为重点，造就'有理想、有道德、有文化、有纪律'的、德智体美等全面发展的社会主义事业建设者和接班人。"

党的十八大报告指出，高等学校关于人才的培养、素质教育的实施，对人才优先战略的布局起着至关重要的作用。高等学校应革新教育观念，全方位地提高素质教育，突出"素质教育"在理论层面和实践层面的规范化和有效化。

在当今的中国教育中，素质教育就是中国教育改革的精髓。随着中国教育改革的不断深入，"素质教育"将越来越被社会、教育界、高校所重视。

第二节　影响大学生综合素质的因素

随着社会主义市场经济的发展，高等学校对大学生综合素质的培养发生了深刻的变革。从大学到社会，虽然只有一步之遥，但对大学毕业生来说，却是人生旅途的一次重大转折。切实找到影响大学生综合素质的因素，加强大学生综合素质的培养，将是我国高校扩招后，在实现高等教育大众化进程中必须面对的重大课题，对培养具有创新意识、创新精神和创新能力的高素质综合发展人才具有十分重要的意义。

一、社会环境的默化作用

在开放的社会中，社会思潮甚至社会变革可谓跌宕起伏，大学生往往成为最直接的被影响者。为更好地解决经济社会发展中的突出矛盾和深层次问题，清除制约生产力发展的体制障碍，我国各项改革在不失时机地向前推进。不过由于系统性、复杂性、风险性的加大，大学生的生活方式、就业岗位、就业方式等诸多方面都在发生变化，直接影响了大学生综合素质的培养。

1. 经济全球化

经济全球化思潮深刻影响着社会的各个领域，为个人和国家带来了前所未有的机遇和挑战。经济全球化不仅造成人们价值观、思维方式的变化，而且对一个国家的传统道德规范也带来了一定的影响。随着经济全球化时代的到来，西方发达国家抓住各种机遇，利用信息、技术资源的优势，把西方国家的经济体制、政治体制、生活方式和道德观念通过强权政策和霸权手段强加给正处于深化体制改革的中国。西方意识形态无疑对我国大学生的思想道德建设、科学文化建设、身心健康发展带来诸多影响。部分学生的价值取向被这种意识形态所冲击，导致价值取向出现多元化的走势，迷失自我的心理愈演愈烈，对于自身价值观的形成，更趋向于实用性和功利性。

2. 信息化

网络以其信息量大、传播速度快、覆盖面广、高度的开放性、无与伦比的便捷性及隐匿性等特点，成为高校学生获取知识和信息的重要渠道。完全开放的网络传播使各种思想充斥其中，极大地冲击并考验着我国高校传统的思想政治教育工作体制。我国建设的是有中国特色的社会主义，马克思列宁主义、毛泽东思想、邓小平理论、"三个代表"重要思想、科学发展观、习近平新时代中国特色社会主义思想，是我国高校开展学生思想政治教育工作的具有指导性的思想。但完全开放的、互动式的网络传播使政府教育主管部门和高校对青年学生个人思想行为的制约机制发生了重大变化，它们不能再像从前那样对学生进行有效的教育和监督。互联网以其固有的特性打破了信息传播的时空限制，使各种合法或不合法、健康或不健康的信息掺杂其中，不仅有可能导致青年大学生已有的意识形态和价值观念等发生变化或倾斜，而且更有可能直接冲击青年学生正确的政治信仰的确立和主流价值观、人生观的树立。微信、QQ、微博等交友工具的悄然兴起，给我们带来方便、快捷的同时，也成为诈骗、传播不良信息、非主流意识的平台。互联网作为极具诱惑力的新型媒体，一方面，在满足和帮助大学生学习、通信、娱乐、情感等多方面起到积极的、其他媒体无法替代的正面作用；另一方面，在导致大学生道德缺失和法律意识淡化、影响健康人格等方面，也起着不容忽视的负面作用。面对互联网中中西文化的交融和碰撞而呈现出的鱼龙混杂、纷繁复杂的知识与信息，青年学生在选择和取舍上将十分困难。在网络时代，学生通过网络可以方便地查到多种公开或者保密、各类真的或者假的信息，而教育者由于受时间等因素的制约，有时候却要面临信息或知识处于劣势的境地，这意味着高校思想政治工作者的传统优势地位面临严峻的挑战①。

3. 市场经济

十一届三中全会以来，中国共产党领导全国人民锐意改革，极大地解放和发展了社会主义社会的生产力，中国发生了历史性的巨大变化。社会主义市场经济体制的基本框架初步成形。社会主义民主法治建设和社会主义精神文明建设也取得了丰硕成果。我国社会经济成分、利益分配、组织形式、就业方式以及人们生活方式日益多样化，人们对现实政策的评判、对社会和个人前途的期望，也会随之发生巨大的变化。大学生是一个最容易受外界影响的群体，对市场经济的种种负面作用"免疫力"还不强，价值观念中的趋利性也比较明显。大学生面临不断变化、日趋复杂的社会背景，社会群体利益分配差别和价值主体出现多元化，分配方式和收入有所不同，激发了他们心理上的不平衡、不理解、不满足，从而产生了不少新的矛盾。大学生同时也是一个思维活跃的青年群体，面临的困惑和矛盾明显增多，对社会的各种不公、各种丑恶、各种消极腐败现象产生疑惑，意识到在学校所接受的教育与现实社会有一定的反差，这就造成了一部分大学生对思想政治教育容易形成逆反心理，缺乏热情和主动，接受教育也只是为了按规定获得学分，而不是从树立正确的世界观、人生观、价值观的角度去塑造自己，对思想政治教育产生对立思想等。②

二、家庭教育的因势利导

家庭是社会的分支机构，同时也是大学生人生道路的第一心灵港湾。人的成长道路都是从家庭起步的，婴儿的生长、发育、成长无不受到家庭因素的影响，这些都在耳濡目染地影响着大学生的人生观、价值观。家庭背景具有复杂

①　张彦：《思想政治教育主体性研究》，100～103页，广州，广东人民出版社，2006。
②　白梅：《高校学生党支部职责探析》，载《教育与职业（理论版）》，2007(6)。

多样的特质，家庭背景因素的差异性，对大学生的综合素质具有深远影响，这种差异性表现在家庭的整体结构、家庭父母的文化程度、家庭的经济状态、家庭的教育模式等方面。由于社会政治水平、经济水平、文化水平发展的不平衡，地区之间的差异性、家庭之间的差异性、人与人之间的差异性等因素所折现出的不平衡，致使部分家庭的经济条件较脆弱，那么这部分家庭的子女则自尊心较强，较忧郁。20 世纪 80 年代国家实施计划生育政策，成长起来的"90后"大学生大部分均是独生子女，而独生子女在家庭中的地位增高，他们以自我为中心，表现为自由主义。一个家庭的社会地位也会使他们的子女产生差异性，这部分子女则更多选择出国留学和贵族学校。家庭的经济状况处于相对稳定的经济环境，学生则普遍会心理稳定性好，但是承受能力较差；相反，如果一个家庭的经济状况发生急剧变化，那么会对学生的心理产生极大的冲击，从而影响他们人生观、价值观的选择。家庭生活环境较优越的学生，表现出较强的创业精神、乐于接受新鲜事物，但是缺乏吃苦耐劳的精神；那么家庭生活环境较差的学生则会比同龄孩子早熟，学习和生活更具理性，但是有时也有自闭、孤独的倾向。

在一个家庭中，孩子接触最多的就是父母，父母综合素质的高低、教育观念的不同，潜移默化地影响着孩子对人生观、价值观的选择。关于父母受教育文化程度与家庭教育水平关系的研究，一般意义上讲，父母受教育程度较高的家庭在对待子女的教育问题中呈现出合理性、科学性的特质，他们会从较为理性的观点出发，有规划、有目的地对自己的子女谆谆教导，教育观念和教育方法都会强于父母文化水平较低的家庭。但是也有的家庭教育观念不从实际出发，缺乏客观性和合理性，没有对孩子产生积极的影响，主要表现为重男轻女的思想、对子女的期望值过高、粗暴的家庭教育、无原则的溺爱教育。家庭教育观念的不当、家长的教育方法和理念以及方法的欠缺，往往导致孩子产生各种心理问题。有的父母过分溺爱孩子，对孩子百依百顺，那么孩子则会出现自私自利、缺乏责任感、社交能力较差的倾向；有的父母则实行暴力教育，采取高压政策，那么这些孩子则会出现自卑、逆反、孤僻的性格倾向；有的家长对孩子实行"散养"的教育模式，那么这些孩子从小缺少来自家庭的管教，他们的独立意识强、自我保护意识强，但是也会出现胆大妄为，甚至由于自己的法律的意识淡薄，走向犯罪的深渊。家庭背景因素的差异化对大学生"三观"的形成有着千丝万缕的联系，这种影响潜移默化地渗透于学生的内心世界。

三、高校管理的文化熏陶

校者，教也。对大学生综合素质的培养是在一定的环境中进行的。高等学校承担着学生智育和德育全面发展的重任，是铸造有用之才的主要场所。高等学校本身对大学生的影响是最直接、最频繁、最深入、最广泛的。

1. 校园文化

高等学校作为文化的重要载体，是重要的文化的传递阵地，需要大力继承和发扬人类文化，并不断地发展、创造新文化。我们高等学校依靠自身的优势，可以为社会提供信息咨询、科研成果，并促进社会经济的发展和社会文明的进步。

大学生往往对大学校园与大学生活有着美好的憧憬，但现实中的大学校园环境及设施往往与大学生想象中的天堂有一定差距。多数高校的学生生存空间仍然相对拥挤，对大多数学生来说根本无法满足对私密空间的占有要求。尤其是扩招以来，学生人数增加，许多高校对学生上课、自习教室的安排、实习、实践机会明显不足与不合理，无法满足大学生的主动学习需求，这必然给大学生的生活、学习带来负面的影响。院校由于历史的原因，发展建设的周期较短，或者资金基础不够雄厚，文化底蕴和人文精神的积淀不够丰富，使得它们可以为学生提供空间，但无法产生让学生认同的作用。国际学者交流频繁，学术交流与合作目标增大，教师、学生出国人数不断增加，不少高校引进外国图书资料及原版教材，博士、硕士论文中引用外文文献的比例呈快速增长趋势，造成各种思潮在高校校园里相互激荡，强化了高校价值取向的多样性，冲击着长久以来形成的政治思想和文化信仰，使部分大学生的思想观念、心理状态、价值取向、行为方式等发生了很大的变化，致使他们理想信念的迷茫。

2. 教师素质

高校思想政治教育者的素质直接取决于他们对高校思想政治教育目的、任务的正确认识。当前高校思想政治教育队伍主要由辅导员、部分专职理论课教师、行政人员等组成，但是在这些工作人员中普遍存在着同一个问题，从事思想政治教育只是暂时性的，而不是长期、持续的，从事思想政治教育的专业人员不多，专职教师偏少，兼职教师比重过大，存在教师队伍素质参差不齐的现象。兼职教师多数任行政领导、担任党务工作或专职学生干部，他们都肩负着比较繁重的学生管理工作或行政工作，不能把思想政治教育作为重点来对待，对备课和教学投入的精力也很有限。甚至还有一些思想政治教育者属于照顾校内职工子女就业，留在高校担任思想政治教育工作，没有经过系统的、专业的教育，缺乏马克思主义基本理论的扎实功底以及系统的思想政治教育学、心理学、管理学、社会学、伦理学等方面的专业知识，政治素质、知识结构、能力水平都达不到从业的要求。

高校对学生思想政治工作不够重视，认为学校的中心工作应是教学，教学质量是学校的生命，教学质量与学术水平的高低才是能否办好大学的关键，思想政治工作在办学过程中似乎已经变得不再那么重要了。从事思想政治工作的辅导员和共青团干部地位不高，待遇偏低，评职称困难重重，住房及其他生活方面的问题得不到妥善解决，大多数高校，在思想政治工作教师岗位上工作三到四年的就已经是"老思想政治工作教师"，多数思想政治工作教师两到三年就会考研或转岗。为使工作正常维持，学校不得不大量重新选留思想政治工作教师来充实教师队伍。有相当一部分特别是中青年思想政治工作教师，对从事思想政治工作和学生工作缺乏应有的热情和坚定的思想基础。部分高校甚至没有确定促进学生工作制度化、规范化，提高学生工作队伍素质的政策。思想政治工作教师队伍以年轻人为主，年轻也就意味着缺乏经验，在心态上也会相对浮躁，容易受社会上拜金主义和浮躁心理的影响，不能安心工作。一部分人更是因为就业的压力或者学校职称评定方面的一些规定，不得已而为之，这就造成了一种现象，那就是大多数学校和个人都把思想政治工作教师的工作看作一个短期的职业。加之学校的制度方面对思想政治工作教师职称评定、晋升缺乏较好的解决方案，使从事思想政治工作教师的工作得不到认同。

思想政治工作教师有各个专业毕业的，所以政治理论修养、知识广博性都不够，表现在工作上就是常常只能就事论事。思想政治工作教师的知识储备和人生阅历比起学生来往往不具备高势能优势，也就是说他们在这些方面的丰富程度还远远不够。高校思想政治工作教师队伍由于长期忙于事务性工作，没有时间给自己充电，这就使得他们的知识较陈旧、知识面狭窄，对新知识利用少，重经验而轻创新。随着信息时代的到来，知识更新的速度越来越快，如此一支不适应社会发展需要，缺乏相应知识的队伍根本无法承担起21世纪的学生工作，而且学生在某些方面已形成了明显的超越学生工作者的优势。在这种情况下，师生之间可供交流的语言就会变得越来越少。

3. 教育观念

高校思想政治教育者在教育理念上比较强调和凸显社会需要、社会价值，忽视和压抑受教育者的个体需要、个人价值。往往单纯地从党、国家和社会的角度出发，不是为了满足大学生个人发展的需要和个体价值的实现，只是为了维护社会的安定、和谐，或是为国家培养政治合格的接班人，把高校与大学生置于管理和被管理的对立格局，否认和忽视大学生作为人的客观存在，忽视大学生的权益，忽视对大学生个性和潜能的开发。我国高校的思想政治教育活动中，缺乏对思想政治教育实践性的认识，极少有通过鼓励、支持和组织大学生参与校内外社会实践活动的方式，向大学生进行思想政治教育的渗透，这就导致了大学生缺乏自信，影响了高校思想政治教育的实效性。

高校不仅在办学模式、办学层次方面不能根据经济、科技和社会产业结构发展及人才市场的需要形成各自特色，而且在专业设置、教学内容和教学方法方面也是一副完全相同的面孔，人才的层次结构、专业结构和素质结构很不合理，这种现象普遍存在。大学教育是一个按照专业门类来培养学生，使其适应职业需要的基本素质和能力的过程。这一过程是通过基础课、专业基础课、专业课的教学活动以及其他教育活动，使学生从某一个专业的逻辑起点达到能够解决该专业一定问题的理论和技术修养水平，从而形成适应某类或某种职业需要的专业素养。也就是说，大学生所受的专业教育将直接制约着职业的适应范围。近年来，由于就业环境的变化，许多高校毕业生盲目追求热门专业，导致专业趋同现象严重。热门专业一直热到产出远大于需求。再加上近几年来，高等学校由于受办学经济利益的驱使，想尽各种方法去迎合社会对专业的过分要求，而社会则认为企事业单位要用的各式各类人才学校都有、都能培养，这就形成了一个"怪圈"，导致学校专业划分越来越细，重复设置的专业越来越多，造成一些高校既不考证社会和用人单位对某些专门人才的要求是否合理，也不顾自身的办学条件而开办一些所谓热门专业。这就违反了高等教育的客观规律，同时也误导了社会和用人单位对高校培养专业人才的盲目要求，这不仅造成了办学资源的严重浪费和对办学质量的负面影响，而且也给本已严峻的高校毕业生就业带来更大的压力和困难。[①]

当前高校的就业指导对指导主体和指导对象的认识还不到位，把就业指导的对象仅仅局限于毕业生，到毕业时才开就业指导课，把指导主体仅仅局限于学校就业指导中心的专业指导教师，而没有广泛动员，尤其是各级领导没有主动参与。广大教师主要是学生管理系统教师队伍和专业指导课程教师，没有投身毕业生择业就业一线进行现场指导。不少高校将就业指导和就业服务混淆在一起，以为就业指导的内容就是签合同时盖盖章，向学生发布就业信息，和组

① 胡卓君：《地方高校内部管理创新》，30～36页，杭州，浙江大学出版社，2006。

织供需见面会等，真正的就业指导内容也仅限于在毕业班开设就业指导课，偶尔开设几次就业讲座或就业咨询等。但事实上，就业指导是一项独立的系统性的工作，它既包括对大学生提供就业信息指导，也包括对大学生的择业观、就业观、成才观、就业心理、择业技巧等的教育和引导，还包括对个体有针对性地进行职业生涯设计和相关教育培养等。由此可见，就业指导内容还远远不够。

4. 教育方法

思想政治教育方法，是完成思想政治教育任务，实现思想政治教育预定目标所不可或缺的手段。一些学校为了完成教学任务，在实施思想政治教育过程中采用硬性的灌输法，其余的方法却很少用，大学生明显感到强制性，从而使部分逆反心理强的大学生产生抵触情绪。虽然大学生既是道德的承受者，又是道德的体现者和创造者。但这绝不是被动地接受各种道德灌输，盲目地模仿指定的榜样，崇尚并遵从既定的规范，而应是积极地做出各种自主性选择。长期以来，高校思想政治教育工作者习惯于通过课堂教学传授政治和道德知识，因此，不断增加政治理论课和思想品德课的种类、课时，而不善于寓德育于人文、社会以及自然学科课程的教学之中；习惯于发号召、造声势，而不善于做深入细致、有针对性的思想工作；习惯于通过批评、禁止等管理手段来规范学生的行为，而不善于形成集体舆论、文化氛围对学生进行熏陶。

第三节　大学生综合素质培养方案和途径选择

推进大学生综合素质的培养是新形势下加强和改进高校德育工作，全面推进素质教育的重要举措。为响应国家关于大学生综合素质培养的号召，更好地培养适应经济社会发展的大学生人才队伍，我们这里通过对构建科学的综合素质培养体系、创建思想政治教育优秀环境、健全综合素质培养工作相关机制等方面的研究，提出相关对策和建议，希望对推进大学生综合素质的培养有所帮助。

一、构建科学的综合素质培养体系

1. 转变教育思想是大学生综合素质培养的基础

转变教育思想，更新教育观念。当代大学生生活在知识社会和信息化时代，信息技术迅速发展并在教育领域获得广泛应用，新的教育理论、教育研究和教育思想冲击着传统教育模式。世界教育专家研究发现，21世纪具备的核心能力，是高科技处理信息的能力、团队协作能力、主动学习的能力。高校对大学生进行思想道德素质教育，必须深化教育改革，转变教育思想，更新教育观念。

（1）更新教育管理观念

更新教育管理观念，主要是从高校管理体制中挖掘管理体制改革的创新性。传统教育观念中教师作为教学主体，单向传授知识，学生一味地被动接受，致使学生失去了自己的创造力。传统的教育，重理、轻文，重智育、轻德育，重理论、轻实践，重政教人格培养、轻个体人格培养。现代教育则围绕学生的全面发展而开展相应的教育。

著名美籍匈牙利数学家波利亚认为：在我们获取知识的同时，寻找一种最佳途径把知识内化为自己的能力，这种知识内化要靠自己挖掘和研究，在这个过程中可以轻而易举地把握内在的规律和联系。现代教育管理不仅要在学术方面有所建树，更要把素质教育作为首要任务，坚持以人为本的教育理念，提高学生的人文素养；进行素质教育的同时，注重创新教育的实施，发挥学生的主观能动性，切勿禁锢学生的思维，实事求是、与时俱进、紧跟形势。树立可持续发展的教育教学理念，这些理念必须适应社会发展的需要，真正把大学生的素质培养成符合现代化进程的需要。

（2）深化素质教育思想

素质教育思想是一个不断深化的过程，学校在教育的整个过程中必须转换教育理念，并且把这种教育理念不断深化与发展，并在此基础之上进行教育思想的创新，这是高校教育改革与发展的"生命之源"。在深化教育改革，由应试教育向素质教育的转变过程中，高校的教育教学思想是最有力的武器，深化素质教育思想，是全面推进素质教育的基本保证。高校要切实抓好大学生综合素质教育的培养，健全高校素质教育管理体制，实行持续性调整机制，确保素质教育的有效进行。

2. 优化高校课堂教学结构是大学生综合素质培养的主导

苏霍姆林斯基认为："完善和健全的智育水平在人的全面发展过程和素质教育过程中是一个非常重要的因素，在教学过程中，教学方法、课堂结构以及所有组织因素，都应当与社会的发展进程和教育的发展水平相关联，更要与学生的全面发展任务相适应。"传统教学重视"传道、授业、解惑"，这种教学模式已经不能适应社会进步和时代发展的步伐，取而代之的是要激发学生产生探索问题的主观性、创造积极性。通过不断的学习和研究，学生自主学习、自行思考，学校优化高校课堂教学结构，充分发挥教育的目的，是培养"90后"和"00后"大学生综合素质的主导。

（1）与时俱进地开展高校政治理论课

加强马克思主义理论课改革的同时，开设习近平新时代中国特色社会主义思想的有关课程，加强形势政策教育。作为一名新时期的大学生，能否树立正确的价值观和人生信仰，关系到一个人的前途和未来。因而，高校教育工作者优化高校课堂教学结构的同时，应不断优化和加大政治理论课的教学方法和教学力度。首先，探索有效的教学内容和教学方法，用辩证法、唯物论的观点解释改革开放中呈现的新问题。其次，将正确的世界观和方法论融合到专业学科领域。用辩证法的思维方式来应对学科中复杂的知识体系，有利于提高学生的知识层面，增强理论思维能力。再次，理论与实践有机结合，这对新时期大学生的道德准则、价值观念和行为方式具有现实意义。全面开展政治理论课的学习活动，了解老一辈革命家为新中国的成立做出无私奉献、艰苦奋斗的精神有助于大学生形成正确的人生观、价值观，这些教育能够对新时期的大学生起到净化心灵、振奋精神的作用。高校要时刻紧密结合国际形势和国内形势的变化，制订形势政策教育教学计划和方针，使大学生能感知时代发展的脉搏。

（2）与时偕行地加强现代信息手段

科技时代的发展与进步，使现代信息手段对大学生的思想产生了深远的影响。现代信息技术的发展，超文本特性应用于网络系统，校园网强大的信息交流功能，有利于激发大学生的创造性思维，改变了大学生单一的学习方式，使大学生的学习过程跨越时间和空间的界限；互联网对于即将毕业的大学生，是个很好的求职工具，足不出户就可以把自己的求职简历发给用人单位，给大学生带来了更大的机会和便利。这种积极的现代信息传媒对大学生无疑起到一种积极作用，有利于帮助大学生树立正确的价值观。高校应充分利用现代信息技术，使学生受益，同时对于给大学生带来的负面影响，应该采取相应的管理措施。利用校园网优势，向学生传递正能量，过滤消极的信息，有利于培养大学生的综合素质。

二、创建思想政治教育优秀环境

小康社会应该是经济更加发达、民主更加健全、科教更加进步、文化更加繁荣、社会更加和谐、人民生活更加殷实的社会。思想政治教育总是在一定环境下开展的，在全面建成小康社会的过程中，我们要审视环境因素的变化发展，尊重环境，善于把握并创造环境，加强校园文化建设，寻找新型文化育人模式，提升校园精神文化品质，发挥校园文化的育人功能，切实营造良好的育人环境。

1. 社会环境

陶行知曾说："生活即教育，社会即学校。"他主张用社会各方面的力量来办学，从而打通学校与社会的联系。社会环境是影响高校思想政治教育的一个重要组成部分，它直接影响到高校思想政治教育的效果。南京大学社会系宋林飞教授指出，一项调查结果显示，对青少年的精神世界产生的影响力，自 20 世纪 70 年代以来发生了很大的变化：70 年代以前，学校占 50％，家庭占 30％，社会占 20％；90 年代末，社会占 50％，家庭仍占 30％，学校则降为 20％。由此可见，目前社会对青年的影响之大。随着校外经济形势、政治形势发生的重大变化，高校外环境也发生了巨大的变化。各级政府和社会各部门要积极开发道德教育资源，加强社会文化市场及娱乐场所的管理，充分运用宣传媒体的正向舆论，大力宣传革命先辈、各行各业先进模范人物、优秀科学家、作家、艺术家、企业家的优良传统、先进事迹和突出贡献，为大学生树立正面的学习榜样；对腐蚀、毒害大学生的犯罪行为予以严厉打击，行政执法机关要坚决清理、整顿和取缔校园周边的网吧、游戏厅、录像厅、影像厅等；对社会环境进行综合治理，持续不断地进行反腐、打黑、扫黄、禁毒、反邪等工作，从根本上扭转社会风气、净化社会环境，营造有利于大学生健康成长的良好的社会道德教育环境。社会现实是学生最依赖的教材，因此，高校的思想政治教育工作部门应重视实践教育，充分利用社会上的教育阵地以及各种类型和一切可以对学生进行教育的机遇组织学生走向社会、接触实际，引导他们了解社会。除目前已形成惯例的暑期社会实践、毕业生实习外，平时实践活动可以组织得更丰富多彩一些。积极挖掘当地社会的教育资源，如组织学生参观访问当地的历史文化纪念地，请有关人员做当地光荣传统的报告；组织当地老干部、党员、劳模、英雄给学生做优秀事迹报告；请社会知名人士、专家和优秀毕业生来校举办讲座等，通过各种形式的社会教育，增强青年大学生的社会责任感。

2. 家庭环境

家庭是社会的细胞，家庭行为规范是人生最早接触到的行为规范，家庭德育能够奠定一个人终身的品德基础，一个人在家庭中养成的道德习惯，会长久地影响他在社会上的行为。每一位大学生都是生活在一定的家庭之中，家庭教育、家庭成员的思想状况、言行举止都会对他们产生潜移默化的影响。家庭对大学生思想道德行为的养成往往具有巨大的影响，父母道德行为的示范意义更加显著。家长要注意不断提高自身的思想道德素质，以自己的知识素养、品德修养影响和教育孩子，充分发挥家庭教育对大学生思想道德养成的基础性作用。家长可以促进孩子的全面发展，但也不能无原则地迁就。要建立和睦的家庭氛围和合理的家庭生活方式，制定合理的学习、生活制度和必要的家规，督促大学生养成良好的行为习惯。合理的期望可以激发孩子内在的成就动机，促使其更加奋发向上；但是过高的期望会使孩子望而生畏，造成沉重的精神负担，严重影响其身心健康发展。家长要通过一定的思想沟通，平等地与子女交流。学校要利用家庭在德育资源上的优势来开展思想道德素质教育，可建立一系列家庭沟通的渠道，如组织专题家长会、建立家长教师联谊会、设立家长信箱、印发《家长通讯》、设立家长接待日等，通过多种形式加强与家长的联系，切实在学校与家庭之间架起一座桥梁。

3. 校园环境

1970 年，在联合国教科文组织召开的国际教育会议上，第 66 号提案重点分析了学生的个性和环境问题，指出为了提高教育体制的效率，必须"密切学校、家庭、社会之间的合作"。校园环境是大学生生活的主要场所，对大学生思想政治教育体系的形成和发展起着至关重要的作用。校园物质环境是校园以整体形态出现的物化环境，我们要根据学校实际为学生创造良好的物质环境，精心设计，合理布置教室、寝室、食堂、图书馆、体育馆、大礼堂等，使其体现艺术性，给学生以美感。校园文化建设的基调应是健康、向上和高雅的，体现时代气息和科技文化含量，要积极建设高标准、多功能的文化设施，精心设计和安排，增加与广大学生联系和沟通的渠道，以及向学生提供服务和指导的开放性实体，如学生活动中心、心理咨询中心、就业指导中心等。努力创建整洁、优美的环境，使校园得到绿化、美化，使学生的心灵得到净化。加强对文化娱乐阵地，如图书馆、礼堂、体育场馆、学生社团等，以及宣传阵地，如校报、宣传橱窗、广播、校园等的管理，制定规章制度，明确管理部门及其职责，使其发挥作用。进一步加大对校园及其周边环境的治理，努力营造一个安定、优良的育人环境。这样，以校园环境、人文景观和丰富多彩的校园科技文化活动来创造积极向上、催人奋进、生动活泼的校园文化氛围。人际交往是当代大学生个体的基本需要，在以竞争和合作为重要特征之一的现代社会，当代大学生人际交往质量及形成的人际关系将直接影响其在校期间的学习、生活、身心健康乃至未来的发展。在高校校园里，大学生需要与其他人进行沟通信息、交流思想、表达情感、协调行为的互动来增强交往能力，改善人际关系。因此，正确引导当代大学生进行人际交往，营造良好的人际环境，能够消除大学生因人际关系问题而产生的焦虑、压抑、紧张、孤独等不良情绪，促进大学生的自我意识，进而选择更为恰当的交往策略，提高人际交往质量，使人际关系得到良好发展。

学生综合素质课程体系构建工作不仅是学生工作部门的事，也不单是某几个专职工作人员的事，而是从学校领导到每一个普通职工所有人的事，应得到全体人员的重视。应在全校形成"全员营销"的意识，在校内形成每一位教职员工都关心学生综合素质的良好氛围，要求全校师生从学校生存发展的战略高度来认识这项工作的重要性和紧迫性，积极配合就业部门开展毕业生的职业指导和创业指导。要充分调动全校教职工的积极性和主动性，在学校内部形成上下贯通、纵横交错、多层次、多渠道的学生综合素质培养体系。

三、健全综合素质培养工作相关机制

要全面理解学生综合素质的基本内涵，以"能力本位"观课程论为主导，全面理解学生综合素质的基本内涵，是深入开展这一教育教学任务的基础。高等教育只有紧紧围绕综合型人才培养这个核心，针对课外教育，以"能力本位"观为导向，开展课程体系和教学手段的改革；以培养学生全面素质为最终目标，结合社会、企业、职业、学生等因素的动态影响，用课堂学习和课外学习互相补充；以企业岗位应具备的综合能力作为配置课程和界定课程的依据，摆脱"学科本位"的课程思想，按能力需求精简课程内容创新，才能最大限度地满足社会对综合素质较高的人才的要求。课程体系应以能力培养为主线，以能力训练为轴心，淡化公共基础课、技术基础课和专业课的界限，重新整合课程。建立新的质量评价体系，改革考试和考核方法。新课程体系应以岗位需要为考试、考核内容，包括综合素质和行业岗位需求的知识和能力。新课程体系应改变传统的答卷考试、考核方法，课程的考试、考核应采取答卷与口试、理论考试与操作考试、答辩和现场测试相结合等多种方式。[①]

学校应根据高等学校人才培养对基本实践能力与操作技能、专业技术应用能力与专业技能、综合实践能力与综合技能的要求，制定切实可行的学生综合素质教学大纲和具体的课外教学实施方案；规范课外教学管理，建立健全各种

---

① 徐绍华：《高校网络思想政治教育的实效性研究》，80～86 页，昆明，云南民族出版社，2006。

管理制度及实施细则；通过对学生综合素质培养基地与场所的开放式管理，最大限度地满足学生学习的需求，发挥各种设备的最大效能；制定及完善以综合素质与能力为主要内容的质量标准和各项实践技能的考核标准；建立学生综合素质指导委员会，邀请来自行业、企业第一线的技术专家和管理专家，与学校专业教师一起，通过对各专业对应的职业岗位或岗位群所需要的综合能力，以及构成这些能力的知识、技能、经验、态度等要素的详细分析，确定各专业的综合职业能力要求，并组织相关的课外活动。

教育机构要树立服务意识，注重课外时间教学的建设。系统的建设的关键要素是对象、环境和内容，课外教学应充分考虑人的因素，了解他们的需求，使服务对象的各项合理请求得到及时的响应。

领导作为决策者在学生综合素质培养的实施过程中起着举足轻重的作用，作为一个领导，应该提出目标，落实职能，提供资源，检查绩效，组织实施改进等。实施学生综合素质培养，要强化各级管理者，特别是最高管理者在课外教育教学体系中所起的主导作用，解决好管理问题，解决好管理者自身的工作质量问题。

员工参与管理是现代管理的重要特征，是一种高效的管理模式，只有使每一位员工了解自己在组织中的价值和作用，清楚自己的职责和权限，明确工作的内容、标准和程序，并能理解自己的活动对下一步工作产生的作用和影响，才能使员工的才干为组织带来效益。

第四节　大学生综合素质培养体系的构建

大学生综合素质培养体系的构建要在深入调查分析当代大学生综合素质现状的基础上，实施针对性、系统性、连续性培养；坚持以学生为主体，针对学生个体素质发展不均、实践能力较弱等问题，把培养工作科学化、具体化、精细化，将整体培养与个性发展相结合，竭力帮扶困难学生，挖掘优质学生潜力；要走出校园、融入社会，提高社会实践能力；培养方式要摆脱传统的灌输式、填鸭式教育，由低年级至高年级，循序渐进，从感性认知到理性思考，推进培养的各个环节。

建立科学而行之有效的综合素质考核体系是检验大学生综合素质培养成果的重要依据，多部门合作、分年级实施、量化考核指标成为大学生综合素质考核体系建立的基本原则。

一、"三维一体"培养模式的构建

"三维一体"培养模式，就是坚持"以学生为主体"，确立"主题引领，分级实施，强化素质"为基本骨架的"三维模块"结构的立体化培养模式。模式贯彻"因材施教、文理相融"的培养方针，以培养"厚基础、广知识、善创新"的复合型人才为目标，重点突出实践能力的塑造，从而有效增强当代大学生的综合素质，促进大学生全面和谐发展。"主题引领"包括强化"入学教育、素质拓展、职业生涯规划"三大培养主题；"分级实施"是针对大一、大二、大三、大四学生分别实施上述主题；"强化素质"包括"思想道德素质、科学文化素质、身心素质及创新素质"。该培养模式具有以下特点。

1. 时代性

以习近平新时代中国特色社会主义思想为指导，坚持"八个明确"、"十四个坚持"，紧密结合现代教育理念，集中体现了 21 世纪对人才培养的要求，具有鲜明的时代特征。

2. 系统性

根据不同年级学生的具体特点，有针对性、分层次地实施"入学教育、素质拓展、职业生涯规划"三大培养主题，实现当代大学生思想道德素质、科学文化素质、身心素质及创新素质的全面增强。

3. 多样性

因材施教，注重个性发展。重视普通学生的基础积淀，增强专业技能及社会技能培训；挖掘各类竞赛、科研人才，加强创新能力与实践能力锻炼；培养文体特长生，为其提供发展空间与平台；开展学长助学导学、心理咨询等活动，帮扶教育困难学生。大众化教育与个性化教育相结合，为学生提供适合自身发展的多元化选择。

4. 针对性

文理相融，重点提升人文素养。作为理工科类学校，大学生人文素质教育就显得尤为重要。学校应重点打造精品文化，拓宽学生视野，加强文理结合，不断丰富大学生的人文涵养。

5. 实践性

对于低、中、高年级学生，分别开展活动实践、专业实践、社会实践，让大学生走出课堂，深入接触实际问题，增强理论联系实践的能力，利用专业技能为社会生产服务，进一步找准自身发展定位，为将来就业发展打下良好的基础。模式强化了大学生实践能力的培养，使人才培养与社会需求接轨。

6. 动态性

构建大学生综合素质测评体系，实现从定性到定量合理评价大学生综合素质，进而深入探索大学生综合素质培养过程中存在的问题及难点，并根据不同时段、不同年级学生的综合素质对比分析，对模式进行不断更新与及时修正。

二、"三维一体"培养模式中的改革实践

第一，将"大学生职业生涯规划"理念纳入大学生综合素质培养工作。大学生综合素质培养是一项系统工程，它贯穿于学生的整个大学生涯中，紧紧围绕大学生职业生涯规划这一主线，引导大学生确定自己最佳的奋斗目标，提升大学生的自主学习能力，确立大学生的核心竞争力和激发大学生的创新能力，有效增强大学生综合素质。

第二，加强"党政结合"。形成学院党政、专家教授、班级导师、辅导员及学生组织等全方位立体化管理体系，实现教育教学一体化，有效运行以"主题引领，分级实施，强化素质"为基本骨架的"三维模块"结构的立体化培养模式，推进大学生综合素质培养的"双立体化"。

第三，创立大学生创新创业学院。大学生创新创业学院作为大学生创新创业活动的指导与组织部门，对于将创新学分纳入大学生综合素质考核体系、督促大学生参与创新创业活动起到了至关重要的作用。

第四，创新个性化学生自我管理模式。在充分发挥学生主体性的前提下，开展"学长助学导学"活动，聘任政治觉悟高、成绩优秀、有一定工作经验的高年级学生，以一定的形式对新生及低年级同学提供帮扶、指导、教育。激发学生的自主能力，促进学生完成角色转变，弱化服务的滞后性。

第五，"三维一体"培养模式是基于新时期人才培养目标的实现而在工作实践中逐步积淀、凝练出来的，是对当代大学生综合素质培养规律的再认识与新探索。"三维一体"培养模式开创了高校特色鲜明、成效显著的大学生综合素质培养模式，为社会输送了一大批理论功底扎实、专业技能过硬、实践创新能力高强、综合素质高的复合型人才。

▶ 本章小结

大学生综合素质培养是面向全体学生，全面提高全体学生基本素质的教育。因此，综合素质教育的教学目标应为全体受教育者基本素质的提高。综合

素质教育旨在提高全民族的整体素质，所以综合素质教育的教学目标应反映社会个体素质结构的各种成分，而生理素质、心理素质、社会文化素质，这三者的和谐统一是社会个体素质的主要内容。综合素质培养应着眼于学生思想道德素质、科学文化素质、身体心理素质、劳动技能素质的全面提高，而针对"应试教育"的遗患，纠偏补正乃是当务之急。为此，素质教育的教学内容应加强人文教育方面的内容，切实加强德育工作，摆正音乐、美术等科目在课程体系中的位置，适当增加民族文化、历史传统、艺术欣赏等内容，并注意发掘科技教育中的人文内容，如学习科学家严谨治学、勇于探索、淡泊名利、报效祖国等高尚品质。教学内容的多方面性，决定了教学内容必须结构化，即各项内容的安排应组织有序，各内容之间应保持一定的比例。这样才能全面体现素质教育的目标，才能提高教学效率，进而减轻学生的负担。如今大学生参与社会实践的内容更丰富、形式更多样，但在实际工作中，仍存在不够深入、流于形式等问题。因此，对于推进学生综合素质的培养应认真贯彻落实教学体系建设、思想政治教育环境建设、思想政治工作机制建设、教师队伍建设、网络时代新观念的培养等。针对大学生综合素质培养体系的构建，要做到有的放矢，根据具体情况适当调整，使其更具有操作性。加强学生综合素质培养，可以为社会主义建设培养更加优秀、更加合格的建设者和接班人。

➢ 案例：大学生综合素质教育培养体系

以某大学本科生综合测评管理办法中截取的关于素质学分的规定体现大学生综合素质教育体系的量化考核为例。

该管理办法由校学生处负责解释、修改，由校学生处、团委、各学院根据学生个人信息、参与活动竞赛情况以及在日常活动中的考核记录，对学生综合素质情况进行量化考核。具体内容如下。

第一章　素质学分测评

第一条　素质学分为必修学分，共计 8 学分，按学年考核，达到 60 分为及格，可以获得该学年的素质学分（2 学分/年）。素质学分测评采用学分绩点进行评定。

第二条　如本学年内未能获得该学分，应在下一个学年内进行重修。下一学年素质学分超过 70 分，则认定为重修合格。连续两个学年未能获得学分的，下一学年素质学分超过 70 分只能认定其中一个学年重修合格。重修可通过参加社会实践、志愿服务、社会服务等方式进行，由各学院根据实际情况自行组织和安排。

第三条　各评价项目的含义

(一)基本行为规范

"基本行为规范"分为五项，项目不赋分。作为学生必须做到的行为标准，违反"基本行为规范"观测点的任意一项，不能获得该学年素质学分。

第一项：遵守国家法律法规，是指学生必须遵守国家现行的法律、法规及其他规章制度，做合格守法的公民。

第二项：维护学校声誉，是指学生在校内外各种场所(含各种信息发布载体)应该在言语舆论、行为方式等方面维护学校的良好声誉。不负责任地制造、发布不属实的言论，或有损学校和我校大学生形象的行为均应视为破坏学校声誉。

第三项：遵守考试纪律，是指学生在校期间参加各类考试均应遵守学校的考试纪律。考试违纪及考试作弊的界定参见《××大学学生考试违纪和考试作弊行为的认定及处理办法》。

第四项：学生在校期间禁止参加任何非法组织及学校禁止的其他活动。

第五项：前项中未包含的其他违纪行为按照《××大学学生违纪纪律处分办法》中应当给予行政处分的。

(二)日常行为规范

分为三部分，九小项，满分70分。前两部分由班级评审小组根据学生日常表现及班级的日常工作记录共同讨论后进行打分，共计45分。第三部分为辅导员根据学生日常表现及工作记录进行打分，共计25分。此项目要求以班级为单位填写《××大学素质学分日常行为部分评分表》。

第一部分：该部分由班级评审小组根据学生日常表现讨论后进行打分，合格为5分，不合格为0分，满分25分。

第一项：遵守社会公德。

大学生要做社会公德的倡导者和示范者，积极宣传组织并参加国家、社会、学校等组织的无偿献血、义务劳动、社区服务、公众救济等活动的，评价为合格。

第二项：与他人文明交往，尊重师长。

在校期间，同学之间交往或与校外人员交往应符合学校和社会的一般道德文明准则，注重文明礼仪，尊重师长。与他人交往、尊重师长方面符合上述文明准则的，评价为合格。

第三项：诚信立身，勤俭立行。

在考试、就业、国家助学贷款、各类评奖评优、素质学分评价过程及其他要求诚信道德的工作中表现出优秀的诚信品质，并能够在生活中秉承勤俭节约、自强自立精神的，评价为合格。

第四项：练就强健体魄，打造健康身心。

拥有良好的体育锻炼习惯，树立终身体育锻炼意识，能够积极、自觉地参加学校组织的早操及各项体育活动，并在体育考试中成绩合格的，评价为合格。

第五项：爱护公物、爱护校园环境。

爱护校园自然环境和人文环境，对爱护公物应起到示范、宣传、监督、纠正错误行为等作用，评价为合格。

第二部分：该部分分为遵守学校相关管理规定和积极参加学校、学院、班级组织的各项活动两项，每项 10 分，满分 20 分。班级评审小组根据班级工作记录对违反相关管理规定的学生进行扣分，每发现一次违规行为即在相应的部分扣掉 1 分，扣完为止。

第六项：遵守学校相关管理规定。

要求全体学生严格遵守《××大学学生课堂行为规范》《××大学生公寓管理规定》等相关规定，做到不迟到、不早退、不旷课、保证课堂秩序、维护公寓环境、消除安全隐患等。同时，一年级学生需按《××大学早操管理规定》及《××大学晚自习管理规定》的要求按时参加早操、晚自习。

第七项：积极参加学校、学院、班级组织的各项活动。

要求全体学生积极参加学校、学院、班级组织的班会、报告、劳动等各项集体活动。

第三部分：辅导员打分，满分为 25 分。

第八项：辅导员根据听课、日常检查等工作记录对学生进行打分，满分 15 分，每次违规行为扣 1～2 分，扣完为止。

第九项：辅导员根据公寓检查记录对学生进行打分，满分 10 分，每次违规行为扣 1～2 分，扣完为止。

(三)素质教育活动

本部分满分 30 分，各项加分超过 30 分者，按 30 分计算。加分学生需填写《××大学素质教育加分申请表》，凭相应获奖证书或相关证明到所在学院进行加分认定。加分项目必须在以下所列范围内，各项累计加分不得超过该项加分限额。要求以班级为单位填写《××大学素质教育加分评分表》。

第一项：积极为社会服务，为他人奉献。包括见义勇为、抢险救灾、拾金不昧、助人为乐等，事迹突出，受到国家、省、市、学校和学院表彰奖励者，分别加8分、6分、4分、3分和2分。同一事迹获得不同级别奖励者，只取最高分，不累计加分，不同事迹可累计加分。本项满分8分，累计加分超过8分者按8分计算，其中学院表彰的加分累计不得超过4分。

第二项：积极参加社会实践与志愿服务。包括学校、学院组织及自发参加的各类社会实践活动与志愿服务活动。荣获国家、省、市、学校和学院表彰奖励者，分别加12分、10分、8分、5分和3分。同一活动获得不同级别表彰奖励者，只取最高分，不累计加分，不同活动可累计加分。本项满分12分，累计加分超过12分者按12分计算，其中学院表彰的加分累计不得超过6分。

第三项：积极参加各类比赛（以学校认定的比赛为准）。凡在各项科技竞赛（包括设计大赛、单科竞赛、科技竞赛等）和非科技类比赛（包括歌舞比赛、演讲比赛、体育竞赛、主持人大赛等非科技比赛）中获得国家、省、市、学校和学院级奖励者，予以适当加分。参加科研课题获奖参照科技类标准加分。国家级区域性（省际）竞赛或比赛参照省级标准加分，省级区域性（市际）竞赛或比赛参照市级标准加分。加分级别及标准参照《科技类和非科技类比赛（竞赛）加分标准》，同一年度参加不同比赛，获多项奖励者，可累计加分（院级比赛累计加分不超过4分）。同一项目参加不同级别比赛，按所获得的最高奖项加分，不重复加分。本项满分15分，累计加分超过15分者按15分计算。

第四项：积极参与学生工作及社团工作（学生干部任职加分）。学生干部得分依据日常工作考核结果确定，考核合格方可获得相应加分。加分标准参照《学生干部任职加分标准》。校级学生组织中学生干部的考核由校团委负责，并出具证明；院团委学生会干部、团支部、班级干部的考核由学院负责，并出具证明；学生工作助理的考核由学生处负责，并出具证明。担任多个职务的，按最高加分项加分，不重复计分。

第四条　参加出国留学项目的学生，素质学分由所在学院根据学生日常表现酌情赋分。在国外研修期间，不参加校内的各类评奖评优。

第二章　综合测评结果的使用

第五条　综合测评绩点＝平均学分绩点×80％＋素质学分绩点×20％。

第六条　学生综合测评完成后以学生本人对成绩确认签字的形式向学生本人反馈一次。学生对反馈的评价结果（包括对自己的综合测评成绩和班级其他同学的综合测评成绩）有异议的，可以拒绝在《××大学综合测评成绩统计表》上确认签字，并向辅导员提出异议，辅导员负责做好成绩复查及解释工作。

第七条　辅导员解释后仍有异议的，可向学院评价小组提出异议，评价小组应予以复查，复查工作应在五个工作日内完成，复查结果有出入的应及时更正，复查结果没有问题的维持原评价结论，并对学生本人做好解释工作。

第八条　综合测评的结果作为学生各级各类评奖评优、学生干部选拔任用及推优入党等相关工作的主要依据。

▶思考题

1. 根据该高校综合素质测评规则，从中分析该高校在学生综合素质培养方面采纳了哪些素质因素作为评价项目？

2. 在量化考核这些素质因素时，该高校通过哪些方式保证量化考核的合理性？

3. 根据该高校综合素质测评规则，作为辅导员，在日常工作中应该注意保持哪些资料以保证量化考核的准确性？

第十二章　大学生创新能力培养

内容提要：21世纪将是科学技术高度发展和广泛应用的时代，科学技术的发展一方面将改变人们的生产方式、工作方式、生活方式以及思维方式；另一方面又将对人自身的素质和生存能力提出更高的要求。因此，为培养符合时代发展要求的合格人才，高等学校要更加注重培养大学生的创新能力，这一点已成为当今世界各国高等教育改革与发展的潮流。2010年颁布的《国家中长期教育改革和发展规划纲要(2010—2020年)》中明确提出高等教育要注重提高科学研究水平，鼓励高校在知识创新、技术创新、国防科技创新和区域创新中做出贡献。本章主要涉及两大方面的内容，一是阐述关于"创新""创新人才""创新人才培养"三个基本概念的内涵和特点，以及三者之间的关系；二是通过笔者的实际工作经验以及调查研究的结果对现阶段我国大学生创新能力的现状进行描述，从而为下文深入探讨大学生创新培养的制约因素以及如何促进创新人才的培养奠定基础。

第一节　关于大学生创新能力培养的相关概念

一、"创新"的定义及特征

"创新"是指以现有的思维模式提出有别于常规或常人思路的见解为导向，利用现有的知识和物质，在特定的环境中，本着理想化需要或为满足社会需求，而改进或创造新的事物、方法、元素、路径、环境，并能获得一定有益效果的行为。创新是一种以新思维、新发明和新描述为特征的概念化过程。"创新"起源于拉丁语，它原意有三层含义：第一，更新；第二，创造新的东西；第三，改变。创新是人类特有的认识能力和实践能力，是人类主观能动性的高级表现形式，是推动民族进步和社会发展的不竭动力。创新离不开以往的知识结构和知识内容，但又不局限于此，而是试图指向人类实践的未知领域，其中人类的智慧、启悟、省察、探索是其实现的中介和桥梁。创新既是一项或多项具体的实践活动，也是一种突破常规、求新求变、追求个性与自由的精神状态。①

创新应具备如下特征：第一，创新是"无中生有"的过程，是对常规事物的突破和超越，求新求变是创新活动最突出的特性；第二，创新是一种目的性的活动。任何创新活动都蕴含和体现着一定主体的目的性、自觉能动性、价值指向性，创新活动是在人们的自觉意识指导下完成的。

二、"创新人才"的含义及表现

所谓创新人才，就是具有创新意识、创新精神、创新思维、创新知识、创新能力并具有良好的创新人格，能够通过自己的创造性劳动取得创新成果，在某一领域、某一行业、某一工作上为社会发展和人类进步做出了创新贡献的人。

在对创新人才的理解上，我们应该坚持以下几点基本认识。

1. 创新人才是与常规人才相对应的一种人才类型

所谓创新型人才，就是具有创新意识、创新精神、创新能力并能够取得创新成果的人才。而所谓常规人才，则是常规思维占主导地位，创新意识、创新精神、创新能力不强，习惯于按照常规的方法处理问题的人才。创新型人才与通常所说的理论型人才、应用型人才、技艺型人才等是相互联系的，它们是按照不同的划分标准而产生的不同分类。无论是理论型人才、应用型人才，还是技艺型人才，都需要有创造性，都需要成为"创新人才"。

2. 创新人才的基础是人的全面发展

创新意识、创新精神、创新思维和创新能力并不是凭空产生的，也不是完全独立发展的，它们与人才的其他素质有着密切的联系。从这个意义上讲，创新人才首先是全面发展的人才，是在全面发展的基础上创新意识、创新精神、创新思维和创新能力高度发展的人才。

3. 个性的自由发展是创新人才成长与发展的前提

日本临时教育审议会关于教育改革的第一次审议报告指出："创造性与个性有着密切的联系。"大学要培养具有创造性的创新人才，就必须首先使他们成为一个作为人的人、真正自由的人、具有个体独立性的人，而不是成为作为工具的人、模式化的人、被套以种种条条框框的人。虽然不能说个性自由发展了，人就有创造性，就能成为创新人才，但没有个性的自由发展，创新人才就

---

① 李燚：《市场经济与创新——论中国现行经济体制下创新的价值和实现方式》，硕士学位论文，陕西师范大学，2001。

不可能诞生。从这个意义上讲，创新人才就是个性自由、独立发展的人。

无论是创新还是创新人才，都是历史的概念，在不同的历史时期，人们对创新和创新人才的理解都会有一些异同。当代社会的创新人才，是立足于现实而又面向未来的创新人才，应该具备以下几个方面的素质：博、专结合的充分的知识准备；以创新能力为特征的高度发达的智力和能力；以创新精神和创新意识为中心的自由发展的个性；积极的人生价值取向和崇高的献身精神；强健的体魄。

4.创新人才的通俗特征：具有创新能力、创业能力和合作能力

创新人才的动力因素系统表现在两个方面：一是内在动力，创新人才一般具有强烈的好奇心，旺盛的求知欲，浓厚的兴趣，常人难以置信的理想，稳恒不变的内心信念；二是外在动力，主要是指情绪情感，一般来说，创新人才具有强烈的创造激情。

创新人才的智力因素系统表现为以下五点：第一，纤毫皆觉的观察力；第二，超强的记忆力；第三，无限联通的多向思维力；第四，夸张惊人的立体网式的想象力；第五，精细如丝的操作能力。

创新人才的精神品质系统表现为以下四点：第一，创新主体的主体精神，只有个性化的不受压制的自由主体，才能进行自由独立创造，才能勇于怀疑和批判，才能把握住稍纵即逝的灵感瞬间；第二，创新主体的科学精神，创新并不能改变或违背宇宙的根本规律，作为创新主体，一定要具备强烈的科学精神；第三，创新主体的实践精神，创新要求主体不仅有认知素质的方面，还要有勇于尝试、不怕犯错的精神和强烈的实践意识及动手能力；第四，创新主体的协同精神，随着时代的发展，创新的过程变得更加复杂，创新对主体协同性的要求将越来越高。

三、"创新人才培养"的重大意义及主要载体和平台

创新活动有利于社会的进步和长远发展已经成为一个不争的事实，因而"创新人才培养"即"创新教育"，也就成为一个国家综合国力提升的必由之路。人才资源是第一资源，是富民强国之本。谁拥有大量高素质的创新型人才，谁就掌握了竞争的主动权。为此，国家把培养科技创新人才作为建设创新型国家的战略举措。高等学校更要大力构建新型的科技创新人才培养体系，努力培养和提高大学生的科技创新能力。

在全国高校认真贯彻落实《国家中长期教育改革和发展规划纲要（2010—2020年）》的精神，全面启动实施卓越工程师教育培养计划的大背景下，如何

培养提高学生勇于探索的创新精神和善于解决问题的实践能力，如何构建大学生科技创新活动体系，已经成为高校亟待破解的课题。

大学生科技创新活动是指大学生群体在国家有关部门和学校的组织引导下，依靠教师的指导帮助，自主开展的一种科技学术活动。其本质是一种创新实践活动，是大学创新人才培养的重要载体和平台。实践表明，紧密结合学生专业特点开展的大学生科技创新活动，有利于促进大学生专业知识和技能的学习与提高，有利于大学生团队合作精神的养成，有利于学生充分利用高校的人才培养资源，有利于营造良好的创新环境和氛围，对学生创新精神和实践能力培养起到有力的促进作用，具有重要的现实意义。

1. 科技创新活动是实施综合素质教育的良好平台

综合素质教育已成为高校教育的核心，学生通过参加科技创新活动，可学到许多在书本、课堂上学不到的东西，可提高大学生观察想象能力、逻辑思维能力、动手操作能力、专业综合能力、组织协调能力等，以全面提升学生的综合素质。

2. 科技创新活动有利于人才培养模式的改革

大学生科技创新活动是高校人才培养的一个重要环节，有利于课堂教学效果的改善，加深学生对课堂知识的理解，锻炼独立思考的能力，提高学生的学习主动性和积极性，从而有利于培养研究型和创新型人才。

3. 可促进学生的创业就业

学生通过参加科技创新活动，能更好地掌握专业知识和技能，获取实践经验。以往的就业情况表明，参加过各类科技创新活动的毕业生，尤其是曾获奖的学生，受到就业单位的宠爱；一些积极参加科技创新活动的高素质创新人才，在创业成才方面表现出明显的优势，受到社会的好评。

四、"创新""创新人才""创新人才培养"三者之间的关系

"创新"的实现需要大量"创新人才"的积极参与，需要他们奉献出自己的青春热血和聪明才智，这也正体现了"以人为本"的科学发展观理念，创新发展依靠人、为了人，其获得的成果由全体人民所共享。然而，"创新人才"并不是与生俱来的，而是需要依靠后天精心的呵护与培养才能够得以形成，这就需要我们教育工作者，尤其是高等学校教育工作者，积极地营造适合创新型人才培养的环境，努力地探索适合创新型人才培养的方法，克服重重困难，最终实现"创新人才培养"的长效机制，为实现由"中国制造"向"中国创造"的伟大历史转变奠定坚实的人才基础。

第二节　当代大学生创新能力现状分析

世界各国都非常重视对创新人才的培养。早在 20 世纪 70 年代，美国教育界就提出了培养具有创新精神的跨世纪人才目标。20 世纪 80 年代，日本的高等教育就强调要培养学生具有创新型能力的目标。20 世纪 90 年代末，我国在全面推进素质教育的规定中明确要求：高等教育要重视培养大学生的创新能力、实践能力和创业精神，普遍提高大学生的科学素质。由此可见，重视大学生的科技创新能力培养已成为世界各国的普遍认识。要促进大学生科技创新能力的培养，就必须以大学生科技创新活动为载体，推进素质教育的健康持续发展。当前，大学生科技创新活动出现了一定的可喜局面，同时也存在一些问题，具体表现在以下几个方面。

一、创新意识薄弱

创新意识是创新能力形成和发展的前提和基础。通过调查研究发现，当前大学生普遍存在创新意识薄弱的问题。大学生虽然具有强烈的好奇心，并对事物因果关系的规律性探索越来越感兴趣，能够独立思考、独立判断，希望在学习中产生新思想与新理论，积极寻找新的学习方法。但由于我国教育体制和高等学校创新性教学条件的局限性及大学生自身的原因，高校并没有特别注重、发现并保护学生的好奇心，培养学生的创新意识。从学生个体角度来讲，很少有学生会在课余时间经常思考未知问题，经常阅读一些与现在所学专业相关的理论期刊和非教材的书籍，能够真正主动尝试写一些学术论文，进行过某些发明创造的学生更是少之又少。大学生创新意识薄弱这一现状与时代对大学生的更高要求显然是不符的，这既不利于大学生个体的生存与发展，更不利于整个社会对创新型人才的要求。

二、创新思维缺乏

创新思维在"创新人才"所应具备的要素中居于核心地位。然而，通过调查研究发现，当今大学生普遍存在创新思维缺乏的情况，我国学生从小到大的学习模式都比较固定，这使得学生头脑中的知识和经验得到了不断积累，想象力也逐渐地丰富起来，思维能力尤其是逻辑思维能力有了很大程度的发展，思维也变得比较敏捷。但由于我国传统教育体制过于僵化，尤其是高等学校创新性教学条件的局限性以及大学生自身的原因，高校并没有特别注重、发现并保护大学生的创新思维，这使得大学生的创新思维能力总体评价较差，主要表现在：不敢对已知的结论和事实产生怀疑，面对问题不敢提出自己的新见解，思维僵化禁锢，当思路受阻时，不能及时地放弃旧思路，转向新思路；不善于将大量的概念、事实和观察材料综合在一起，加以概括和整理，形成科学的概念和系统等。

三、创新毅力缺失

毅力是人们为达到预定的目标而自觉克服困难、努力实现目标的一种意志品质，是人们的一种心理忍耐力，是一个人完成学习、工作、事业的持久力。创新活动的形成和发展同样离不开创新毅力，即便大学生的创新意识有多么的强烈，创新思维有多么的完善，如果缺乏了创新毅力，也只能是虎头蛇尾，不能取得最终的成功。通过调查研究发现，当前大学生在开展创新活动中，经常缺少创新毅力，主要表现在：由于畏惧或准备不足而半路放弃创新活动；面对困难不能有一个客观的评价，而是盲目夸大困难，不敢于尝试和实践；在长期艰辛的创新活动过程中，不能始终坚持探索、追求、奋斗的精神等。由此可见，当前大学生开展创新活动其实是相当脆弱的。

第三节　制约大学生创新能力培养的因素

根据对当今大学生创新能力现状的分析发现，我国大学生普遍存在创新意识薄弱、创新思维缺乏、创新毅力缺失三大问题。有相当一部分大学生存在重书面理解、轻实践探索，重常规推理、轻发散求异，重理性概念、轻形象直观，重知识积累、轻创造发明，重师道尊严、轻自我创新等问题；缺乏求异、求新和创新的精神，纸上谈兵能力强，动手实践能力弱。[①] 究其影响大学生创新能力发展的主要因素可从外因和内因两大方面来进行分析。

一、外界因素

制约大学生创新能力培养的因素是多方面的，但大体上来讲，可以分为外界因素和自身因素两大方面，其中，外界因素是宏观大背景，是制约大学生创新能力培养的根本原因，概括起来有以下四点。

1. 教育体制落后

当前，高等学校普遍存在教育观念落后、教学方法陈旧、教学模式单一的问题，这严重地影响了大学生创新能力的培养。大学生科技创新活动作为国家

---

① 张凤莉：《大学生创新能力的培养》，载《理论界》，2010(4)。

科技创新体系的重要组成部分，应当走长期、系统、规范的科学发展道路，但目前较多高校仍存在重教学、轻科研的传统观念，未将大学生科技创新活动纳入常规教学管理之中。这一方面使得有些高校、教师视各种大学生科技创新竞赛为累赘、负担，导致校内出现学生科技创新活动开展的零散性及科技创新竞赛参与的突击性强的不良现象；另一方面也导致学生不能在接受知识的过程中受到良好的创新启发，学生自主创新的成果较少。在这种教育体制下，大学生学习缺少主动性和积极性，课余时间也未能开展多方面切实可行的创新活动，高校教育体制的落后极大地影响了大学生创新能力的培养。

2. 专业设置和课程结构不合理

目前，高等学校专业设置和课程结构不能适应现代科技和创新对人才培养的要求，如专业知识面狭窄，知识含量较小，且大多没有涉及当今最为前沿的专业知识；专业基础课不够广泛和深入，很多重要内容只是简单提及；必修课太多，禁锢了学生的学习思路；选修课太少，选课自由度不够，没有给学生自由学习多方面知识的机会；学校为了补充学分，致使流于形式的课程太多，课程负担太重，使大部分学生的精力只能应付规定的课程，没有时间思考与创新相关的问题。此外，众所周知，一定的跨学科知识储备是进行创新活动的理论基础，但由于学生的活动大多是在本专业范围内展开，没有时间和条件学习相邻学科和边缘学科的知识，从而限制了学生的视野和创新能力的发挥。

3. 缺乏大学生科技创新氛围

高等学校校园文化中，大学生科技创新的气氛不浓以及校园的封闭性导致了大学生创新意识淡薄，缺少表现才能和开展创新活动的机会。校园科研气氛不浓，科研在整个校园内没有什么影响力，学生在这种氛围中科研意识觉醒得就慢，因此，培养科研能力、创新能力也会比较困难；学校与外界联系少，学生所接触的事物就少，能发现自己的潜能、表现自己优势的机会也就很少，没有现实创新活动的激励，没有开放式生活的冲击，仅仅依靠象牙塔内的智力竞赛、演讲比赛、辩论赛等校园活动，学生只能提高基本的学习、表达能力，而很难培养创造出新方法、新理论、新能力。不同的价值标准对大学生科技创新活动具有不同的导向作用。由于对大学生科技创新活动认识上的偏差，很多活动的组织者重结果、轻过程，片面追求论文数量，在科技立项中追求"短、平、快"的项目，将大学生科技创新活动效果作为提升学校知名度并获得较好评价的手段。学生的功利思想突出，将在科技创新活动中获得的奖励作为科技创新活动的目的追求。这些急功近利的思想都极大地影响了科技创新活动的有效开展。

4. 应试教育带来的不良影响

我国教育中片面追求升学率的应试教育所产生的负面影响制约着学生创新能力的发展。受应试教育的影响，分数成为学生学习和生活的指挥棒，一切学习以应付考试为目的，教学过程只是按照考试的要求组织学生死记硬背，忽视实践环节，忽视智力开发与能力培养。即便是在大学阶段也是如此，学生在学习过程中完全处于被动的地位，缺少问题意识的培养，缺少多角度、多方向思考问题的训练，这使得学生的思想和行为不敢越雷池半步，思维发展的空间受到了严重限制。学生家长关注的也只是孩子的考试成绩，对于孩子创造性人格和创造性品质的培养缺乏应有的重视。诺贝尔物理学奖得主、著名科学家杨振宁教授曾经说过，传统教育培养出来的学生胆子小，教师没讲过的不敢想，教师没教过的不敢做。诺贝尔物理学奖得主、华裔科学家朱棣文教授认为，中国学校过多强调学生的书本知识和书面应试能力，而对学生的创新精神重视不够。两位诺贝尔奖获得者从不同角度揭示了我国传统应试教育的特点和弊端是忽视了对学生创新能力的培养。

二、自身因素

1. 大学生不善于利用和创造条件

当代大学生普遍具有一定的创新意识，也希望在学习实践中产生新思想，创造新理论，积极寻找新的学习方法，但由于大学生自身缺乏创造和充分利用学校条件的积极性，往往不能把握本学科最新发展的动态，缺少向知识和经验丰富的教师或高年级同学以及本校本专业研究生同学请教的主动性，对相关学科的知识掌握很少。这些都限制了大学生创新能力的进一步发展。

2. 大学生缺少创新性思维方式

随着知识和经验的不断积累，大学生的想象力逐渐丰富起来，思维能力，尤其是逻辑思维能力有了很大程度的发展，但由于学生知识面比较窄，缺乏将所学学科与其他学科进行合理整合的能力。大学生在直觉思维能力、逻辑思维能力、联想思维能力、发散思维能力、逆向思维能力等方面都还比较稚嫩，需要加强培养和锻炼。

3. 大学生缺乏创新所需的观察力

大学生在观察的速度和广度、观察的整体性和概括性、观察的敏锐性和深刻性、观察的计划性和灵活性等方面，普遍存在不足。虽然有时大学生会产生很好的灵感，但这些灵感是短暂的，缺少横向联系，灵感最终是昙花一现，没有能够培育成为创新能力。

4. 大学生缺乏创新的毅力

大学生通过学习及教师的引导，已经有了一定的创新热情，但在具体创新的过程中仍然缺乏创新的毅力。当代大学生虽然也能认识到毅力在创新活动中的重要性，但在实际工作过程中往往面对困难不能迎难而上，虎头蛇尾，见异思迁，放弃理想和追求。

第四节　加强大学生创新能力培养的基本途径

通过对大学生创新能力培养的现状分析和制约大学生创新能力培养的因素分析，围绕培养适应社会主义市场经济的高素质创新人才及坚持观念创新、工作创新、制度创新促进大学生全面成才的目标，现提出加强大学生创新能力培养的基本途径。

一、深化高校教育改革，高度重视大学生创新能力培养

1. 转变教育观念和方式，着力培养创新型教师

高等学校应站在迎接新世纪、新知识、新经济的高度，着眼于培养高层次的、有创新能力的大学生人才。转变教育思想中不利于创新人才培养的价值观、质量观、人才观，牢固树立创新教育、素质教育、终身教育、开放教育和个性教育等新型教育观念。高等学校必须引导学生"学会学习"，也就是说要引导学生掌握正确、科学的学习方法，重点应该放在培养当代大学生掌握自学方法，即培养学生自己获取知识的能力。要使学生学会运用已知的知识来获取未知的知识，要使学生逐步学会用所学的知识创造性地解决实际问题，并使学生养成创新的习惯。

高等学校要着力培养创新型教师。课堂教学的主导是任课教师，教师的教育思想的更新和教育观念的转变对于培养大学生的创新能力是至关重要的。在现代化的课堂教学中，教师要从知识的传授者变为学生学习的指导者和科技创新活动的导师，学生要由被动的接受者转变为学习的主体。在教学方式上，根据可接受原则，选择适合大学生的教材，着重培养学生获取、运用、创造知识的意识和能力。教师应该发掘每一位学生的潜力，培养学生的创新意识，激发学生的创造积极性。因此，高等学校要全面培养高层次创新型人才，当务之急是要培养大批具有创新意识和创新能力的教师。

2. 构建合理的课程体系，扩展学生知识面

大学生创新能力的培养来源于宽厚的基础知识和良好的综合素质，仅仅掌

握单一的专业知识是很难做到的。因此，加强高等学校基础教育的内涵更新和外延拓展，以及构建合理的课程体系显得尤为重要。

首先，高校要优化课程结构，要按照"少而精"的原则设置必修课，确保学生具备较为扎实的基础知识。教师在课堂教学中既要有目的、有意识地培养学生的创新能力，又要切实抓好专业理论知识的教学，努力扩展学生的知识面，拓宽学生的视野，为培养其创新能力打下坚实的基础。在教学中，教师应注意把本学科前沿的研究信息、动态及成果有机地引入课堂，并适当地介绍给学生，促进学生对本学科前沿信息、成果的了解，借此来拓宽学生的知识面，强化学生的创新意识。教师也可借此机会，适当地向学生介绍一些自己的科研创新成果，这样可以对学生起到导向和示范作用，也容易对其产生潜移默化的深刻影响。

其次，学科交叉也是大学生创新能力培养所必需的。高等学校应该增加选修课比重，允许学生跨校、跨系、跨学科选修课程，使学生不仅仅依托一个专业，而是着眼于综合性较强的跨学科训练。这样学生不仅能够具备完整的专业知识，而且能够具备比较广泛的社会科学和人文科学知识、比较扎实的自然科学知识。扩大学生的知识面，使知识横向拓宽，纵向加深，可以使学生从日趋合理的知识结构中获得创造能力的培养。

最后，高等学校还要根据创新人才的需要和学生创新思维与技能提高的需求，开设一系列专门课程。这些课程都是从某一学科如思维科学或心理学、方法论的角度来探讨创造性思维培养的问题。对学生进行创造技法、智力与创新能力的训练，会对学生科学精神和创新意识的培养起到重要的作用。

3. 建立奖励激励制度，营造高校创新教育环境

应当着重加强对教师和学生参与课外科技创新活动的各种激励政策，提高教师和学生参与的积极性，营造高校创新教育环境。

第一，将参与科技创新活动的奖励激励制度化，成立由学校领导牵头，各部门负责人、各学院负责人组成的"大学生科技创新活动指导委员会"，统一协调大学生课外科技创新活动的组织。

第二，设立"大学生科技创新活动基金"，用于大学生课外科技创新活动的组织、研究。建立"学生科技作品项目化申报制度"，以做到从项目的立项、中期评定，到项目的最后评审都严格把关，分期投入资助。同时，对在大学生参与课外科技创新活动中成绩优秀的教师和学生进行物质奖励。

第三，加强对学院的激励政策。将学生参与课外科技创新活动成绩纳入学

院教学评估体系。

第四，设立鼓励教师指导大学生参与课外科技创新活动的相关政策，如在晋升职称、先进评比中作为指标体现等。

第五，设立相应学分，学生参与课外科技创新活动即可获得相应学分奖励。

二、积极创建学术性社团组织，构建学生创新能力培养新载体

1. 学术性社团是培养高校创新人才的新载体

随着知识经济时代的到来，高等学校的人才培养模式要从单一型、继承型向复合型、创新型转变，作为青年人才培养基地的高等学校，能否培养出高素质、创新型的大学生，是当前高校教育改革面临的重大课题和挑战，具有重要的现实意义和时代特征。创新型人才的培养无疑需要一定的载体来支撑，高校课堂教学以及与之相配套的实践活动一直以来作为培养创新型人才的重要载体被高校师生所认同，然而，高等学校必须建立其他创新型人才培养载体以作为正规教学实践活动的有效补充，学术性社团正是恰逢其时应运而生的产物。探索学术性社团在培养大学生创新能力上的作用，已成为一个重要的课题。学术性社团可以在高校中发挥自身优势，依据自身特点，不断开拓创新，为高校培养创新型人才贡献力量。

2. 学术性社团在培养大学生创新能力中发挥的作用

学术性社团是指结合大学生的学习、研究实际以及学术背景，以满足成员对知识的需求为基础，以提高学术水平和实践能力为目标，与专业学习、学术研究相结合，带有专业实践性质的社团。[①] 学术性社团的实质就是培养大学生的实践创新能力。

第一，营造创新氛围。创新从某种意义上讲需要一种探索的精神，它的激发和培养需要良好的创新环境和氛围。高等学校学术性社团使大学生从单调的教室、图书馆里解放出来，使学生从高度紧张的被动接受知识的环境中解放出来，积极营造一种创新氛围，使学生感受到创新的激情，启迪智慧的火花，使学生的主体意识得到充分发挥，使学生自我教育和自我发展成为可能，从而解放思想、启迪思维。

第二，激发创新意识。学术性社团为创新意识培养提供了实践的载体。创

---

① 张英杰、薛炜华、杨波：《论大学生创新能力的培养》，载《中国青年研究》，2009 (7)。

新意识只有在对陌生事物的大胆探索中才能得到培养，特别是在条件相对恶劣的实践环境中，更能激发人最大的潜力，从而转化为无穷的创造精神。在克服困难的过程中，人的开放性心理得到最大的释放，形成顽强的毅力和拼搏的精神，这些都将会启发人们开动脑筋，培养人们坚强的意志品质和创新能力。当代大学生视野开阔、眼光敏锐，主体意识、参与意识、竞争意识和社会意识空前增强，比以往任何时候都更加关注自身能力的发展和社会需求的变化。大学生能够积极主动地寻找适合自己的舞台，充分挖掘自身潜在的创新能力，提高实践能力，提高自身素质，适应社会发展需要。

第三，提供创新环境。环境是教育的生存场所和发展空间。环境启发人、养育人、造就人。著名创造心理学家韦斯伯格说："环境真正创造了创造力。"美国心理学家罗杰斯认为："人的先天潜能是无比优秀的，后天的教育就是创造一种环境和条件，使之得以实现。"高校学术性社团以其独有的浓厚的文化氛围，使学生的好奇心、自尊心、自信心得以满足，不断激发学生的求知欲、上进心和探索精神。学生通过社团培养自身的审美、管理、鉴赏能力，这些积极的态度和精神内化为一种进取的力量，使学生提高了文化素质，熏陶了人文精神，从而培养出一种内在的文化创新能力，并强化为创新人格的塑造。

第四，提高大学生科技创新能力。高校学术性社团是学生重要的"第二课堂"，它为学生聪明才智的发挥提供了广阔的舞台。学生在科技方面的创新能力，已经成为学生可持续发展的关键。在信息时代的今天，知识更新的速度非常快，社会所需要的人才不再是只会"啃书本""背公式"的大学生，而是有巨大潜力和发展能力的科技创新人才。学术性社团为学生提供了动手的机会、实践的平台、合作的契机和展示自我的舞台，将学生的兴趣和社会的需要紧密结合起来，激发出学生无穷的潜能，使学生充分将自己在学术性社团培养的创新能力和具体的社会需求相结合，把书本知识和现实应用结合起来，创造崭新的发展空间。

三、积极组织学生参与各类科技创新竞赛活动

大学生课外科技创新活动在提高大学生创新能力方面的作用正在逐渐凸显，作为大学生课外科技创新活动的主要推动者，各级、各类大学生课外科技作品竞赛在培养复合型、创新型人才，促进高校产、学、研结合，推动高校创新型人才培养体系建立等方面发挥着越来越积极的作用。

1. 开展科技创新活动的必要性

早在 1999 年国务院召开的"第三次全国教育工作会议"上，我国就提出了

对大学生进行素质教育的核心是创新教育的重要观点，并提出大力开展大学生科技创新教育是高等学校适应时代要求的全新人才培养模式的重要手段和主要内容，也是高等学校科技创新体系的重要组成部分。大学生科技创新活动是指大学生在学校的组织引导下，依靠教师的指导帮助，利用课余时间自主开展的一种科技学术活动。大学生科技创新活动的地位和作用表现在，它是创新人才培养必不可少的重要环节，它能让大学生在科技活动的实践中得到科研方法的训练，加深大学生对所学知识的理解和运用，从而达到培养大学生的兴趣、动机、情感、意志和性格等非智力因素的目的。强化大学生科技创新活动能够培养学生的创新精神、创业意识和创造能力。完善大学生科技创新体系能够使大学生在科技活动中提高技能、开发潜能、拓展智能。

2. 依托科技创新活动培养大学生创新能力的优势

第一，科技创新活动可在校园内营造良好的科技创新氛围。随着各类、各级大学生课外科技创新活动的开展，各类科技创新竞赛逐年增加，参加科技创新活动所取得的创新性学术成果的水平逐年提高，而且各级、各类科技竞赛在对参赛作品的评比中对创新性的要求也在逐年提高。目前，在高校师生中已经形成了一个共识，那就是要在各类科技作品大赛中获奖，必须要有创新，而且要有较大影响力的创新。

在这一背景下，科技创新活动在各高等学校和大学生中备受关注和重视，各高校都在积极宣传创新精神，培养大学生的创新意识。与此同时，很多高校还在努力为实施创新教育创造条件，提供政策、场地和经费支持。例如，设立开放型实验室，建立创新教育实验基地等，通过科技创新活动，培养、锻炼、提高大学生的创新意识、创新能力。鼓励大学生参加教师的科研课题，也可以由大学生自拟题目，学校给予经费支持，如设立大学生学术基金项目和开放实验室基金项目等，对大学生的科技活动进行指导、检查和鉴定，以培养大学生的创新毅力和责任心。另外，很多学校还定期举行各种学术讲座、学术沙龙和大学生科技报告会，出版大学生论文集等，鼓励大学生积极参加学术活动，强化创新意识，发挥大学生的创造才能，利用第二课堂，让大学生通过科技文化活动培养强化创新能力。

第二，大学生课外科技活动可以激发大学生科技创新的热情。众所周知，传统的授课模式和教学方法很难唤起大学生的想象力，也很难让大学生感受到冒险的冲动和挑战的喜悦。只有通过实际的科学研究，在实战中才能激发起大学生的好奇心，只有通过参加各类课外科技作品竞赛，才能激励大学生踊跃地投入富有冒险和挑战精神的科学探索中去，去发展和完善大学生的"求胜心理"，激发学生的创新欲望，培养大学生的创新意识和创新能力。

只要参赛，就有输赢，在参加各类课外科技竞赛时，争胜心理可以激发大学生创新的热情。教育心理学研究表明，大学生"求胜心理"的构成因素依赖于以下四点：挑战性、冒险性、好奇心、想象力。"求胜心理"就是"力求成功的心理"，凡是具备"求胜心理"的人旨在获取成就，并会选择有所成就的任务。大学生科技创新竞赛的典型代表——"挑战杯"竞赛活动就为大学生提供了这样一个既具有挑战性、冒险性，又能使大学生获得成就感的竞争的舞台。对于很多大学生来讲，进行科学研究成功的可能性大约在50％，此时"求胜心理"就会发挥其作用，因为50％的希望对一个追求成功的人来说，意味着最大的挑战性和冒险性，也必将激发出最强烈的好奇心与想象力，这时是思维最为活跃的时期，也最可能激发出灵感的火花，因此，这一时期是在科研工作中取得具有突破性创新成果的关键时期。①

第三，课外科技创新活动在很多高校已建立了完善的运行机制，大学生课外科技文化活动是一项具有导向性、示范性和权威性的活动，在我国很多高校均已全面展开。各高等学校均制定了一系列的措施给予奖励。近年来，对在科技创新方面成绩突出的大学生，高校更是加大了表彰力度，并作为选拔优异生、免试推荐研究生和颁发奖学金的重要依据。另外，对一些具有开发价值的创新设计也给予了必要的扶持，以促进其实现产业化，这使得大学生和指导教师都从中受益匪浅。

3. 参与大学生科技创新活动的注意要点

第一，选题。通过选题训练大学生的创新思维能力，在开展科技创新活动中，选择具有创新性的课题至关重要。而创新性课题的选择本身就是一个培养创新思维的过程。因此，可充分利用选题过程培养大学生的创新思维能力。下面对于选题问题进行如下阐述。

一个好的创新性课题简单地说，就是能够打破现有市场需求和科学技术供给平衡的新理论、新技术或是新观点。寻找能打破现有平衡的选题，首先要做好调查和资料收集工作，只有充分掌握了所涉及领域的现有水平、研究进展和存在的问题，才能知道什么选题值得去做。选题是一件需要时间、条件和方法才能做好的事情，需要充分利用学校图书资料和互联网上的有关信息，并要充

---

① 周以宏：《浅谈学生"求胜心理"的培养》，载《中学数学月刊》，2000(10)。

分发挥指导教师的作用。

在选题过程中，应偏重研究进展的追踪，特别是要能够提出新理论、新方法，题目不一定大，但一定要新，一般可以从以下几个方面进行思考：一是要注意考察现实生活中出现的新问题，在社会生产和现实生活中会不断出现新的问题，这些新问题是形成课题的最主要的源泉。选择对生产发展和生活质量产生较大影响的新问题进行研究，具有重大的科学价值和现实意义。二是要重视学科间的交叉领域。随着科学技术的不断发展，学科间或同一门学科内各个分支学科间的交叉、渗透有可能产生新的科研领域，从而形成有价值的研究课题。三是要抓住研究工作出现的特殊现象。大学生在科学实践中发现的非传统特殊现象，可从中思考有没有科研新课题。四是要从学术争论中寻找新课题。不同学派之间对于同一对象、现象或过程存在的不同观点和学术争论，很多具有较大创新性的科学研究都是通过学术争论所诱发出来的。在了解当前学术争论的基础上，大学生也可以从中找到新的科研课题。五是要站在新的或多个不同的角度去研究同一个课题。从新的角度去思考，即从新的侧面，采用新的材料、使用新的手段去研究同一课题也可以形成新的研究。六是要从前人失败的研究中分析新的课题，科学研究中有许多失败或失误的案例，对这些案例进行个案分析或综合分析，以探究其失败或失误的原因，也可以形成相应的研究课题。①

第二，在科技创新活动中培养大学生的创新能力。在科研课题的实施过程中，大学生需要进行大量的研究和试验，这是对科研思路的验证过程，期间应注意以下几点：指导教师要教学与科研并重。指导教师只有积极吸收新知识、新技术，并投身于科学研究，才能把在科技创新活动中获取的新知识不断传授给学生，才能高屋建瓴地运用科技创新的思维指导和培养学生。指导教师应承担一定的基础研究和技术研究任务，应该通过科研工作将学生带入学术前沿，通过自身的科技创新，更好地承担起创新人才培养的任务。

课外科技创新活动为培养未来的社会精英人才提供了一个锻炼能力、展示风采的舞台。因此，在选择参加科技活动的大学生时，应偏重选择品学兼优的学生参加，要求学生在不耽误正常功课的前提下进行大量的科研工作。

在科研实践中，还必须制订一套科学合理、切实可行的科研计划。通过科

---

① 杨颖：《立足实验教学培养创新能力的实践与思考》，载《实验室研究与探索》，2008(10)。

研工作，能全方位地锻炼学生的综合设计、应用知识和创新能力，包括查阅资料、方案构思与实施、观察、分析、判断、抽象能力、自学能力和单独实践的能力等。在科研活动中，学生将遇到一系列相关领域的新理论、新技术、新手段、新材料，从而激发大学生的创新意识，促使大学生突破原有的学习范围和模式，建立更为合理的知识结构，使学习变被动为主动。

　　大学生创新能力的培养是高等教育的一个永恒主题，它对培养适应社会主义现代化建设需要的创新人才具有划时代的意义。高等学校肩负着重要的历史使命，需要进行深入而有效的工作才能取得成效。

➤本章小结

　　本章首先从阐述大学生创新能力培养的基本概念入手，分别对"创新""创新人才"以及"创新人才培养"的内涵、特点、意义进行了阐述，并对当前大学生创新现状进行了深入的分析；然后，归纳出制约大学生创新能力培养的因素，其中包括外界因素和自身因素两大方面；在对制约因素深刻剖析的基础上，提出了加强大学生创新能力培养的策略，首先高等学校要深化教育改革，此外，还可以采取构建学术性社团作为培养大学生创新能力的新载体，以及广泛开展科技竞赛活动等方式来加强大学生创新能力的培养。

　　创新作为民族自主之本、人类最有活力的行为、科学研究的第一要义和生命线，是整个社会的发展和科学进步的灵魂。高等学校要积极地改革人才培养模式，深化教育教学改革，在加强学生全面素质培养的同时，按照知识、能力、素质三者协调发展的人才培养模式，突出和加强大学生创新知识的传授、创新能力和创新素质的培养，以造就适应知识经济时代和我国社会主义现代化建设需要的创新型高级专业人才，这无疑是一项十分紧迫的任务。

➤案例：某学院积极开展"ERP沙盘模拟"竞赛纪实

　　为了积极筹备校团委的科技文化节，深入贯彻学校学风建设活动月的精神，为"用友杯"全国大学生ERP沙盘模拟对抗赛奠定基础，同时，为使学生更好地了解企业经营理念和熟悉企业的运作过程，使沙盘实践与所学的理论知识相结合，提高大学生自我创新和应用能力，我经济管理学院成立了ERP沙盘学习小组，来参加"用友杯"全国大学生ERP沙盘模拟对抗赛。

沙盘最初源于军事作战指挥，它可以清晰地模拟真实的地形地貌，使作战指挥员不需要亲临现场就能清晰地总揽全局，从而运筹帷幄，并制定出最优的决策。ERP沙盘模拟实验课程就是基于军事战场和商业战场的某些共性，在充分调研的情况下而设计的一门企业经营管理课程，它模拟一个企业的整体运作，包括战略规划、资金筹集、市场开拓、产品研发生产、组织、物资采购、设备投资及改造、财务核算及管理等，把企业运营所处的内外部环境抽象为一系列的规则，由受训学生组成6个相互竞争的模拟企业，通过6~8年的经营运作，使受训学生有身临其境的感觉，从而达到培养学生思考能力、创新能力的目的。这一实验系统在会计、工商企业管理等专业教学中运用得最多。

为了取得优异成绩，我院为学生提供了全方位的便利条件，派出了经验丰富的优秀教师做比赛指导，并指定了专门的实验室。该学习小组的活动充分发挥了学生的专业能力，强化了基础知识的培养，使大学生具备了良好的身心素质。

在赛前，学院为了让学生对ERP沙盘模拟对抗赛有所了解，知道比赛章程，明白比赛目的，举办了ERP沙盘模拟对抗赛宣讲会，对"用友杯"全国大学生ERP沙盘模拟对抗赛进行了详细的介绍，并为学生推荐了许多值得查阅的资料。而学生们也为此次比赛做了精心的准备，他们从图书、报刊、网络中搜集信息和资料，并把搜集到的材料进行归纳、整理，不会的专业知识向辅导教师虚心请教，并将值得商榷的问题集体探讨，同时做出自己的分析与判断。

在比赛前夕，学生通过对周围同学的了解，自行选择组员，选择合作伙伴，进行分组，自身明确职责。在模拟企业运营期间，通过对企业整体发展进行战略计划，讨论运营策略，以应对企业经营状况中所遇到的各种问题，对本公司所研发的产品进行生产、市场调研、销售状况和财务管理方面的关注和研究。在模拟中体验完整的企业经营过程，感受企业发展的典型问题和复杂、抽象的经营管理理论，制定决策，解决危机，使公司在竞争中不断地成长。

通过直观的企业沙盘，模拟企业实际运行状况，使学生了解了企业的经营运作过程，对ERP系统在企业管理中的重要作用有了初步的认识，感悟了许多书本上没有的商场竞争的经验，对如何经营一个企业和管理一个企业有了了解。

在近3个月的准备下，通过全体师生的共同努力，我院取得了全国第三的好成绩，而这次成绩的取得让学生收获的不仅是让人羡慕的荣誉，也有对自身今后发展的好处。此次大赛在学生与教师的共同努力下，取得了可喜的成果，并在成绩取得的同时也让学生提升了自己的专业知识，并积累了相关经验，提升了素质，增强了团队精神，让学生更好地适应了今后的学习生活。

▶思考题

1. 在该案例中，该学院是通过哪些方式来提高学生的竞赛成绩的？

2. 作为大学一年级的辅导员，你应该从哪些方面对学生开展教育工作，以提高学生参与科技创新类比赛的积极性？

第十三章　大学生非智力因素培养

内容提要：作为高校辅导员，我们在对班级成绩进行分析时，往往会发现这样一个情况：在一个由几十名学生组成的班级中，多数学生之间的智商差异并不大，但是他们的学习成绩却参差不齐，经过研究发现，产生这一现象的主要原因是学生的非智力因素的差异。美国当代著名心理学家、教育学家布卢姆曾谈道：优生与差生的区别主要不在于智力水平的差异，而在于认知基础及非智力因素的差异，即在于知识基础、学习能力及兴趣、爱好、意志和毅力等的差异。因此，高校辅导员在工作中重视学生非智力因素的开发与培养，对促进学生的成长与成才，全面提高学生的综合素质、增强竞争力、培养富有创造性思维的创新型人才起着至关重要的作用。本章首先从非智力因素的缘起、概念、功能、特征、意义方面进行了阐述与剖析，然后对大学生在非智力因素发展过程中可能遇到的问题以及问题产生的原因逐一进行剖析，并在此基础上针对各种类型问题提出不同的解决途径，力争为辅导员工作提供解决问题的思路与方法。

第一节　非智力因素的理论分析

一、非智力因素的概念

"非智力因素"是 1935 年美国心理学家亚历山大在《具体智力和抽象智力》一文中首次提出的，而后心理学家们又对这一概念进行了深入研究，直到 20 世纪 70 年代末，国际心理学界才接受这一概念。1983 年 2 月 11 日，《应重视非智力因素的培养》一文在我国的《光明日报》上发表，"非智力因素"及相关问题引起了我国心理学界和教育学界的重视。①

非智力因素指人的意向活动在改造客观世界的过程中逐步形成的一系列稳定心理特点的综合。非智力因素也有广义和狭义之分。广义上来讲，非智力因素是指在心理学范畴之内智力因素以外的所有心理因素，它与智力因素包含的

---

① 参见"百度百科·非智力因素"，2018-01-30。

心理因素没有交集；而狭义的非智力因素包括人的道德素养、思想品质、生存环境以及生理条件等。从心理学角度上讲，非智力因素指动机、兴趣、情感、意志、性格五种心理因素，也有人称之为情商。

在一个具体的心理活动中，有两类活动是同时存在的，一类是包括记忆、感知、思想等对客观事物的反映活动，这类活动直接参与对客观事物认知的操作；另一类是包括兴趣、动机、性格等在内的对客观事物的对待活动，这类活动虽然不直接参与对客观事物的具体操作，但对人们的行为产生影响，对人们思想的形成也起着至关重要的作用。这两类活动，前者是智力因素，后者是非智力因素。[①]

二、非智力因素的功能

邬大光在《论非智力因素的八大功能》里面提到非智力因素主要有以下八种功能，分别是动力功能、定向功能、引导功能、维持功能、调节功能、强化功能、补偿功能和定性功能。

1. 动力功能

非智力因素的动力功能是指非智力因素能够成为推动人们进行各种实践活动的内在动力或内在原因。情感和兴趣都可以转化为动机，进而成为人们进行各种实践活动的动力。人们一旦对某项实践活动产生兴趣后就会克服重重困难，只为实现自己的目标。我国著名数学家陈景润先生就是一个很好的例子，他从小就对数学有浓厚的兴趣，并且立志成为一名数学家，正是他这种强烈的对数学的兴趣以及成为数学家这一崇高的信念和理想，最终成为他不断钻研数学的内在驱动力，促使他朝着自己的理想不断迈进。我们在进行教育活动时应该着重培养教育对象对某项实践活动的兴趣，然后通过适当的情感交流，促使他们产生强大的内驱力，就会更容易使教育对象接受我们的教育，促进他们成长。

2. 定向功能

人们在社会实践过程中非智力因素可以帮助人们确定活动的目标，这就是非智力因素的定向功能。"志不立，天下无可成之事"就说明了定向的重要作用。任何一项社会实践活动都会有行动动机，这种动机促使人们朝自己预先设定的目标前进。目标选对了就不怕路途遥远，只有明确奋斗目标，奋斗才会有

---

① 黄群：《高职思想政治教育中的非智力因素培养》，硕士学位论文，山东师范大学，2010。

意义，才会取得理想的效果。

3. 引导功能

人们在进行社会实践活动中，能帮助人们从动机走向目标的功能就是非智力因素的引导功能。在具体的社会实践活动中，只有明确的目标，但是却缺乏从动机走向目标的持久性和方向性，那么也无法取得最终的胜利果实。此时，引导功能就显得尤为重要。在高等教育中，这种外在的引导主要体现在老师的教育和指导上。大学生在明确了学习动机和目标后，并不意味着其学习活动的结束。大学生在学习过程中往往需要教师在学习方法等方面给予其指导才能实现其既定目标，当大学生对学习缺乏兴趣或者产生消极情绪时，教师可以帮助大学生排除干扰、消除消极情绪，树立积极向上的心态，引导大学生继续朝着自己的目标前进。正所谓："师者，所以传道授业解惑也。"

4. 维持功能

人们在进行社会实践活动的过程中，利用激励、支持个体的行为来帮助人们战胜各种困难，最终达到目标的活动称为非智力因素的维持功能。大学生的学习活动并不总是一帆风顺的，在学习过程中往往会遇到各种各样的问题。当大学生在学习过程中遇到困难、难以为继时，则需要维持功能发挥作用。例如，大学生在理解和学习那些枯燥乏味的理论知识时，往往需要有浓厚的学习兴趣、强烈的情感、坚强的意志力等非智力因素的维持功能发挥其维持作用，只有这样才能保证大学生的学习活动能够不断地进行下去，大学生才有可能在学习活动中获得良好的学习效果。

5. 调节功能

人们在社会实践过程中，非智力因素能够使人们支配自己的行动，控制自己的行为，能够增强或者削弱自己的生理能量和心理能量，这就是非智力因素的调节功能。调节作用在大学生身上的体现主要有两个方面：一方面是劳逸结合。大学生可以根据自己的情况，在需要学习的时候，踏踏实实地学习，在需要放松的时候，开开心心地、痛痛快快地玩，这样不仅可以放松大学生的身心，而且还可以提高大学生的学习效率，使其学习活动事半功倍。另一方面表现为非智力因素中的情绪、情感等因素能够使大学生保持良好的心态和学习态度。例如，一个非智力因素良好的大学生，不会因为在一次考试中成绩良好而自高自大，也不会因为在一次考试中成绩不理想而自暴自弃。

6. 强化功能

人们在社会实践活动过程中时常会出现情绪低落、疲惫、困倦、漫不经心等现象，当出现这些现象时就需要用非智力因素的强化功能来解决。在社会实践过程中，一个具备良好的非智力因素的人，总是对其进行的活动具备明显的促进与强化作用。强烈的兴趣、明确的动机、坚强的意志、坚定的信念等良好的非智力因素综合在一起，就会极大地调动人们在社会实践过程中的创造性和积极性，强化活动的执行力。我们对教育对象进行某项教育时，首先要对教育对象进行兴趣培养，一旦教育对象对某项活动具备兴趣，就会主动地去学习相关内容，从而取得比较好的教育效果。

7. 补偿功能

非智力因素对智力因素的某些缺点具有补偿作用，称之为非智力因素的补偿功能。智力欠佳的同学，如果其自身的非智力因素比较过硬的话，也可以弥补智力方面的不足，即所谓"勤能补拙""有志者事竟成"。非智力因素的补偿功能实际上用到的是性格理论和意志理论，良好的性格和坚强的意志都能促进教育对象不断地进步并走向成功。相反，智力非常优秀的教育对象，如果在实践活动中不具备非智力因素的相关理论知识，就容易迷失方向、功败垂成。

8. 定性功能

人们在社会实践过程中往往把对某种活动的认识或行为的组织情况越来越固定化，这就是非智力因素的定性功能。不论是受教育对象还是教育工作者，我们只有不断努力实践，并在实践中不断积累经验，形成模式与经验，才能取得丰硕的果实。

总之，非智力因素八种功能之间是相互影响、相互联系、不可分割的。在实际的工作中，我们要在一项活动中综合运用这些特点与功能，定能收到事半功倍的效果。

三、非智力因素的特征

非智力因素具有以下几个特征。

第一，非智力因素的基本因素，如兴趣、动机、意志、情感、性格等并不直接参与智力活动，但它们在智力活动中起到了推动和调节作用，是智力活动的动力系统。

非智力因素中的兴趣、动机等因素决定人们是否乐于从事某项智力活动，而智力因素，如思维能力、观察能力、记忆能力、想象能力等，决定他们能不能从事这项活动。活动最终的结果好坏，是由智力因素和非智力因素共同决定的。

非智力因素在智力活动中的调节功能，体现在它们可以对智力因素的某些薄弱方面进行补偿。在智力因素不十分优异的情况下，非智力因素优异的人，可通过非智力因素的调节功能使智力活动的结果向好的方面转化。

第二，非智力因素决定了智力活动的效率和人们进行智力活动的方式。如坚强意志，体现在人们的智力活动中，表现为锲而不舍、坚忍不拔、乐观、豁达的性格。探索未知的兴趣，则表现为善于与他人合作、知难而进等。

第三，非智力因素与先天遗传关系不大，主要是后天"养成"的，后天的培养是优化非智力因素的方法。而人们的智力因素很大程度上取决于遗传因素，如具备了音乐家、数学家的先天遗传素质的人能不能成为出色的音乐家、数学家，主要由后天的非智力因素决定。中国古代有个神童叫方仲永，小小年纪便能出口成章，可见方仲永先天智力因素非常优异。父母盲目地以方仲永为骄傲，而不对他进行培养，最终使得方仲永成为很普通的孩子。今天，我们从心理学角度看，方仲永未被进行智力开发与非智力因素培养，其天赋没能得到发挥。

第四，非智力因素的水平具有一定的界限。只有在非智力因素水平适当的情况下，智力活动的质量与效率才会提高。否则，会因为非智力因素水平较低，影响智力活动。例如，自信是一种非智力因素，如果学生没有在对自己能力有正确评价的基础上建立自信，超越了适当的度，就会过分自信，甚至骄傲自满、自负，则容易导致失败。

由此可见，非智力因素在智力活动中起着不可估量的作用。研究表明，成才过程是个非智力因素与智力因素相互影响的过程，而非智力因素起决定性作用。良好的非智力因素主要是靠后天养成的。非智力因素培养应该成为教育工作者对学生进行培养教育的重要方向。

四、培养大学生非智力因素的意义

1. 有助于大学生明确求学目的，实现人生价值

大学生经历了高考，其学习动机与中小学生显然已经不同。没有了升学的压力，没有了教师和家长的严格监管，很多大学生进入大学校门后不能很快进入角色，适应新的学习生活。这主要是由于他们没有重新构建自己的学习动机造成的。没有制定好自己的职业生涯规划是他们没有明确的学习动机的根源。每个大学生都渴望成才、成功，以这种强烈的成就动机作为内驱力，是大学生学习动机的重要组成部分，它可以帮助大学生明确奋斗目标，探索人生轨迹。学校引导学生制定新的人生规划和确立新的学习目标，可使他们积极主动地投入生活和学习中，通过大学教育不断发掘自己的潜力，实现自己的人生价值。

2. 有助于大学生积累广博的知识，开阔视野

大学生是朝气蓬勃的一代，他们需要广博的知识和丰富多彩的生活，需要培养多种爱好与兴趣，提高自己的各种能力。大学是知识的殿堂，搭建了政治、文化、科技、经济、军事、艺术等众多知识平台。具有任何一种爱好与兴趣的大学生都可以在大学校园找到与自己志趣相投的伙伴，通过学校举办的各种活动，发现和培养自己的爱好与兴趣。大学生具有广泛的兴趣，能够开阔眼界、丰富学识，积极适应环境的变化，对生活充满热情，养成乐观向上的心态。同时，大学生的爱好、兴趣，也是激发大学生的创业热情及其创造力的感情基础，使之勇于探索、敢于创新，积极地应对各种未知与挑战。

3. 有助于大学生明辨是非，果敢理智

大学生的情感反映了其对周围客观事物的体验和态度。因为大学生的恋爱观、人生观、事业观、价值观等多在大学期间形成和完善，所以大学生的情感世界也尤为复杂。如很多大学生希望自己学有所成，对自己抱有很高的期望，但是一旦发现自己不如别人，就会无法正确地认识自我，或者妄自菲薄。这就是因缺乏合理的认知能力和出现了情感障碍和情绪障碍所造成的不良后果。对于大学生来说，积极的情感能使其注意力集中，对学习产生兴趣，不断探索新的知识，保持学习的积极性和主动性，敢于战胜困难，对其信念、理想和个性品质的形成具有十分重要的作用；消极的情感会影响大学生对客观事物的正确认识，使其不能理智地对待现实，甚至影响身心的健康。大学生只有养成积极的情感习惯，才能在走向社会后具有很好的沟通协调能力和团结合作精神，认同文化的差异，在充分认识和了解事物的基础上，更加理智地思考。

4. 有助于大学生直面挫折，坚忍不拔

现在的大学生多为独生子女，从小受宠，自制能力、抗挫折能力较差，任性、容易冲动，做事情没有稳定性、持久性，遇到困难便退缩，具有较强的受暗示性，易受他人和环境的影响，易被外界所诱惑，缺乏责任感和控制能力，不能很好地把握自己；主要表现为沉溺于网络中不能自拔，沉醉于灯红酒绿的生活，盲目追求时尚，学习不努力，不肯钻研，不求上进，应付学业，甚至荒废学业。对大学生进行意志磨炼，能使其在树立学习目标和确定职业生涯规划后，坚持进取的精神，去做自己应该做的事，能够采取正确的方法摆脱惰性，克服行动中遇到的困难，用理性战胜感性，最终实现人生目标。①

---

① 赵宇：《非智力因素对大学生素质的影响及其培养途径》，载《教育探索》，2006(10)。

第二节　大学生非智力因素存在的问题及原因分析

本节针对大学生非智力因素的五个要素，即动机、兴趣、情感、意志、性格存在的问题进行分析，并力求找出产生问题的原因，为更好地对大学生在非智力因素方面进行教育和培养提供依据。

一、大学生非智力因素存在的问题

1. 大学生的动机层面问题

迷茫、空虚是进入大学以后很多大学生的感受。他们刚从高考的巨大压力中解放出来，在面对新的学习生活模式时，由于没有了更多的约束而不知何去何从。所以，对于刚进入大学的同学来说，确定自己的目标是十分有必要的。动力不足、动机模糊的问题不同程度地出现在大部分大学生身上。上大学前后的动机落差，缺乏远大理想，自我控制能力差，没有树立正确的人生观，都是导致大学生动力不足、动机模糊的重要原因。而这些经常出现的问题，往往反映在学习动机、交友动机、入党动机等方面。这些问题主要表现在以下几点。

第一，学习动机不明确。有些大学生本着"60分万岁，多1分浪费"的观念，为分数而学习，得过且过；或者三分钟热度，三天打鱼两天晒网，学习兴趣不断转移；想学习却不能集中精力，经常出现厌恶或者倦怠感；人在课堂心不知在何方，注意力涣散；对学习敷衍了事，甚至不愿上课、做作业，不愿意学习；对学习漠不关心，只专注时尚、网络或其他与学习无关的事物。

第二，学习动机过于狭隘。有些学生只有自我，而忘了曾经关心过自己的人，没有报恩的想法，只要是为了自己，什么事都会做，这种不懂得回报的人，将来步入了社会也是有百害而无一利，为自己的未来而努力固然好，但有时他们为了自己的利益，而不惜采取不正当的竞争手段，这在大学里是时有发生的。

第三，动机过于低俗。有的大学生奉行爱情至上，无视其他的一切，为了爱情的长存，自然就会努力学习。在有了一定的物质基础的前提下，这对学生的未来发展固然很好，但这样的学生会无视周围的一切，甚至连关爱自己的兄弟姐妹、亲朋好友、养育自己的父母都会忽略，更谈不上对社会的发展做出多大的贡献。

第四，学习动机过于功利化。一些大学生会以荣誉和金钱为目的，为了荣誉和金钱，不择手段。为了得到奖项而努力，是进取的表现，但"有利益做，无利益走"的想法和为了奖项采用不正当的方法，是不可取的。这种现象存在在一些大学生的身上，会阻碍社会的发展。

2. 大学生的兴趣层面问题

进入大学，意味着由升学而产生的紧张的学习生活和繁重学习压力随之结束，大学生真正走进了自主学习时期，虽然大部分大学生认为"学习兴趣要比聪明的头脑更重要"，但有的学生平时却从不主动翻阅书籍和资料，还有的学生对自己需要学习的专业课毫无兴趣。在学校的社团活动和文体方面，许多同学表现出缺少兴趣，需要辅导员提出要求才能勉强参加。甚至有些同学对时事新闻、国家大事表现出漠不关心的态度。

从兴趣的稳定程度来分析，部分大学生没有固定的兴趣爱好，仅凭一时的热情，这山望着那山高，遇到一点挫折就半途而废。这样做，在浪费时间的同时，也不能系统、深刻地学习知识和掌握技能。

从兴趣的内容来分析，尽管有一部分大学生爱好科技、文体和社会实践等积极向上的活动，但依然还有一些大学生将抽烟喝酒、网络游戏等当成大学生活的主要部分。他们不仅学习不到知识技能，而且思想偏离主流价值观，生活变得颓废不堪，走向沉迷、堕落甚至犯罪的道路。

3. 大学生的情感层面问题

按性质可以将情感分为良好的情感和不良的情感两种，良好的情感对大学生的学习和生活具有积极的促进作用，而不良的情感对大学生的生活和学习具有极其消极的阻碍作用。大学生无论是在心理上还是在生理上，都还没有完全发育成熟，极容易受外界因素的影响而产生情感变化。当他们在处理问题时难免会遇到各种各样的困难，极容易导致情感不稳定，为生活和学习带来负面影响，甚至有可能产生不可挽回的后果。一般来说，大学生在情感上常见的困扰主要有以下几个方面。

第一，角度、环境的变化引发心理冲突。大学生的生活环境及角色地位与高中时期有着很大的差别。首先，大学生需要自己安排生活，靠自己的能力处理生活、学习、人际等方面的问题，但据调查，80％的大学生在家没有洗过衣服，生活自理能力较差，对父母有较为严重的依赖性。生活上的问题给这部分学生造成了一定程度的压力。其次，大学中已不再靠单纯的学习成绩来评判学生的优劣，其中还包括了人际交往能力、组织管理能力及一些其他因素，这种标准的多样化使得部分成绩优秀而其他方面表现平平的学生感到不适应，自尊心受到强烈的打击，心理上产生自卑和失落。

第二，学习压力造成的焦虑心理。现在的大学对大学生学习成绩的要求日趋严格，若几门课程不及格就会面临失去学位甚至退学的严酷后果，这就给大学生造成了一定的心理压力。加之大学学习生活更注重学生的自学能力，部分大学生由于学习方法不适合自己导致成绩不理想，因而产生挫折感，随之而来的紧张不安的情感就是焦虑。适度的焦虑水平及必要的紧张对人的工作、学习来说是必要的，但持续而重度的焦虑则会导致人丧失自信，干扰人们的正常思维，从而妨碍学习。

第三，人际关系不良导致情感及人格障碍。随着经济的发展、社会财富的增加，以及计划生育带来的城市家庭兄弟、姐妹概念淡化，邻里交往缺乏，青少年生活在一个相对封闭的环境当中，他们不善于与人交往。另外，在大学生活中，人际关系比高中时要复杂得多，要求大学生学会与各种不同类型的人交往，逐步向社会化转变。但部分大学生很难或不能适应，总是以自己的标准去要求他人，从而造成人际交往障碍。人际关系不良会导致大学生沟通缺乏、情感压抑、心理紧张，产生孤独感，从而影响正常的学习和生活。

第四，爱情引起的情感困扰。大学生正值青春期，生理机能已经成熟，心理上也逐渐产生了恋爱的要求，但是如果在这个问题上没有恰当处理，就会直接影响心理健康及生活和学习。目前，大学生存在的恋爱困扰主要是对性冲动的困扰、两性交往的不适及缺乏处理恋爱中感情纠葛的能力等。

第五，就业压力造成的心理压力。大学毕业生找工作难是个普遍存在的问题，而要找一个理想的工作就难上加难。择业过程中遇到的各类问题（如担心自己能力不足、缺乏经验而不能胜任工作，工作单位不如意等），都给临近毕业的大学生带来了巨大的压力。这种压力又以一些不正当的方式宣泄出来，如酗酒打架、乱砸东西、消极厌世等。

第六，自身心理素质的不足。如自我认识片面，情感不稳定、冲动、脆弱，意志薄弱，冷漠、虚荣、怯懦、固执，缺乏积极的人生态度和正确的人生观，耐挫力差，不懂得心理健康，缺乏心理调节的技巧。遇到这种情况，大学生应该增强心理健康意识，丰富心理知识，提高自身心理素质和学习心理调节的基本技能并力求训练。①

4. 大学生的意志层面问题

大学生是一个较为独特的社会群体，心理和生理在逐步走向成熟，同时具

---

① 参见《大学生的情绪情感问题》，百度文库，2018-01-20。

有一定的知识素养和社会地位。因此，大学生的意志呈现出自己独有的特点，主要的意志品质特征在多数大学生身上已基本形成，并日趋成熟，但其在发展的过程中仍会呈现出不同的问题，制约着大学生非智力因素的发展。这些问题主要有以下几点。

第一，缺乏果断性。大学生该采取行动做出决定时，在处理重大问题时，或者表现出犹豫不决、优柔寡断，最后人云亦云，随大流；或者未经深思熟虑就草率行事，轻举妄动。很多大学生都为自己优柔寡断而烦恼，他们想得多，做得少，过于担心行为的后果对自己不利，总选择随大流，以降低自身风险。如有的学生说自己本来想竞选学生干部，以便有一个更好的锻炼平台，可是到最后还是不敢报名，因为怕选不上丢人；有的学生说想利用节假日到校外做兼职，但又担心做兼职受委屈、辛苦，怕同学们嘲笑，影响学习，最后不了了之。诸如此类的例子不在少数，可见大学生的意志品质中缺乏果断性。

第二，缺乏自制力。有些大学生在处理人际关系时，特别是交往双方发生严重冲突时，遇事不够冷静，对自己言行不能妥善控制，容易表现出与自制力相反的冲动性。这样不但使矛盾无法解决，反而会愈演愈烈。这个问题在男生中表现得更明显，有的大学生反映说同学之间闹矛盾，有时起因仅仅是一些小事，但也会克制不住，对同学恶语相向甚至是拳打脚踢；有的女同学说自己缺乏自制力，具体表现在消费购物上，一看到喜欢的衣物就立刻买下，过后则常常后悔，认为买来的东西不值，使用率不高，只能闲置。诸如此类的事例都反映了大学生意志品质中缺乏自制力。

第三，缺乏坚定性。部分大学生在做好事、履行道德义务时，由于意志薄弱，在外部压力影响之下，在遇到困难和挫折时，不是竭尽全力、坚定信念去克服困难，而是很容易动摇自己的信念，轻易改变自己的行动计划，向外界妥协，甚至在态度和立场上发生根本性的转变。易受他人暗示，迷信神佛之说、星座之说，听信谣言，易受鼓动，缺乏坚定性。

第四，缺乏自觉性。不少大学生提到自身的坚持性、自觉性不足，比如很多大学生在每学期开学伊始都制订了严格的学习计划，但无法长久坚持，懒得去图书馆，懒得去自修，懒得早起；还有一部分大学生甚至沉溺于网络游戏之中，不能自拔，虽明知其中的危害性，但就是不能自觉地回到课堂上。

第五，缺乏坚韧性。有相当一部分的学生认为自己的抗挫折性不强，心理发展水平不够成熟，情绪变化剧烈。他们遇到的挫折大致分为以下几种：在学习和竞争中受挫，如学生干部竞选落选、考试成绩不理想等；在交往中受挫，如受批评、失恋、被人误解等；因家庭经济困难而受挫；意外刺激受挫，如财物丢失、父母离异、亲人伤亡等。当遇到困难和挫折时，有的大学生或自卑，或恐惧，或自暴自弃，有的大学生则垂头丧气、心灰意冷、半途而废。

5. 大学生的性格层面问题

经过较长时间的磨炼，大学生的性格才会形成，而当代的大学生由于从小养尊处优，被父母捧在手里，没有经历过困难、磨炼，因此其性格发展得并不完善，并以以下几点的形式表现出来。

第一，以自我为中心，拒绝对自己的个性进行改变。我们知道，优秀的个性可以使一个人的梦想变成现实；而不良的个性则会使人生蒙上一层灰暗、消极的色彩。现如今，不少大学生有不良个性，但是，在他们的观念中，人的个性是很难改变的，正如"江山易改，禀性难移"；或者他们认为自己就是自己，没有必要去改变，与众不同，这样才显得有个性，改变了个性就失去了自我。①

第二，追求"完美"的个性误区。追求"完美"是一种观念、气质、性情和行为方式的综合。很多大学生认为，拥有好的品质个性就是要使自己在各方面都做得非常好，他们总想将一切都做得完美无缺，结果却白白错过很多眼前的机会。他们盲目地否定自己，责怪自己，严重者还会给自己造成心灵上的压力。

第三，压抑与孤独。在大学校园里，有些大学生虽拥有自由独立的空间，但在其心灵深处，却充斥着焦虑、空虚、烦躁不安。孤独是对人最大的一种折磨，尤其是对于承受能力不强的当代大学生。会出现这一现象，一方面是源于个人孤傲的性格；而另一方面则是由于个性与共性无法兼容，他们不愿接受主流的价值观念，认为他们的思想超越了时代，不为社会所理解，使他们产生一种极其压抑、沉重的孤独感。

二、影响大学生非智力因素的原因分析

高校对大学生非智力因素的培养是一个系统的工程，而引起大学生非智力因素与社会需求存在偏差的原因却是多方面的。

1. 大学生自身的原因

经过高考这一严格的选拔考试，进入大学的学生不论是能力、思想品德、智力，还是健康状况，总体来说，都是比较优秀的。在他们的心里，充满了对

---

① 苏金旺：《当代大学生的个性观及其个性特点分析》，载《黑龙江科技信息》，2010 (5)。

大学生活的良好愿景。但是，由于大学生的年龄特点束缚，他们虽然在生理方面已经趋于成熟，但在心理方面却未完全成熟。大学生在面对强手如林的生活和学习环境时极容易产生心理压力，遇事易紧张，对一些小事过分地担忧，心情不舒畅时无法对朋友倾诉；情感丰富却不稳定，缺乏对别人情绪的揣摩和对自己情绪的控制，易走进情感误区；大学生由于忽视挫折教育和对意志的锻炼而患有心理障碍，严重者甚至会精神分裂，为鸡毛蒜皮的小事轻生自杀；对电脑这样的高新科技电子产品的使用缺乏自制力，也容易造成大学生的心理疾病。上述种种迹象表明，培养大学生较强的情绪控制能力、正确的动机、丰富而稳定的情感、广泛的兴趣爱好、对失败和挫折的承受能力、对环境的适应能力，已是迫在眉睫的任务。

2. 学校方面的原因

第一，大学生在从高中高度紧张的学习状态向大学相对宽松的学习状态过渡中，由于缺少正确的指导和引导，部分学生会出现无所适从的现象，常常感到茫然，容易失去学习动机和努力方向。

第二，一方面，高校缺少有经验的专业心理咨询人员，或心理咨询力量不足，而使心理指导、咨询工作起不到应有的效果；另一方面，由于缺少正面的教育和宣传，不少学生存在"只有精神不正常的人才看心理医生"的错误认识，一些具有较严重心理问题的学生往往不愿主动进行心理咨询，导致人格缺陷的形成。

第三，由于受自身素质和观念的影响，在高校的广大教师中，能真正深入学生中去，能真正做到既教书又育人，以自身的人格魅力和专业威望去影响学生的教师并不多，尚未形成一种对大学生非智力因素培养的良好氛围。

3. 家庭方面的原因

家庭原因，包括教育方法、家庭成员之间的关系等，是导致大学生非智力因素发展不完善的一个重要因素。心理学研究表明，人的个性萌芽期大多是在家庭中度过的，而家庭教育是人们的启蒙教育，家庭是人生的基础。父母是孩子的第一任教师，家庭教育的方法对当代大学生非智力因素的形成和发展有着极其重要的影响。家庭原因对大学生非智力因素发展的消极影响主要表现为以下几点。

第一，过分严格的教育方式。中国是一个重视应试教育的国家，往往以学习成绩为标准评定一个学生的优秀与否。中国的父母通常习惯将自己家的孩子与别人家的孩子相比较，他们希望自己的孩子处处都比别人强，以此来满足自己的虚荣心。因此，很多父母往往按照他们的意愿，在孩子很小的时候就开始让他们认字、背唐诗、练字、学画画、学英语、学舞蹈等，这很大程度上扼杀了孩子们的兴趣，把孩子们培养成了为考试而学习的人。还有的家长会将自己没实现的理想强加在孩子身上，预设了他们的未来，安排他们的人生，将孩子变成了实现他们自己理想的工具。这些都不利于大学生非智力因素的健康发展。

第二，过分溺爱孩子。其主要表现为父母对子女有求必应，生怕子女不高兴，受委屈。在溺爱中成长的孩子往往都以自我为中心，他们认为别人都应该听自己的，按自己的意愿办事，他们很少为别人着想。在与同学交往的过程中会产生许多问题和分歧，但他们又不知道怎样解决这些问题；遇到不顺心的事和困难时，往往很难控制自己的情绪，但是又怕得罪同学，因此，他们常常封闭自己的内心。在这些压力下生活和学习的大学生，往往会形成极其孤僻的性格。

第三，家庭关系不融洽。在离异或父母关系不和的家庭中成长的孩子，往往性格怪异、孤僻，不爱与人交流、交往，他们时刻都在担心别人嘲笑自己，有的孩子甚至希望自己变成隐形人或者干脆消失掉。这些长期生活在压抑环境中的学生，往往都具有心理创伤，极易产生心理障碍，成为阻碍其非智力因素健康发展的绊脚石。

4. 社会方面的原因

社会对大学生产生的影响是多方面的，同时也是非常复杂的。应试教育还是社会先行的教育体系中的主体。青年大学生尚处于世界观形成阶段，在西方不健康文化的影响下，理想信念淡化，极端享乐主义、拜金主义、个人主义滋长。我国生产力的发展和人们思想观念的更新仰仗于市场经济的建立和完善，但是市场经济的自发性和盲目性，也诱发了享乐主义、拜金主义和利己主义的滋生，对社会的思想道德建设造成了巨大的负面影响，也严重影响了大学生正确的价值观、人生观、世界观的形成。综合社会影响因素，主要有以下几个方面。

第一，教育评价应试化。以学科知识为中心，以卷面考试为主要手段，以掌握知识的多少为标准，以考试成绩为指针的应试教育评价体系仍然存在。这种评价方式是应试指标，且是方法单一的静态评价。这种教育评价过分看中学生的集中性思维。而集中性思维方式往往只需要学生以教科书或教师的思维模式去思考问题，从而把学生的思维固定在单一的传统的正确结论上。这是造成我国教育忽视学生的非智力因素及创造性思维培养的一个关键的因素。

第二，市场经济的负面效应。市场经济体制固然对推动中国社会生产力的发展和群众思想观念的更新做出了卓越贡献。但是，市场经济的盲目性和自发性，也诱发了部分群众的享乐主义、拜金主义和利己主义，不利于社会主义思想道德建设，对大学生非智力因素的良好发展造成了严重影响。如在开放的市场经济条件下，日益激烈的竞争造成了大学生的挫折感和自卑感；大学生往往崇尚自我宣泄与个性张扬，但却受到迷惘感、孤独感等情绪的困扰；主体意识的增强引发了大学生趋乐避苦、注重功利的观念；就业压力使得学生的择业观从"社会价值型"向"经济价值型"逐渐转化；爱情观的日渐开放也造成了恋爱的短暂性、速成性等。

第三，现代信息技术的挑战。信息环境的难监控性与开放性，对学校德育教育的可控性造成了很大冲击。目前，在现有的数以万计的计算机软件中，很难找到与思想政治教育测试方面有关的软件，相反，一些内容不健康的软件或网页却可以十分轻易地出现在网络中。互联网上的信息纷繁复杂，其中不乏宣扬腐朽生活方式和价值观的精神垃圾，这些都严重影响着大学生非智力因素的健康发展。[①]

第三节　大学生非智力因素的培养途径

根据上文对大学生非智力因素存在的问题及产生问题的原因进行分析，我们已经对与制约大学生非智力因素发展的相关问题进行了一个较为全面的认识和了解。下面我们就将根据之前介绍的每一类问题提出解决措施，为辅导员在具体工作中提供解决问题的思路和方法。

一、引导大学生树立正确的动机

动机因素是大学生非智力因素的核心部分，它是一种内在的驱动力，使得人们有动力去从事各类活动。人们从事任何活动都要先有动机，然后才有意志、兴趣等，所以说，强烈的需要产生动机。大学生的动机主要包括交往动机、学习动机以及入党动机。但是大学生的思想意识尚未完全成熟，对事物发展的方向和事物本身缺乏全面、正确的理解与认识。所以，高校思想政治教育

---

① 刘丽清：《浅谈非智力因素对创造性思维的影响》，硕士学位论文，福建师范大学，2003。

工作者在对大学生进行思想政治教育的过程中要积极引导大学生树立正确的交往动机、学习动机以及入党动机。

1. 引导大学生树立正确的交往动机

利益关系是人与人之间关系的根本。因此，人与人之间相互交往的最根本起因是通过交往来使彼此获得满足。大学生的交往动机很单纯，因为大学生还未真正走出校门、步入社会。他们的交往对象单一，主要是同学、老师，因此，他们的交往动机应该是交流学问、沟通感情、倾诉烦恼等。但是，随着社会主义市场经济的发展，大学生之间的交往动机渐渐地发生了变化，他们的交往动机已经不再是单纯的交流学问、沟通感情、倾诉烦恼等，而是逐渐向着功利化的趋势发展。例如，有的大学生在日常生活中看不起家庭条件比较差的同学，不愿意与这些同学接触，因为他们觉得这些贫困的同学无法为自己将来的前途、工作等带来利益；有的大学生看不起比自己成绩差的同学，不愿意与这些同学做朋友，因为他们觉得学习差的同学无法在学习上给自己带来什么帮助。大学生的这种心理状态会对其自身的健康成长造成严重影响。因此，高校思想政治教育工作者在对大学生进行思想政治教育的过程中应对大学生人际关系的培养予以足够的重视，要帮助大学生端正交往动机，解决交往困惑。例如，思想政治教育工作者在对大学生进行思想政治教育时，应传授大学生与人际交往心理学相关的理论知识，帮助他们树立正确的交往观，让他们明白自身发展凭依于良好的人际关系，教育他们要关心、理解同学，与同学建立良好的人际关系。

2. 引导大学生树立正确的学习动机

当代大学生的需求逐渐呈现出多元化发展的趋势，因此，大学生的学习动机也呈现出了多元化的特点，例如，有的大学生是因为他们不想辜负老师、父母对自己的付出及期望，所以好好学习；有的大学生是因为他们想通过学习来获得荣誉感、满足感、自豪感等，所以才好好学习；有的大学生是因为他们希望自己将来能够找到一份好工作，所以才好好学习；而有的大学生是因为他们希望自己以后成为有用之才，报效祖国，所以好好学习。正确的学习动机对大学生的成长、成才具有积极的促进作用，而错误的学习动机则会产生消极的阻碍作用，对个人甚至国家产生危害。因此，高校思想政治教育工作者在对大学生进行思想政治教育的过程中要积极引导大学生，端正其学习动机，将个人的学习动机与社会主义核心价值观结合在一起，引导其刻苦学习，使之成为有用之才，为祖国发展做出自己的贡献。培养大学生学习动机的途径主要包括以下几点。

首先，帮助大学生明确大学的学习目标。大学生进入大学后会一时之间失去学习目标，他们面对新的学习环境、生活环境往往会感到不知所措。这时候就需要思想政治教育工作者帮助他们，使其明确学习目标。大学生学习目标的设立可以在一定程度上激发大学生的学习动机。目标可以分为长期目标和短期目标，短期目标是实现长期目标的必经阶段，长期目标是短期目标的最终目的。因此，思想政治教育工作者在对大学生进行思想政治教育前，必须先了解、掌握学生的心理、性格等特点，然后帮助大学生设立适合其自身特点的短期目标和长期目标。

其次，对大学生实行奖惩制度。惩罚和奖励都能引起大学生的情绪波动，这种情绪的波动能够在一定程度上激发大学生的学习动机。例如，某大学生在一次考试中取得了好的成绩，这时如果该生能够得到教师的奖励或者赞扬，那么必然会使其自尊心、自豪感等得到满足，促使其在以后的学习中更加刻苦、努力；相反，如果该大学生在考试中成绩不理想甚至很差，这时教师如果能够给予适当的惩罚或者批评，那么则会使该同学感到自尊心受到打击，这在一定程度上也能够激发其学习的斗志，使其努力学习来避免惩罚或批评的再次发生。

再次，开展多种形式的校园活动。大学生在参加校园活动的过程中既可以体验到合作的动力，又可以体验到竞争的压力。合作的动力可以增强学生对校园活动的兴趣，使其学习动机得到激发；竞争的压力则能够迫使大学生更加主动地去完成活动任务，激发大学生的主动性和积极性。例如，各高校可以不定期或者定期地开展一些辩论赛、知识竞赛、绘画比赛、书法比赛等活动，让大学生在合作或者竞争的环境中体验到学习的快乐，从而激发学生的学习动机。

最后，对大学生进行政治导向。思想政治教育工作者应该在思想政治教育的过程中不时地对大学生进行政策宣传，即政治导向。政治导向使党和国家的方针、政策等深入大学生的内心，让大学生切实、深刻地认识到国家的兴衰与大学生密不可分。大学生只有意识到国家的兴衰与其自身利益密切相关，把自己的学习动机与国家利益结合起来，把自己的学习动机与国家的方针、政策结合起来，才能够在学习的过程中端正学习动机。

3. 引导大学生树立正确的入党动机

当代大学生肩负着建设祖国的伟大历史任务，大学生党员更是祖国未来的先锋模范和生力军，他们的政治素质是否达标，入党动机是否端正，关系到我党能否永葆先进性、纯洁性等重大问题。因此，引导大学生树立正当的入党动机，不仅关系到高校学生的思想政治教育，更是关系到党和国家前途、命运的大事。培养大学生入党动机的途径主要包括以下几点。

首先，加强理论学习，提高对党的认识，端正并强化入党动机的思想基础。以大学生积极要求进步的入党热情为基石，以班级、院系和学校三级教育体系为通道，通过学习小组、党校等形式，对大学生进行中国特色社会主义理论体系的教育，着力用马克思列宁主义、毛泽东思想、邓小平理论、"三个代表"重要思想、科学发展观和习近平新时代中国特色社会主义思想武装大学生头脑，使广大青年学生成为实践社会主义核心价值体系的先锋模范，做共产主义远大理想和中国特色社会主义共同理想的坚定信仰者、支持者。加强在大学生中进行党的基本知识、基本理论和党的优良传统与作风的教育，使他们逐步了解、认识并深入领会党的性质、纪律、任务、宗旨和纲领。

其次，开展社会实践活动，建立完善大学生入党动机纠偏的实践机制，通过实践加强锻炼，通过实践不断端正和检验大学生的入党动机。马克思主义认识论明确指出，人的正确认识，要经过"实践——认识——再实践——再认识"的过程，并不断循环往复。大学生应该端正入党动机，保证从思想上入党，并且在实践中不断通过切身体验来深化对党的认识。高校应有计划地组织大学生参加社会实践活动，建立大学生社会实践基地，在实践中增才干、长知识。如组织大学生参加"扶孤助残""三下乡"等社会实践活动，通过服务社会、帮助他人，实现大学生的社会价值与个人价值的统一，培养大学生的社会责任感和奉献精神，使其树立正确的人生观、世界观和价值观，从而形成高尚的入党动机。

最后，树立先进典型，弘扬先进事迹，发挥榜样的引导、激励作用。教师应重视榜样的示范作用，及时发掘大学生中的优秀典型，让大学生在对比和学习中发现自己的不足，不断改进提高自己、完善自身的积极性和主动性。同时，对于一些社会中的先进和模范人物，教师应该通过座谈会、报告会等多种形式，组织大学生对其进行专门的探讨和学习，使大学生从中受到熏陶和启发教育，通过优秀党员的典型事迹来感染、教育大学生，使其端正入党动机。

二、培养大学生广泛的兴趣

兴趣是一种内在的驱动力，它对大学生的成长、成才具有重要的作用和意义。广泛、良好的兴趣能够使大学生在学习、生活的过程中思维活跃、心情愉悦等，从而提高大学生的学习效率和生活质量。因此，各高校应当将培养大学生广泛的兴趣定为思想政治教育工作的目标之一。思想政治教育工作者在对大学生进行思想政治教育的过程中，不仅要培养大学生对其大学学习、生活的兴趣，而且还要通过适当的方法将他们的这种兴趣转化为促进其好好学习和生活的动力。培养大学生广泛的兴趣主要有以下途径。

1. 深入学生，了解学生

辅导员只有密切关注学生才能知道学生对什么事情有兴趣，才能根据学生兴趣对其进行具体辅导和指引。辅导员可以通过多种途径来了解学生，如可通过班干部进行了解，可采用调查问卷进行了解，可以到学生宿舍跟学生面对面聊天进行了解。辅导员应积极参与到学生活动中去，跟学生打成一片，学生才能对辅导员畅所欲言。

2. 建立融洽的师生关系，引导大学生的学习态度

高中生活与大学生活的显著差异在于没有父母的督促，没有班主任的鞭策，大学生很容易滋生懒惰、懈怠心理。融洽的师生关系可以使大学生没有心理压力，可以自由沟通、自由提问，有利于调动和引导大学生的积极性。"学高为师，身正为范。"辅导员更应严于律己，无论是在思想上还是在行为上，都应该做大学生的表率。开朗、和蔼的辅导员是大学生的良师益友，正直、严谨的治学态度是大学生学习的榜样。

3. "引导"与"严管"相结合

针对大学生的兴趣点，辅导员要不断施以"利诱"。比如，将成功者的案例讲述给大学生，使大学生明确他们有兴趣的目标实现了之后会是怎样的情景，比如毕业后会找到多好的工作，将来的社会地位和经济地位有多高。这样的诱导，可以对学生本身就存在的兴趣加以强化，对尚未形成的兴趣进行培养。

对学生的"利诱"应当与严格管理结合起来。当学生实现有兴趣的目标时，辅导员要严格督促、管理，帮助学生实现目标。如大一学生往往希望能在大二一次性通过英语四级考试，辅导员就可以安排早读和晚自习，并抽查学生出勤情况，对学生进行管理和帮助。

4. 课堂教学中，利用案例讨论来激发大学生的学习兴趣

可通过分组对案例进行讨论，使师生互动，激发学生在课堂上的热情。将学生分成几个小组，每组选取一个熟悉案例进行充分准备，讨论分析后，由小组代表对案例提出问题并进行详细的介绍，分析和总结，列出最佳的方案，其他小组可以对其案例分析结论做出辩论或质疑。在紧张激烈的辩论之后，教师对各组答案分别进行点评。互动教学和案例分析，可有效提高学生对学习的兴

趣；案例的融会贯通，可加深学生对理论知识的掌握。合适的案例需要平时的实践与积累。

5. 整体与个别相结合

对全体学生的兴趣点应该采取整体教育的方法，满足学生的求知欲望和好奇心。比如，可以定期安排讲座给学生讲解出国、就业、考研的形势以及对策，还可以召开座谈会跟学生谈心，解决学生的困惑之处。除了整体教育，辅导员还应该对特定群体或特殊学生进行个别辅导。比如，有的学生英语成绩好，就可以鼓励他考翻译资格证；有的学生动手能力和创造力强，就可以鼓励他进行发明创造，申请专利。

三、帮助大学生管理好自己的情绪

尽管当代大学生的生理方面已经基本发育成熟，但是其心智还不成熟，因此，当代大学生的情绪特点中包括不稳定性。大学生的情绪按其性质可以分为积极的情绪和消极的情绪，积极的情绪不仅能够使大学生精神愉悦，从而提高大学生的学习效率和生活质量，而且还能够促进大学生的身心健康发展；反之，消极的情绪不仅会使大学生情绪低落，阻碍大学生学习效率和生活质量的提高，而且也会对大学生的身心发展造成滞后影响。因此，各高校思想政治教育工作者要把培养大学生积极的情绪作为对大学生进行思想政治教育的过程中的主要目标之一。可以通过以下方式帮助大学生管理好自己的情绪。

1. 开展情绪管理选修课以及专题讲座，广泛传播健康情绪

专题讲座和课程教学具有积极预防、正面引导、覆盖面广、系统性强、在短期内经济有效等特点，因此，要培养学生的情绪调节能力，情绪管理课程教学是一个非常有效的途径。

2. 采取多元体情绪干预方式

可以采取以辅导员、班主任、专业心理咨询教师、科任教师和心理委员等多元体参与的团体对大学生的情绪困扰进行疏导，以此干预大学生的情绪走向。班主任、辅导员和大学生的接触比较密切，能从日常的生活和学习中对他们平时的处事风格、家庭条件、兴趣爱好、人际关系以及性格等基本情况有一定的了解，据此，可以建立大学生的基本情况档案表。班级的心理委员需要尽力发挥自己的光和热，帮助辅导员掌握学生的各种心理动态，如有异常情况发生要及时与辅导员联系，并在必要的情况下寻求专业心理咨询教师的帮助。这样相辅相成的多元体干预方式，可以从根本上降低大学生因不良情绪而产生的痛苦和困扰，让大学生更主动、积极地投入生活和学习中去。

3. 提倡多样式辅导相结合

单独辅导与团体辅导相结合的多样式心理辅导方式可以更详细、深入地了解大学生的心理动态变化，有利于帮助大学生缓解和释放不良情绪。大学生情绪管理团体辅导是指将有同性质问题的大学生组织集合起来，在心理咨询教师的带领下通过做游戏、自我表述、模拟情景等方法让学生之间有互动，了解分析不良情绪的危害，找到适合自己的调节方法，调整心态，以积极的、快乐的心态投入生活和学习中去。

四、磨砺大学生坚强的意志

意志是主体积极主动地控制自己的行为，从而实现其目标的过程。意志有薄弱的意志和坚强的意志之分，薄弱的意志促使大学生消极地控制自己的行为，面对困难，畏首畏尾；坚强的意志促使大学生积极地控制自己的行为，即使面对困难，也要迎难而上。所以说，坚强的意志可以保证大学生实现其学习目标、人生目标，具有坚强的意志对大学生的学习、生活等有重要的意义。因此，辅导员在对大学生进行思想政治教育的过程中要格外重视对大学生意志力的培养。在思想政治教育过程中对大学生意志力的培养可以从以下几个方面着手。

首先，帮助大学生树立远大目标，大学生有了奋斗目标才会孜孜不倦地付出和追求，才会源源不断地产生学习动力。辅导员要及时调控这些大学生的思想、心理和情绪波动，使他们的学习意志力持久而坚定。也就是说，树立目标意识是培养大学生意志力的内在条件。

其次，教师要在日常的生活和学习中，在琐碎而平凡的时间里磨炼大学生的意志力。所谓"宝剑锋从磨砺出，梅花香自苦寒来"，只有通过同困难做斗争，去磨炼自我，才能激发斗志，让大学生明白"困难是弹簧"的道理，确立"自古英雄多磨难"的信念，教育引导大学生碰到困难要勇敢地面对，主动出击，让困难变成自己前进道路上的"垫脚石"。也就是说，辅导员帮助学生拥有一颗敢于战胜一切困难的强大的"心"，是培养学生意志力的外在因素。

再次，让大学生置身于集体活动之中，依靠集体的力量培养坚定的意志力。要多组织大学生参加集体活动和社会实践活动，有助于锻炼、提高大学生的自身能力。让大学生在组织、进行活动时，不断增强战胜困难的意志和解决实际问题的能力。

最后，加强大学生的挫折教育。挫折指一个人在某种动机的推动下，所要达到的目标遇到障碍又无法克服时所产生的紧张心理状态和情绪反应。每个大学生在面对挫折时都有不同的反应。例如，有的大学生在面对学习、生活中的挫折时往往被挫折所打败，从此一蹶不振；而有的大学生在面对学习、生活中的挫折时，往往能迎难而上，并且战胜挫折与困难。正确面对挫折，对大学生意志力的培养具有重要的意义，因此，辅导员在教育过程中应当重视对大学生的挫折教育，帮助大学生学会正确对待学习、生活中的困难与挫折。

五、促进大学生形成完善的性格

有一句话很经典："一个人的思想决定他的行为，一个人的行为决定他的习惯，一个人的习惯决定他的性格，一个人的性格决定他的命运。"由此可见，良好的性格对大学生的学习、生活有着非同一般的意义，它对大学生的成才起着决定性的作用。例如，一个具有毅力、责任心、自信心、谦虚、刻苦努力等良好性格的大学生，往往能够在学习上取得优异的成绩，在生活中与同学们建立良好的人际关系；相反，一个缺乏自信心、缺乏责任心、毅力不坚定、自大、懒惰的大学生，往往在学习上与理想的成绩擦肩而过，在生活中与同学们的关系不和谐、不融洽。大学生的性格不是天生形成的，而是需要经过后天的磨炼，是可塑造的。因此，在对大学生进行思想政治教育的过程中，高校思想政治教育工作者要重视对大学生性格的塑造，帮助大学生形成良好的性格品质。思想政治教育工作者帮助大学生形成良好的性格品质可以从以下几个方面来着手。

首先，培养大学生科学的世界观。性格是以世界观为核心而形成的一种独特的心理结构，因此，要培养大学生良好的性格品质，首先就必须构建大学生科学的世界观。其中有一个问题要格外注意，即理论教育与实践活动要相互结合。辅导员在对大学生进行教育的过程中，要让大学生在实践活动中去消化、理解老师所讲授给他们的知识。只有这样，知识才能被内化，才能对大学生的言行举止起到指导作用。

其次，培养大学生的主体意识。外因是条件，内因是根据，因此，大学生主体地位的发挥是大学生良好性格形成的依据，然而要发挥大学生的主体地位就必须首先确立大学生的主体意识。正确、积极的主体意识不仅有利于大学生认识自我，而且有利于大学生良好性格的形成与发展，因此，辅导员在教育大学生的过程中应该重视培养大学生的主体意识。例如，辅导员在工作过程中不应使用传统的"灌输式"教育方式，而应该与学生建立平等的师生关系，多让学生进行独立思考，鼓励学生提出自己的问题和意见，与学生共同探讨争议性问题，并找出解决问题的途径和方法，让学生真正地参与到教学过程中来，从而增强其主体意识。

最后，培养大学生自我教育的能力。外因通过内因起作用，影响大学生良好性格形成的外因必须通过其内因，即大学生自身的原因而发挥作用，因此，在大学生良好性格的塑造过程中，大学生的自我教育、自身素质具有重要作用。辅导员对大学生自我教育能力主要通过以下三个方面培养：第一，培养大学生自我审视的能力。自我审视就是指大学生清楚地知道自己的不足和长处，能够真正地了解自己。正确、客观的自我审视有利于大学生不断取得进步，提升、完善自己。第二，培养大学生自我调节的能力。所谓自我调节，是指大学生通过客观的自我审视，真正认识到自己的不足后，能够积极地、主动地控制自己的不良行为，从而不断地使自己得到完善。第三，培养大学生自我监督的能力。自我监督是大学生自觉性的体现，主要指大学生能够自觉地对自己的行为进行约束和监督，并且能够不断地对自己的行为进行反省。总之，无论是对大学生自我审视能力，还是对自我调节、自我监督等能力的培养，都离不开高校辅导员的鼓励和帮助。辅导员在培养大学生自我教育的能力方面发挥着不可或缺的作用。[1]

▶本章小结

社会主义市场经济的建立，不仅要求人们要有强烈的竞争意识，还要有较强的心理承受能力、顽强的毅力和意志。随着社会的不断发展，选才标准和用人观念都发生了变化，人们不再只单纯地注重学历，更重视能力、品质、毅力和意志等非智力因素。

在应试教育年代，大学生的智力因素得到了充分的培养和开发，而非智力因素却往往被忽略。因此，在校大学生群体中普遍存在"高分低能"的现象，很多大学生智力水平较高，而非智力水平较低。在大力倡导素质教育的今天，我们不能仅仅开发大学生的智力因素，更应加强对大学生非智力因素的培养和教育，提高大学生的心理素质，使我们培养的人才在走向社会的时候，不仅具有较高的专业技能和知识水平，更要有健康的人格和良好的心理素质，成为能够

---

[1]　宋丽娟：《论思想政治教育中大学生非智力因素培养》，硕士学位论文，燕山大学，2013。

适应社会发展、被社会所需要的有用人才。学校的德育工作，不仅包括道德品质教育和思想政治教育，而且还应该包括心理素质教育。德育中的心理素质教育，主要指的就是非智力因素的培养和教育。因此，高校加强德育工作，从心理学角度来看，就是要重视和加强大学生非智力因素的培养和教育，这是德育的重要组成部分，是新时期高校德育工作的重要内容之一。

案例：认识自我、激发潜能——经济管理学院职业生涯规划工作坊活动纪实

为了帮助大学生树立正确的学习动机，培养积极的就业意识，以了解社会职业要求以及自身就业取向，让大学生在轻松的环境下对自己的职业生涯做出清晰的规划，经济管理学院成立了职业生涯规划工作坊，举行了一系列围绕大学生职业生涯规划而开展的活动与讲座。通过此类活动与讲座，大学生在当今面临巨大就业压力的背景下，凸显了其竞争优势。如下是职业生涯规划工作坊的一次活动纪实。

某日下午，为培养大学生职业生涯规划能力，经济管理学院职业生涯规划工作坊学员在工作坊开展了一次生动活泼的激发潜能、认识自我的体验。本次活动一共分为四个模块。

第一个模块的主题：认识自我，纵横职场

这个模块的讲解目的是让大家了解自身的优势与劣势，发展优势，补足劣势。当目标不明确时要警醒，并时刻向自己发问：我想做什么？我能做什么？我会做什么？在不断地摸索与经验中进行自我认知与完善。

第二个模块的主题：职业生涯彩虹图

在第二个模块中，辅导员向大家展示出了"职业生涯彩虹图"，借助彩虹的多种颜色来向大家阐明在人生不同年龄阶段所要担当的不同角色。通过此模块，学员们清楚地意识到自身的责任，并且了解到了自己在不同环境、不同阶段下应该采取怎样的就业心态。此模块促进学员们对自己的职业生涯有了进一步的理解。

第三个模块的主题：每个人的潜力是无穷的

在此模块中，辅导员带领学员们做了一个小实验：在一个已经倒满水的杯子里不断放入曲别针，最多可达180个。由此使学员们认识到人的潜力是无穷的。这个实验以一种学员们可以参与其中的方式让学员们对"潜力"的认识更加透彻，并且开始计划进一步挖掘自己的潜力。

第四个模块的主题：了解自己的情感侧重以及认识情绪

在第四个模块中，辅导员首先向大家展示了一幅展现自己生活的情感地图，通过它让学员们了解自己的情感侧重点，让大家知道各种情绪的产生以及在职业中的应用。情感地图让学员们明白只有各方面平衡了，转轮才能转得更快更稳，一个人只有把各方面能力协调好，才能在工作学习中发挥最大优势，使自己发展得更好。

课程结束之后，又有几名面临继续深造学习与就业矛盾的学员向辅导员寻求个体咨询。通过这次工作坊活动，学员们受到了很大的启迪，了解到社会对不同职业的取向、要求，认清了自己，确定了自己应该努力的方向和目标，并且认识到只有激发潜能、增强自身的责任感、协调好各方面的机能，才能使自己发挥最大的优势。相信工作坊会让学员们在初步踏上自己的职业生涯之路时少一份迷茫，多一份从容与自信。

▷思考题

1. 非智力因素和智力因素的区别是什么？

2. 您认为当今大学生的非智力因素存在的问题是什么？是由哪些因素造成的？

3. 您在高校当中开展过或准备开展的非智力因素培养的活动有哪些？这些活动对大学生的非智力因素培养起到了什么作用？

第十四章　新媒体时代高校辅导员工作的机遇与挑战

内容提要：依托网络信息技术、数字媒体技术、移动通信技术的发展，新媒体时代已经到来。高校大学生作为新媒体使用最为广泛、最为活跃的群体，新媒体的迅速发展及应用对大学生产生了广泛而深远的影响。新媒体具备的强交互性、超媒体性、超时空性、个性服务以及虚拟传播等特点，使得高校大学生在新媒体的影响下，道德观念、思维模式等方面都产生了巨大的变化，大学生在享受着新媒体带来的学习和生活的便利与乐趣的同时，也面临着新媒体带来的诸多问题。因此，在新媒体"双刃剑"的影响下，高校辅导员必须迎难而上，积极开展工作，在提高辅导员自身素质和针对大学生开展教育的基础上，运用新媒体实施相应措施，并建立相关防控体系，确保在新媒体环境下高校思想政治教育的顺利开展。

第一节　新媒体概述

对于新媒体这个概念的界定，目前学术界可谓众说纷纭，主要有以下几种观点，包括新旧说，即新媒体是相对于旧媒体而言的，这种理论认为，只要在构成要素上能够区别于传统的媒体，就是新媒体；技术说，认为新媒体就是在计算机信息处理技术基础之上出现，并且产生影响的媒体形态；还有学者认为只要是在第四媒体以及其后出现的现存媒体都是新媒体。为了厘清这些概念，有必要对新媒体的研究做一个回顾。

一、新媒体的起源发展

新媒体概念的提出最早可以追溯到40多年前。1967年，美国哥伦比亚广播电视网（CBS）技术研究所所长，同时也是 NTSC 电视制式的发明者戈尔德马克（P. Goldmark）发表了一份关于开发电子录像（Electronic Video Recording, EVR）商品的计划，其中第一次提出了"新媒体"（New Media）一词。

1969 年，美国传播政策总统特别委员会主席罗斯托（E. Rostow）在向尼克

316

松总统提交的报告书中，也多处使用"新媒体"一词。① 由此"新媒体"一词开始引起传播学界的热烈讨论。

20世纪70年代，所提到的"新媒体"是指刚刚兴起不久的电视。随着互联网的出现与应用，网络晋升为"第四媒体"，取代了电视"新媒体"的地位。在一段时期内，互联网也和以前的广播、电视一样，是一种相对独立的传播媒介。

一直到20世纪末，一种建立在数字技术基础上的网络渠道渐渐成形，它在传播形式上几乎囊括了以往和当时所有的传播方式，成为传播媒介的最高形式。然而，互联网却不是"新媒体"的终结方式，信息技术的快速发展推出了一个又一个新的媒介产品，而这些产品由于拥有新的传播媒介和传播形式，都可以归为新媒体之列。

二、新媒体的有关研究

"新媒体"所包含的媒介形式一直处于发展变化之中。正是由于"新媒体"这种快速动态的发展特性，国内外学者关于新媒体的研究存在诸多表述。

美国俄裔新媒体艺术家列维·曼诺维奇（Lev Manovich）认为，新媒体将不再是任何一种特殊意义的媒体，而是一种与传统媒体形式相关的一组数字信息，但这些信息可以根据需要以相应的媒体形式展现出来；美国《连线》杂志把"新媒体"定义为所有人对所有人的传播；美国新媒体研究专家凡·克劳思贝（Vin Crosbie）则认为，新媒体就是能对大众同时提供个性化内容的媒体，使传播者和接收者融会成为对等的交流者，而无数的交流者相互间可以同时进行个性化交流的媒体。②

中国传媒大学教授宫承波认为，新媒体在内涵上就是指"依托数字技术、互联网络技术、移动通信技术等新技术向受众提供信息服务的新兴媒体"；上海交通大学教授蒋宏和徐剑认为，新媒体是指"20世纪后期在世界科学技术发生巨大进步的背景下，在社会信息传播领域出现的，建立在数字技术基础上的能使传播信息大大扩展、传播速度大大加快、传播方式大大丰富的，与传统媒体迥然相异的新型媒体"；中国人民大学新闻学院教授匡文波认为，新媒体的界定长期以来就存在着范围过宽的问题，他认为新媒体可以界定为："利用数字技术，通过计算机网络、无线通信网、卫星等渠道，以及电脑、手机、数字电视机等终端，向用户提供信息和服务的传播形态"，在具体的外延上，则包

---

① 蒋宏、徐剑：《新媒体导论》，12页，上海，上海交通大学出版社，2006。
② 景东、苏宝华：《新媒体定义新论》，载《新闻界》，2008(3)。

括了网络媒体、手机媒体和网络电视三种类型;清华大学新媒体研究中心主任熊澄宇教授认为,新媒体主要指"在计算机信息处理技术基础之上出现和影响的媒体形态,包括在线的网络媒体和离线的其他数字媒体形式","新媒体既是一种超越了电视媒体的广度,又超过了印刷媒体的深度的媒体,而且由于其高度的互动性、个人性和感知方式的多样性,它具备了从前任何媒体都不具备的力度"。[①]

鉴于以上各种关于新媒体定义的梳理,笔者认为"新媒体"实际上是一个相对的概念,而且新媒体的定义应该从媒体形态发展角度出发。也就是说,在不同媒介发展形态的语境下,"新媒体"的概念也不一样。

基于这一认识,笔者从内涵和外延两个角度对"新媒体"这一概念进行界定。一方面,从新媒体的内涵角度来看,新媒体是指 20 世纪后期在世界科学技术有了巨大进步的背景下,在社会信息传播领域出现的数字技术的基础上,在信息含量、传播速度、传播方式等方面都呈现出与传统媒体截然不同的特点。另一方面,从新媒体的外延角度来看,媒体的种类也发生了质的变化。目前,新媒体主要包括光纤电缆通信网、大型电脑数据库通信系统、通信卫星和卫星直播电视系统、高清电视、互联网、手机短信和多媒体信息的互动平台、多媒体技术以及利用数字技术播放的广播网等。而随着社会营销理念的变革和泛商业化的运用,一些以前未被发现传播价值的渠道,也发展成为信息传播的新载体,从而也附加上新媒体的意义。比如新兴的户外媒体,其中包括楼宇电视、车载移动电视等,虽然这些媒体形态的出现大多并不是因为技术的进步,但是相较于传统四大媒体和传统户外媒体来说,这些也是一种新的媒体形态。

三、新媒体的类型划分

通过对相关文献资料的梳理研究,我们将新媒体按其传播途径和终端主要划分为以下三大类。

1. 互联网新媒体

互联网新媒体主要包括博客、维客、播客、社交网站、网络报刊和网络电视等,互联网是指一种全球性的信息系统,1988 年 5 月,联合国新闻委员会把互联网正式列为继广播、电视、报纸之后出现的"第四媒体"。

我国的互联网发展大致经历了四个阶段:1995 年以前是我国互联网的萌芽及初步发展阶段;1995 年年初至 2000 年中旬,是我国互联网发展的第一个

---

① 张铮、熊澄宇:《新媒体对文化产业的全方位影响》,载《新闻与写作》,2007(5)。

高峰期；2000 年中旬至 2003 年年底是我国互联网发展的低谷；2003 年至今，是我国互联网发展的又一个高峰。[①] 当前网络媒体已成为我国重要的媒体形态，播客、维客和博客被称为 Web 2.0 时代的三剑客。播客是由"Podcasting"翻译而来的，这一概念最早出现在 2004 年英国《卫报》中，当时《卫报》的一篇题为《听觉革命：在线广播遍地开花》的文章中率先提出了播客的概念；维客是由"Wiki"翻译而来的，它是一种超文本系统，一种新技术，这种超文本系统支持多人在网络中协作写作；博客是由英文单词"Blog"翻译而来的，大众一般称其为"网络日志"，简称为"网志"。社交网站(SNS)是一种社会性服务网站，以一个人作为网络结点，在人与人之间形成网状连接，并在网络中形成各种各样的小团体。我国的社交网站是借鉴了国外的 Facebook 网站而来。2005 年 12 月，校内网成立，成为中国最早的校园 SNS 社区，2009 年 8 月，校内网更名为人人网，依旧在中国大学生市场中处于垄断地位。

2. 手机新媒体

手机一经出现就极大地改变了大众的沟通、交流信息的传播方式。手机已经不仅是一种通信工具，而且已成为继广播、电视、报纸、网络之后的"第五媒体"。目前中国的手机用户总量已经超过全欧洲国家手机用户总量。2011 年腾讯公司开发的微信软件，已受到越来越多的人特别是广大青年学生的青睐。依托手机媒介，各种时下流行的 APP 软件，如微信、抖音、快手、哔哩哔哩等，都已成为青年学生信息获取与沟通的重要渠道。

3. 电视新媒体

电视新媒体主要包括数字电视、网络电视和移动电视等，目前电视新媒体已越来越多地走入人们的生活。数字电视是指电视节目信号从摄取、记录以及剪辑处理到传播、接收和最终成像，均采用数字技术的电视系统，这一系统包括了节目采集、节目制作、节目传播到用户端接收的全部过程。

网络电视也被称为交互式网络电视。移动电视主要是以数字技术为支撑，通过无线数字信号发射、地面数字接收的方式播放和接收电视节目的新媒体，我国内地已有多个城市开始在公交车上播放移动电视。

四、新媒体的传播特征

通过对相关文献资料的梳理，概括新媒体的传播特征主要有以下几点，即强交互性、超媒体性、超时空性、个性化信息服务以及虚拟信息传播。

---

① 宫承波：《新媒体概论》第二版，32 页，北京，中国广播电视出版社，2009。

1. 强交互性

交互性是新媒体区别于传统媒体的最突出特点。它包含两方面含义：信息发送者和接收者之间的信息交流是双向的；参与个体在信息交流过程中都拥有控制权。比如，面对面的信息交流、电话交流就具有很强的交互性。

作为传统传播媒体的报刊、广播、电视等，它们的信息传播具有明显的单向性，信息反馈不方便，交互性较差。相对于受众来说，传统媒体的地位体现在它决定着受众的信息选择，而受众的反馈往往很弱。例如，目前纸质媒体已经借助电子版本，但是网络的反馈往往还属于辅助手段，大部分仍停留在读者热线，甚至是读编往来阶段；电视媒体的交互性也只是表现在专题节目中。

与此不同的是，新媒体体现出极强的交互性。数字技术使得新媒体中的信息采集、制作非常简单，信息交流的参与者可以利用文本输入系统、数码相机、摄像机，轻易地制作、采集数字信息，有些新媒体，如智能手机，已经将文本输入、数码照相、摄影、摄像等信息采集技术与信息发送技术融为一体，这使得数字信息的采集、发送更加简易可行。网络的普及和使用成本的降低又为人们提供了廉价、便捷的传播渠道。这就使得任何信息传播者与接收者的关系趋于平等，任何拥有互联网信息终端的个人既可以是信息的接收者，也可以是信息的发布者，受众也摆脱了传统媒体中的被动地位，而且实现了与媒体以及其他受众的互动，参与者对信息交流的过程享有平等的控制权，并且可以根据自己的兴趣和需要选择性地交流信息。目前，新媒体的强交互性已经得到了非常明显的体现。现在几乎所有的在线聊天软件都可以实现文件的相互传输，而其中有一些发展更是已经实现了硬盘内容的直接共享。

2. 超媒体性

互联网的出现对于传播媒介的发展来说有着划时代的意义，由于媒介不断走向融合的趋势，也带来了新媒体超媒体性这一最为显著的传播特征。

早在20世纪末，美国学者尼葛洛庞帝在其著作《数字化生存》一书中提出了"后信息时代"的概念，他认为世界正处于传播发生巨变的临界点，"计算不再只是和计算机有关，它决定我们的生存。"[①]尼葛洛庞帝指出，超媒体是超文本的延伸。所谓超文本，是一种按照信息之间关系非线性地存储、组织、管理和浏览信息的计算机技术。超文本是在早期网络只能传输文本信息的条件下提出的概念，但是现在依靠数字技术对多媒体信息进行整合，新媒体可以为信息

---

① 阮志孝：《传媒发展大趋势对我国舆论引导的挑战》，载《今传媒》，2007(6)。

使用者提供文本、图片、声音、影像等多媒体信息，这些多媒体信息同样是按照超文本的方式组织的。用户通过"点击"不仅可以获得相关的文本信息，还可以获得相关图片、声音、影像等信息。这就是新媒体的超媒体性。按照这种理论推理，超媒体性就是指在多种媒体中非线性地组织和呈现信息。

3. 超时空性

回顾历史，每一种"新媒体"的出现都扩大了人类信息传播的地理范围，特别是广播、电视等电子媒体出现之后，信息可以借助电波传播到地球上的任何一个角落。然而由于传统的大众媒体主要依靠地面的信息传递系统，同时国家之间处于文化控制的需要，对境外媒体在本国的传播进行限制，所以传统大众媒体所传播的大部分信息被限制在国家和地区的范围内，并没有实现真正的信息全球化传播。而新媒体利用连接全球电脑的互联网和通信卫星，完全打破了地理区域的限制，只要有相应的信息接收设备，在地球的任何角落都可以接收到由新媒体传播的信息。除此之外，由于无线网络的发展，新媒体摆脱了有线网络的局限性，用户可以随时随地地接收和发送信息。

由于新媒体的技术特点，信息交互传播的速度大大缩短，"零时间"的即时传播也成为可能。在传统媒体的环境中进行信息交流，受众如果要进行信息反馈，必须通过其他介质，比如书信、电话等，而且这种反馈往往具有较长时间的延迟性。而新媒体通信网络没有时间和空间的限制，利用新媒体，可以在几秒之内将任何信息传到全球任何一台联网的信息终端，而即时通信服务则完全消除了交流双方在时间上的间隔，使信息的交互传播突破了时间限制。

另外，新媒体技术还能够提供海量的信息，限制新媒体的容量的因素仅仅是计算机的存储空间和网络的带宽，而这两项都很容易被千万倍地扩大，所以，新媒体在信息容量上的空前突破，是传统媒体无法比拟的。

4. 个性化信息服务

新媒体的另一个传播特征就是点对点的信息传播服务。在新媒体技术支持下，信息的传播者可以针对不同类型的受众，提供个性化服务。在新媒体的环境下，每个信息终端在网络中都分配到一个固定的地址，比如 IP 地址、手机号码、电子邮箱地址、QQ 号码、MSN 账号、微信号等，由于这些固定地址具有唯一指向性，所以信息传播者可以根据地址确定一个或者多个受众，向其传播特定的信息。另外，处于信息终端的信息接收方也拥有同样的信息控制权，每个受众都可以通过新媒体定制信息、选择信息、检索信息。比如，在网络购物时，通过定制所感兴趣的商品类别，就可以定期收到所定制的商品信息。这样，每一个新媒体用户都可以发布和接收完全个性化的信息，大众传播也转变为"小众传播"。

5. 虚拟信息传播

新媒体的虚拟信息传播包括两个方面，即信息本身的虚拟性和传播关系的虚拟性。从信息本身来看，新媒体可以很好地实现信息的虚拟性。数字化信息可以修改信息甚至制作虚拟信息。利用各种软件，可以方便地并且毫无痕迹地修改文本、图片、影像，也可以制作出逼真的虚拟信息。比如，数字电影中的特效、数字动画、Flash，以及电脑游戏中的任何信息，这些都是通过数字技术对真实世界进行模拟而完成的，包括文字、声音、影像在内的所有信息都可以通过这种途径完成数字化转变。从传播关系来看，新媒体也将整个传播过程实现了虚拟化。在传统媒体环境下，传播者和受众的角色是特定的，至少传播者的角色是特定的，人们可以明确地知道信息的来源。而在新媒体环境下，传播者和受众的角色大部分是虚拟的，交流双方的信息对彼此都是未知的，所以建立在虚拟数字信息交流基础上的人际关系将极大地改变传统社会的人际关系模型。

第二节　新媒体对大学生群体的影响

作为新媒体的主要使用者，大学生群体与新媒体的扩散产生了双向互动。一方面，大学生群体特定的角色特点，以及对新媒体的认知、情感和态度，决定了该群体对新媒体的主观需求，并且促成新媒体在该群体中的渗透。另一方面，新媒体的使用反过来也会对大学生的道德认知、价值观念、行为倾向、交往能力等方面产生长远和稳定的影响。通过调查研究发现，新媒体对大学生群体存在着正、反两方面的影响，下面将做具体阐述。

一、新媒体对大学生群体的正面影响

通过调查研究发现，新媒体对大学生群体的正面影响主要存在如下几个方面。

1. 丰富内容

与传统媒体相比，新媒体承载、传播了巨大的信息量，并且信息更新的速度远远超过传统媒体。对高校辅导员来说，在新媒体未被广泛应用之前，报纸、电视、广播以及杂志刊物是思想政治教育重要的信息源。传统的思想政治工作经常会受到时间、地域的局限，例如，开会必须是教育者和被教育者同时在场，广播电视必须准时到点收看等，这种时间、空间上的高度集中和同一性有时会使受教育者感到行动受到限制，特别是大学生接受新鲜事物、打破固有传统规则的要求非常强烈，所以有时会对传统的思想政治教育产生抵触情绪。而在新媒体环境下，只要教育者掌握相应的互联网平台、手机移动平台等新媒体终端的应用知识，就可以自由地获取大量的信息资源。一般认为，互联网提供了两种有价值的信息：一是动态更新的消息；二是数字资源极为丰富的数据库。目前，搜狐、新浪等门户网站每天24小时可以滚动上万条消息，可做到重大事件的即时报道。而各种全文数据库更给读者查阅资料带来方便。比如，我们可以登录中国知网进行搜索，查看各行各业的知识与情报。网络上海量的信息为教育者提供极为丰富的知识资源，使教育者足不出户就可以了解自己所研究领域最新的知识，也为自己获得相关材料提供了方便。

对于大学生来说，新媒体也使大学生拥有了充分的学习资源。手机媒体和网络媒体集文字、图片、声音和图像于一体，把信息组合成真正意义上的多媒体进行传播。它不但可以提供详尽的背景材料，还能够随时滚动播出最新消息。学生可以通过互联网、手机等平台迅速了解和掌握前人或他人的知识，第一时间了解国内外大事，也可以通过网络自学知识。网络开阔了大学生的眼界，为大学生文化知识的学习提供了丰富、详细的内容。

2. 创新方式

随着数字技术的深入发展，新媒体构建了一个全新的思想政治教育平台，拓宽了高校辅导员开展思想政治教育的渠道。通过新媒体，不同媒介的用户可以自由交流信息，实现"集主体的开放性、工具的先进性、信息的共享性于一身"[①]，随着新媒体的迅速发展及广泛应用，高校思想政治教育面临新的环境，其教育方式也发生了新的变化。传统思想政治教育通常采取面对面的交流方式，由于受时间和空间的双重限制，教育途径受阻，教育效果不明显。新媒体的出现，传统思想政治教育时空容量小、开展活动速度慢等限制因素得到根本改善。高校辅导员可以通过博客、播客、QQ、微信等新媒体技术，在最广阔的空间中选取教育内容，搭建教育平台，及时开展教育活动，将思想政治教育的形式由传统的被动接受向主动参与转变，由单纯的"填鸭式""灌输式"教育向互动式、引导式宣传教育发展。可以说，新媒体技术的发展使大学生思想教育

---

① 季海菊：《跨界思维：新媒体视阈下思想政治教育载体选择的一种理性向度》，载《南京邮电大学学报(社会科学版)》，2010(1)。

的环境、开展思想教育的手段与方式得到了极大改善，这也为新时期大学生思想政治教育活动的开展构建了崭新的理论与实践平台。[①]

3. 提供载体

随着新媒体技术的发展和应用，越来越多的高校辅导员可以充分利用新媒体开展教育活动。例如，可以通过互联网了解最新的教育理念、教育方式。开设辅导员博客与学生进行深入交流，开展网络活动等。高校辅导员可以凭借搜索引擎、数字资源、门户网站，在网络中最大限度地获得有针对性、时效性的资料，并在日常教育管理活动中加以运用，进而丰富思想政治教育内容，取得良好的教育效果。通过新媒体，大学生可以随时随地地获取所需的知识和教育，极大地提高了思想政治教育信息的传播速度。新时代的大学生思维活跃，易于接受新鲜事物，对于新媒体的接受和使用程度较高，因此，采用大学生易于接受的方法和形式开展多样的思想政治教育工作，已成为高校辅导员亟待解决的问题。

4. 自我教育

传统媒体环境中，大学生一般处于被动接受教育的地位，教师是教育、教学过程中的绝对主体。在新媒体环境下，这一切已发生根本的改变。由于传播层级的重新构建，受众作为接收信息的终点，其在传播信息过程中拥有了与任何层级信息相对称的权力。[②] 正因如此，新媒体已成为大学生开展自我教育的常用、有效工具。在新媒体环境中，大学生由被动接受知识转变为主动搜索、学习知识、传播信息，大学生也从单纯的知识受众者逐渐转变为知识的加工者、创造者和传播者，发微博、发微信、写博客、建群聊天逐渐成为大学生信息获取和传播的重要渠道。在这一过程中，大学生的自我学习能力得到了极大的激发，学习兴趣也得到了极大的提高。当代大学生在学习过程中更多依赖新媒体技术的搜索功能查阅、下载信息，解决学习中遇到的困难，随着新媒体技术的不断发展，大学生的学习形式、知识渠道也会变得更加灵活，更加多元。[③] 在新媒体环境下，大学生可以在轻松的环境中，自由地选择浏览信息、视频，水平各异、基础有别的大学生可以在同一时间里自主选择适合自己的内

① 徐振祥：《新媒体：大学生思想政治教育的机遇与挑战》，载《思想政治教育研究》，2007(6)。

② 冯锐、金婧：《论新媒体时代的泛在传播特征》，载《新闻界》，2007(4)。

③ 姜恩来：《新媒体环境下的大学生思想政治教育》，载《复印报刊资料：思想政治教育》，2009(10)。

容，在探索和寻求新的视觉、听觉内容的过程中，把自己由被动接受转变为积极主动的参与交流，不断地接受思想政治教育。

5. 提高效率

传统媒体环境下，高校开展思想政治教育手段较为单一。大学生对传统媒体环境下的思想政治教育也有很多意见，一些大学生不能积极配合高校辅导员开展思想政治教育工作，甚至从内心深处漠视、抵触照本宣科的思想政治活动的开展。新媒体环境则有力地推动了传统思想政治教育载体、方式、手段的改变。新媒体激活了思想政治教育的活力，拓展了思想政治教育的通道，使教育者和受教育者由以前的面对面交流到虚拟世界一对一、一对多的交流，缩小了心理距离。在新媒体交往中，个体的性别、年龄、种族、社会职务等个人信息被有效隐匿了。在虚拟环境中，人和人之间的心理防范减小，人际交往心理距离减少，这种虚拟性和匿名性可以使大学生将内心真实的感受予以倾诉，而教育双方可以通过多种形式随时随地地交流真实心情，发表真诚、可靠的意见。

二、新媒体对大学生群体的负面影响

新媒体在对大学生群体产生正面影响的同时，也对其产生了一定的负面影响，可以概括为以下几个方面。

1. 造成思想观念的消极化

大学生正值人生观、价值观养成的关键时期，如何创造一个良好的环境，促进大学生健康、全面地发展，是各级教育者面临的重要课题。在新媒体环境下，信息内容丰富多样，各种信息甚至是有害信息充斥网络，大学生则主动或被动地接收了这些信息，大学生因其辨析能力、自我控制能力还有待提高，有些大学生会沉溺于网络游戏不能自拔，有些大学生会因网上交友受到伤害，有的大学生会因网络商业欺诈蒙受损失。新媒体信息检索方便快捷的特点，既有利于大学生快速在网上查阅搜集所需知识，自主学习，也容易使大学生产生懒惰心理，抄袭、窃取别人的劳动成果，不劳而获将别人的研究所得轻易据为己有。而新媒体信息来源的隐蔽性更容易让大学生不受法律道德的约束，通过网络传播虚假信息、不良信息，给社会舆论造成不良影响。

与此同时，西方敌对势力和国内的反动势力也纷纷通过网络对大学生加强思想渗透，敌对势力通过网络美化西方的政治经济生活，放大我国的国内矛盾，攻击我国目前的政治经济制度和党的领导，引诱青年学生追求西方的价值观和生活方式，这将会给大学生带来较强的思想道德观念上的冲击，加上我国正处于社会的转型期，一些社会矛盾频频发生，一些在现实中不能很好解决的矛盾，有时会在网上曝光，引起社会舆论的极大关注，一系列网络热点事件给青年学生思想带来了极大的冲击。大学生还没有形成稳定的人生观、价值观，但大学生又乐于接受新生事物、愿意表达自己思想观点和诸多诉求、愿意成为舆论的推动者和意见领袖，对于社会不公平敢于发表自己的见解主张，有时也会冲动甚至盲从，缺少对社会现象、网络舆论的客观判断，容易在形形色色的诱惑下缺失自我。部分大学生通过新媒体发泄心中的不满情绪，不自觉地放大自己自私、贪婪的弱点，最终被利己主义等思想侵蚀，导致自身价值观混乱，最终使自己的健康全面发展受到阻碍。

2. 促成不良生活方式的产生

随着数字技术的飞速发展，以网络、手机为代表的新媒体越来越多地融入大学生学习、生活中。新媒体环境在给大学生提供更为广阔的认知成长空间的同时，也对一些大学生不良的生活作风有一定的促成作用，具体来讲，主要是存在两方面的问题。一是新媒体环境给大学生的学习带来冲击。因为新媒体传播的信息丰富多彩，传播信息及时快捷，极易吸引青年大学生的关注。通过调查以及和大学生进行深入座谈发现，在新媒体环境下，的确有大部分学生学习受到了影响，一些大学生沉溺于网络游戏中，还有部分大学生热衷于在线聊天、网络交友，耗费了大量时间。随着手机功能的不断强大，手机已成为大学生生活的必需品，但一些大学生不分时间、不分场合，甚至在上课时也通过手机上网聊天、看小说，这也极大地影响了大学生的学习，互联网已经成为一种最常见的时间耗费工具，大学生一旦深陷其中，就难以自拔。① 二是新媒体环境会对大学生的身心健康造成冲击。通过网络，大学生可以尽情展示自己的才华，宣泄自己的情感，表达自己的思想观点，寻找自己的归属虚拟社区，但是过分地依赖网络中的交流，缺少了人和人之间正常的面对面的交流，容易导致大学生性情冷漠，在现实社会中不善表达，不善与人交往，孤独自闭，产生网络依赖症、手机依赖症等问题。根据调查显示，新媒体的发展使得师生之间、同学之间的沟通交流减少了，大学生的身心健康受到了一定的冲击。

3. 弱化教师的主导地位

长期以来，在开展大学生思想政治教育的过程中，高校辅导员在大学生心目中具有崇高地位，辅导员在开展大学生思想政治教育的过程中也一直处于主

---

① 商树松：《论互联网环境下大学生的思想政治教育》，载《湖北师范学院学报（哲学社会科学版）》，2004(4)。

导地位，高校辅导员综合运用专题讲座、一对一访谈、主题班会、实践活动等各种教育和管理手段，有效地开展大学生思想政治教育，具有系统性、计划性和目的性，教育者也比受教育者掌握更多的技能、知识和教育方法，这使得教育者在开展教育活动时具有信息资源和心理上的优势，教育者在开展教育活动的过程中能够得到受教育者的尊重，一直处于主导地位，有利于教育目的的实现。但新媒体的迅猛发展却打破了这一局面，以网络、手机、数字电视为代表的新媒体的发展使得大学生获取知识的途径更为多元化，接受知识的方式更为便捷，接受知识的时间可随自己意愿而随时调整，接受知识的内容可随心所欲，高校辅导员封闭式的教育模式被打破，其教育的主导地位也在一定程度上受到巨大冲击。与此同时，极具自由度的海量信息在互联网、手机等新媒体平台上可自由传播，信息的良莠不齐，甚至是一些敌对势力信息的发布，更容易使学生思想产生混乱，这使得高校辅导员对学生思想的引导和控制力减弱，给教育带来极大困难。传统的高校思想政治教育主要为专题讲座或报告、个别谈话、座谈会、小组讨论、社会实践、参观、访问等面对面的交流。这种形式亲切、自然，教育者能够在现场及时感受到受教育者的情绪、思想等真实的变化。新媒体的出现在一定程度上改变了大学生的认知方式和自我表达方式，青年大学生有时会不知不觉地受到网络信息的影响，受到一些不良思潮的渗透，极易失去理性和自我，对于青年大学生的这种变化，由于虚拟时空的存在，教育者是难以及时发现的。

第三节 新媒体环境下高校辅导员的应对策略

高校辅导员应积极面对当今新媒体这一大环境，全方位、多角度地开展相关工作。首先，高校辅导员要努力提升自身素质，并不断加强其教育对象——大学生的新媒体素养，引导大学生进行新媒体自我教育；其次，辅导员要运用新媒体实施具体工作，通过开展思想政治教育、打造新媒体平台、构建新媒体文化来实现一整套高校辅导员新媒体工作体系；最后，高校辅导员要积极探索建立新媒体防控体系。

一、加强高校辅导员自身建设

新媒体的发展给高校辅导员工作带来了新的挑战，同时也对高校辅导员自身素质提出了新的要求。为此，根据新媒体发展的需要，高校辅导员应当具备较高的政治理论水平和媒介素养，熟悉新媒体的使用，能够与时俱进，运用新媒体开展相关工作。高校应按照上述要求，对现有的辅导员进行严格的、高标准的培训，确保辅导员符合新媒体环境下的要求，对不适应新媒体要求的辅导员，要逐步调离辅导员岗位，另行安排。同时，要不断充实该队伍，不断注入新的血液。此外，要深化改革，确保高校辅导员队伍始终保持先进性、高素质。

1. 转变教育理念

新媒体发展迅猛，传统的教育理念已受到新媒体发展的挑战，作为一名高校辅导员，必须要充分认识到当代新媒体发展的新变化和新特点，转变教育管理观念，切实开展工作。

一方面，高校辅导员应以积极的态度去主动学习和研究新媒体的变化，迎接挑战，在心理上做好充分的准备。另一方面，在有充分思想准备的同时，还要树立全新的教育理念，突破传统的教育思想束缚。新媒体技术的开放性与共享性使大学生无时无刻不受外来思想的影响，学生了解到的信息也许比辅导员了解到的还多，辅导员与学生之间不再是那种传统、简单的教育者与被教育者之间的关系。这种关系变得更加复杂，高校辅导员作为教育者，应主动改变这种传统的关系，要认识到自身与受教育者之间的双向互动关系，这就要求教育者也要向受教育者学习。高校辅导员面对新媒体发展这一复杂的环境，首先要在理念上有正确的认识，才能切实、有效地对学生开展思想政治教育工作。

2. 培养信息素质

在新媒体环境下，部分高校辅导员的信息素养、媒介素养跟不上新媒体的发展速度，这是由于随着数字技术的飞速发展，以网络、手机为代表的新媒体也在不断地升级，部分高校辅导员运用网络、多媒体等设备的技术水平较差，个别人对于依托新媒体开展思想政治教育工作的认识还不到位，这样就出现一些辅导员利用新媒体的素质和水平达不到开展工作的需要，更谈不上引导学生学习利用新媒体开展工作，也不可能通过新媒体和学生在虚拟世界广泛地进行交流。在新媒体环境下，教育者使用新媒体的水平，重视新媒体的程度，很大意义上决定了学校利用新媒体开展网络思想政治教育工作的广度、深度和效果。

针对以上情况，高校应加强对高校辅导员新媒体素养的培养，可以通过开展专题讲座、开设辅导班，提高教育工作者新媒体素养，完善考核机制，将运用新媒体开展大学生思想政治教育工作的水平、实施情况作为培养和选拔人才的标准。高校辅导员应不断加强学习，努力提高自身的信息技能，丰富自己的信息资源和信息量，拓展工作思路，同时要善于利用网络、手机等新媒体开展工作；要扩大与学生的交流平台，并及时把网络信息资源转化为思想政治教育的内容，不断建设和开拓思想政治工作的新载体。

3. 提升工作水平

新媒体技术的快速发展促成了教育理念的转变，高校辅导员要紧跟新技术发展的步伐，从大学生的自由全面发展出发，加强自身的学习，提高自己运用新媒体的本领，从而熟练地运用新媒体来开展工作。为此，高校辅导员必须认真学习、熟练掌握有关新媒体技术的知识，了解新媒体技术的特征，逐步将新媒体发展成为高校进行教育管理工作的主要方式。

例如，在高校大学生事务管理工作中，学校可以将所有教师和大学生的手机都加入校园网信息平台，当需要向大学生传达学校、院系通知时，可以通过校园网及时地向大学生发送信息，这样可以使大学生快速地了解学校、院系的最新通知要求，克服以往主要通过学生干部传达信息，造成信息传播的滞后性问题，特别是在传达紧急通知时，这种优势更加明显。高校辅导员可以通过QQ、微信平台开展管理工作，组织学生加入相应的班级群、院系群，部分学生还可以加入各种专门群，如学生干部群、兴趣小组群、党员活动群等。高校辅导员可以充分利用QQ群、微信群平台开展日常的教育管理工作，既可以在群里发布公共信息，也可以针对大学生成长的特点，进行个别交流。这一载体极大地方便了教育者的教育管理。通过这种方式，教师可以及时掌握大学生的思想动态，进而有针对性地开展思想政治教育工作。

二、针对大学生开展相关教育

在新媒体环境下，高校辅导员应加强对大学生进行相关教育，要积极培养大学生的媒介素养，通过参与新媒体素养课程的教学、传播新媒体价值观以及培养大学生"意见领袖"等方式来实现，同时，还要积极引导大学生通过新媒体开展自我教育，使广大青年大学生自发地融入新媒体思想政治教育的过程之中。

1. 培养大学生媒介素养

所谓媒介素养，是指公众面对媒介各种信息时的理解能力、选择能力、客观评估能力、质疑能力以及思辨反应能力。大学生的媒介素养就是指大学生对所接触的媒介信息的理解、质疑、抉择、评估、创造和生产等能力。具体一些来讲，就是当代大学生应该对新媒介有初步的了解，并能运用常用的新媒体；能够通过新媒体获取所需的网络资源和信息；能够根据不同的情况分别选择手机或网络等新媒体工具最方便、快捷地获取所需的资料和信息；在利用手机、互联网接收信息时，能正确理解信息传播者传播信息的根本目的；能够分辨出一般信息的优劣以及是否合乎法律和道德规范。

目前从全世界来看，大学生媒介素养教育在以英国、加拿大为代表的西方国家开始较早，这些国家已经将大学生媒介素养作为学校教育的一部分开设专门课程，开展教学活动。目前，我国的大学生媒介素养教育还处在刚刚起步阶段，加强大学生媒介素养的措施主要有以下几个方面。

第一，开设新媒体素养课程。我国国内大学生媒介素养的课程开设情况较之英国、澳大利亚、加拿大等西方国家已远远落后，即使与日本、韩国相比我们也落到了后面。目前，许多高校对开设大学生媒介素养课程还存在很大的误区，一方面是学校没有充分地意识到开设大学生媒介素养这门课的重要性，认为大学生运用新媒体根本不需要刻意去学习，通过简单的自学和实际操作就能掌握新媒体的运用；而大学生大都没有接触过"媒介素养"这门课程，对其主要讲授的内容更是无从了解，也不会主动地、系统地去自学这门课程。但事实上，大多数学生使用频率较多的是手机短信、QQ、微信、电子邮件，以及博客、微博等新媒体工具，但对于如何利用新媒体获取知识、整合信息资源，如何更为清晰地辨析新媒体所传播信息的优劣、真伪，还需要得到进一步的培养。所以，高校应该开设"媒介素养"这门课，并由辅导员参与课程讲授，辅导员通过自身理论学习以及实践经验总结，能够让大学生更好地使用、掌握新媒体，从而为提高学生在新媒体载体中的辨析力、判断力、创造力打下坚实的基础。

第二，培养新媒体传播价值观。所谓媒体传播价值观，是指公众对媒介的传播、媒介的运用、媒介的发展以及媒介的需求等方面的观念。当前大学生对手机、网络等新媒体工具的使用十分普遍。而由于大学生的心理发育仍未十分成熟，自控能力也较差，在使用新媒体时，容易产生对新媒体的依赖，这就要求大学生不断提高自己的品德束缚力。① 高校辅导员应该采取专题讲座、主题班会、个别谈话等多种形式，帮助学生培养并树立正确的新媒体传播价值观，培养大学生自觉抵制网络等新媒体中的垃圾信息、有害信息，最终形成自主的防御能力，远离不良信息的困扰。

---

① 徐振祥：《新媒体素养：大学生思想政治教育的重要内容》，载《黑龙江教育》，2008(11)。

第三，培养大学生意见领袖。培养大学生意见领袖是大力培养大学生媒介素养的关键环节。大学生意见领袖就是指在 BBS、博客等网络信息交流中，经常发起讨论，提出独到见解，发表个性评论，能够在一定程度中左右舆论方向的大学生活跃分子。在新媒体信息传播的过程中，信息的传播不再是单一点对点的传播，而是具有高度的共享性和扩散性，而这种扩散性、共享性则很大程度上体现在信息传播多人对多人的多方流动中。在信息的传播扩散过程中，意见领袖有时会起到关键的作用。建立良好的、能够被学生所接受的新媒体氛围，意见领袖的作用不容忽视。

2. 引导大学生自我教育

由于新媒体具有开放性、虚拟性、个性化的特点，大学生可以通过新媒体及时、快速地了解到各类信息，通过网上互动，大学生的个性得到了极大的发挥。改革开放的深入和社会主义市场经济的不断发展，容易诱发各种不良思想，这些思想通过网络得到了快速传播，作为在校大学生，也很容易受到各类不良思想的腐蚀，有的大学生严重沉溺于网络游戏，严重影响了自己的学业成绩与身心健康；有的学生在网上不负责任地传播绯闻逸事，通过论坛和博客发表不符合道德与法律规范的言论；有的同学甚至进行网上传销、诈骗，坠入了犯罪的深渊。这些行为严重影响了学校的和谐稳定，同时也说明了网络思想政治教育的效果不明显。

在新媒体这一大环境下，高校辅导员必须引导大学生正确、合理地使用新媒体，坚持疏导与教育相结合的原则。学校可以建立专门的教育网站，开设专门的网络教育指导课，通过优秀学生的榜样示范作用，大学生能够认识到正确使用新媒体的必要性，从而提高在新媒体环境下的思想政治教育效果。以互联网为例，大学生一要遵守法律法规。大学生相对其他群体而言，具有较高的文化层次，在知法、守法方面具有较大的优势。大学生在进行网络活动时，要遵守国家的法律法规，不能进行网络犯罪，不能传播有损国家形象和尊严的言论，更不能企图通过网络来攻击党和国家的政治制度，颠覆国家政权。二要注意网络自律。通过互联网，大学生能够了解到丰富的信息，提高自己的知识文化素养，但要注意网络自律，不能沉溺于网络。大学生要根据自身特点，合理地使用网络，确保网络是用来丰富自身知识、提高自身精神境界的，而不能成为束缚自身发展的工具。比如，可以引导大学生有效利用博客、微博传播的特点增强工作的实效性。博客空间可以充分显示每个人的独特个性，它是每个人表达真实意思的平台，通过博客空间，时政热点、社会道德风范从不同角度被表达出来,可以为高校大学生思想政治教育培养提供典型素材。再者,可以充分发挥博客空间的功效。腾讯 QQ 群的主要优势在于它的及时性与容纳成员多,而博客空间主要的优势在于容量空间大。笔者建议高校思想政治教育工作者要开设自己的博客空间,并且向同行和大学生公开自己的空间内容。通过博客空间,我们可以把教育过程中的点点滴滴记录在自己的空间里,最主要的是写自己的教育感悟,同行之间可以分享他人的教育经验,也可以对他人的教育随想进行评论,以便整个教育队伍共同提高。有的学校举行的辅导员博客大赛,这对推广博客空间这一思想政治教育新渠道有很强的推动作用。同时,教育者的行动记录在博客上,这样很容易感染学生,能起到激励、导向作用。高校网络思想政治教育工作者也应充分发挥博客空间这一新渠道。

另外,引导大学生关注专门性网站。除了日常的课堂学习,学生获得信息的主要来源仍然是各类网站,大到人民网、新华网、新浪、网易这些门户网站,小到自己所在学校的校园网,都是大学生课外获取信息的主要方式。高校辅导员要特别关注各类网站,在现有的条件下,要切实利用好学校校园网对学生开展思想政治教育。高校辅导员要在该校网站建立一个大学生思想政治教育专版,教育管理者要安排好人员做好该网络的日常维护,在该网站上要出现时事政治教育内容,要有党中央的政策、理论、方针,及时更新本校思想政治教育工作动态,以方便教育工作者和广大大学生的浏览学习。辅导员要督促大学生定期浏览该校思想政治教育专门网站,通过专门网站对学生进行日常的教育管理。

三、运用新媒体实施工作

高校辅导员要运用新媒体积极开展工作,通过新媒体开展思想政治教育工作,打造适合广大青年大学生的新媒体平台,逐步构建校园新媒体文化,最终建立一整套新媒体环境下的高校辅导员工作体系。

1. 开展新媒体教育

第一,高校辅导员要占领网络教育的阵地。当前大学生上网聊天、用手机玩微信、到人人网找同学、在百度贴吧发帖子、到天涯或猫扑论坛灌水①已成为其日常生活的重要组成部分,作为高校辅导员,应敏锐地关注这一现象,有针对性地参与网上社区、QQ 群、微信朋友圈等活动,主动开展网络思想政治

---

① 灌水:指进入互联网时代后由于电子论坛 BBS 的出现,向论坛中发大量无意义的帖子的意思。

教育工作。

第二，高校辅导员要发挥网络教育的功能。高校辅导员应该建立自己的工作博客，有自己所带班级的 QQ 群、微信朋友圈，而且经常撰写博文，和大学生深入探讨有关思想、学习、生活中所遇到的问题，这一举措，将会受到大学生的欢迎。许多大学生会将平时不肯和教师当面讲的观点、看法，通过博客、QQ、微信直接和教师、同学分享，这样就提高了辅导员开展思想政治教育工作的针对性、及时性和有效性。

第三，高校辅导员要引导网络社区的创建。辅导员要引导学生建立各种QQ 群、微信公众平台等，使学生有网上归属感。辅导员要指导学生依托网络建立网络党支部、网络团支部等网上虚拟组织，让学生在网络中实现"自我教育、自我管理、自我服务"。要组织建立一支网络评论员队伍，当有关针对学校教学管理、校园文化建设、后勤服务以及学校的一些热点和突发事件在网上发帖时，许多不明真相的学生会纷纷发帖响应，容易造成网上舆论混乱，网络评论员随即在校园 BBS、百度贴吧上针对学生的发言进行网络评论，网络评论员要站在学生的角度对网上信息予以客观、公正的回复，从而起到引导舆论方向、纠正不良舆论声音的目的。

2. 打造新媒体平台

随着网络新媒体信息交互形式的多样化发展与飞速变革，传统的校园学生网站、论坛的发展也受到了一定程度的影响。在新媒体应用飞速发展的过程中，传统学生网站、学生论坛应深刻发掘其在大学生思想政治教育、生活信息服务等方面的优势，整合新媒体环境下的多种技术手段，丰富新媒体对大学生思想政治教育的途径，达到互相促进、互相补充、互相支持的良好效果。

校园学生网站与论坛的建立时间比较早，内容也非常丰富，是高校进行信息发布、对外宣传、日常办公和开展思想政治教育工作的重要阵地。但是，在网站和论坛的使用过程中，相对于 QQ、微信等新媒体交流软件的应用，存在着信息无法第一时间覆盖全体大学生的弊端。但是网站与论坛的相关信息一经发布，便可永久存档，大大方便了信息的查阅和存储。就高校思想政治教育工作而言，相关的文件、电子资料等更加适合在学生网站和论坛中发布，便于大学生的反复查阅和经常性学习。

在大学生思想政治教育工作中，运用好学生网站与论坛，应紧密结合网站和论坛具备的特点和优势，同时把握大学生网络学习的方式与特点，满足大学生网络学习的需求。建设精品的校园学生网站，展现校园文化建设中取得的优秀成果，展现大学生学习与发展过程中取得的优秀成绩，展示校园思想政治教育取得的良好效果；既要注重网站和论坛建设的便捷化、人性化、丰富化等特点，同时也要整合多种新媒体手段，进而促进大学生思想政治教育工作取得良好的效果。

3. 建构新媒体文化

新媒体的迅猛发展使当今的舆论环境日趋复杂，而大学生的学习生活中越来越离不开以网络、手机为代表的新媒体，新媒体环境已经成为大学生成长成才的重要环境。如何深入地了解新媒体、新媒体环境的特点，了解新媒体环境给大学生思想政治教育带来的机遇与挑战，是摆在众多高校辅导员面前的重要课题，积极构建健康向上的新媒体环境，是当今校园文化建设的重要组成部分，也是当代大学生健康成长的必然需要，更是高校新媒体文化建设的长远目标。要在校园中建立吸引和凝聚青年学生的新媒体文化应注意做好以下几方面工作。

第一，积极开展校园新媒体建设。首先，应该着力加强校园网络建设，提高校园网的网速，争取做到校园网入宿舍，校园网无线覆盖，使学生可以随时随地畅游网络。其次，应该着力建设适应学生需求的网站。学校的各个部门、各个学院，以及学校领导的各个学生组织，都应加强自身的网站建设，把各自的网站打造成为功能较为齐全、方便学生浏览查阅通知通告以及有关信息的服务性网站，同时还应结合学生的需求建立"志愿服务网站""社团工作网站""勤工助学网站""心理导航网站"等和大学生关系密切的网站，吸引大学生访问，方便大学生的学习生活。再次，学校还应积极和中国移动、中国联通、中国电信等通信公司开展合作，制订不同受众对象、不同内容的手机报或校园版手机视频，充分利用手机这一媒介，加强大学生与学校、教师，学生与学生间的相互交流。最后，要积极开发校园新媒体软件，例如，加强校园网络的防火墙功能，尽可能有效地过滤掉网上的色情、反动言论等不良信息，净化网络环境，保护校园网络的安全。研发适合本校专业的学习软件，增强校园网络对大学生的吸引力，帮助大学生拓展网上学习渠道，充分利用 QQ、微信等网络交友工具，主动地与学生开展网上交流。

第二，加强对新媒体建设效果的分析。在开展网络平台建设、打造校园网络虚拟社区的同时，学校教育工作者还应充分重视对校园新媒体建设效果的评估，要及时了解大学生对校园新媒体的接受和满意情况。青年学生善于接触新鲜事物，善于探索和创新，但其注意力有时容易发生转移，面对层出不穷的新媒体技术，大学生对旧的新媒体环境极易产生丢弃心理。比如，开始时大学生大都喜欢在 BBS 上发言，但随着 QQ 的流行，许多大学生开始用 QQ 交流；随着博客的流行，许多大学生开始尝试写博客；而随着微博的兴起，大学生开始逐渐离开博客，转发微博。当今微信已成为最受大学生关注的网络交流平台。面对这一情况，辅导员应注意检测校园新媒体对大学生的吸引力，根据新媒体技术的发展及时做出调整，不断打造新的新媒体平台，在利用新媒体开展信息的交流和沟通中吸引和凝聚青年大学生，开展思想政治教育工作。

第三，开展丰富多彩的校园新媒体竞赛、展示活动。为了让大学生使用、关注校园新媒体，学校有关部门应举办诸如网站设计大赛、拍客大赛、博文大赛等活动，让大学生自觉关注校园新媒体的建设。例如，学校可以组织"学生会""青年志愿者协会""主题网站设计大赛"和"感动校园"拍客大赛等活动，这些活动可以使大学生对学校校园新媒体文化建设有了更为清晰地认识和了解，并在潜移默化中养成他们爱校、建校和与母校共同发展的思想。

四、建立新媒体防控体系

在高校新媒体环境下，如何最大限度地发挥新媒体的积极作用，限制或去除新媒体在传播信息时带来的不利影响，是高校辅导员所应面对的重要问题。为了确保新媒体环境下思想政治教育的良好效果，高校应进一步加强对 QQ 群、微信公众平台、BBS 等网络群组的监控，加强部门间的合作，积极构建校园整体联动的防控体系。具体措施主要有以下几点。

1. 加强网络舆情的收集和整理

新媒体是把双刃剑，如何构建一个健康有序的校园新媒体环境是每位高校教育工作者都应该思索的问题，要做到这一点，加强网络舆情的收集和整理，加强网络舆情监控是必不可少的。学校党委宣传部、学生工作部、团委、网络信息中心等部门应组织专门人员负责网络舆情的监控。学校各部门应健全严格的信息发布审批制度，对于需要上网对外公布的信息应经过严格审查，确保信息的准确无误。同时，学校应建立由学生干部组成的网络信息管理队伍，对本校的 BBS、贴吧、论坛等实施监控，对于不良信息应及时发现、及时删除，对于不正确的、事实不清楚的言论或消息，应第一时间通报学校有关部门予以正面回应，避免造成更大的网上舆论震荡。学校应安装舆情监控系统，对学生校内上网实行实名制、网络 IP 地址验证制度，这能够在第一时间查到发布不良信息的网络地址，并及时、有效地禁止不良信息的继续发布，从而对准备在网络上发布不良信息、开展破坏活动的人予以震慑，确保校园网络的正常运转。

2. 加强网络道德的宣传教育

互联网因其多元性、互动性和隐蔽性，给大众带来信息沟通便利的同时，也催生了一些网络不文明、不道德现象，例如在网上传播低俗信息、弄虚作假、开展欺诈活动，利用特殊工具或手段窃取别人隐私等。[①] 而随着手机、互联网为代表的新媒体越来越融入人们的生活，网络道德的建设已越来越引起各方的关注。目前，以纯粹的技术手段解决新媒体中低俗信息的传播是不现实的，这就需要大力提倡网络道德建设，努力提高大众的网络文明修养，达到提高网络文明的目的。

高校作为育人的场所，更应规范大学生网络行为，最大限度地防止大学生利用手机、互联网发送或传播不良信息。高校辅导员应当通过开展专题讲座、主题班会等，让大学生充分认识到网络不道德行为的巨大危害，教育动员大学生主动承担维护网络纯净的责任，自觉规范个体的上网行为，对网络的不文明、不道德现象予以坚决制止，积极塑造健康的校园新媒体环境。

3. 搭建网络教育的联动机制

目前，在高校开展网络思想政治教育工作的观点，已经逐步得到全体教育工作者的广泛认可，但是如何建立一种联动机制让学校各有关职能部门形成合力，共同制定开展学生网络思想政治教育工作的规划，并加以实施，是摆在教育管理者面前的现实问题。高校网络思想政治教育工作因其活动开展效果评价的复杂性，决定了这不是学生处、团委或宣传部、网络信息中心一家能够独立完成的，必须由学校各部门合理分工协作才能收到良好的效果。例如，学校的网络信息中心可以重点开展校园网络的硬件建设和网络安全建设，努力为学校开展网络思想教育建设一个良好的网络环境，打造一道过滤有害信息的防火墙；学校党委宣传部、新闻中心则应做好学校的官网，及时有效地将学校重大事件、重要决定予以公布，做好校园舆论的领航者角色；学生处、团委则应组织开展多种形式的专题报告、座谈，开展与新媒体相关的竞赛活动，通过活动让大学生更加深入地了解新媒体，加强大学生的媒介素养。校方还应积极发动高校辅导员、团委书记开设博客，指导学生建立班级、团支部 QQ 群和微信群，通过在网上与学生开展交流，第一时间了解学生的思想状况，引导学生遵循网络道德规范，自觉抵制不良的网络行为。此外，学校还应该出台与新媒体相关的思想政治教育评估机制，通过规章制度的制定，强化教育工作者开展学

---

① 马兰：《利用新媒体做好大学生思想政治工作》，载《中国成人教育》，2006(6)。

生网络思想政治教育的责任感和紧迫感，规范教育工作者开展学生网络思想政治教育工作的程序方法，并将开展大学生思想政治教育工作的最终效果予以考核、评价。

➤本章小结

随着数字技术的发展，新媒体对大学生思想政治教育的影响越来越全面和深远。以互联网、手机为代表的新媒体因其所包含、传播的丰富的信息资源和无时不在、无处不有的便捷交流方式，已经成为当前大学生获取和交流信息的重要渠道，同时也成为大学生感知、了解社会并向社会传达个人思想、意志的新载体。新媒体为当前大学生思想政治教育提供了新的环境和机遇，但新媒体技术的出现也容易使大学生主动甚至被动地接收海量的信息，对信息的真实度来不及仔细辨析，对纷繁复杂的社会现象不能够准确看清楚其本质。同时，随着新媒体逐渐融入大学生学习、工作、生活的各个领域，随之而来的色情信息、虚假信息的泛滥，西方不良思潮的网络渗透，也给大学生思想政治教育带来新的问题与挑战。高校辅导员应该不断加强自己的媒体素养，依托新媒体积极搭建网络思想教育平台，并依托这一平台与大学生开展全方位的深入交流，以渊博的知识、先进的思想、独特的个人魅力吸引和凝聚青年大学生，占领新媒体这个崭新的思想文化阵地。因此，在新形势下，我们要以与时俱进的精神，牢牢把握新媒体环境给大学生思想政治教育带来的新机遇，勇敢地迎接新媒体环境给大学生思想政治教育带来的新挑战；更新观念，认真分析新媒体、新媒体环境的特征及其影响，掌握依托新媒体开展思想政治教育工作的规律，使大学生思想政治教育在新媒体环境下更好、更快地发展。

➤案例：辽宁大学生在线联盟网站工作实践探究

网络是落实立德树人根本任务的重要载体，是大学生思想政治教育的重要阵地。要坚持点面结合、上下结合、建管结合，着力构建网络文化建设新机制，努力开创网络思想政治教育工作新局面。以辽宁省依托辽宁大学生在线联盟网站开展大学生思想政治教育为例，我们主要做了以下工作和相关研究。

1. 点面结合，一手抓龙头，一手抓骨干，构建网络思想政治教育工作新体系

推进网络思想政治教育，必须抓龙头，有工作抓手；还要抓骨干，形成示范效应。对于辽宁省大学生网络思想政治教育来说，这个龙头就是辽宁大学生

在线联盟网站。该网站于 2007 年 9 月开通，由省教育厅主办，省内 35 所高校联办，目前已经成为全省网络思想政治教育工作的龙头和窗口，社会影响力不断提升、对全省高校的辐射效应逐步增强，省内高校思想政治教育工作者每日必看，平均日浏览量 4 万人次，最大日浏览量曾达 36 万人次。

这个骨干是指各有关高校主办的思政专题网站和校园门户网站，其中包括近年来省教育厅评选表彰的 30 个"高校主题教育示范网站"，也包括参与联盟网站建设的共建网站。

龙头网站和示范网站，一点一面，以点带面，纲举目张，正在形成全省高校网络思政工作的新体系。

2. 上下结合，一手抓线上，一手抓线下，构建网络思想政治教育工作新格局

网络和日常工作各有优势。我们积极推进"线下工作线上互动""线上活动线下推动"，构建大学生思想政治教育立体化格局。

"线下工作线上互动"主要体现在：一是线下工作线上进行。一年一度的全省辅导员年度人物、大学生年度人物、大学生道德楷模评选，我们将候选人的事迹展示在网上，高校师生自主投票，既体现了民意，又营造了氛围；辅导员职业技能大赛、思想政治理论课青年教师教学大赛的进程实时在网上公布，增加了比赛的透明度，提高了比赛的公信力。二是线下活动线上开展。省教育厅组织开展的各类主题征文、知识竞赛、摄影作品大赛等，活动在网上进行，成果在网上展示，提高了工作效率，扩大了活动覆盖面。三是工作安排网上实现。网站的"思政公告"和"思政动态"，第一时间刊载教育部和教育厅的工作安排部署，刊载各地各高校的好经验、好做法，传达上级精神，指导高校工作。

"线上活动线下推动"主要体现在：一是网上表现网下考核。我们出台了高校辅导员和思想政治理论课教师职务评聘新办法，规定辅导员和思想政治理论课教师晋升副教授、教授，必须分别提交不少于 4 万字和 6 万字的思想政治理论原创博文。二是网络活动线下认定。我们规定各高校把联盟网站的相关内容作为学生思想政治理论课学业成绩考核的组成部分，引导大学生关注网站，从中接受教育。三是线上活动线下拓展。近年来，我们组织在网络活动中表现出色的大学生举办了夏令营、冬令营以及考察联谊活动，促进学生交流，引导共同进步。

线上线下，虚实结合，上下联动，丰富了网络文化建设载体，拓展了网络思想政治工作空间，提升了大学生思想政治教育的吸引力、感染力。

3. 建管结合，一手抓建设，一手抓管理，开创网络思想政治教育工作新局面

建设和管理是网络思想政治教育工作必不可少的"两手"。我们要努力做到建设、管理"两手"抓、"两手"都要硬，寓建设于管理、融管理于建设，相辅相成，协调推进。

首先，建立健全管理体制。建好管好联盟网站这个龙头，是做好全省高校网络思想政治工作的关键。为此，我们制定实施了《辽宁大学生在线联盟网站章程》及相关管理办法，成立了理事会和网站发展中心，定期研判网络文化建设形势，开展优秀共建网站评选活动，形成了联盟网站辐射全省，省教育厅、网站发展中心、相关高校各司其职、各负其责的管理体制和运行机制。

其次，加大人力、物力投入。几年来，省教育厅配备了 5 名专职人员、先后投入 860 万元用于联盟网站建设，省内各承办高校也划拨专项经费、配备 100 余名人员，保证了联盟网站的正常运行。同时，我们要求，省内各高校每个班级都要设 1 名网络委员，作为班委会成员负责班级的网络事务，发挥学生自我教育的作用，形成一支反应迅速、管用有效的网络思想政治工作队伍。

最后，大力推进思想政治博客建设。2011 年 1 月，我们在联盟网站运行了实名登录系统，省内高校师生实名注册。在此基础上，我们组织高校师生开设博客和图客，联盟博客用户已超过 2 万，辅导员和思想政治理论课教师开通率 80% 以上。联盟博客主题突出，原创博文占 50% 以上；互动性强，支持评论互动，部分优质博文的单篇评论数 30 条以上；安全性强，博客发布权限仅对思想政治工作者和班级开放，落实安全责任制，专人审核，确保信息安全。2012 年和 2013 年，我们连续两次开展了优秀思想政治教育博文评选活动，共计 5 000 余篇原创博文参与网上评选，200 篇优秀博文脱颖而出，省委高校工委、省教育厅通报表彰，激发了广大辅导员和思想政治理论课教师开展网络思政工作的积极性。此外，我们还开展了思想政治教育经典文章推荐活动，精选经典文章，刊载在联盟网站上供广大师生学习借鉴。

（资料来源：辽宁教育宣传中心　梁士朋）

➤思考题

1. 新媒体的主要种类及其特点有哪些？

2. 新媒体对当今大学生的主要影响是什么？

3. 高校辅导员如何利用新媒体开展思想政治教育工作？

参考文献

一、著作类

［美］加德纳．智力的重构——21世纪的多元智能［M］．霍力岩，等译．北京：中国轻工业出版社，2004.

［美］尼葛洛庞帝．数字化生存［M］．胡泳，范海燕，译．海口：海南出版社，1997.

［美］斯克瑞文．评价方法论［M］．陈玉琨，等译．北京：人民教育出版社，1999.

［美］威廉·詹姆斯．心理学原理［M］．田平，译．北京：中国城市出版社，1989.

［日］高良武久．森田心理疗法实践［M］．康成俊，商斌译．北京：人民卫生出版社，2008.

《高等工程教育研究》编辑部．高等教育评估的理论与方法初探文集［M］．武汉：华中工学院出版社，1985.

陈玉琨．教育评价学［M］．北京：人民教育出版社，1999.

陈玉琨．中国高等育评价论［M］．广州：广东高等教育出版社，1993.

稻香．柔性管理［M］．北京：中国纺织出版社，2006.

宫承波．新媒体概论［M］．北京：中国广播电视出版社，2007.

胡卓君．地方高校内部管理创新［M］．杭州：浙江大学出版社，2006.

黄坤锦．美国大学的通识教育［M］．北京：北京大学出版社，2006.

蒋宏，徐剑．新媒体导论［M］．上海：上海交通大学出版社，2006.

金钊，胡林辉．党的基层组织工作手册［M］．北京：人民日报出版社，2008.

辽宁省教育厅．大学生职业发展与就业创业概论［M］．大连：大连理工大学出版社，2009.

辽宁省教育厅．大学生职业发展与就业指导［M］．沈阳：辽宁大学出版社，2011.

辽宁省教育厅．大学生就业与创业指导［M］．沈阳：辽宁大学出版

340

社，2014.

辽宁省教育厅．大学生职业生涯规划［M］．大连：大连理工大学出版社，2010.

罗双凤，叶安珊，杨学富，简世宏．教育管理学［M］．北京：中国人民大学出版社，2010.

曲建武，熊晓梅．高校辅导员工作学［M］．沈阳：辽宁大学出版社，2007.

上海市慈善基金会，上海慈善事业发展研究中心．志愿服务与义工建设［M］．上海：上海社会科学院出版社，2007.

王霞．美国研究型大学通识教育反思［M］．杭州：浙江大学出版社，2010.

吴志宏，冯大鸣，魏志春．新编教育管理学［M］．上海：华东师范大学出版社，2008.

徐绍华．高校网络思想政治教育的实效性研究［M］．昆明：云南民族出版社，2006.

杨坚康．团委工作指导手册［M］．北京：中国青年出版社，2009.

杨颉．大学通识教育课程：借鉴与启示［M］．上海：上海交通大学出版社，2009.

张文显．法学基本范畴研究［M］．北京：中国政法大学出版社，1993.

张彦．思想政治教育主体性研究［M］．广州：广东人民出版社，2006.

中共中央组织部组织二局．中国共产党普通高等学校基层组织工作条例学习辅导读本［M］．北京：高等教育出版社，2011.

二、期刊类

白梅．高校学生党支部职责探析［J］．教育与职业（理论版），2007(6).

薄爱敬．论大学生社会实践和志愿服务可持续发展的有效机制［J］．学校党建与思想教育，2011(6).

陈敬桔．浅析新时期高校学生工作面临的挑战［J］．黑龙江教育学院学报，2001(1).

陈蕊．高校思想政治教育的关键环节——内化［J］．内蒙古电大学刊，2006(2).

冯锐，金婧．论新媒体时代的泛在传播特征［J］．新闻界，2007(4).

符晓兰，刘燕萍，严晨．浅谈新时期90后大学生入党启蒙教育工作[J]．时代教育，2012(12)．

付原科．浅谈如何做好大学生特殊群体的思想教育工作[J]．林区教学，2009(6)．

韩亚梅．激发"学习动机"，推动高校学风建设[J]．才智，2011(7)．

季海菊．跨界思维：新媒体视阈下思想政治教育载体选择的一种理性向度[J]．南京邮电大学学报(社会科学版)，2010(1)．

江云清，宋明霞．对大学生特殊群体开展心理健康教育的几点思考[J]．学校党建与思想教育，2007(5)．

姜恩来．新媒体环境下的大学生思想政治教育[J]．复印报刊资料：思想政治教育，2009(6)．

景东，苏宝华．新媒体定义新论[J]．新闻界，2008(3)．

李九丽，马俊红．提升高校学生党建科学化水平的思考[J]．学校党建与思想教育，2013(1)．

李炜．关于大学生优良学风建设的思考[J]．江苏高教，2006(4)．

李秀芳，顾建国，冯振宇．论新时期高校学生思想政治工作[J]．南通工学院学报(社会科学版)，2003(2)．

李宇飞．大学生学风建设的再思考[J]．江苏高教，2005(1)．

李贞，包锋，杨洪泽．高校大学生特殊群体思想政治教育的途径[J]．中国电力教育，2009(11)．

刘德宇．关于加强大学生实践能力建设的思考[J]．教育理论与实践(学科版)，2009(11)．

刘铮．大学新生班级建设的探索与实践[J]．中国科教创新导刊，2008(8)．

马兰．利用新媒体做好大学生思想政治工作[J]．中国成人教育，2006(6)．

欧永美．建立大学生网瘾特殊群体援助体系[J]．四川理工学院学报，2008(3)．

裴成功，袁智强．浅谈对高校辅导员工作的思考[J]．科教文汇(中旬刊)，2007(11)．

商树松．论互联网环境下大学生的思想政治教育[J]．湖北师范学院学报(哲学社会科学版)，2004(4)．

史纪宁．浅谈大学生职业生涯规划的概念与意义[J]．文史月刊，2012(11)．

苏金旺．当代大学生的个性观及其个性特点分析[J]．黑龙江科技信息，2010(5)．

孙宏发，刘占波．浅谈新时期如何做好大学生特殊群体的工作[J]．内蒙古农业大学学报(社会科学版)，2009(1)．

田官贵，王冕．贫困大学生自我认知分析与心理疗补[J]．学校党建与思想教育，2006(11)．

王川平．大学生人际关系问题及应对策略[J]．读与写(教育教学刊)，2008(2)．

王万江．关于高校学生思想政治教育课的几点思考[J]．科技创新导报，2008(19)．

王希莲，张洪方，杨冰．从解决学生实际问题出发，谈增强大学生特殊群体教育的实效性[J]．科技信息，2009(4)．

吴丰，任新红．独生子女大学生心理行为特征及思想政治教育工作方法思考[J]．文教资料，2008(12)．

吴国芳，王龙，张爱书．高校特殊群体学生就业竞争力探讨[J]．高等建筑教育．2010(1)．

吴克勤．高校应自觉将社会主义核心价值体系贯穿于学生思想政治教育工作的全过程[J]．高校教育研究，2008(3)．

徐振祥．新媒体：大学生思想政治教育的机遇与挑战[J]．思想政治教育研究，2007(6)．

徐振祥．新媒体素养：大学生思想政治教育的重要内容[J]．黑龙江教育，2008(11)．

杨颖．立足实验教学培养创新能力的实践与思考[J]．实验室研究与探索，2008(10)．

姚建宗．法治的多重视界[J]．法制与社会发展，2000(1)．

易立峰．论网络环境下高校的班级管理工作[J]．内蒙古师范大学学报(教育科学版)，2005(7)．

于冠华．浅论社会实践对大学生创新和实践能力的培养[J]．当代经济，2009(23)．

于森，郑化平．加强当代大学生思想政治素质教育探讨[J]．中国医药导报，2008(24)．

张凤莉．大学生创新能力的培养[J]．理论界，2010(4)．

张绍荣，张东．大学生社会实践与志愿服务：内涵、功能与体系建构[J]．高等建筑教育，2014(2)．

张英杰，薛炜华，杨波．论大学生创新能力的培养[J]．中国青年研究，2009(7)．

张铮，熊澄宇．新媒体对文化产业的全方位影响[J]．新闻与写作，2007(5)．

赵宇．非智力因素对大学生素质的影响及其培养途径[J]．教育探索，2006(10)．

赵治．试论当前高校学风建设的现状、原因及对策[J]．中国电力教育，2010(18)．

周以宏．浅谈学生"求胜心理"的培养[J]．中学数学月刊，2000(10)．

三、学位论文类

丁宏悦．大学生职业生涯规划探析[D]．大连：大连理工大学，2009．

黄群．高职思想政治教育中的非智力因素培养[D]．济南：山东师范大学，2010．

惠娟．基于因材施教思想的高校学风建设研究[D]．西安：西安工业大学，2008．

李林．基于企业需求的独立学院学生职业规划指导体系研究[D]．杭州：浙江工业大学，2009．

李燚．市场经济与创新——论中国现行经济体制下创新的价值和实现方式[D]．西安：陕西师范大学，2001．

刘丽清．浅谈非智力因素对创造性思维的影响[D]．福州：福建师范大学，2003．

刘舒君．提升高校学生党建工作科学化水平的研究[D]．合肥：安徽农业大学，2013．

刘鑫．高校学生党员发展质量保障体系构建研究[D]．武汉：武汉理工大学，2013．

马胜羽．大学生职业生涯规划的困境与出路研究[D]．哈尔滨：黑龙江科技大学，2013．

宋丽娟．论思想政治教育中大学生非智力因素培养[D]．秦皇岛：燕山大学，2013．

王传伟．新媒体背景下高校团建工作的创新路径研究[D]．南京：南京理工大学，2013.

王冬梅．高校辅导员队伍建设研究［D］．石家庄：河北师范大学，2007.

王润华．新时期提高高校辅导员素质探析［D］．重庆：西南财经大学，2005.

邬守景．大学生职业生涯规划中实践教育研究［D］．上海：华东师范大学，2009.

四、其他

苏占兵．大学新生班级建设研究［N］．2011-11-01.

牟长梅．关于广东海洋大学学风建设的问卷调查报告［R］．2012.

教育部．关于加强高等学校辅导员班主任队伍建设的意见．教社政［2005］2 号文件.

中华人民共和国教育部．普通高等学校辅导员队伍建设规定［EB/OL］.
（2006-08-01）［2018-01-20］．http：//www．edu．on/index．shtml，2006-08-01.

再版后记

中国特色社会主义进入新时代。新时代、新任务、新征程，高校辅导员队伍建设也进入新的发展阶段。在深入学习贯彻全国高校思想政治工作会议和学校思想政治理论课教师座谈会精神等基础上，《高校辅导员工作理论与实务》第2版应运而生。该书第一版自2011年8月出版以来，深受广大读者特别是高校辅导员的喜爱，对高校辅导员的工作提供了帮助与指导。为进一步提升高校辅导员工作水平和大学生思想政治教育质量，编者将近年来高校辅导员工作的新要求、新经验及新做法进行深入的思考与总结，再版此书。《高校辅导员工作理论与实务》第2版可供广大高校辅导员学习、交流使用，也可作为高校辅导员培训教材使用。

本书第2版在继承初版基本框架的基础上，结合当前相关政策与高校辅导员工作实际，所有章节均做出适当调整。本书每章均设有小结、案例及思考题，便于读者深入理解本章内容；新增内容为第十三章"大学生非智力因素培养"、第十四章"新媒体时代高校辅导员工作的机遇与挑战"。本书由沈阳理工大学耿乃国教授主编，负责全书的总体策划。本书编写人员也进行了调整，调整后的编写人员均具有学生工作经验，且具备较强的理论素养。

本书能够再版，要感谢一直以来关心高校辅导员事业发展的辽宁省教育厅有关领导以及沈阳理工大学有关领导；感谢北京师范大学出版社编辑对本书再版所付出的大量心血。本书在再版过程中参考了大量文献资料，在此对相关文献资料的作者一并表示感谢！